2024

경찰승진 / 경찰실무종합

7개년 기출문제집

SD에듀
㈜시대고시기획

Always **with you**

사람의 인연은 길에서 우연하게 만나거나 함께 살아가는 것만을 의미하지는 않습니다.
책을 펴내는 출판사와 그 책을 읽는 독자의 만남도 소중한 인연입니다.
SD에듀는 항상 독자의 마음을 헤아리기 위해 노력하고 있습니다.
늘 독자와 함께하겠습니다.

머리말
PREFACE

경찰채용과 달리 경찰승진 준비에서 가장 어려운 부분은 본인의 실력이 어느 정도인지 가늠하기 어렵다는 데에 있습니다. 그렇기에 시험 일자가 다가올수록 계획적으로 준비가 되고 있는지 확인해야 할 필요성은 더욱 강조됩니다. 이러한 부분을 대비하기 위해 '경찰승진 경찰실무종합 7개년 기출문제집' 교재를 출간하게 되었습니다.

본서의 특징은 다음과 같습니다.

도서의 특징

01 2023년부터 2017년까지 7개년 기출문제(400제)를 수록하였습니다.

02 최신 개정법령 및 판례를 반영하였습니다.

03 자세하고 정확한 해설을 수록하였습니다.

04 실전 연습에 도움이 되도록 OMR 카드를 수록하였습니다.

시험일이 다가올수록 긴장감 때문에 시험준비를 할 수 없는 경우가 많습니다. 하지만 이루고자 하는 목표를 떠올리며 좀 더 힘내시길 바랍니다. 본서의 내용을 충분히 숙지하시면 분명히 좋은 결과가 있을 것입니다.

본 교재가 여러분들의 목표달성에 도움이 되길 바랍니다.

편저자 드림

경찰공무원 승진시험 과목

❖ 시험 공고는 변경될 수 있으므로, 시행처의 최신 공고를 반드시 확인하시기 바랍니다.

구분		일반 (수사경과 및 보안경과 포함)		정보통신		항공	
		과목	배점 비율(%)	과목	배점 비율(%)	과목	배점 비율(%)
경위	필수	형법 형사소송법 실무종합	35 35 30	형법 형사소송법	35 35	형법 형사소송법	35 35
	선택			정보통신기기론 컴퓨터일반 중 택1	30	항공법 항공역학 중 택1	30
경사	필수	형법 형사소송법 실무종합	35 35 30	형법 형사소송법	35 35	형법 형사소송법	35 35
	선택			정보통신기기론 컴퓨터일반 중 택1	30	항공기체 항공발동기 중 택1	30
경장	필수	형법 형사소송법 실무종합	35 35 30	형법 형사소송법	35 35	형법 형사소송법	35 35
	선택			정보통신기기론 컴퓨터일반 중 택1	30	항공기체 항공발동기 중 택1	30

※ 2020년 7월 1일부터 기존의 경장 · 경사 계급 승진시험에서 선택과목이 폐지되고 2021년부터 경찰실무 1, 2, 3 과목이 필수과목인 '실무종합'으로 통합되었습니다. 따라서 2021년부터 경위 이하 계급의 승진시험을 준비할 때에는 해당 과목들을 위주로 준비해야 합니다.

경찰 승진을 준비하며 공부했었던 것을 믿고 조금 방만하게 시험 준비를 하다 보니 수험기간 동안 많은 시행착오를 겪었습니다. 그래서 나름대로 다른 사람들이 써놓은 합격수기들을 보고 방법을 연구하며 마음을 다잡고 준비했습니다. 일단 어떤 공부를 하든지 머릿속에서 꺼내보는 연습이 중요한 것 같습니다. 어떤 과목이든 목차를 중요하게 생각하고 반복적으로 보며 머릿속에 자연스럽게 남을 수 있도록 했습니다. 물론 모든 시험에 적용되는 것은 아니겠지만 형법, 형사소송법, 실무종합은 그 목차가 잘 나뉘어져 있고, 최근 5개년의 기출문제들을 풀어보면 자주 나오는 주제어들이 있습니다. 이런 주제어들을 중심으로 하나의 과목에서도 중점적으로 봐야할 부분들을 체크해가며 시험 막바지에 꼭 한 번 더 볼 수 있도록 정리해나가려 노력했습니다.

형법은 출제경향을 보면 대부분 판례가 많이 출제되고 있습니다. 물론 조문의 내용도 숙지해가며 판례의 쟁점사항이 무엇인지 정확히 파악하려고 노력했습니다. 그리고 형법이 포함된 다른 시험의 문제들도 풀어보는 것이 도움이 되는 것 같습니다. 강의보다는 문제집 지문을 계속 반복하면서 내용을 외우는 방식을 선택했습니다. 단순히 문제집을 여러 권 풀어보는 것보다 자신에게 맞는 책을 집중적으로 공부한 것이 더 도움이 된 것 같습니다. 회독수를 늘리면서 아는 내용은 지워가는 식으로 점점 내용을 줄이다보면 후반에는 더 빠르게 볼 수 있었습니다. 기출문제에서 나온 내용이 반복되기 때문에 최대한 많이 보는 데 초점을 맞추었고, 모의고사를 실제 시험처럼 시간을 정해놓고 풀면서 실력점검 겸 실전연습을 했습니다. 모의고사로 연습하면서 시간 분배를 어떻게 해야 할지 감을 잡으며, 문제를 푸는 속도도 올릴 수 있었습니다.

형사소송법은 조문을 최대한 많이 숙지하기 위해 반복해서 봤습니다. 절차법이라 형법에 비해서 양도 상대적으로 적고, 단기간에 정복할 수 있는 과목이기 때문에 기본서를 통해 학습하는 방법을 선택하였습니다. 기본서가 두꺼워서 회독이 어렵다는 의견도 많이 있지만, 요약서보다 더 이해도 쉽고 기억에도 오래 남는 편이기에 자신에게 맞는 기본서를 선택하여 단권화하는 습관을 들이게 되었습니다. 기본서와 함께 기출문제집 한 권을 반복해서 보는 것을 추천드립니다. 기출문제의 경우 강의를 듣는 것이 많은 도움이 되었습니다. 시험 막바지까지 공부하며 풀었던 모의고사를 계속 복습하는 방법으로 학습하였습니다. 틀린 문제들은 출력해서 반복적으로 보면서 공부하였으며, 이때 최신판례까지 놓치지 않고 준비하는 것이 중요하다고 생각합니다. 또한 실전에서는 시간분배를 잘하는 것이 높은 점수를 취득할 수 있는 비결인 것 같습니다.

실무종합은 그 범위가 매우 방대한 과목이고, 매년 법 개정이 자주 되는 과목이라 공부에 어려움을 겪었습니다. 특히 순경공채, 경찰간부후보생 시험 과목인 경찰학개론과 매우 유사하기 때문에 해당 시험의 기출문제들도 풀어보며 어떤 것들이 자주 출제되는지 최대한 파악해보려 노력했습니다. 모든 법을 정확히 알기엔 어려운 것 같아서 자주 나오는 법령 위주로 공부하며 준비했습니다.

※ 변경되는 시험 제도에 맞추어 기존 합격수기의 내용을 일부 수정하였습니다.

구성과 특징

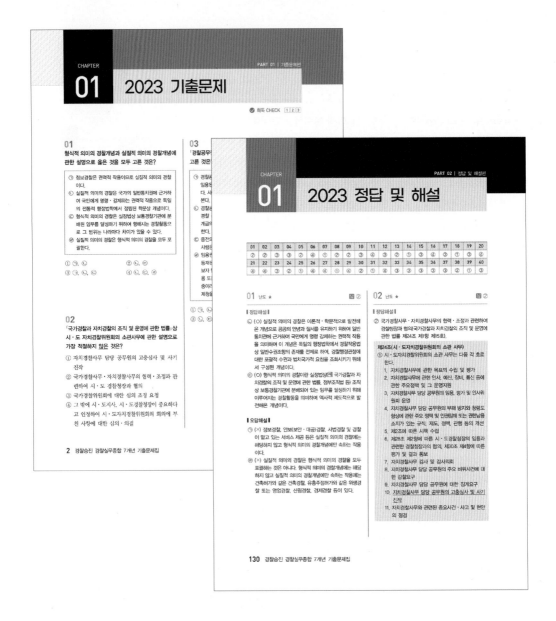

7개년 기출문제 수록

경찰승진시험 경찰실무종합 7개년(2023~2017)을 수록하여 빈출지문과 출제경향을 파악할 수 있도록 하였습니다.

회독 체크

연도별 회독 체크를 통해 반복 학습할 수 있도록 구성하였습니다.

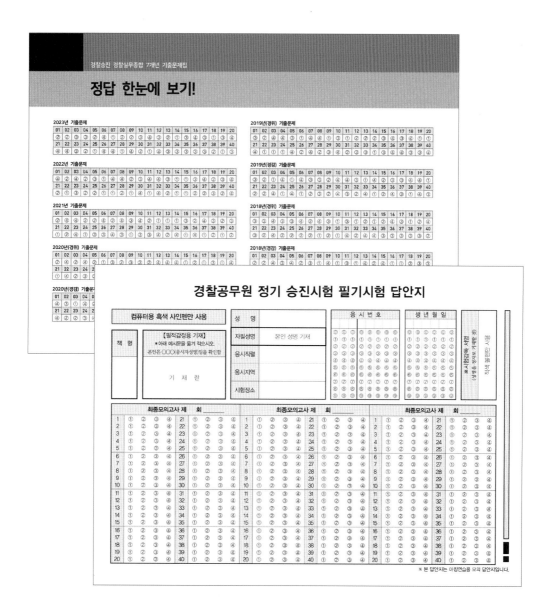

▌정답 한눈에 보기!

간편하게 잘라 쓸 수 있는 정답표를 활용해보세요.

▌OMR 답안지

실제 시험에 대비할 수 있는 OMR 답안지를 통해 실전 감각을 기르고, 최종 실력을 점검해볼 수 있습니다.

차례

PART 01 ┃ 기출문제편

CHAPTER 01 2023년 기출문제 ······································· 002

CHAPTER 02 2022년 기출문제 ······································· 014

CHAPTER 03 2021년 기출문제 ······································· 032

CHAPTER 04 2020년(경위) 기출문제 ································· 047

CHAPTER 05 2020년(경감) 기출문제 ································· 058

CHAPTER 06 2019년(경위) 기출문제 ································· 069

CHAPTER 07 2019년(경감) 기출문제 ································· 082

CHAPTER 08 2018년(경위) 기출문제 ································· 094

CHAPTER 09 2018년(경감) 기출문제 ································· 106

CHAPTER 10 2017년(경위) 기출문제 ································· 117

PART 02 ┃ 정답 및 해설편

CHAPTER 01 2023년 정답 및 해설 ······························· 130

CHAPTER 02 2022년 정답 및 해설 ······························· 140

CHAPTER 03 2021년 정답 및 해설 ······························· 149

CHAPTER 04 2020년(경위) 정답 및 해설 ······················· 159

CHAPTER 05 2020년(경감) 정답 및 해설 ······················· 170

CHAPTER 06 2019년(경위) 정답 및 해설 ······················· 181

CHAPTER 07 2019년(경감) 정답 및 해설 ······················· 191

CHAPTER 08 2018년(경위) 정답 및 해설 ······················· 202

CHAPTER 09 2018년(경감) 정답 및 해설 ······················· 215

CHAPTER 10 2017년(경위) 정답 및 해설 ······················· 225

PART 1

기출문제편

CHAPTER 01 2023년 기출문제

CHAPTER 02 2022년 기출문제

CHAPTER 03 2021년 기출문제

CHAPTER 04 2020년(경위) 기출문제

CHAPTER 05 2020년(경감) 기출문제

CHAPTER 06 2019년(경위) 기출문제

CHAPTER 07 2019년(경감) 기출문제

CHAPTER 08 2018년(경위) 기출문제

CHAPTER 09 2018년(경감) 기출문제

CHAPTER 10 2017년(경위) 기출문제

※ 복수정답, 또는 개정법령 반영으로 인해 기출문제를 변형한 경우 문제 변형 표시를 하였습니다.

CHAPTER

01 2023 기출문제

✔ 회독 CHECK 1 2 3

01

형식적 의미의 경찰개념과 실질적 의미의 경찰개념에 관한 설명으로 옳은 것을 모두 고른 것은?

> ㉠ 정보경찰은 권력적 작용이므로 실질적 의미의 경찰이다.
> ㉡ 실질적 의미의 경찰은 국가의 일반통치권에 근거하여 국민에게 명령·강제하는 권력적 작용으로 독일의 전통적 행정법학에서 정립된 학문상 개념이다.
> ㉢ 형식적 의미의 경찰은 실정법상 보통경찰기관에 분배된 임무를 달성하기 위하여 행해지는 경찰활동으로 그 범위는 나라마다 차이가 있을 수 있다.
> ㉣ 실질적 의미의 경찰은 형식적 의미의 경찰을 모두 포괄한다.

① ㉠, ㉡   ② ㉡, ㉢
③ ㉠, ㉡, ㉢   ④ ㉡, ㉢, ㉣

02

「국가경찰과 자치경찰의 조직 및 운영에 관한 법률」상 시·도 자치경찰위원회의 소관사무에 관한 설명으로 가장 적절하지 <u>않은</u> 것은?

① 자치경찰사무 담당 공무원의 고충심사 및 사기 진작
② 국가경찰사무·자치경찰사무의 협력·조정과 관련하여 시·도 경찰청장과 협의
③ 국가경찰위원회에 대한 심의 조정 요청
④ 그 밖에 시·도지사, 시·도경찰청장이 중요하다고 인정하여 시·도자치경찰위원회의 회의에 부친 사항에 대한 심의·의결

03

「경찰공무원 임용령」에 관한 설명으로 옳은 것을 모두 고른 것은?

> ㉠ 경찰공무원은 임용장이나 임용통지서에 적힌 날짜에 임용된 것으로 보며, 임용일자를 소급해서는 아니 된다. 사망으로 인한 면직은 사망한 날에 면직된 것으로 본다.
> ㉡ 경찰공무원법 제10조 제3항 제1호에 따라 재임용된 경찰 공무원의 계급정년 연한은 재임용 전에 해당 계급의 경찰 공무원으로 근무한 연수를 합하여 계산한다.
> ㉢ 종전의 재직기관에서 감봉 이상의 징계처분을 받은 사람은 경력경쟁채용등의 대상이 될 수 없다.
> ㉣ 임용권자 또는 임용제청권자는 채용후보자 명부에 등재된 채용후보자가 학업을 계속하는 경우 채용후보자 명부의 유효 기간의 범위에서 기간을 정하여 임용 또는 임용제청을 유예할 수 있다. 다만, 유예기간 중이라도 그 사유가 소멸한 경우에는 임용 또는 임용제청을 할 수 있다.

① ㉠, ㉡   ② ㉡, ㉢
③ ㉡, ㉢, ㉣   ④ ㉠, ㉢, ㉣

04

「경찰공무원 징계령」에 관한 설명으로 가장 적절하지 <u>않은</u> 것은?

① 징계위원회는 위원과 징계 등 심의 대상자, 징계 등 의결을 요구하거나 요구를 신청한 자, 증인, 관계인 등 회의에 출석하는 사람이 동영상과 음성이 동시에 송수신되는 장치가 갖추어진 서로 다른 장소에 출석하여 진행하는 원격영상회의 방식으로 심의·의결할 수 있다.

② 징계위원회는 위원장 1명을 포함하여 11명 이상 51명 이하의 공무원위원과 민간위원으로 구성한다.

③ 징계 등 의결 요구를 받은 징계위원회는 그 요구서를 받은 날로부터 30일 이내에 징계등에 관한 의결을 하여야 한다. 다만, 부득이한 사유가 있을 때에는 해당 징계심의대상자의 동의를 받아 30일 이내의 범위에서 그 기한을 연기할 수 있다.

④ 징계위원회가 설치된 경찰기관의 장은 위원 수의 2분의 1 이상을 자격이 있는 민간위원으로 위촉한다. 이 경우 특정 성별의 위원이 민간위원 수의 10분의 6을 초과하지 않도록 해야 한다.

05

「국가공무원법」상 공무원의 의무에 관한 설명으로 가장 적절하지 <u>않은</u> 것은?

① 공무원은 재직 중은 물론 퇴직 후에도 직무상 알게 된 비밀을 엄수(嚴守)하여야 한다.

② 공무원은 직무와 관련하여 간접적인 사례·증여 또는 향응을 주거나 받을 수 있다.

③ 공무원이 외국 정부로부터 영예나 증여를 받을 경우에는 대통령의 허가를 받아야 한다.

④ 공무원은 종교에 따른 차별 없이 직무를 수행하여야 한다.

06

법률과 법규명령의 공포 및 효력발생시기에 관한 설명으로 가장 적절하지 <u>않은</u> 것은?

① 국회에서 의결된 법률안은 정부에 이송되어 15일 이내에 대통령이 공포한다.

② 법률은 특별한 규정이 없는 한 공포한 날로부터 20일을 경과함으로써 효력을 발생한다.

③ 대통령령, 총리령 및 부령은 특별한 규정이 없으면 공포한 날부터 20일이 경과함으로써 효력을 발생한다.

④ 국민의 권리 제한 또는 의무 부과와 직접 관련되는 법률, 대통령령, 총리령 및 부령은 긴급히 시행하여야 할 특별한 사유가 있는 경우를 제외하고는 공포일로부터 적어도 20일이 경과한 날부터 시행되도록 하여야 한다.

07

「행정기본법」상 신뢰보호의 원칙에 해당하는 것은?

① 행정청은 권한 행사의 기회가 있음에도 불구하고 장기간 권한을 행사하지 아니하여 국민이 그 권한이 행사되지 아니할 것으로 믿을 만한 정당한 사유가 있는 경우에는 그 권한을 행사해서는 아니 된다. 다만, 공익 또는 제3자의 이익을 현저히 해칠 우려가 있는 경우는 예외로 한다.

② 행정청은 합리적 이유 없이 국민을 차별해서는 아니 된다.

③ 행정청의 행정작용은 행정목적을 달성하는 데 유효하고 적절해야 하며, 필요한 최소한도에 그칠 것이고, 행정작용으로 인한 국민의 이익 침해가 그 행정작용이 의도하는 공익보다 크지 아니해야 한다.

④ 행정청은 행정작용을 할 때 상대방에게 해당 행정작용과 실질적인 관련이 없는 의무를 부과해서는 아니 된다.

08

경찰작용에 관한 설명으로 가장 적절하지 <u>않은</u> 것은?

① 행정목적을 위하여 국가의 일반통치권에 의거 개인에게 특정한 작위·부작위·수인 또는 급부의 의무를 명하는 행정행위, 개인에게 특정의무를 명하는 명령적 행정행위를 하명이라 한다.

② 법령에 의한 일반적·절대적 금지를 특정한 경우에 해제하여 적법하게 일정한 행위를 할 수 있게 하는 행정행위를 허가라 한다.

③ 부관은 조건·기한·부담·철회권의 유보 등과 같이 주된 처분에 부가되는 종된 규율로서, 주된 처분의 효과를 제한하거나 의무를 부과함으로써 국민의 권리·의무에 영향을 미치는 효과가 있다.

④ 행정지도는 일정한 행정목적을 달성하기 위해 상대방인 국민에게 임의적인 협력을 요청하는 비권력적 사실행위를 말한다.

09

「경찰관 직무집행법 제4조(보호조치 등)」에 관한 설명으로 괄호 안의 내용을 가장 적절하게 연결한 것은?

> 경찰관이 보호조치 등을 하였을 때에는 (㉠) 구호대상자의 가족, 친지 또는 그 밖의 연고자에게 그 사실을 알려야 하며, 연고자가 발견되지 아니할 때에는 구호대상자를 적당한 공공보건의료기관이나 공공구호기관에 즉시 인계하여야 한다. 구호 대상자를 경찰관서에서 보호하는 기간은 (㉡)시간을 초과할 수 없고, 물건을 경찰관서에 임시로 영치하는 기간은 (㉢)일을 초과할 수 없다.

	㉠	㉡	㉢
①	24시간 이내에	12	20
②	지체없이	24	10
③	24시간 이내에	24	10
④	지체없이	12	20

10

「경찰관 직무집행법」 제5조(위험 발생의 방지 등)에 관한 내용 중 가장 적절하지 <u>않은</u> 것은?

① 경찰관은 위험 발생의 방지 등에 관한 조치 중 매우 긴급한 경우에 위해를 입을 우려가 있는 사람을 필요한 한도에서 억류하거나 피난시킬 수 있다.

② 경찰관은 위험 발생의 방지 등에 관한 조치를 하였을 때에는 지체없이 그 사실을 소속 경찰관서의 장에게 보고하여야 한다.

③ 경찰관서의 장은 대간첩 작전의 수행이나 소요 사태의 진압을 위하여 필요하다고 인정되는 상당한 이유가 있을 때에는 대간첩 작전지역이나 경찰관서·무기고 등 다중이용시설에 대한 접근 또는 통행을 제한하거나 금지할 수 있다.

④ 경찰관은 위험한 동물 등의 출현으로 인해 사람의 생명 또는 신체에 위해를 끼치거나 재산에 중대한 손해를 끼칠 우려가 있는 경우 위험 발생 방지 등의 조치를 할 수 있다.

11

「경찰관 직무집행법」 제6조(범죄예방과 제지) 및 제7조(위험 방지를 위한 출입)에 관한 내용 중 가장 적절하지 <u>않은</u> 것은? (다툼이 있는 경우 판례에 의함)

① 경찰관의 제지 조치가 적법한지는 제지 조치 당시의 구체적 상황을 기초로 판단하여야 하고 사후적으로 순수한 객관적 기준에서 판단할 것은 아니다.

② 경찰관은 위험 방지를 위해 필요한 장소에 출입할 때에는 그 신분을 표시하는 증표를 제시하여야 하며, 함부로 관계인이 하는 정당한 업무를 방해해서는 아니 된다.

③ 경찰관의 경고나 제지는 범죄의 예방을 위하여 범죄행위에 관한 실행의 착수 전에 행하여질 수 있을 뿐만 아니라, 이후 범죄 행위가 계속되는 중에 그 진압을 위하여도 당연히 행하여질 수 있다고 보아야 한다.

④ 경찰관은 범죄행위가 목전(目前)에 행하여지려고 하고 있다고 인정될 경우 이를 예방하기 위하여 관계인에게 필요한 제지를 하여야 한다.

12

경찰조직 편성원리에 관한 설명 중 옳지 <u>않은</u> 것을 모두 고른 것은?

> ㉠ 통솔범위의 원리는 관리자의 능률적인 감독을 위해서는 통솔하는 대상의 범위를 적정하게 제한하여야 한다는 것으로 관리의 효율성을 좌우하는 중요한 원리이다.
>
> ㉡ 조직의 집단적 노력을 질서있게 배열하는 과정으로 개별적인 활동을 전체적인 관점에서 통일하여 조직의 목표달성도를 높이려는 조직편성의 원리를 명령통일의 원리라고 한다.
>
> ㉢ 계층제의 원리는 관리자의 공백 등을 대비하여 대리, 위임, 유고관리자 사전지정 등이 필요하다.
>
> ㉣ 조정과 통합의 원리는 조직편성 원리의 장단점을 조화롭게 승화시키는 원리로, 무니(Mooney)는 조정의 원리를 '제1의 원리'라고 하였다.

① ㉠, ㉡   ② ㉠, ㉢

③ ㉡, ㉢   ④ ㉢, ㉣

13

「국가재정법」상 예산안의 편성 절차를 순서대로 나열한 것으로 가장 적절한 것은?

> ㉠ 기획재정부장관은 국무회의의 심의를 거쳐 대통령의 승인을 얻은 다음 연도의 예산안편성지침을 각 중앙관서의 장에게 통보하여야 한다.
>
> ㉡ 기획재정부장관은 예산요구서에 따라 예산안을 편성하여 국무회의의 심의를 거친 후 대통령의 승인을 얻어야 한다.
>
> ㉢ 각 중앙관서의 장은 예산안편성지침에 따라 그 소관에 속하는 다음 연도의 세입세출예산·계속비·명시이월비 및 국고채무 부담행위 요구서를 작성하여 기획재정부장관에게 제출하여야 한다.
>
> ㉣ 기획재정부장관은 각 중앙관서의 장에게 통보한 예산안 편성지침을 국회 예산결산특별위원회에 보고하여야 한다.

① ㉠ → ㉡ → ㉢ → ㉣

② ㉠ → ㉣ → ㉢ → ㉡

③ ㉣ → ㉠ → ㉢ → ㉡

④ ㉣ → ㉢ → ㉠ → ㉡

14

「언론중재 및 피해구제 등에 관한 법률」에 관한 설명 중 가장 적절하지 않은 것은?

① 언론중재위원회에 위원장 1명과 2명 이내의 부위원장 및 3명의 감사를 두며, 각각 언론중재위원 중에서 호선(互選)한다.

② 사실적 주장에 관한 언론보도 등이 진실하지 아니함으로 인하여 피해를 입은 자는 해당 언론보도 등이 있음을 안 날부터 3개월 이내에 언론사, 인터넷뉴스서비스사업자 및 인터넷 멀티미디어 방송사업자에게 그 언론보도 등의 내용에 관한 정정보도를 청구할 수 있다. 다만, 해당 언론보도 등이 있은 후 6개월이 지났을 때에는 그러하지 아니하다.

③ 언론중재위원회는 40명 이상 90명 이내의 중재위원으로 구성하며, 중재위원은 문화체육관광부장관이 위촉한다.

④ 피해자가 정정보도청구권을 행사할 정당한 이익이 없는 경우에는 언론사 등은 정정보도 청구를 거부할 수 있다.

15

「공공기관의 정보공개에 관한 법률」상 정보공개의 절차상 내용으로 가장 적절하지 않은 것은?

① 공공기관은 비공개대상 정보에 해당하는 정보가 기간의 경과 등으로 인하여 비공개의 필요성이 없어진 경우에는 그 정보를 공개 대상으로 하여야 한다.

② 정보의 공개를 청구하는 자는 해당 정보를 보유하거나 관리하고 있는 공공기관에 정보공개청구서를 제출하거나 말로써 정보의 공개를 청구할 수 있다.

③ 공공기관은 부득이한 사유로 정보공개의 청구를 받은 날부터 10일 이내에 공개 여부를 결정할 수 없을 때에는 그 기간이 끝나는 날부터 기산(起算)하여 10일의 범위에서 공개 여부결정기간을 연장할 수 있다. 이 경우 공공기관은 연장된 사실과 연장사유를 청구인에게 지체 없이 문서로 통지하여야 한다.

④ 청구인이 공개청구한 정보가 비공개대상 정보에 해당하는 부분과 공개 가능한 부분이 혼합되어 있는 경우 공개청구의 취지에 어긋나지 아니하는 범위에서 두 부분을 분리할 수 있는 경우에는 비공개대상 정보에 해당하는 부분을 제외하고 공개하여야 한다.

16

경찰통제의 유형 중 가장 적절하게 연결된 것은?

① 민주적 통제 – 국가경찰위원회, 국민감사청구, 국가배상제도

② 사전통제 – 입법예고제, 국회의 예산심의권, 사법부의 사법심사

③ 외부통제 – 소청심사위원회, 행정소송, 훈령권

④ 사후통제 – 행정심판, 국정 감사·조사권, 국회의 예산결산권

17

「경찰 인권보호 규칙」상 인권침해사건 조사절차에 관한 설명으로 가장 적절하지 않은 것은?

① 조사담당자는 사건 조사 과정에서 진정인·피진정인 또는 참고인 등이 임의로 제출한 물건 중 사건 조사에 필요한 물건은 보관할 수 있다.

② 조사담당자는 제출받은 물건에 사건번호와 표제, 제출자 성명, 물건 번호, 보관자 성명 등을 적은 표지를 붙인 후 봉투에 넣거나 포장하여 안전하게 보관하여야 한다.

③ 진정인이 진정을 취소한 사건에서 진정인이 제출한 물건이 있는 경우에는 진정인이 요구하는 경우에 한하여 반환할 수 있다.

④ 조사담당자는 사건을 조사하는 과정에서 동일한 사건에 대하여 경찰 검찰 등의 수사가 시작된 경우에는 사건 조사를 중지할 수 있다. 다만, 확인된 인권침해 사실에 대한 구제 절차는 계속하여 이행할 수 있다.

18

「경찰헌장」의 내용 중 괄호 안에 들어갈 가장 적절한 표현은?

우리는 조국 광복과 함께 태어나 나라와 겨레를 위하여 충성을 다하며 오늘의 자유민주사회를 지켜온 대한민국 경찰이다(중략).
1. 우리는 정의의 이름으로 진실을 추구하며 어떠한 불의나 불법과 타협하지 않는 (㉠) 경찰이다.
1. 우리는 국민의 신뢰를 바탕으로 오직 양심에 따라 법을 집행하는 (㉡) 경찰이다.
1. 우리는 화합과 단결 속에 항상 규율을 지키며 검소하게 생활하는 (㉢) 경찰이다.

	㉠	㉡	㉢
①	의로운	공정한	깨끗한
②	의로운	깨끗한	친절한
③	공정한	깨끗한	근면한
④	공정한	의로운	깨끗한

19

「공직자의 이해충돌방지법」에 관한 내용 중 적절한 것은 모두 몇 개인가?

㉠ 공직자는 배우자가 공직자 자신의 직무관련자(민법 제777조에 따른 친족 제외)와 토지 또는 건축물 등 부동산을 거래하는 행위(다만, 공개모집에 의하여 이루어지는 분양이나 공매·경매·입찰을 통한 재산상 거래 행위는 제외)를 한다는 것을 사전에 안 경우에는 안 날부터 14일 이내에 소속기관장에게 그 사실을 서면으로 신고하여야 한다.

㉡ 공직자는 직무관련자에게 사적으로 노무 또는 조언·자문 등을 제공하고 대가를 받는 행위를 해서는 아니된다(단, 국가공무원법 등 타 법령·기준에 따라 허용되는 경우는 제외).

㉢ 공직자는 사회상규에 따라 허용되는 경우라 할지라도 직무 관련인 소속 기관의 퇴직자(공직자가 아니게 된 날부터 2년이 지나지 아니한 사람만 해당)와 사적 접촉(골프, 여행, 사행성 오락을 같이 하는 행위) 시 소속기관장에게 신고해야 한다.

㉣ 사적이해관계자에 공직자 자신 또는 그 가족(민법 제779조에 따른 가족)도 해당된다.

① 1개   ② 2개
③ 3개   ④ 4개

20

경찰의 적극행정에 관한 내용 중 가장 적절하지 <u>않은</u> 것은?

① 「경찰청 적극행정 면책제도 운영규정」상 자체감사를 받는 사람은 적극행정 면책요건에 해당된다 하더라도 자의적인 법 해석 및 집행으로 법령의 본질적인 사항을 위반한 경우 면책대상에서 제외된다.

② 「공공감사에 관한 법률」상 자체감사를 받는 사람이 불합리한 규제의 개선 등 공공의 이익을 위하여 업무를 적극적으로 처리한 결과에 대하여 그의 행위에 고의나 중대한 과실이 없는 경우에는 징계 요구 또는 문책 요구 등 책임을 묻지 아니한다.

③ 「공무원 징계령 시행규칙」상 징계위원회는 징계 등 혐의자와 비위 관련 직무 사이에 사적인 이해관계가 없었고 대상 업무를 처리하면서 중대한 절차상 하자가 없었을 경우 해당 비위가 고의 또는 중과실에 의하지 않은 것으로 추정한다.

④ 「적극행정 운영규정」상 "적극행정"이란, 공무원이 불합리한 규제를 개선하는 등 공공의 이익을 위해 창의성과 신속성을 바탕으로 적극적으로 업무를 처리하는 행위를 말한다.

21

「경범죄 처벌법」에 관한 설명 중 가장 적절하지 <u>않은</u> 것은?

① 경범죄를 짓도록 시키거나 도와준 사람은 죄를 지은 사람에 준하여 처벌한다.

② 범칙행위를 상습적으로 하는 사람은 범칙자에 해당하지 아니한다.

③ 음주소란, 지속적 괴롭힘, 거짓 인적사항을 사용한 사람은 10만 원 이하의 벌금, 구류 또는 과료의 형으로 처벌한다.

④ 술에 취한 채로 관공서에서 몹시 거친 말과 행동으로 주정하거나 시끄럽게 한 사람은 100만 원 이하의 벌금, 구류 또는 과료의 형으로 처벌한다.

22

「지역경찰의 조직 및 운영에 관한 규칙」에 대한 설명 중 가장 적절한 것은?

① "지역경찰관서"란 국가경찰과 자치경찰의 조직 및 운영에 관한 법률 제30조 제3항 및 경찰청과 그 소속기관 직제 제43조에 규정된 지구대, 파출소 및 치안센터를 말한다.

② 상황근무를 지정받은 지역경찰은 문서의 접수 및 처리와 중요사건 사고·발생 시 보고·전파 업무를 수행한다.

③ 지역경찰은 근무 중 주요사항을 근무일지(을지)에 기재하여야 하고 근무일지는 5년간 보관한다.

④ 대기근무를 지정받은 지역경찰은 지정된 장소에서 휴식을 취하되, 무전기를 청취하며 10분 이내 출동이 가능한 상태를 유지하여야 한다.

23

「112종합상황실 운영 및 신고처리 규칙」에 관한 내용 중 가장 적절하지 <u>않은</u> 것은?

① 경찰 출동요소에 의한 현장조치 필요성이 없는 경우는 112신고의 분류 중 code 3 신고로 분류한다.

② 현장 출동 경찰관은 접수자가 112신고의 대응코드를 분류한 경우라도 추가 사실을 확인하여 코드를 변경할 수 있다.

③ 112요원은 사건이 해결된 경우라면 타 부서의 계속적 조치가 필요하더라도 별도의 인계없이 112신고 처리를 종결할 수 있다.

④ 112신고의 처리와 관련하여 출동요소는 현장 상황이 급박하여 신속한 현장 조치가 필요한 경우 우선 조치 후 보고할 수 있다.

24

「가정폭력범죄의 처벌 등에 관한 특례법」에 대한 설명 중 가장 적절한 것은?

① "가정구성원"이란 배우자(사실상 혼인관계에 있는 사람은 제외한다) 또는 배우자였던 사람을 의미한다.

② 가정폭력범죄의 형사처벌 절차에 관한 특례를 정하고 가정폭력 범죄를 범한 사람에 대하여 환경의 조정과 성행(性行)의 교정을 위한 보호처분을 함으로써 가정폭력범죄로 파괴된 가정의 평화와 안정을 회복하고 건강한 가정을 가꾸며 피해자와 가족구성원의 인권을 보호함을 목적으로 한다.

③ "가정폭력행위자"는 가정폭력범죄를 범한 사람만을 의미하고 가정구성원인 공범은 포함되지 않는다.

④ "가정폭력"이란 가정구성원 사이의 신체적, 정신적 피해를 수반하는 행위를 말하며, 재산상 피해를 수반하는 행위는 "가정폭력"에 해당하지 않는다.

25

「경찰수사규칙」상 송치서류의 편철순서가 바르게 나열된 것은?

① 사건송치서, 압수물 총목록, 기록목록, 송치 결정서, 그 밖의 서류

② 사건송치서, 기록목록, 압수물 총목록, 그 밖의 서류, 송치 결정서

③ 사건송치서, 기록목록, 압수물 총목록, 송치 결정서, 그 밖의 서류

④ 사건송치서, 압수물 총목록, 기록목록, 그 밖의 서류, 송치 결정서

26

「마약류 관리에 관한 법률」상 '대마'의 정의에 해당하지 <u>않은</u> 것은?

① 대마초와 그 수지(樹脂)

② 대마초와 그 수지(樹脂)와 동일한 화학적 합성품으로서 대통령령으로 정하는 것

③ 대마초 또는 그 수지를 원료로 하여 제조된 모든 제품

④ 대마초의 종자(種子)·뿌리 및 성숙한 대마초의 줄기

27

「특정강력범죄의 처벌에 관한 법률」상 특정강력범죄 사건의 피의자 신상에 관한 정보공개의 요건으로 가장 적절하지 <u>않은</u> 것은?

① 피의자가 청소년 보호법 제2조 제1호의 청소년에 해당하지 아니할 것
② 국민의 알권리 보장, 피의자의 재범방지 및 범죄예방 등 오로지 공공의 이익을 위하여 필요할 것
③ 범행수단이 잔인하고 중대한 피해가 발생한 특정 강력범죄사건일 것
④ 피의자가 그 죄를 범하였다고 믿을 만한 충분한 의심이 있을 것

28

경비경찰의 경비수단 종류 및 원칙에 관한 설명으로 가장 적절하지 <u>않은</u> 것은?

① 경고와 제지는 간접적 실력행사로서 경찰관 직무 직행법에 근거를 두고 있다.
② 위치의 원칙이란 사태 진압시의 실력행사에 있어서 가장 유리한 지형·지물·위치 등을 확보하여 작전수행이나 진압을 용이하게 한다는 원칙이다.
③ 균형의 원칙이란 주력부대와 예비대를 적절하게 활용하여 한정된 경력으로 최대의 효과를 얻도록 해야 한다는 원칙이다.
④ 안전의 원칙이란 작전 때의 변수 발생은 사회적으로 큰 파장을 미칠 수 있으므로 사고 없는 안전한 진압을 실시해야 한다는 원칙이다.

29

경비경찰 조직운영의 원칙에 관한 설명으로 가장 적절하지 <u>않은</u> 것은?

① 치안협력성 원칙 : 경비경찰이 업무수행과정에서 국민의 협력을 구해야 하고, 국민이 <u>스스로</u> 협조를 할 때 효과적인 업무수행이 가능하다.
② 지휘관단일성 원칙 : 지시는 한 사람에 의해서 행해져야 하고, 보고도 한 사람을 통해서 이루어져야 한다.
③ 부대단위활동 원칙 : 부대에는 지휘관, 직원 및 대원, 지휘권과 장비가 편성되며 임무수행을 위한 보급지원체제를 갖추고 있어야 한다.
④ 체계통일성 원칙 : 경비업무를 효과적으로 수행하기 위해 복수의 지휘관을 두어야 한다.

30

「통합방위법」에 관한 설명 중 가장 적절하지 <u>않은</u> 것은?

① "갑종사태"란 일정한 조직체계를 갖춘 적의 대규모 병력 침투 또는 대량살상무기 공격 등의 도발로 발생한 비상사태로서 통합방위본부장 또는 지역군사령관의 지휘·통제 하에 통합 방위작전을 수행하여야 할 사태를 말한다.
② "을종사태"란 적의 침투·도발 위협이 예상되거나 소규모의 적이 침투하였을 때에 시·도경찰청장, 지역군사령관 또는 함대사령관의 지휘·통제 하에 통합방위작전을 수행하여 단기간 내에 치안이 회복될 수 있는 사태를 말한다.
③ 국무총리 소속으로 중앙 통합방위협의회를 둔다.
④ 국가중요시설은 국방부장관이 관계 행정기관의 장 및 국가정보원장과 협의하여 지정한다.

31

「국민보호와 공공안전을 위한 테러방지법」에서 규정하는 내용 중 적절한 것은 모두 몇 개인가?

> ㉠ "테러위험인물"이란 테러를 실행·계획·준비하거나 테러에 참가할 목적으로 국적국이 아닌 국가의 테러단체에 가입하거나 가입하기 위하여 이동 또는 이동을 시도하는 내국인·외국인을 말한다.
>
> ㉡ 대테러활동에 관한 정책의 중요사항을 심의·의결하기 위하여 국가테러대책위원회를 두고 위원장은 국가정보원장으로 한다.
>
> ㉢ 관계기관의 장은 테러의 계획 또는 실행에 관한 사실을 관계기관에 신고하여 테러를 사전에 예방할 수 있게 하였거나, 테러에 가담 또는 지원한 사람을 신고하거나 체포한 사람에 대하여 대통령령으로 정하는 바에 따라 포상금을 지급하여야 한다.
>
> ㉣ 국가정보원장은 대테러활동에 필요한 정보나 자료를 수집하기 위하여 대테러조사 및 테러위험인물에 대한 추적을 할 수 있다. 이 경우 사전 또는 사후에 대책위원회 위원장에게 보고하여야 한다.

① 1개
② 2개
③ 3개
④ 4개

32

「도로교통법 시행규칙」 [별표 2]에서 규정하는 '차량신호등' 중, 원형등화의 신호의 종류와 그 신호의 뜻에 대한 설명으로 가장 적절하지 않은 것은?

① 녹색의 등화 : 비보호좌회전표지 또는 비보호좌회전표시가 있는 곳에서는 좌회전할 수 있다.

② 황색등화의 점멸 : 차마는 다른 교통 또는 안전표지의 표시에 주의하면서 진행할 수 있다.

③ 황색의 등화 : 차마는 정지선이 있거나 횡단보도가 있을 때에는 그 직전이나 교차로의 직전에 정지하여야 하며, 이미 교차로에 차마의 일부라도 진입한 경우에는 신속히 교차로 밖으로 진행하여야 한다.

④ 적색등화의 점멸 : 차마는 정지선이나 횡단보도가 있을 때에는 그 직전이나 교차로의 직전에 서행하여 다른 교통에 주의하면서 진행할 수 있다.

33

「도로교통법」 제26조(교통정리가 없는 교차로에서의 양보운전)에 관한 설명으로 가장 적절하지 않은 것은?

① 교통정리를 하고 있지 아니하는 교차로에 들어가려고 하는 차의 운전자는 이미 교차로에 들어가 있는 다른 차가 있을 때에는 그 차에 진로를 양보하여야 한다.

② 교통정리를 하고 있지 아니하는 교차로에 들어가려고 하는 차의 운전자는 그 차가 통행하고 있는 도로의 폭보다 교차하는 도로의 폭이 넓은 경우에는 서행하여야 하며, 폭이 넓은 도로로부터 교차로에 들어가려고 하는 다른 차가 있을 때에는 그 차에 진로를 양보하여야 한다.

③ 교통정리를 하고 있지 아니하는 교차로에 동시에 들어가려고 하는 차의 운전자는 좌측도로의 차에 진로를 양보하여야 한다.

④ 교통정리를 하고 있지 아니하는 교차로에서 좌회전하려고 하는 차의 운전자는 그 교차로에서 직진하거나 우회전하려는 다른 차가 있을 때에는 그 차에 진로를 양보하여야 한다.

34

「국가공무원 복무규정」상 공가의 사유로 가장 적절하지 않은 것은?

① 원격지(遠隔地)로 전보(轉補) 발령을 받고 부임할 때

② 천재지변, 교통 차단 또는 그 밖의 사유로 출근이 불가능할 때

③ 신체·정신상의 장애로 장기 요양이 필요할 때

④ 「혈액관리법」에 따라 헌혈에 참가할 때

35

「경찰관의 정보수집 및 처리 등에 관한 규정」에 대한 설명으로 가장 적절하지 <u>않은</u> 것은?

① 경찰관의 정보수집·작성·배포에 있어 정보의 구체적인 범위에는 범죄의 예방과 대응에 필요한 정보가 포함된다.

② 경찰관은 정보를 수집하거나 정보의 수집·작성·배포에 수반되는 사실을 확인하려는 경우에는 상대방에게 자신의 신분을 밝히고 정보수집 또는 사실 확인의 목적을 설명해야 한다.

③ ②의 경우 강제적인 방법을 사용할 수 있다.

④ 범죄의 대응을 위한 정보활동에 현저한 지장을 초래할 우려가 있는 경우에는 ②의 절차를 생략할 수 있다.

36

「집회 및 시위에 관한 법률 및 동법 시행령」상 '질서유지선'에 관한 설명으로 가장 적절하지 <u>않은</u> 것은?

① 질서유지선을 경찰관의 경고에도 불구하고 정당한 사유 없이 상당 시간 침범하거나 손괴·은닉·이동 또는 제거하거나 그 밖의 방법으로 그 효용을 해친 자는 6개월 이하의 징역 또는 50만 원 이하의 벌금·구류 또는 과료에 처한다.

② 옥외집회 및 시위의 신고를 받은 경찰관서장이 질서유지선을 설정할 때에는 주최자 또는 연락책임자에게 이를 알려야 한다.

③ 질서유지선의 설정 고지는 구두 또는 서면으로 할 수 있다. 다만 집회 또는 시위 장소의 상황에 따라 질서유지선을 새로 설정하거나 변경하는 경우에는 집회 또는 시위의 장소에 있는 경찰공무원이 서면으로 알려야 한다.

④ 옥외집회나 시위의 신고를 받은 관할경찰관서장은 집회 및 시위의 보호와 공공의 질서 유지를 위하여 필요하다고 인정하면 최소한의 범위를 정하여 질서유지선을 설정할 수 있다.

37

「집회 및 시위에 관한 법률 시행령」상 집회시위의 해산 절차로 가장 적절한 것은?

① 자진 해산의 요청 → 해산명령 → 종결선언의 요청 → 직접해산

② 자진 해산의 요청 → 종결선언의 요청 → 해산명령 → 직접해산

③ 종결선언의 요청 → 자진 해산의 요청 → 해산명령 → 직접해산

④ 종결선언의 요청 → 해산명령 → 자진 해산의 요청 → 직접해산

38

「출입국관리법」상 외국인의 강제퇴거에 관한 설명으로 가장 적절하지 <u>않은</u> 것은?

① 강제퇴거명령서는 출입국관리공무원이 집행한다. 지방출입국·외국인관서의 장은 사법경찰관리에게 강제퇴거명령서의 집행을 의뢰할 수 있다.

② 대통령령으로 정하는 금액 이상의 국세·관세 또는 지방세를 정당한 사유 없이 그 납부기한까지 내지 아니한 사람은 강제퇴거 대상자에 해당한다.

③ 금고 이상의 형을 선고받고 석방된 사람은 강제퇴거의 대상이 된다.

④ 지방출입국·외국인관서의 장은 강제퇴거명령을 받은 사람을 보호할 때 그 기간이 3개월이 넘는 경우에는 3개월마다 미리 법무부 장관의 승인을 얻어야 한다.

39

「범죄수사규칙」상 외국인 등 관련 범죄에 관한 특칙에 대한 설명으로 가장 적절하지 <u>않은</u> 것은?

① 경찰관은 외국인인 피의자 및 그 밖의 관계자가 한국어에 능통하지 않는 경우에는 통역인으로 하여금 통역하게 하여 한국어로 피의자신문조서나 진술조서를 작성하여야 하며, 특히 필요한 때에는 한국어의 진술서를 작성하게 하거나 한국어의 진술서를 제출하게 하여야 한다.

② 외국인에 대하여 구속영장 그 밖의 영장을 집행하는 경우에는 번역문을 첨부하여야 한다.

③ 외국인으로부터 압수한 물건에 관하여 압수목록교부서를 교부하는 경우에는 번역문을 첨부하여야 한다.

④ 경찰관은 피의자가 외교 특권을 가진 사람인지 여부가 의심스러운 경우에는 신속히 국가수사본부장에게 보고하여 그 지시를 받아야 한다.

40

경찰관의 외국인 관련 사건처리 조치 중 가장 적절하지 <u>않은</u> 것은?

① 사법경찰관 甲은 「경찰수사규칙」에 따라 중국인 피의자 A의 체포시 피의자에게 영사관원 접견 등 권리를 요청할 수 있다는 사실을 알려주었다.

② 사법경찰관 乙은 대한민국과 중화인민공화국 간의 영사협정에 따라 구속된 중국인 피의자 B의 요청이 없는 경우에도 4일이 넘지 아니하는 기간 내에 그 구속사실을 영사기관에 통보하였다.

③ 사법경찰관 丙은 「범죄수사규칙」에 따라 영사 C의 사무소 안에 있는 기록문서를 압수하지 않고 열람하였다.

④ 사법경찰관 丁은 「경찰수사규칙」에 따라 한미행정 협정사건에 관하여 주한 미합중국 군 당국으로부터 공무증명서를 제출받아 지체없이 공무증명서의 사본을 검사에게 송부하였다.

2022 기출문제

01

다음은 한국경찰사에 대한 설명이다. 아래 (   )안에 들어갈 내용으로 가장 적절하게 짝지어진 것은?

> 안병하 치안감은 5·18 광주 민주화운동 당시 전라남도 경찰국장으로서 전라남도 경찰들에게 '분산되는 자는 너무 추적하지 말 것' 등을 지시하고, '연행과정에서 학생의 피해가 없도록 유의하라'고 지시하여 (㉠)에 입각한 경찰권 행사 및 시위대의 (㉡)를 강조하였다.

	㉠	㉡
①	호국정신	인권보호
②	비례의 원칙	질서유지
③	호국정신	질서유지
④	비례의 원칙	인권보호

02

경찰의 기본적 임무인 '위험의 방지'에 대한 설명으로 가장 적절하지 <u>않은</u> 것은?

① 경찰개입을 위해서는 구체적 위험이 존재해야 하지만, 범죄예방 및 위험방지 행위의 준비는 추상적 위험 상황에서도 가능하다.

② 오상위험이란 경찰이 상황을 합리적으로 사려 깊게 판단하여 위험이 존재한다고 인식하여 개입하였으나 실제로는 위험이 없던 경우를 말하며 이 경우 국가의 손실보상책임이 발생할 수 있다.

③ 위험혐의란 경찰이 의무에 합당한 사려 깊은 상황판단을 할 때, 위험의 발생 가능성은 예측되지만, 위험의 실제 발생 여부가 불확실한 경우를 의미한다.

④ 손해란 보호법익에 대한 현저한 침해행위를 의미하고 정상적 상태의 객관적 감소이어야 하므로, 단순한 성가심이나 불편함은 경찰개입의 대상이 아니다.

03

「국가경찰과 자치경찰의 조직 및 운영에 관한 법률」에 대한 설명으로 가장 적절하지 <u>않은</u> 것은?

① 시·도경찰청장은 경찰청장이 시·도자치경찰위원회와 협의하여 추천한 사람 중에서 행정안전부장관의 제청으로 국무총리를 거쳐 대통령이 임용한다.

② 시·도경찰청 차장은 시·도경찰청장을 보좌하여 소관 사무를 처리하고, 시·도경찰청장이 부득이한 사유로 직무를 수행할 수 없을 때에는 그 직무를 대행한다.

③ 국가수사본부장은 형사소송법에 따른 경찰의 수사에 관하여 각 시·도경찰청장과 경찰서장 및 수사부서 소속 공무원을 지휘 감독한다.

④ 국가수사본부장이 직무를 집행하면서 헌법이나 법률을 위배하였더라도 국회는 탄핵 소추를 의결할 수 없다.

04

경찰공무원의 임용에 대한 설명으로 가장 적절하지 <u>않은</u> 것은?

① 「경찰공무원 임용령」상 시·도경찰청장 및 경찰서장은 지구대장 및 파출소장을 보직하는 경우에는 시 도자치경찰위원회의 의견을 사전에 들어야 한다.

② 「국가공무원법」상 임용권자는 공무원이 중앙인사관장기관의 장이 지정하는 연구기관이나 교육기관 등에서 연수하게 된 때에는 공무원의 의사에도 불구하고 휴직을 명하여야 한다.

③ 「경찰공무원 임용령」상 임용권자 또는 임용제청권자는 경찰공무원을 신규채용 할 때에 경과를 부여해야 한다.

④ 「경찰공무원법」상 총경 이상 경찰공무원은 경찰청장 또는 해양 경찰청장의 추천을 받아 행정안전부장관 또는 해양수산부장관의 제청으로 국무총리를 거쳐 대통령이 임용한다. 다만, 총경의 전보, 휴직, 직위해제, 강등, 정직 및 복직은 경찰청장 또는 해양경찰청장이 한다.

05

다음은 경찰공무원 근무관계의 발생, 변동, 소멸에 대한 설명이다. 아래 ㉠부터 ㉣까지의 설명 중 옳고 그름의 표시(○, ×)가 바르게 된 것은?

㉠ 「경찰공무원법」상 자치경찰공무원을 그 계급에 상응하는 경찰공무원으로 임용할 때에는 시보임용을 거친다.

㉡ 「경찰공무원 승진임용규정」상 임용권자나 임용제청권자는 심사승진후보자 명부에 기록된 사람이 승진임용되기 전에 정직 이상의 징계처분을 받은 경우에는 심사승진후보자 명부에서 그 사람을 제외하여야 한다.

㉢ 「국가공무원법」상 임용권자는 금품비위, 성범죄 등 대통령령으로 정하는 비위행위로 인하여 감사원 및 검찰·경찰 등 수사기관에서 조사나 수사 중인 자로서 비위의 정도가 중대하고 이로 인하여 정상적인 업무수행을 기대하기 현저히 어려운 자는 직위해제할 수 있다.

㉣ 「경찰공무원법」상 임용권자는 경찰공무원이 경찰공무원으로는 부적합할 정도로 직무 수행능력이나 성실성이 현저하게 결여된 사람으로서 대통령령으로 정하는 사유에 해당된다고 인정되는 사람을 직권으로 면직시킬 수 있다.

① ㉠ (×) ㉡ (○) ㉢ (×) ㉣ (○)

② ㉠ (○) ㉡ (×) ㉢ (○) ㉣ (○)

③ ㉠ (×) ㉡ (○) ㉢ (○) ㉣ (○)

④ ㉠ (×) ㉡ (○) ㉢ (○) ㉣ (×)

06

경찰공무원의 권리와 의무에 대한 설명으로 가장 적절하지 <u>않은</u> 것은?

① 「경찰공무원법」상 모든 계급의 경찰공무원은 형의 선고, 징계처분 또는 「국가공무원법」 및 「경찰공무원법」에 정하는 사유에 따르지 아니하고는 본인의 의사에 반하여 휴직·강임 또는 면직을 당하지 아니한다.

② 「경찰공무원 복무규정」상 경찰공무원은 직위 또는 직권을 이용하여 부당하게 타인의 민사분쟁에 개입하여서는 아니 된다.

③ 「경찰공무원법」상 경찰공무원을 지휘하는 사람은 전시·사변, 그 밖에 이에 준하는 비상사태이거나 작전수행 중인 경우 또는 많은 인명손상이나 국가재산 손실의 우려가 있는 위급한 사태가 발생한 경우, 정당한 사유 없이 그 직무수행을 거부 또는 유기하거나 경찰공무원을 지정된 근무지에서 진출·퇴각 또는 이탈하게 하여서는 아니 된다.

④ 「공직자윤리법」은 총경(자치총경 포함) 이상의 경찰공무원을 재산등록의무자로 규정하고 있고, 「공직자윤리법 시행령」은 경찰공무원 중 경정, 경감, 경위, 경사와 자치경찰공무원 중 자치경정, 자치경감, 자치경위, 자치경사를 재산등록의무자로 규정하고 있다.

07

고충처리에 대한 설명으로 가장 적절하지 <u>않은</u> 것은?

① 「국가공무원법」에 따라 공무원은 인사 · 조직 · 처우 등 각종 직무 조건과 그 밖에 신상 문제와 관련한 고충에 대하여 상담을 신청하거나 심사를 청구할 수 있다.

② 「경찰공무원법」에 따라 '경찰공무원 고충심사위원회'의 심사를 거친 재심청구와 경정 이상 경찰공무원의 인사상담 및 고충심사는 「국가공무원법」에 따라 설치된 중앙고충심사위원회에서 한다.

③ 「공무원고충처리규정」에 따라 고충심사위원회가 청구서를 접수한 때에는 30일 이내에 고충심사에 대한 결정을 하여야 한다. 다만, 부득이하다고 인정되는 경우에는 고충심사위원회의 의결로 30일을 연장할 수 있다.

④ 「국가공무원법」에 따라 중앙인사관장기관의 장, 임용권자 또는 임용제청자는 기관 내 성폭력 범죄 또는 성희롱 발생 사실의 신고를 받은 경우에는 지체 없이 사실 확인을 위한 조사를 하고 그에 따라 필요한 조치를 할 수 있다.

08

경찰비례의 원칙에 대한 설명으로 가장 적절하지 <u>않은</u> 것은?

① 행정영역에서 적용되는 원칙으로서, 일반적 수권조항에 근거하여 경찰권을 발동하는 경우는 물론, 개별적 수권조항에 근거하여 경찰권을 발동하는 경우에도 적용된다.

② 경찰행정관청의 특정행위가 공적 목적 달성을 위해 적합하고, 국민에게 가장 피해가 적으며, 달성되는 공익이 침해되는 사익보다 더 커야 적법한 행정작용이 될 수 있다.

③ 상당성의 원칙(협의의 비례원칙)은 경찰기관의 어떤 조치가 경찰목적 달성을 위해 필요한 경우라고 하여도 그 조치에 따른 불이익이 그 조치로 인해 발생하는 이익보다 큰 경우에는 경찰권을 발동해서는 안된다는 원칙이다.

④ 경찰비례의 원칙은 법률에 명문의 규정은 존재하지 않지만 이를 위반한 경찰작용은 위법한 것으로 평가되어 행정소송의 대상이 되며, 국가배상청구의 대상이 될 수 있다.

09

다음 설명으로 가장 적절하지 <u>않은</u> 것은? (다툼이 있는 경우 판례에 의함)

① 「경찰관 직무집행법 시행령」상 경찰관의 적법한 직무집행으로 인하여 발생한 손실을 보상받으려는 사람은 보상금 지급 청구서에 손실내용과 손실금액을 증명할 수 있는 서류를 첨부하여 손실 보상청구 사건 발생지를 관할하는 국가경찰관서의 장에게 제출하여야 한다.

② 「경찰관 직무집행법」에 따라 경찰관은 미아, 병자, 부상자 등으로서 적당한 보호자가 없으며 응급구호가 필요하다고 인정되는 사람은 본인이 구호를 거절하는 경우에도 보호조치를 할 수 있다.

③ 「경찰관 직무집행법」에 따라 경찰관이 불심검문을 하던 중 정지시킨 장소에서 질문하는 것이 불심자에게 불리하거나 교통에 방해가 된다고 인정될 때에는 질문을 하기 위하여 경찰관서로 동행할 것을 요구할 수 있다.

④ 「경찰관 직무집행법」상 '제지'는 행정상 즉시강제에 해당하며, 필요한 최소한도 내에서 행해져야 하므로 해당 집회 참가가 불법 행위라도, 집회 장소와 시간적·장소적으로 근접하지 않은 경우에는 이를 제지할 수 없다.

10

「경찰관 직무집행법」에 대한 설명으로 가장 적절하지 <u>않은</u> 것은?

① 국민의 자유와 권리 및 모든 개인이 가지는 불가침의 기본적 인권을 보호하고 사회공공의 질서를 유지하기 위한 경찰관의 직무 수행에 필요한 사항을 규정함을 목적으로 한다.

② 경찰관은 범죄행위가 목전에 행하여 지려고 하고 있다고 인정될 때에는 이를 예방하기 위하여 관계인에게 필요한 경고를 할 수 있다.

③ 경찰관이 위험방지를 위한 출입할 때에는 그 신분을 표시하는 증표의 제시의무는 없다.

④ 경찰관은 위험한 사태가 발생하여 사람의 생명·신체 또는 재산에 대한 위해가 임박한 때에 그 위해를 방지하거나 피해자를 구조하기 위하여 부득이하다고 인정하면 합리적으로 판단하여 필요한 한도에서 다른 사람의 토지·건물·배 또는 차에 출입할 수 있다.

11

경찰장비에 대한 설명이다. 아래 ㉠부터 ㉣까지의 설명 중 옳고 그름의 표시(O, ×)가 바르게 된 것은?

> ㉠ 「경찰관 직무집행법」상 경찰청장은 위해성 경찰장비를 새로 도입하려는 경우에는 대통령령으로 정하는 바에 따라 안전성 검사를 실시하여 그 안전성 검사의 결과보고서를 행정안전부장관에게 제출하여야 한다.
>
> ㉡ 「위해성 경찰장비의 사용기준 등에 관한 규정」상 경찰관은 14세 미만의 자 또는 65세 이상의 고령자에 대하여 전자충격기를 사용하여서는 아니 된다.
>
> ㉢ 「경찰관 직무집행법」상 경찰관은 범인의 체포 또는 범인의 도주 방지를 위하여 부득이한 경우에는 현장책임자가 판단하여 필요한 최소한의 범위에서 「총포·도검·화약류 등의 안전관리에 관한 법률」에 따른 분사기를 사용할 수 있다.
>
> ㉣ 「경찰관 직무집행법」상 경찰관은 범인의 체포, 범인의 도주 방지, 자신이나 다른 사람의 생명·신체의 방어 및 보호, 공무 집행에 대한 항거의 제지를 위하여 필요하다고 인정되는 상당한 이유가 있을 때에는 그 사태를 합리적으로 판단하여 필요한 한도에서 무기를 사용할 수 있다.

① ㉠ (×)　㉡ (O)　㉢ (O)　㉣ (×)
② ㉠ (O)　㉡ (×)　㉢ (O)　㉣ (×)
③ ㉠ (×)　㉡ (×)　㉢ (×)　㉣ (O)
④ ㉠ (×)　㉡ (×)　㉢ (O)　㉣ (O)

12

비밀에 대한 설명으로 가장 적절하지 <u>않은</u> 것은?

① 「보안업무규정 시행 세부규칙」상 모든 경찰공무원(전투경찰순경을 포함한다)은 임용과 동시 Ⅲ급 비밀취급권을 가진다.

② 「보안업무규정 시행 세부규칙」상 정보부서에 근무하는 경찰공무원은 그 보직발령과 동시에 Ⅱ급 비밀취급권을 인가받은 것으로 한다.

③ 「보안업무규정」과 「보안업무규정 시행규칙」상 보호지역 중 제한구역은 비인가자가 비밀, 주요시설 및 Ⅲ급 비밀 소통용 암호 자재에 접근하는 것을 방지하기 위하여 안내를 받아 출입하여야 하는 구역을 말한다.

④ 「보안업무규정」상 비밀은 그 중요성과 가치의 정도에 따라 구분하며 누설될 경우 국가안전보장에 해를 끼칠 우려가 있는 비밀은 Ⅱ급 비밀에 해당한다.

13

경찰의 부패원인 가설에 대한 설명이 가장 적절하게 짝지어진 것은?

> ㉠ P경찰관은 부서에서 많은 동료들이 단독 출장을 가면서도 공공연하게 두 사람의 출장비를 청구하고 퇴근 후 잠깐 들러서 시간외 근무를 한 것으로 퇴근시간을 허위 기록되게 하는 것을 보고, P경찰관도 동료들과 같은 행동을 하였다.
>
> ㉡ 경찰관은 순찰 중 주민으로부터 피로회복 음료를 무상으로 받았고, 그 다음주는 식사대접을 받았다. 순찰 나갈 때 마다 주민들에게 뇌물을 받는 습관이 들었고, 주민들도 경찰관이 순찰을 나가면 마음의 선물이라며 뇌물을 주는 것이 관례가 되어버렸다.

	㉠	㉡
①	전체사회 가설	구조원인 가설
②	썩은 사과 가설	구조원인 가설
③	구조원인 가설	전체사회 가설
④	구조원인 가설	썩은 사과 가설

14

「부정청탁 및 금품 등 수수의 금지에 관한 법률」에 위반되는 사례로 가장 적절한 것은?

① 예술의전당 소속 공연 관련 업무 담당공무원이 예술의전당 초청 공연작으로 결정된 뮤직드라마의 공연제작사 대표이사 甲 등과 저녁식사를 하고 25만 원 상당(1인당 5만 원)의 음식값을 甲이 지불한 경우

② 경찰서장이 소속부서 직원들에게 위로・격려・포상의 목적으로 회식비를 제공한 경우

③ 결혼식을 앞두고 있는 경찰관이 4촌 형으로부터 500만 원 상당의 냉장고를 선물 받은 경우

④ 경찰관이 홈쇼핑에서 물품을 구매한 후 구매자를 대상으로 경품을 추첨하는 행사에서 당첨되어 300만 원 상당의 안마의자를 받은 경우

15

「부정청탁 및 금품등 수수의 금지에 관한 법률」에 대한 설명 중 가장 적절한 것은?

① 공직자 등은 직무 관련 여부 및 기부・후원・증여 등 그 명목에 관계없이 동일인으로부터 1회에 100만 원 또는 매 회계연도에 300만 원을 초과하는 금품을 받거나 요구 또는 약속해서는 아니 된다.

② 이 법의 위반행위가 발생하였거나 발생하고 있다는 사실을 알게 된 경우에는 이해관계인만 수사기관에 신고할 수 있다.

③ 직급에 상관 없이 모든 공직자의 외부강의 사례금 상한액은 1시간당 30만 원이며 1시간을 초과하면 상한액은 45만 원이다.

④ 부정청탁을 받은 공직자 등은 부정청탁을 한 자에게 부정청탁임을 알렸다면 이와 별도로 거절하는 의사는 명확하지 않아도 된다.

16

「경찰청 공무원 행동강령」에 대한 설명으로 가장 적절하지 **않은** 것은? [문제 변형]

① 공무원은 여비, 업무추진비 등 공무 활동을 위한 예산을 목적 외의 용도로 사용하여 소속 기관에 재산상 손해를 입혀서는 아니 된다.

② 경찰유관단체원이 직무와 관련하여 알게 된 비밀을 누설한 경우 행동강령책임관은 해당 경찰유관단체 운영 부서장과 협의하여 소속기관장에게 경찰유관단체원의 해촉 등 필요한 조치를 건의하여야 하며, 보고를 받은 소속기관장은 적절한 조치를 취하여야 한다(경찰청 공무원 행동강령 제8조의 2).

③ 공무원은 직무 관련 여부 및 기부・후원・증여 등 그 명목에 관계없이 동일인으로부터 1회에 200만 원 또는 매 회계연도에 400만 원을 초과하는 금품 등을 받거나 요구 또는 약속해서는 아니 된다.

④ 공무원은 자기 또는 타인의 부당한 이익을 위하여 자신의 직무권한을 행사하거나 지위・직책 등에서 유래되는 사실상 영향력을 행사하여 공직자가 아닌 자에게 계약 당사자 선정, 계약 체결 여부 등에 관하여 개입하거나 영향을 미치도록 하는 행위의 알선・청탁 등을 해서는 아니 된다.

17

코헨(Cohen)과 펠드버그(Feldberg)가 제시한 경찰활동의 윤리적 표준에 대한 설명으로 가장 적절하지 <u>않은</u> 것은?

① 경찰관이 절도범을 추격하던 중 도주하는 범인의 등 뒤에서 권총을 쏘아 사망하게 하는 경우는 '공공의 신뢰' 위반에 해당한다.

② 경찰관이 우범지역인 A지역과 B지역의 순찰업무를 맡았으나, A지역에 가족이 산다는 이유로 A지역에서 순찰 근무시간을 대부분 할애한 경우는 '공정한 접근' 위반에 해당한다.

③ 불법 개조한 오토바이를 단속하던 경찰관이 정지명령에 불응하는 오토바이를 향하여 과도하게 추격한 결과 운전자가 전신주를 들이받고 사망한 경우는 '시민의 생명과 재산의 안전' 위반에 해당한다.

④ 경찰이 사익을 위해 공권력을 사용하거나 필요한 최소한의 강제력을 초과하여 사용하였다면 '공정한 접근' 위반에 해당한다.

18

인권과 관련한 다음 설명 중 가장 적절하지 <u>않은</u> 것은?

① 「경찰관 인권행동강령」상 경찰관은 직무를 수행하는 과정에서 합리적인 이유 없이 성별, 종교, 장애 등을 이유로 누구도 차별하여서는 아니 되고, 신체적·정신적·경제적·문화적인 차이 등으로 특별한 보호가 필요한 사람의 인권을 보호하여야 한다.

② 「경찰 인권보호 규칙」상 인권보호담당관은 분기 1회 이상 인권 영향평가의 이행 여부를 점검하고, 이를 경찰청 인권위원회에 제출하여야 한다.

③ 참가인원, 내용, 동원 경력의 규모, 배치 장비 등을 고려하여 인권침해 가능성이 높다고 판단되는 집회 및 시위의 경우는 「경찰 인권보호 규칙」상 인권 영향평가 실시 대상에 해당한다.

④ 「경찰 인권보호 규칙」상 인권침해사건 조사절차에서 사건이 종결되어 더 이상 물건을 보관할 필요가 없는 경우, 조사담당자는 사건 조사 과정에서 진정인이 임의로 제출한 물건을 제출자가 요구하지 않더라도 반환할 수 있다.

19

경찰활동 전략별 주요 내용에 대한 설명으로 가장 적절하지 <u>않은</u> 것은?

① 지역중심 경찰활동(community-oriented policing)은 경찰이 지역사회 구성원과 함께 지역이 당면한 문제를 확인하고 우선순위를 정하여 해결하고자 노력하는 것을 의미한다.

② 지역중심 경찰활동과 문제지향적 경찰활동(problem-oriented policing)은 병행되어 실시될 때 효과성이 제고된다.

③ 무관용 경찰활동(zero tolerance policing)은 지역사회 문제해결을 위해 SARA 모형이 강조되는데, 이 모형은 조사(Scanning) - 분석(Analysis) - 대응(Response) - 평가(Assessment)로 진행된다.

④ 문제지향적 경찰활동은 지역문제들에 대한 효과적인 대응 전략들을 고려하면서, 필요시에는 경찰과 지역사회의 협력 전략에 보다 높은 가치를 부여한다.

20

「경범죄 처벌법」에 대한 설명으로 가장 적절하지 <u>않은</u> 것은? (다툼이 있는 경우 판례에 의함)

① 범칙행위를 한 사람이라도 18세 미만인 경우에는 범칙자에 해당하지 않는다.

② 주거지에서 음악 소리를 크게 내거나 큰 소리로 떠들어 이웃을 시끄럽게 하는 행위는 「경범죄 처벌법」상 '인근소란 등'에 해당한다.

③ '관공서에서의 주취소란'과 '거짓신고'의 법정형으로 볼 때, 두 경범죄의 경우에는 형사소송법 제214조(경미사건과 현행 범인의 체포)에 해당되지 않아 범인의 주거가 분명하더라도 현행범인 체포가 가능하다.

④ '폭행 등 예비'와 '거짓 광고'는 10만 원 이하의 벌금, 구류 또는 과료의 형으로 처벌한다.

21

실종아동등에 대한 설명으로 가장 적절하지 <u>않은</u> 것은?

① 「실종아동등 및 가출인 업무처리 규칙」상 '장기실종아동등'이란 보호자로부터 신고를 접수한 지 48시간이 경과한 후에도 발견되지 않은 찾는 실종아동등을 말한다.

② 「실종아동등 및 가출인 업무처리 규칙」상 '발견지'는 실종아동등 또는 가출인을 발견하여 보호 중인 장소를 말하며, 발견한 장소와 보호 중인 장소가 서로 다른 경우에는 발견한 장소를 말한다.

③ 「실종아동등 및 가출인 업무처리 규칙」상 경찰관서의 장은 실종 아동등 또는 가출인에 대한 신고를 접수한 후, 신고대상자가 수사기관으로부터 지명수배 또는 지명통보된 사람에 해당하는 경우에는 신고 내용을 실종아동등 프로파일링시스템에 입력하지 않을 수 있다.

④ 「실종아동등의 보호 및 지원에 관한 법률」상 경찰관서의 장은 실종아동등(범죄로 인한 경우 제외)의 조속한 발견을 위하여 「위치정보의 보호 및 이용 등에 관한 법률」에 따른 개인위치 정보사업자에게 실종아동등의 위치 확인에 필요한 개인위치정보 등의 제공을 요청할 수 있다.

22

「아동학대범죄의 처벌 등에 관한 특례법」에 대한 설명으로 가장 적절하지 <u>않은</u> 것은?

① 아동학대범죄 신고를 접수한 사법경찰관리나 아동학대전담공무원이 동행하여 현장출동하지 아니한 경우, 수사기관의 장이나 시·도지사 또는 시장·군수·구청장은 현장출동에 따른 조사 등의 결과를 서로에게 통지할 수 있다.

② 사법경찰관은 피해아동 등에 대한 응급조치에도 불구하고, 아동학대범죄가 재발될 우려가 있고 긴급을 요하여 법원의 임시조치 결정을 받을 수 없을 때에는 직권으로 아동학대행위자에 대한 긴급임시조치를 할 수 있다.

③ 검사는 아동학대범죄사건의 증인이 피고인 또는 그 밖의 사람으로부터 생명·신체에 해를 입거나 입을 염려가 있다고 인정될 때에는 관할 경찰서장에게, 증인의 신변안전을 위하여 필요한 조치를 할 것을 요청하여야 한다.

④ 판사가 아동학대범죄의 원활한 조사·심리 또는 피해아동 등의 보호를 위하여 필요하다고 인정하는 경우에는 결정으로 아동학대행위자에게 경찰관서의 유치장 또는 구치소에 유치하는 조치를 할 수 있다.

23

「가정폭력범죄의 처벌 등에 관한 특례법」에 대한 설명으로 가장 적절하지 <u>않은</u> 것은?

① 사법경찰관은 가정폭력범죄에 대한 응급조치에도 불구하고 가정폭력범죄가 재발될 우려가 있고, 긴급을 요하여 법원의 임시조치 결정을 받을 수 없을 때에는 직권 또는 피해자나 그 법정 대리인의 신청에 의하여 긴급임시조치를 할 수 있다.

② 진행 중인 가정폭력범죄에 대하여 신고를 받은 사법경찰관리는 즉시 현장에 나가서 폭력행위의 제지, 가정폭력행위자 피해자의 분리, 현행범인의 체포 등 범죄수사, 피해자를 가정폭력 관련 상담소 또는 보호시설로 인도(피해자가 동의한 경우만 해당), 긴급치료가 필요한 피해자를 의료기관으로 인도, 폭력행위 재발 시 제8조에 따라 임시조치를 신청할 수 있음을 통보, 제55조의2에 따른 피해자보호명령 또는 신변안전조치를 청구할 수 있음을 고지해야 한다.

③ 甲의 배우자였던 乙이 甲에게 폭행을 당한 것을 이유로 112종합상황실에 가정폭력으로 신고하여 순찰 중이던 경찰관이 출동한 경우, 그 경찰관은 해당 사건에 대해 가정폭력범죄 사건으로 처리할 수 없다.

④ 피해자 또는 그 법정대리인은 가정폭력행위자를 고소할 수 있고, 피해자의 법정대리인이 가정폭력행위자인 경우 또는 가정폭력 행위자와 공동으로 가정폭력범죄를 범한 경우에는 피해자의 친족이 고소할 수 있다.

24

「지역경찰의 조직 및 운영에 관한 규칙」에 대한 설명으로 가장 적절하지 <u>않은</u> 것은?

① 지역경찰 동원은 근무자 동원을 원칙으로 하되, 불가피한 경우에 한하여 휴무자를 동원할 수 있다.

② 지역경찰관리자는 신고출동태세 유지 등을 위해 필요한 경우에는 휴게 및 식사시간도 기타 근무로 지정할 수 있다.

③ 순찰팀장은 관리팀원에게 행정근무를 지정하고, 순찰팀원에게 상황 또는 순찰근무 지정하는 것을 원칙으로 하되, 필요한 경우에는 다른 근무를 지정하거나 병행하여 수행하도록 지정할 수 있다.

④ 상황근무를 지정받은 지역경찰은 지역경찰관서 및 치안센터 내에서 요보호자 또는 피의자에 대한 보호·감시, 방문민원 및 각종 신고사건의 접수 및 처리 등의 업무를 수행한다.

25

변사사건 및 지문에 대한 설명으로 가장 적절하지 <u>않은</u> 것은?

① 전당포, 금은방 등에 비치된 거래대장에 압날된 지문과 같이 준현장지문은 범죄현장 이외의 장소에서 채취한 지문을 말한다.

② 「경찰수사규칙」상 사법경찰관이 검시를 할 때에는 검시 조사관을 참여시켜야 하며, 검시에 참여한 검시 조사관은 변사자조사결과 보고서를 작성해야 한다.

③ 「지문 및 수사자료표 등에 관한 규칙」상 '지문자동검색시스템(AFIS : Automated Fingerprint Identification System)'은 주민등록증발급신청서·외국인의 생체정보·수사자료표의 지문을 원본 그대로 암호화하여 데이터베이스에 저장하고, 채취한 지문과의 동일성 검색에 활용하는 전산시스템을 말한다.

④ 「경찰수사규칙」상 사법경찰관리는 검시에 특별한 지장이 없다고 인정하면 변사자의 가족·친족, 이웃사람·친구, 시·군·구·읍·면·동의 공무원이나 그 밖에 필요하다고 인정하는 사람을 검시에 참여시켜야 한다.

26

지명수배에 대한 설명으로 가장 적절하지 않은 것은?

① 「범죄수사규칙」상 경찰관이 검거한 지명수배자에 대하여 지명수배가 여러 건인 경우, 검거관서와 거리 또는 교통상 가장 인접한 수배관서가 법정형이 중한 죄명으로 지명수배한 수배관서보다 지명수배자를 먼저 인계받아 조사해야 한다.

② 「범죄수사규칙」상 국가수사본부장은 공개수배 위원회를 개최하여 중요지명피의자 종합 공개수배 대상자를 선정한다.

③ 「경찰수사규칙」상 사법경찰관리가 지명수배자를 발견하였으나 체포영장 또는 구속영장을 소지하지 않은 경우, 긴급하게 필요하면 지명수배자에게 영장이 발부되었음을 고지한 후 체포 또는 구속할 수 있으며 사후에 지체 없이 그 영장을 제시해야 한다.

④ 「범죄수사규칙」상 도서지역에서 지명수배자가 발견된 경우에 지명수배자 등이 발견된 관할 경찰관서의 경찰관은 지명수배자의 소재를 계속 확인하고, 수배관서와 협조하여 검거 시기를 정함으로써 검거 후 구속영장청구시한(체포한 때부터 48시간)이 경과되지 않도록 하여야 한다.

27

다중범죄의 정책적 치료법 및 진압의 기본원칙에 대한 설명으로 가장 적절하지 않은 것은?

① 전이법은 불만집단과 이에 반대하는 대중의견을 크게 부각시켜 불만집단이 자진해산 및 분산하게 하는 정책적 치료법이다.

② 봉쇄・방어는 군중이 중요시설이나 기관 등 보호대상물의 점거를 기도할 경우, 사전에 부대가 선점하여 바리케이트 등으로 봉쇄하는 방어조치로 충돌없이 효과적으로 무산시키는 진압의 기본원칙이다.

③ 세력분산은 일단 시위대가 집단을 형성한 이후에 부대가 대형으로 진입하거나 장비를 사용하여 시위집단의 지휘 통제력을 차단하며, 수개의 소집단으로 분할시켜 시위의사를 약화시키는 진압의 기본원칙이다.

④ 지연정화법은 시간을 지연시킴으로써 불만집단의 고조된 주장을 이성적으로 사고할 기회를 부여하고 정서적으로 감정을 둔화시켜서 흥분을 가라앉게 하는 정책적 치료법이다.

28

선거경비에 대한 설명으로 가장 적절하지 <u>않은</u> 것은?

① 개표소 경비에 대한 3선 개념 중 제3선은 울타리 외곽으로, 검문조 순찰조를 운영하여 위해 기도자의 접근을 차단한다.

② 「공직선거법」상 구·시·군선거관리위원회위원장이나 위원이 개표소의 질서유지를 위하여 정복을 한 경찰공무원 또는 경찰관서장에게 원조를 요구할 수 있으며, 이와 같은 요구에 의해 개표소안에 들어간 경찰공무원 또는 경찰관서장은 질서가 회복되거나 위원장의 요구시 개표소에서 퇴거할 수 있다.

③ 「공직선거법」상 투표소 안에서 또는 투표소로부터 100미터 안에서 소란한 언동을 하거나 특정 정당이나 후보자를 지지 또는 반대하는 언동을 하는 자가 있는 때에는 투표관리관 또는 투표사무원은 이를 제지하고, 그 명령에 불응하는 때에는 투표소 또는 그 제한거리 밖으로 퇴거하게 할 수 있다.

④ 「공직선거법」상 투표관리관 또는 투표사무원은 투표소의 질서가 심히 문란하여 공정한 투표가 실시될 수 없다고 인정하는 때에는 투표소의 질서를 유지하기 위하여 정복을 한 경찰공무원 또는 경찰관서장에게 원조를 요구할 수 있다.

29

「경찰 비상업무 규칙」상 비상근무의 종류별 정황에 대한 설명이다. 아래 ㉠부터 ㉣까지의 설명 중 옳고 그름의 표시(O, X)가 바르게 된 것은?

㉠ 작전비상 – 갑호 – 대규모 적정이 발생하였거나 발생 징후가 현저한 경우

㉡ 교통비상 – 을호 – 농무, 풍수설해 및 화재로 극도의 교통혼란 및 사고발생시

㉢ 경비비상 – 병호 – 국제행사·기념일 등을 전후하여 치안수요가 증가하여 가용경력의 50%를 동원할 필요가 있는 경우

㉣ 수사비상 – 갑호 – 사회이목을 집중시킬만한 중대 범죄 발생시

---

① ㉠ (O) ㉡ (X) ㉢ (X) ㉣ (O)

② ㉠ (O) ㉡ (X) ㉢ (O) ㉣ (O)

③ ㉠ (X) ㉡ (X) ㉢ (O) ㉣ (X)

④ ㉠ (O) ㉡ (O) ㉢ (X) ㉣ (X)

30

재난 및 대테러경비활동에 대한 설명으로 가장 적절하지 <u>않은</u> 것은?

① 「재난 및 안전관리 기본법」상 '재난'은 '자연재난'과 '사회재난'으로 구분된다.

② 「테러취약시설 안전활동에 관한 규칙」상 C급 다중이용건축물 등은 테러에 의하여 파괴되거나 기능 마비시 제한된 지역에서 단기간 대테러진압작전이 요구되고, 국민생활에 상당한 영향을 미칠 수 있는 건축물 또는 시설을 말한다.

③ 「국민보호와 공공안전을 위한 테러방지법」상 '테러위험인물'이란 테러단체의 조직원이거나 테러단체 선전, 테러자금 모금·기부, 그 밖에 테러 예비·음모·선전·선동을 하였거나 하였다고 의심할 상당한 이유가 있는 사람을 말한다.

④ 「경찰 재난관리 규칙」상 시·도경찰청 등의 장은 관할 지역 내에서 재난이 발생하였거나 발생할 우려가 있는 경우 재난상황실을 설치·운영할 수 있으나, 시·도경찰청 등에 재난대책본부가 설치되었거나, 「재난 및 안전관리 기본법」상 '경계' 단계의 위기경보가 발령된 경우에는 재난상황실을 설치·운영하여야 한다.

31

「교통사고조사규칙」상 교통사고 및 현장도면 작성에 대한 설명으로 가장 적절하지 <u>않은</u> 것은?

① 교통조사관이 교통사고 현장도면 작성시 교통사고의 발생지점과 사고차량의 정차지점을 표시하는 때에는 사고발생 지점을 도면의 중앙에 배치하고 가해차량의 진행방향이 위로 향하도록 하여 이동지점과 정차지점을 실선으로 표시한다.

② 교통조사관이 교통사고 현장도면 작성시 거리를 측정하거나 지점을 확정하는 경우에는 각각의 지점에 대한 명칭을 붙여 특정지어야 한다.

③ 교통사고 현장에 사망한 사람이 있는 경우에는 단순히 의식이 없거나 호흡이 정지하였다는 사유로 사망한 것으로 판단하지 말고, 의료전문가의 판단이 있을 때까지는 중상자와 동일하게 취급해야 한다.

④ 경찰공무원이 교통사고 현장에서 사상자 구호, 현장보존 등 부득이한 경우에 일시적으로 교통을 통제하거나 일방통행의 조치를 취할 때에는 '교통사고 조사 중' 표지판을 사고현장 전·후 적합한 위치에 설치하고 반드시 1명 이상의 경찰공무원이 차량과 군중을 정리하여 2차 사고를 예방하여야 한다.

32

다음 ㉠부터 ㉣까지 중 「교통사고처리 특례법」 제3조 제2항(처벌의 특례) 단서 각 호에 해당하는 것은 모두 몇 개인가?

㉠ 도로교통법 제39조 제4항을 위반하여 자동차의 화물이 떨어지지 아니하도록 필요한 조치를 하지 아니하고 운전한 경우

㉡ 도로교통법 제17조 제1항 또는 제2항에 따른 제한속도를 시속 20킬로미터 초과하여 운전한 경우

㉢ 도로교통법 제13조 제3항을 위반하여 중앙선을 침범하거나 같은 법 제62조를 위반하여 횡단, 유턴 또는 후진한 경우

㉣ 도로교통법 제24조에 따른 철길건널목 통과방법을 위반하여 운전한 경우

① 1개
② 2개
③ 3개
④ 4개

33

어린이 보호구역 및 어린이 통학버스에 대한 설명으로 가장 적절하지 <u>않은</u> 것은?

① 「도로교통법」상 모든 차의 운전자는 어린이나 영유아를 태우고 있다는 표시를 한 상태로 도로를 통행하는 어린이통학버스를 앞지르지 못한다.

② 「어린이 노인 및 장애인 보호구역의 지정 및 관리에 관한 규칙」상 시·도경찰청장이나 경찰서장은 「도로교통법」 제12조 제1항 또는 제12조의2 제1항에 따라 보호구역에서 구간별·시간대별로 도시지역의 간선도로를 일방통행로로 지정·운영할 수 있다.

③ 「도로교통법 시행령」상 어린이 통학버스는 교통사고로 인한 피해를 전액 배상할 수 있도록 「보험업법」에 따른 보험 또는 「여객자동차 운수사업법」에 따른 공제조합에 가입되어 있어야 한다.

④ 「어린이·노인 및 장애인 보호구역의 지정 및 관리에 관한 규칙」상 시장 등은 조사 결과 보호구역으로 지정 관리할 필요가 인정되는 경우에 관할 시·도경찰청장 또는 경찰서장과 협의하여 해당 보호구역 지정대상시설의 주(主) 출입문을 중심으로 반경 300미터 이내의 도로 중 일정구간을 보호구역으로 지정하나, 해당 지역의 교통여건 및 효과성 등을 면밀히 검토하여 필요한 경우에 보호구역 지정대상시설의 주 출입문을 중심으로 반경 500미터 이내의 도로에 대해서도 보호구역으로 지정할 수 있다.

34

「도로교통법 및 도로교통법 시행령」상 주·정차에 대한 설명으로 가장 적절하지 않은 것은?

① 경찰서장, 도지사 또는 시장 등은 차를 견인하였을 때부터 24시간이 경과되어도 이를 인수하지 아니하는 때에는 해당 차의 보관장소 등 행정안전부령이 정하는 사항을 해당 차의 사용자 또는 운전자에게 등기우편으로 통지할 수 있다.

② 도로공사를 하고 있는 경우에 그 공사 구역의 양쪽 가장자리로부터 5미터 이내인 곳은 주차금지 장소에 해당한다.

③ 도로 또는 노상주차장에 정차하거나 주차하려고 하는 차의 운전자는 차를 차도의 우측 가장자리에 정차하는 등 대통령령으로 정하는 정차 또는 주차의 방법·시간과 금지사항 등을 지켜야 한다.

④ 경사진 곳에 정차하거나 주차(도로 외의 경사진 곳에서 정차하거나 주차하는 경우를 포함한다)하려는 자동차의 운전자는 대통령령으로 정하는 바에 따라 고임목을 설치하거나 조향장치(操向裝置)를 도로의 가장자리 방향으로 돌려놓는 등 미끄럼사고의 발생을 방지하기 위한 조치를 취하여야 한다.

35

집회현장에서의 확성기 사용에 대한 설명으로 가장 적절하지 않은 것은?

① 중앙행정기관이 개최하는 국경일 행사의 경우 행사 개최시간에 한정하여 행사 진행에 영향을 미치는 소음에 대해서는, 집회 및 시위에 관한 법률 시행령 [별표 2]에 따른 확성기등의 소음기준을 '그 밖의 지역'의 소음기준으로 적용한다.

② 「집회 및 시위에 관한 법률 시행령」 [별표 2]에 따른 소음측정 장소에서 확성기등의 대상소음이 있을 때 측정한 소음도를 측정소음도로 하고, 같은 장소에서 확성기등의 대상소음이 없을 때 5분간 측정한 소음도를 배경소음도로 한다.

③ 「집회 및 시위에 관한 법률」상 관할경찰관서장은 집회 또는 시위의 주최자가 확성기등의 소음기준을 초과하는 소음을 발생시켜 타인에게 피해를 주는 경우에 그 기준 이하의 소음 유지 또는 확성기등의 사용 중지를 명하거나 확성기 등의 일시보관 등 필요한 조치를 할 수 있다.

④ 「집회 및 시위에 관한 법률 시행령」 [별표 2]에 따른 확성기등의 소음기준에서 주거지역의 주간(07:00 ~ 해지기 전)시간대 등가 소음도(Leq)는 65dB 이하이다.

36

집회 및 시위에 대한 설명으로 가장 적절하지 <u>않은</u> 것은? (다툼이 있는 경우 판례에 의함)

① 집회참가자들이 망인에 대한 추모의 목적과 그 범위 내에서 이루어지는 노제 등을 위한 이동·행진의 수준을 넘어서서 그 기회를 이용하여 다른 공동의 목적을 가지고 일반인이 자유로이 통행할 수 있는 장소를 행진하거나 위력 또는 기세를 보여, 불특정한 여러 사람의 의견에 영향을 주거나 제압을 하는 행위에까지 나아가는 경우에는, 이미 집회 및 시위에 관한 법률 이 정한 시위에 해당하므로 집회 및 시위에 관한 법률 제6조에 따라 사전에 신고서를 관할 경찰서장에게 제출할 것이 요구된다.

② 옥외집회 또는 시위 참가자들이 교통혼잡이 야기되었다고 볼 만한 사정은 없으나 이미 신고한 행진경로를 따라 행진로인 하위 1개 차로에서 약 3시간 30분 동안 이루어진 집회시간 동안 2회에 걸쳐 약 15분 동안 연좌하였다는 사실만으로도 주최행위가 신고한 목적, 일시, 방법 등의 범위를 뚜렷이 벗어나는 경우에 해당한다고 볼 수 있다.

③ 집회란 '특정 또는 불특정 다수인이 공동의 의견을 형성하여 이를 대외적으로 표명할 목적 아래 일시적으로 일정한 장소에 모이는 것'을 말한다.

④ 옥외집회 또는 시위 당시의 구체적인 상황에 비추어 볼 때 옥외집회 또는 시위의 신고사항 미비점이나 신고범위 일탈로 인하여 타인의 법익 기타 공공의 안녕질서에 대하여 직접적인 위험이 초래된 경우에 비로소 그 위험의 방지·제거에 적합한 제한조치를 취할 수 있되, 그 조치는 법령에 의하여 허용되는 범위 내에서 필요한 최소한도에 그쳐야 한다.

37

외국인 관련 사건처리에 대한 설명 중 가장 적절하지 <u>않은</u> 것은?   문제 변형

① 「범죄인 인도법」상 법원은 범죄인이 인도구속영장에 의하여 구속 중인 경우에 구속된 날부터 2개월 이내에 인도심사에 관한 결정을 하여야 한다.

② 범죄인 인도심사의 청구는 관계 자료를 첨부하여 서면으로 하거나 긴급시에는 구두로도 할 수 있다.

③ 「국제형사사법 공조법」상 행정안전부장관은 국제형사경찰기구로부터 외국의 형사사건 수사에 대하여 협력을 요청받거나 국제 형사경찰기구에 협력을 요청하는 경우에는 국제범죄의 정보 및 자료교환 등의 조치를 취할 수 있다.

④ 「대한민국과 러시아연방간의 영사협약」상 파견국 국민이 영사관할 구역안에서 구속된 경우, 접수국의 권한있는 당국은 지체 없이 파견국의 영사기관에 통보한다.

38

「피의자 유치 및 호송 규칙」상 피의자 유치 및 호송에 대한 설명 중 가장 적절하지 <u>않은</u> 것은?

① 간이검사란 일반적으로 유치인에 대하여는 탈의막 안에서 속옷은 벗지 않고 신체검사의를 착용(유치인의 의사에 따른다)하도록 한 상태에서 위험물 등의 은닉여부를 검사하는 것을 말한다.

② 피의자를 유치장에 입감시키거나 출감시킬 때에는 유치인보호 주무자가 발부하는 피의자입(출)감지휘서에 의하여야 하며 동시에 3명 이상의 피의자를 입감시킬 때에는 경위 이상 경찰관이 입회하여 순차적으로 입감시켜야 한다.

③ 호송관은 호송 중 피호송자가 도망하였을 때 도주한 자에 관한 호송관계서류 및 금품을 인수관서에 보관해야 한다.

④ 피호송자의 금전, 유가증권은 호송관서에서 인수관서에 직접송부하나, 소액의 금전, 유가증권 또는 당일로 호송을 마칠 수 있을 때에는 호송관에게 탁송할 수 있다.

39

보안관찰에 대한 설명 중 가장 적절하지 <u>않은</u> 것은?

① 「보안관찰법」상 법무부장관은 보안관찰처분대상자 또는 피보안 관찰자중 국내에 가족이 없거나 가족이 있어도 인수를 거절하는 자에 대하여는 대통령령이 정하는 바에 의하여 거소를 제공할 수 있다.

② 「형법」상 일반이적죄는 「보안관찰법」상 보안관찰 해당범죄에 해당된다.

③ 「보안관찰법 시행규칙」에서 규정하는 '사안'에는 보안관찰처분 기간갱신청구에 관한 사안도 해당된다.

④ 「보안관찰법」상 피보안관찰자가 주거지를 이전하거나 국외여행 또는 10일 이상 주거를 이탈하여 여행하고자 할 때에는 미리 거주예정지, 여행예정지 기타 대통령령이 정하는 사항을 지구대 파출소장을 거쳐 관할경찰서장에게 신고하여야 한다.

40

통신수사에 대한 설명으로 가장 적절하지 <u>않은</u> 것은?

① 「전기통신사업법」상 전기통신사업자는 법원, 검사 또는 수사관서의 장, 정보수사기관의 장이 재판, 수사, 형의 집행 또는 국가안전보장에 대한 위해를 방지하기 위한 정보수집을 위하여 통신자료 제공을 요청하면 그 요청에 따를 수 있다.

② 「통신비밀보호법」상 검사 또는 사법경찰관은 수사 또는 형의 집행을 위하여 필요한 경우 「전기통신사업법」에 의한 전기통신 사업자에게 '통신사실확인자료'의 열람이나 제출을 요청할 수 있다.

③ 「통신비밀보호법」 제3조(통신 및 대화비밀의 보호)의 규정에 위반하여, 불법검열에 의하여 취득한 우편물이나 그 내용 및 불법감청에 의하여 지득 또는 채록된 전기통신의 내용은 재판 또는 징계절차에서 증거로 사용할 수 없다.

④ 「통신비밀보호법」상 발·착신 통신번호 등 상대방의 가입자번호는 '통신사실확인자료'에 해당되지 않는다.

CHAPTER

03 2021 기출문제

01

경찰의 개념에 대한 설명 중 가장 적절하지 <u>않은</u> 것은?

① 실질적 의미의 경찰은 사회공공의 안녕, 질서유지와 같은 소극적 목적을 위한 작용이다.

② 실질적 의미의 경찰은 특별통치권에 근거하여 국민에게 명령·강제하는 권력적 작용으로 독일의 행정법학에서 정립된 학문상 개념이다.

③ 형식적 의미의 경찰작용은 실정법상 보통경찰기관에 분배된 사무를 말하며, 이에 따른 경찰활동의 범위는 나라마다 차이가 있을 수 있다.

④ 형식적 의미의 경찰이 언제나 실질적 의미의 경찰이 되는 것은 아니고, 또한 실질적 의미의 경찰이 모두 형식적 의미의 경찰이 되는 것도 아니다.

02

한국경찰사에 길이 빛날 경찰의 표상에 대한 설명으로 가장 적절한 것은?

① 안맥결 총경은 1950년 8월 30일 성산포경찰서장 재직시 계엄군의 예비검속자 총살 명령에 '부당함으로 불이행'한다고 거부하였다.

② 이준규 총경은 1957년 국립경찰전문학교 교수로 발령 받아 후배 경찰교육에 힘쓰다 1961년 5·16 군사정변이 일어나자 군사정권에 협력할 수 없다며 사표를 제출하였다.

③ 문형순 경감은 1980년 5·18 광주 민주화운동 당시 비례의 원칙에 입각한 경찰권 행사 및 시위대의 인권보호를 강조하였다.

④ 백범 김구 선생은 1919년 상하이에 수립된 대한민국 임시정부의 초대 경무국장으로 취임 후 임시정부 경찰을 지휘하며 임시정부의 성공적 정착에 이바지하였다.

03

법규명령과 행정규칙에 대한 설명 중 가장 적절하지 **않은** 것은?

① 행정규칙에 따른 종래의 행정관행이 위법한 경우에는 행정청은 자기구속을 당하지 않는다.

② 법규명령이란 국회의 의결을 거치지 않고 행정기관에 의하여 제정된 성문법규를 말하며, 그 종류에는 위임명령과 집행명령이 있다.

③ 국민의 권리 제한 또는 의무 부과와 직접 관련되는 법률, 대통령령, 총리령 및 부령은 긴급히 시행하여야 할 특별한 사유가 있는 경우를 제외하고는 공포일로부터 적어도 30일이 경과한 날부터 시행되도록 하여야 한다.

④ 위임명령은 상위법령의 집행 시 필요한 절차나 형식을 정하는 데 그쳐야 하며 새로운 법규사항을 정하여서는 안된다.

04

「국가경찰과 자치경찰의 조직 및 운영에 관한 법률」과 「국가경찰위원회 규정」상 국가경찰위원회에 대한 설명으로 가장 적절한 것은?

① 행정안전부장관은 위원 임명을 동의할 때, 경찰의 정치적 중립이 보장되도록 하여야 한다.

② 위원장은 필요한 경우 임시회의를 소집할 수 있으며, 위원 3인 이상과 행정안전부장관 또는 경찰청장은 위원장에게 임시회의의 소집을 요구할 수 있다.

③ 경찰, 검찰, 법관, 군인의 직에서 퇴직한 날부터 3년이 지나지 아니한 사람은 위원으로 선임될 수 없다.

④ 「국가경찰위원회 규정」에 규정된 사항 외에 위원회의 운영을 위하여 필요한 사항은 위원회의 의결을 거쳐 행정안전부장관이 정한다.

05

「행정권한의 위임 및 위탁에 관한 규정」에 대한 설명으로 가장 적절하지 **않은** 것은?

① 위탁이란 법률에 규정된 행정기관의 장의 권한 중 일부를 다른 행정기관의 장에게 맡겨 그의 권한과 책임 아래 행사하도록 하는 것을 말한다.

② 수임 및 수탁사무의 처리에 관한 책임은 수임 및 수탁기관에 있으며, 수임 및 수탁사무에 관한 권한을 행사할 때에는 위임 및 위탁기관의 명의로 하여야 한다.

③ 위임 및 위탁기관은 수임 및 수탁기관의 수임 및 수탁사무 처리에 대하여 지휘·감독하고, 그 처리가 위법하거나 부당하다고 인정될 때에는 이를 취소하거나 정지시킬 수 있다.

④ 행정기관의 장은 행정권한을 위임 및 위탁할 때에는 위임 및 위탁하기 전에 수임기관의 수임능력 여부를 점검하고, 필요한 인력 및 예산을 이관하여야 한다.

06

직위해제에 대한 설명으로 가장 적절하지 <u>않은</u> 것은?

① 직위해제는 휴직과 달리 제재적 성격을 가지는 보직의 해제이다.

② 직무수행능력이 부족하여 직위해제를 한 경우 대기명령 기간 중 근무성적의 향상을 기대하기 어렵다고 인정될 때에는 징계 위원회의 동의를 얻어 임용권자가 직권면직시킬 수 있다.

③ 직위해제 기간은 원칙적으로 승진소요 최저근무연수에 포함되지 않으나, 파면·해임·강등 또는 정직에 해당하는 징계 의결 요구로 직위해제된 사람에 대하여 관할 징계위원회가 징계하지 아니 하기로 의결한 경우 등은 승진소요 최저근무연수에 포함된다.

④ 「국가공무원법」 제73조의3 제1항 제5호(고위공무원단에 속하는 일반직공무원으로서 제70조의2 제1항 제2호부터 제5호까지의 사유로 적격심사를 요구받은 자)에 따라 직위해제된 사람이 직위해제일부터 3개월이 지나도 직위를 부여받지 못한 경우에는 그 3개월이 지난 후의 기간 중에는 봉급의 50퍼센트를 지급한다.

07

「성희롱·성폭력 근절을 위한 공무원 인사관리규정」에 대한 설명으로 가장 적절하지 <u>않은</u> 것은?

① 행정부 소속 국가공무원은 누구나 공직 내 성희롱 또는 성폭력 발생 사실을 알게 된 경우 그 사실을 임용권자 또는 임용제청권자(이하 "임용권자등")에게 신고할 수 있다.

② 임용권자 등은 ①에 따른 신고를 받거나 공직 내 성희롱 또는 성폭력 발생 사실을 알게 된 경우 그 사실 확인을 위해 조사할 수 있으며, 수사의 필요성이 인정되면 수사기관에 통보하여야 한다.

③ 임용권자등은 ②에 따른 조사 기간 동안 피해자등이 요청한 경우로서 피해자등을 보호하기 위하여 필요하다고 인정하는 경우 그 피해자등이나 성희롱 또는 성폭력과 관련하여 가해 행위를 했다고 신고된 사람에 대하여 근무 장소의 변경, 휴가 사용 권고 등 적절한 조치를 하여야 한다.

④ 임용권자등은 ②에 따른 조사 결과 공직 내 성희롱 또는 성폭력 발생 사실이 확인되면 피해자의 의사에 반(反)하지 않는 한, 피해자에게 공무원임용령 제41조에 따른 교육훈련 등 파견근무 조치를 할 수 있다.

08

경찰공무원의 권리와 의무를 규정하는 법령에 대한 설명으로 가장 적절하지 않은 것은?

① 「공직자윤리법」상 공무원 또는 공직유관단체의 임직원은 외국으로부터 선물(대가 없이 제공되는 물품 및 그 밖에 이에 준하는 것을 말하되, 현금은 제외한다. 이하 같다)을 받거나 그 직무와 관련하여 외국인(외국단체 포함)에게 선물을 받으면 지체없이 소속 기관·단체의 장에게 신고하고 그 선물을 인도하여야 한다.

② ①에 따라 「공직자윤리법 시행령」상 신고하여야 할 선물은 그 선물 수령 당시 증정한 국가 또는 외국인이 속한 국가의 시가로 미국화폐 100달러 이상이거나 국내 시가로 10만 원 이상인 선물로 한다.

③ 「공직자윤리법」상 취업심사대상자는 퇴직일부터 3년간 취업심사대상기관에 취업할 수 없다. 다만, 관할 공직자윤리위원회로부터 취업심사대상자가 퇴직 전 5년 동안 소속하였던 부서 또는 기관의 업무와 취업심사대상기관 간에 밀접한 관련성이 없다는 확인을 받으면 취업할 수 있다.

④ 「공무원 재해보상법」에 따른 급여를 받을 권리는 그 급여의 사유가 발생한 날부터 요양급여·재활급여·간병급여·부조급여는 5년간, 그 밖의 급여는 3년간 행사하지 아니하면 시효로 인하여 소멸한다.

09

경찰상 의무이행 확보수단에 대한 설명으로 가장 적절한 것은?

① 경찰상 강제집행은 경찰하명에 따른 경찰의무의 불이행이 있는 경우에 상대방의 신체 또는 재산이나 주거 등에 실력을 행사하여 경찰상 필요한 상태를 실현하는 작용으로 간접적 의무이행확보 수단이다.

② 강제징수란 국민이 국가 또는 공공단체에 대해 부담하고 있는 공법상의 금전급부의무를 이행하지 않는 경우에 행정청이 강제적으로 의무가 이행된 것과 동일한 상태를 실현하는 작용으로 새로운 의무이행확보 수단이다.

③ 집행벌은 의무이행을 위한 강제집행이라는 점에서 의무위반에 대한 제재인 경찰벌과 구별되며, 경찰벌과 병과해서 행할 수 있고, 의무이행될 때까지 반복적으로 부과하는 것도 가능하다.

④ 해산명령 불이행에 따른 해산조치, 불법영업소의 폐쇄조치, 감염병 환자의 즉각적인 강제격리는 모두 즉시강제에 해당한다.

10

다음 「질서위반행위규제법」 및 「질서위반행위규제법 시행령」에 대한 내용에서 괄호 안에 들어갈 숫자를 모두 더한 값은?

> ⊙ 과태료는 행정청의 과태료 부과처분이나 법원의 과태료 재판이 확정된 후 ( )년간 징수하지 아니하거나 집행하지 아니하면 시효로 인하여 소멸한다.
> ⓒ 동법 제19조 제1항에 따라 행정청은 질서위반행위가 종료된 날부터 ( )년이 경과한 경우에는 해당 질서위반행위에 대하여 과태료를 부과할 수 없다.
> ⓒ ( )세가 되지 아니한 자의 질서위반행위는 과태료를 부과하지 아니한다.
> ⓔ 행정청은 당사자가 동법 제24조의3 제1항에 따라 과태료를 납부하기가 곤란하다고 인정되면 ( )년의 범위에서 과태료의 분할납부나 납부기일의 연기를 결정할 수 있다.
> ⓜ 행정청은 ⓔ에 따라 과태료의 분할납부나 납부기일의 연기(이하 "징수유예등"이라 한다)를 결정하는 경우 그 기간을 그 징수유예등을 결정한 날의 다음 날부터 ( )개월 이내로 하여야 한다.

① 26

② 28

③ 33

④ 34

11

「경찰관 직무집행법」 제4조 '보호조치 등'에 대한 설명으로 가장 적절한 것은?

① 경찰관은 자살기도자를 발견하여 경찰관서에 보호할 경우 지체없이 구호대상자의 가족, 친지 또는 그 밖의 연고자에게 그 사실을 알려야 하며, 연고자가 발견되지 아니할 때에는 구호대상자의 의사와 상관없이 공공보건의료기관이나 공공구호기관에 인계할 수 있다.

② 경찰관은 보호조치 등을 하는 경우에 구호대상자가 휴대하고 있는 무기·흉기 등 위험을 일으킬 수 있는 것으로 인정되는 물건을 경찰관서에 임시로 영치(領置)하여 놓을 수 있고, 그 기간은 10일을 초과할 수 없다.

③ 긴급구호요청을 받은 응급의료종사자가 정당한 이유 없이 긴급구호요청을 거절할 경우, 「경찰관 직무집행법」에 따라 3년 이하의 징역 또는 3천만 원 이하의 벌금에 처한다.

④ 보호조치는 경찰관서에서 일시 보호하여 구호의 방법을 강구하는 것으로 경찰관의 재량행위에 해당하기 때문에 국가배상 책임이 인정되는 경우는 없다.

12

「위해성 경찰장비의 사용기준 등에 관한 규정」에 대한 설명으로 가장 적절하지 <u>않은</u> 것은?

① 경찰관은 불법집회·시위로 인하여 발생할 수 있는 경찰관의 생명·신체의 위해와 재산·공공시설의 위험을 방지하기 위해서는 경찰봉 또는 호신용경봉을 사용할 수 없다.

② 경찰관은 범인·술에 취한 사람 또는 정신착란자의 자살 또는 자해기도를 방지하기 위하여 필요한 때에는 수갑·포승 또는 호송용포승을 사용할 수 있다.

③ 경찰청장은 위해성 경찰장비를 새로 도입하려는 경우에는 신규 도입 장비에 대한 안전성 검사를 실시한 후 3개월 이내에 안전성 검사 결과보고서를 국회 소관 상임위원회에 제출하여야 한다.

④ 경찰관은 가스차·살수차 또는 특수진압차의 최루탄발사대로 최루탄을 발사하는 경우에는 15도 이상의 발사각을 유지하여야 하고, 최루탄발사기로 최루탄을 발사하는 경우 30도 이상의 발사각을 유지하여야 한다.

13

한정된 인력이나 예산을 가지고 갈등이 생기는 경우에 업무추진의 우선순위를 지정하는 등의 방법으로 갈등을 해결하는 조직편성원리로 가장 적절한 것은?

① 조정과 통합의 원리
② 명령통일의 원리
③ 계층제의 원리
④ 통솔범위의 원리

14

「공공기관의 정보공개에 관한 법률」과 관련된 설명으로 가장 적절하지 <u>않은</u> 것은?

① 민원인이 경찰관서에서 현재 수사 중인 '폭력단체 현황'에 대한 정보공개를 요청한 경우, 국민의 알 권리를 충족시킨다는 차원에서 해당 정보를 공개하여야 한다.

② 공공기관은 비공개 대상 정보가 기간의 경과 등으로 인하여 비공개의 필요성이 없어진 경우에는 그 정보를 공개 대상으로 하여야 한다.

③ 공공기관은 부득이한 사유로 정보공개의 청구를 받은 날부터 10일 이내에 공개 여부를 결정할 수 없을 때에는 그 기간이 끝나는 날의 다음 날부터 기산(起算)하여 10일의 범위에서 공개 여부 결정 기간을 연장할 수 있다.

④ 공공기관은 공개 청구된 공개 대상 정보의 전부 또는 일부가 제3자와 관련이 있다고 인정할 때에는 그 사실을 제3자에게 지체 없이 통지하여야 하며, 통지 받은 제3자는 그 통지를 받은 날부터 3일 이내에 해당 공공기관에 자신과 관련된 정보를 공개하지 아니할 것을 요청할 수 있다.

15

「경찰 감찰 규칙」에 대한 설명으로 가장 적절하지 <u>않은</u> 것은?

① 감찰관은 소속 경찰기관의 관할구역 안에서 활동하여야 하나, 상급 경찰기관의 장의 지시가 있는 경우에는 관할구역 밖에서도 활동할 수 있다.

② 감찰관은 소속공무원의 의무위반행위에 관한 단서(현장인지, 진정·탄원 등을 포함한다)를 수집 접수한 경우 소속 경찰기관의 감찰부서장에게 보고하여야 한다.

③ 경찰기관의 장은 감찰관이 제5조에 따른 결격사유에 해당되는 것으로 밝혀졌을 경우와 제7조 제1항 각 호의 어느 하나에 해당하는 경우를 제외하고는 3년 이내에 본인의 의사에 반하여 전보하여서는 아니된다. 다만, 승진 등 인사관리상 필요한 경우에는 그러하지 아니하다.

④ 경찰기관의 장은 1년 이상 성실히 근무한 감찰관에 대해서는 희망부서를 고려하여 전보한다.

16

「경찰 인권보호규칙」(경찰청 훈령)에 대한 설명으로 가장 적절하지 <u>않은</u> 것은?

① 인권보호담당관은 반기 1회 이상 인권영향평가의 이행 여부를 점검하고, 이를 경찰청 인권위원회에 제출하여야 한다.

② 경찰청장은 경찰관 등이 근무하는 동안 지속적·체계적으로 교육을 받을 수 있도록 매년 인권교육 종합계획을 수립·시행하여야 한다.

③ 조사담당자는 사건을 조사하는 과정에서 동일한 사건에 대하여 경찰·검찰 등의 수사가 시작된 경우에는 사건 조사를 즉시 중단하고 종결하거나 해당 기관에 이첩할 수 있다. 다만, 확인된 인권침해 사실에 대한 구제 절차는 계속하여 이행할 수 있다.

④ 조사담당자는 제출자가 보관 중인 물건의 반환을 요구하는 경우에는 반환하여야 하며, 사건이 종결되어 더 이상 보관할 필요가 없는 경우에는 제출자가 요구하지 않더라도 반환할 수 있다.

17

「부정청탁 및 금품등 수수의 금지에 관한 법률」제8조 '금품 등의 수수금지'에 대한 설명으로 가장 적절하지 <u>않은</u> 것은?

① 경찰서장이 소속경찰서 경무계 직원들에게 격려의 목적으로 제공하는 회식비는 '수수를 금지하는 금품 등'에 해당하지 아니한다.

② A경위가 휴일날 인근 대형마트 행사에서 추첨권에 당첨되어 수령한 수입차는 '수수를 금지하는 금품 등'에 해당하지 아니한다.

③ 공직자 등이 8촌 이내의 혈족, 4촌 이내의 인척, 배우자로부터 제공 받는 금품 등은 '수수를 금지하는 금품 등'에 해당하지 아니한다.

④ 공직자 등은 직무 관련 여부 및 기부·후원·증여 등 그 명목에 관계없이 동일인으로부터 1회에 100만 원 또는 매 회계연도에 200만 원을 초과하는 금품 등을 받거나 요구 또는 약속해서는 아니된다.

18

경찰과 윤리에 대한 설명으로 가장 적절한 것은?

① 1945년 국립경찰의 탄생 시 경찰의 이념적 좌표가 된 경찰정신은 대륙법계의 영향을 받은 '봉사와 질서'이다.

② 경찰헌장에서는 "우리는 화합과 단결 속에 항상 규율을 지키며 검소하게 생활하는 근면한 경찰이다"라는 목표를 제시하였다.

③ 「경찰청 공무원 행동강령」에 따르면 공무원은 직무의 범위를 벗어나 사적 이익을 위하여 소속기관의 명칭이나 직위를 공표·게시하는 등의 방법으로 이용하거나 이용하게 하여서는 아니된다.

④ 경찰윤리강령의 문제점 중 '냉소주의의 문제'란, 경찰관의 도덕적 자각에 따른 자발적인 행동이 아니라 외부로부터 요구된 타율성으로 인해 진정한 봉사가 이루어지지 않을 수 있다는 것을 의미한다.

19

사회적 수준의 범죄원인론 중 '사회과정원인'에 해당하지 <u>않는</u> 것은?

① Sutherland의 차별적 접촉이론에 따르면, 범죄는 범죄적 전통을 가진 사회에서 많이 발생하며, 이러한 사회에서 개인은 범죄에 접촉·동조하면서 학습한다.

② Cohen은 하류계층의 청소년들이 목표달성의 어려움을 극복하기 위해 자신들만의 하위문화를 만들고, 범죄는 이러한 하위문화에 의해 저질러진다고 주장하였다.

③ Matza & Sykes에 따르면, 청소년은 비행 과정에서 '책임의 회피', '피해자의 부정', '피해 발생의 부인', '비난자에 대한 비난', '충성심에의 호소' 등 5가지 중화기술을 통해 규범, 가치관 등을 중화시킨다.

④ Hirshi에 따르면, 범죄는 사회적인 유대가 약화되어 통제되지 않기 때문에 발생하고, 사회적 결속은 애착, 참여, 전념, 신념의 4가지 요소에 영향을 받는다.

20

「전기통신사업법」상 통신자료에 해당하는 것은?

문제 변형

① 인터넷 로그 기록
② 가입자의 전기통신 일시
③ 이용자의 성명
④ 발신 기지국의 위치

21

「아동학대범죄의 처벌 등에 관한 특례법」에 대한 설명으로 가장 적절하지 <u>않은</u> 것은?

① 동법 제12조 제1항에 따라 응급조치상 아동학대행위자를 피해 아동등으로부터 격리할 경우 48시간을 넘을 수 없으나, 검사가 임시조치를 법원에 청구한 경우에는 법원의 임시조치 결정시까지 연장된다.

② 응급조치에도 불구하고 아동학대범죄의 재발이 우려되고, 긴급을 요하여 법원의 임시조치 결정을 받을 수 없을 때에는 사법경찰관의 직권으로 긴급임시조치를 할 수 있다.

③ 판사는 아동학대범죄의 원활한 조사·심리 또는 피해아동 등의 보호를 위하여 필요하다고 인정하는 경우에는 결정으로 아동 학대행위자에게 임시조치를 할 수 있다.

④ 임시조치 결정을 통해 아동학대행위자를 경찰관서의 유치장 또는 구치소에의 유치 등을 할 수 있다.

22

「아동·청소년의 성보호에 관한 법률」에 대한 설명으로 가장 적절하지 <u>않은</u> 것은? (다툼이 있는 경우 판례에 의함)

① 아동·청소년이 이미 성매매 의사를 가지고 있었던 경우에도 그러한 아동·청소년에게 금품이나 그 밖의 재산상 이익, 직무·편의제공 등 대가를 제공하거나 약속하는 등의 방법으로 성을 팔도록 권유하는 행위는 동법에서 말하는 '성을 팔도록 권유하는 행위'에 포함된다.

② 아동·청소년의 '성을 사는 행위'를 알선하는 행위를 업으로 하는 사람이 알선의 대상이 아동·청소년임을 인식하면서 알선행위를 하였더라도, 아동·청소년의 성을 사는 행위를 한 사람이 상대방이 아동·청소년임을 인식하지 못하였다면 아동·청소년의 성보호에 관한 법률 위반으로 처벌할 수 없다.

③ 성을 사는 행위를 알선하는 행위를 업으로 하는 자가 성매매 알선을 위한 종업원을 고용하면서 고용대상자에 대하여 연령 확인의무 이행을 다하지 아니한 채 아동·청소년을 고용하였다면, 특별한 사정이 없는 한 적어도 아동·청소년의 성을 사는 행위의 알선에 관한 미필적 고의는 인정된다.

④ 아동·청소년의 성을 사기 위하여 아동·청소년을 유인하거나 성을 팔도록 권유한 행위(동법 제13조 제2항)는 미수범 처벌 규정이 없다.

23

수사실행의 5대 원칙에 대한 설명으로 가장 적절한 것은?

① 수사자료 감식·검토의 원칙 : 수사관의 상식적 검토·판단에만 의할 것이 아니라 감식과학이나 과학적 지식 또는 시설장비를 최대한 활용하여 수사를 해야 한다는 원칙으로, 수사의 기본 방법 중 제1조건이다.

② 적절한 추리의 원칙 : 추측 시에 수집된 자료를 기초로 합리적인 판단을 하고, 추측은 수사결과에 대한 확정적 판단이므로, 신뢰성이 검증된 증거를 바탕으로 추측을 하여야 한다.

③ 검증적 수사의 원칙 : 여러 가지 추측 중에서 어떤 추측이 정당한 것인가를 가리기 위해서는 그들 추측 하나를 모든 각도에서 검토해야 한다는 원칙으로, 수사방법의 결정 → 수사사항의 결정 → 수사실행이라는 순서에 따라 검토한다.

④ 사실판단 증명의 원칙 : 수사관이 한 판단의 진실성이 증명되기 위해서는 누구에게나 그 진위가 확인될 수 있어야 하며, 판단이 언어나 문자로 표현되고 근거의 제시로서 객관화되어야 한다는 원칙이다.

24

압수·수색의 절차에 대한 설명으로 가장 적절한 것은? (다툼이 있는 경우 판례에 의함)

① 수색한 경우 증거물·몰수물이 없으면 수색증명서를 교부하고, 압수한 경우에는 목록을 작성하여 소유자, 소지자, 보관자 기타 이에 준할 자에게 교부하여야 한다.

② 압수·수색영장 집행 전에 피처분자에게 영장을 제시하는 것이 현실적으로 불가능하더라도 영장을 제시하지 아니한 채 압수·수색을 진행하면 위법하다.

③ 피의자를 신문하던 중 제출된 압수물에 대하여, 피의자신문조서에 압수의 취지를 기재함으로써 압수조서에 갈음할 수는 없다.

④ 압수·수색영장은 사법경찰리 명의로 검사에게 신청하고, 영장신청서에는 피의자의 인적 사항, 죄명, 범죄사실의 요지, 압수·수색·검증의 사유 등을 기재하여야 한다.

25

통신수사에 대한 설명으로 가장 적절하지 <u>않은</u> 것은? (다툼이 있는 경우 판례에 의함)

① 형법 제283조 제2항의 '존속협박'으로는 통신제한조치허가서를 청구할 수 없다.

② 통신자료에는 이용자의 성명, 주민등록번호, 주소, 가입일 또는 해지일, 전화번호, ID 등이 포함된다.

③ 통신사실확인자료 중 수사를 위한 정보통신기기 관련 실시간 추적자료, 컴퓨터 통신·인터넷 로그기록 자료는 다른 방법으로 범행 저지, 범인의 발견·확보, 증거의 수집·보전이 어려운 경우에만 해당 자료의 열람이나 제출 요청이 가능하다.

④ 통신제한조치는 당사자의 동의 없이 개봉 등의 방법으로 우편물의 내용을 지득·채록·유치하는 것을 의미하는 우편물의 검열과 당사자의 동의 없이 전자장치 등을 사용하여 전기통신의 음향·문언·부호·영상을 청취·공독하여 그 내용을 지득·채록하거나 전기통신의 송·수신을 방해하는 전기통신의 감청이 있다.

26

다음은 리드(REID) 테크닉을 활용한 신문기법의 순서이다. A부터 D까지 각 단계에 대한 설명으로 가장 적절하지 않은 것은?

> 직접적 대면 → 신문화제의 전개 → (A) → 반대논리 격파 → (B) → (C) → 양자택일적 질문하기 → (D) → 구두자백의 서면화

① A단계는 용의자가 수사관의 신문화제 전개를 방해하는 혐의를 부인하는 진술을 하지 못하게 억지한다.

② B단계는 전(前)단계가 효과적이라면 피의자가 수사관을 회피하기 쉬우므로 시선을 맞추고 화제를 계속 반복하는 동시에 피의자의 긍정적 측면을 부각한다.

③ C단계는 동정과 이해를 표시하고, 끝까지 피의자를 추궁하여 자백할 것을 촉구한다.

④ D단계는 용의자가 수사관의 질문에 선택적으로 답하는 단계를 지나 적극적으로 범행에 대하여 진술하도록 한다.

27

시체의 현상에 대한 설명으로 가장 적절한 것은?

① 적혈구 자체 중량에 의한 혈액 침전현상으로 시체 하부의 피부가 암적갈색으로 변화하는 시체얼룩과 세포 가운데의 자가효소에 의해 세포구성성분이 분해·변성되는 자가용해는 모두 시체의 초기현상에 해당된다.

② 시체얼룩의 경우, 일산화탄소 중독사는 선홍색을 띄고, 청산가리 중독사는 암갈색을 띤다.

③ 공기의 유통이 좋고 온도는 20~30도 사이에서 습도는 60~66%일 때 활발히 진행되는 부패와 피부에 대한 수분 보충이 정지되어 몸의 표면이 습윤성을 잃고 건조해지는 시체의 밀랍화는 모두 시체의 후기현상에 해당된다.

④ 총기에 의해 사망한 시체의 경우, 총알입구, 사출구, 사창관이 모두 있는 관통총창이 대부분이나, 발사각도 등에 따라 회선총창, 반도총창이 있을 수 있다.

28

경비경찰의 종류 및 특징에 대한 설명으로 가장 적절하지 <u>않은</u> 것은?

① 경비경찰의 종류 중 치안경비란 공안을 해하는 다중범죄 등 집단적인 범죄사태가 발생하거나 발생할 우려가 있는 경우 적절한 조치로 사태를 예방·경계·진압하는 경찰을 내용으로 한다.

② 경비경찰의 종류 중 혼잡경비란 기념행사·경기대회·경축제례 등에 수반하는 조직화되지 않은 군중에 의하여 발생하는 자연적·인위적 혼란상태를 예방·경계·진압하는 경찰을 내용으로 한다.

③ 경비경찰은 다중범죄, 테러, 경호상 위해나 경찰작전상황 등이 발생하였을 경우 즉시 출동하여 신속하게 조기진압해야 하는 복합기능적인 활동이라는 특징을 갖는다.

④ 경비경찰은 지휘관의 하향적 명령에 의한 활동으로 부대원의 재량은 상대적으로 적고, 활동 결과에 대한 책임은 지휘관이 지는 경우가 많다는 특징을 갖는다.

29

경비수단에 대한 설명 중 가장 적절한 것은?

① 경비부대를 전면에 배치 또는 진출시켜 위력을 과시하거나 경고하여 범죄실행의 의사를 자발적으로 포기하도록 하는 '경고'는 경찰관 직무집행법 제5조에 근거를 두고 있다.

② 경비수단의 원칙 중 '위치의 원칙'은 상대방의 저항력이 가장 허약한 시점을 포착하여 집중적이고 강력한 실력행사를 하여야 한다는 원칙이다.

③ 직접적 실력행사인 '제지'와 '체포'는 경비사태를 예방·진압하거나 상대방의 신체를 구속하는 강제처분으로서 모두 경찰관 직무집행법 제6조에 근거를 두고 있다.

④ 경비수단의 원칙 중 '균형의 원칙'은 작전시의 변수의 발생은 사회적으로 큰 파장을 미칠 수 있으므로 경찰병력이나 군중들을 사고 없이 안전하게 진압하여야 한다는 원칙이다.

30

「경찰 비상업무 규칙」에 대한 설명으로 가장 적절하지 <u>않은</u> 것은?

① "지휘선상 위치 근무"란 비상연락체계를 유지하며 유사시 1시간 이내에 현장지휘 및 현장근무가 가능한 장소에 위치하는 것을 말한다.

② "정착근무"란 사무실 또는 상황과 관련된 현장에 위치하는 것을 말한다.

③ "일반요원"이란 필수요원을 포함한 경찰관 등으로 비상소집시 2시간 이내에 응소하여야 할 자를 말한다.

④ "가용경력"이란 총원에서 휴가·출장·교육·파견 등을 제외하고 실제 동원될 수 있는 모든 인원을 말한다.

31

다음 행사장 경호에 대한 설명과 명칭을 바르게 연결한 것은?

> ㉠ 주경비지역으로, 바리케이트 등 장애물을 설치, 돌발 사태를 대비한 예비대 운영 및 구급차, 소방차 대기가 필요하다.
> ㉡ 절대안전 확보구역으로, 출입자 통제관리, MD 설치 운용, 비표 확인 및 출입자 감시가 필요하다.
> ㉢ 조기경보지역으로, 감시조 운용, 도보 등 원거리 기동 순찰조운영, 원거리 불심자 검문·차단이 필요하다.

	㉠	㉡	㉢
①	안전구역	경비구역	경계구역
②	경비구역	경계구역	안전구역
③	경비구역	안전구역	경계구역
④	경계구역	안전구역	경비구역

32

「도로교통법 및 도로교통법 시행령」상 교통안전교육에 대한 설명으로 가장 적절하지 않은 것은?

① 교통안전교육은 운전면허를 받고자 하는 사람이 학과시험 응시 전 받아야 하는 1시간의 교통안전교육으로, 자동차운전 전문 학원에서 학과교육을 수료한 사람은 제외된다.

② 특별교통안전교육 중 의무교육 대상은 운전면허효력 정지처분을 받게 되거나 받은 초보운전자로서 그 정지기간이 끝나지 아니한 사람 등이다.

③ 특별교통안전교육 중 권장교육 대상은 운전면허를 받은 사람 중 교육을 받으려는 날에 65세 이상인 사람 등으로, 권장교육을 받기 전 1년 이내에 해당 교육을 받지 아니한 사람에 한정한다.

④ 긴급자동차 교통안전교육 중 신규 교통안전교육은 긴급자동차를 운전하는 사람을 대상으로 3년마다 정기적으로 실시하는 교육이다.

33

「도로교통법」상 음주운전에 대한 설명으로 가장 적절하지 않은 것은? (다툼이 있는 경우 판례에 의함)

① 경찰공무원은 교통의 안전과 위험방지를 위하여 필요하다고 인정하거나, 술에 취한 상태에서 자동차 등을 운전하였다고 인정할 만한 상당한 이유가 있는 경우에는 음주측정을 할 수 있다.

② 무면허인데다가 술이 취한 상태에서 오토바이를 운전하였다면 무면허운전죄와 음주운전죄는 실체적 경합관계에 있다.

③ 음주감지기에서 음주반응이 나온 경우, 그것만으로 술에 취한 상태에 있다고 인정할 만한 상당한 이유가 있다고 볼 수 없다.

④ 주차장, 학교 경내 등 「도로교통법」상 도로가 아닌 곳에서의 음주운전, 약물운전, 사고 후 미조치에 대하여 형사처벌이 가능하다.

34

음주측정거부에 대한 설명으로 가장 적절하지 않은 것은? (다툼이 있는 경우 판례에 의함)

① 명시적인 의사표시를 하지 않으면서 경찰관이 음주측정 불응에 따른 불이익을 5분 간격으로 3회 이상 고지(최초 측정요구시로부터 15분 경과)했음에도 계속 음주측정에 응하지 않은 때에는 음주측정거부자로 처리한다.

② 음주측정거부 시 1년 이상 5년 이하의 징역이나 5백만 원 이상 2천만 원 이하의 벌금에 처한다.

③ 흉골골절 등으로 인한 통증으로 깊은 호흡을 할 수 없어 이십여 차례 음주측정기를 불었으나 끝내 음주측정이 되지 아니한 경우 음주측정불응죄가 성립하지 아니한다.

④ 여러차례에 걸쳐 호흡측정기의 빨대를 입에 물고 형식적으로 숨을 부는 시늉만 하였을 뿐 숨을 제대로 불지 아니하여 호흡 측정기에 음주측정수치가 나타나지 아니하도록 한 행위는 음주 측정불응죄에 해당하지 않는다.

35

「집회 및 시위에 관한 법률」상 집회 및 시위에 대한 설명으로 가장 적절하지 <u>않은</u> 것은? (다툼이 있는 경우 판례에 의함)

① 「집회 및 시위에 관한 법률」제2조 제2호가 규정한 '시위'에 해당하려면 '공중이 자유로이 통행할 수 있는 장소'라는 요건을 반드시 충족하여야 한다.

② 외형상 기자회견이라는 형식을 띠었지만, 용산철거를 둘러싸고 철거민의 입장을 옹호하면서 검찰에 수사기록을 공개하라는 내용의 공동 의견을 형성하여 이를 대외적으로 표명할 목적 아래 일시적으로 일정한 장소에 모인 것은 「집회 및 시위에 관한 법률」상 집회에 해당한다.

③ 「집회 및 시위에 관한 법률」은 옥외집회와 시위를 구분하여 개념을 규정하고 있고, 순수한 1인 시위는 동법의 적용 대상에 해당하지 않는다.

④ 집회가 성립하기 위한 최소한의 인원에 대해 종래의 학계와 실무에서는 2인설과 3인설이 대립하고 있었으나 대법원은 '2인이 모인 집회도 「집회 및 시위에 관한 법률」의 규제대상'이라고 판시한 바 있다.

36

「집회 및 시위에 관한 법률」상 제한·금지·보완통고에 대한 설명으로 가장 적절하지 <u>않은</u> 것은?

① 관할경찰관서장은 집회 및 시위에 관한 법률 제8조 제5항 각호의 어느 하나에 해당하는 경우로서 거주자나 관리자가 시설이나 장소의 보호를 요청하는 경우에는 집회나 시위의 금지 또는 제한을 통고할 수 있으며, 제한 통고의 경우 시한에 대한 규정은 없다.

② 관할경찰관서장은 금지 사유에 해당하는 집회 및 시위의 경우에 신고서를 접수한 때로부터 48시간 이내에 금지통고를 할 수 있다.

③ 관할경찰관서장은 집회 및 시위에 관한 법률 제6조 제1항에 따른 신고서의 기재사항에 미비한 점을 발견하면 접수증을 교부한 때로부터 12시간 이내에 주최자에게 24시간을 기한으로 그 기재 사항을 보완할 것을 통고할 수 있다.

④ 보완통고는 보완할 사항을 분명히 밝혀 서면 또는 문자 메시지(SMS)로 주최자 또는 연락책임자에게 전달하여야 한다.

37

「북한이탈주민의 보호 및 정착지원에 관한 법률」에 대한 설명으로 적절한 것은?

① "북한이탈주민"이란 군사분계선 이북지역에 주소, 직계가족, 배우자, 직장 등을 두고 있는 사람으로서 북한을 벗어난 후 외국 국적을 취득하지 아니한 사람을 말한다.

② 위장탈출 혐의자, 국내 입국 후 3년이 지나서 보호 신청한 사람, 체류국에 5년 이상 생활 근거지를 두고 있는 사람은 보호 대상자로 결정하지 않을 수 있다.

③ "구호물품"이란 이 법에 따라 보호대상자에게 지급하거나 빌려주는 금전 또는 물품을 말한다.

④ 북한이탈주민으로 보호를 받으려는 사람은 재외공관이나 그 밖의 행정기관의 장에게 보호를 직접 신청해야 하고, 국가정보원장은 '북한이탈주민 대책협의회'의 심의를 거쳐 보호여부를 결정한다.

38

다음 비밀공작의 순환과정에 대한 설명으로 가장 적절한 것은?

> 지령 → 계획 → 모집 → 훈련 → 브리핑 → 파견 및 귀환 → 디브리핑 → 보고서 작성 → 해고

① '모집'은 임무수행에 필요한 능력을 배양시키고, 지식과 기술을 습득케 하는 과정이다.

② '브리핑'은 공작에 영향을 주는 새로운 상황과 임무에 대한 상세한 지시를 하는 단계로, 공작원에게 공작수행에 대한 최종적인 설명이 이루어진다.

③ '파견 및 귀환'은 공작계획에 따라 공작을 진행할 사람을 채용하는 과정이다.

④ '보고서 작성'은 지령을 수행하기 위한 수단과 방법을 조직화 하는 과정이다.

39

범죄인 인도에 관한 원칙에 대한 설명으로 가장 적절하지 않은 것은?

① 자국민불인도의 원칙은 자국민은 인도하지 않는다는 원칙으로서, 우리나라 범죄인 인도법 제9조는 절대적 거절사유로 규정하고 있다.

② 쌍방가벌성의 원칙은 인도청구가 있는 범죄가 청구국과 피청구국 쌍방의 법률에 의하여 범죄를 구성하지 않는 경우에는 그 범죄에 관하여 범죄인을 인도하지 않는다는 원칙이다.

③ 최소한 중요성의 원칙은 어느 정도 중요성을 띤 범죄인만 인도한다는 원칙이다.

④ 특정성의 원칙은 인도된 범죄인이 인도가 허용된 범죄 외의 범죄로 처벌받지 아니하고, 제3국에 인도되지 아니한다는 청구국의 보증이 없는 경우에는 범죄인을 인도하여서는 아니된다는 원칙이다.

40

여행경보단계 중 해외체류자는 신변안전에 특별히 유의하여야 하고, 해외여행 예정자는 불필요한 여행을 자제해야 하는 단계는?

① 남색경보

② 황색경보

③ 적색경보

④ 흑색경보

01

경찰의 기본적 임무에 대한 설명 중 가장 적절하지 <u>않은</u> 것은?

① 경찰의 임무는 행정조직법상의 경찰기관을 전제로 한 개념으로 '공공의 안녕과 질서에 대한 위험의 방지'가 경찰의 궁극적 임무라 할 수 있다.

② 공공질서는 원만한 공동체생활을 영위하기 위한 불가결적 전제 조건이 되는 각 개인의 행동에 대한 불문규범의 총체로, 오늘날 공공질서 개념의 사용 가능 분야는 확대되고 있다.

③ 공공의 안녕은 법질서의 불가침성, 개인의 권리와 법익의 불가침성, 국가 등 공권력 주체의 기관과 집행의 불가침성을 의미한다.

④ 법질서의 불가침성은 공공의 안녕의 제1요소이다.

02

「경찰청 공무원 행동강령」에 대한 설명 중 가장 적절하지 <u>않은</u> 것은?

① 이 규칙은 경찰청 소속 공무원과 경찰청에 파견된 공무원에게 적용한다.

② 공무원은 상급자가 자기 또는 타인의 부당한 이익을 위하여 공정한 직무수행을 현저하게 해치는 지시를 하였을 때에는 그 사유를 상급자에게 소명하고 지시에 따르지 아니하거나, 행동 강령책임관과 상담할 수 있다.

③ 위 ②와 관련 소명 후 지시를 이행하지 아니하였는데도 같은 지시가 반복될 때에는 즉시 행동강령책임관과 상담하여야 한다.

④ 위 ②, ③과 관련 상담 요청을 받은 행동강령책임관은 지시 내용을 확인하는 과정에서 부당한 지시를 한 상급자가 스스로 그 지시를 취소하거나 변경하였을 때에는 소속 기관의 장에게 보고하여야 한다.

03

한국 경찰사의 자랑스러운 경찰의 표상에 대한 설명 중 연결이 바르지 <u>않은</u> 것은?

① 빨치산 토벌의 주역이며, 화엄사 등 문화재를 수호한 인물 – 차일혁
② 5 · 18 광주 민주화운동 당시 비례의 원칙에 입각한 경찰권 행사 강조 – 최규식
③ 1968년 무장공비 침투사건 당시 무장공비를 온몸으로 막아내 순국 – 정종수
④ 1919년 상하이에서 수립한 대한민국 임시정부의 초대 경무국장 – 김구

04

경찰법의 법원에 대한 설명 중 옳지 <u>않은</u> 것을 모두 고른 것은?

> ⊙ 경찰법의 법원은 일반적으로 성문법과 불문법원으로 나눌 수 있으며, 헌법, 법률, 조약과 국제법규, 조리와 규칙은 성문법원이다.
> ⓛ 국회의 의결을 거치지 않고 행정기관에 의하여 제정된 성문법규를 법규명령이라고 한다.
> ⓒ 국무총리는 직권으로 총리령을 발할 수 있으나, 행정각부의 장은 직권으로 부령을 발할 수 없다.
> ⓔ 지방의회가 법령의 범위 안에서 제정하는 자치법규를 규칙이라고 한다.

① ⊙, ⓛ   ② ⊙, ⓒ
③ ⊙, ⓛ, ⓔ   ④ ⊙, ⓒ, ⓔ

05

훈령의 형식적 요건에 해당하지 <u>않는</u> 것은?

① 훈령권이 있는 상급관청이 발한 것일 것
② 내용이 적법하고 타당할 것
③ 하급관청의 권한 내의 사항에 관한 것일 것
④ 직무상 독립한 범위에 속하는 사항이 아닐 것

06

국가경찰위원회에 대한 설명 중 가장 적절하지 <u>않은</u> 것은?   문제 변형

① 국가경찰위원회는 위원장 1명을 포함한 7명의 위원으로 구성하되, 위원장 및 5명의 위원은 비상임으로 하고, 1명의 위원은 상임으로 하며, 위원장은 정무직으로 한다.
② 위원 중 2명은 법관의 자격이 있는 사람이어야 한다.
③ 당적을 이탈한 날부터 3년이 지나지 아니한 사람, 선거에 의하여 취임하는 공직에서 퇴직한 날부터 3년이 지나지 아니한 사람은 위원이 될 수 없다.
④ 위원은 행정안전부장관의 제청으로 국무총리를 거쳐 대통령이 임명한다.

07

행정관청의 권한의 대리에 대한 설명 중 가장 적절하지 않은 것은?

① 권한의 대리에는 임의대리와 법정대리가 있는데, 보통 대리는 임의대리를 의미한다.
② 법정대리는 협의의 법정대리와 지정대리가 있는데, 협의의 법정대리는 일정한 법정 사유가 발생하면 당연히 대리권이 발생하는 경우를 말한다.
③ 권한의 대리는 피대리자의 권한의 전부 또는 일부를 대리자가 피대리자를 위한 것임을 표시하고 자기의 명의로 대행하는 것으로 그 행위는 대리자의 행위로서 효과가 발생한다.
④ 임의대리는 피대리관청의 대리자에 대한 지휘·감독이 가능하나, 법정대리는 원칙적으로 피대리관청의 대리자에 대한 지휘·감독이 불가능하다.

08

「국가공무원법」상 직위해제에 대한 설명 중 가장 적절하지 않은 것은?

① 임용권자는 직무수행 능력이 부족하거나 근무성적이 극히 나쁜 사유로 직위해제된 자에게 3개월 범위에서 대기를 명한다.
② 파면·해임·강등·정직 또는 감봉에 해당하는 징계 의결이 요구 중인 자는 직위해제 대상이다.
③ 직위해제 사유가 소멸한 때에는 임용권자는 지체 없이 직위를 부여하여야 한다.
④ 직위해제는 휴직과 달리 제재적 성격을 가지는 보직의 해제이며 복직이 보장되지 않는다.

09

「국가공무원법」과 「경찰공무원법」상 경찰공무원의 의무에 대한 설명 중 가장 적절한 것은?

① '성실 의무'는 공무원의 기본적 의무로서 모든 의무의 원천이 되므로 법률에 명시적 규정이 없다.
② '비밀엄수의 의무', '청렴의 의무', '친절·공정의 의무'는 신분상의 의무에 해당한다.
③ '거짓 보고 등의 금지', '지휘권 남용 등의 금지', '제복 착용'은 「경찰공무원법」에 규정되어 있다.
④ 「국가공무원법」상 수사기관이 현행범으로 체포한 공무원을 구속하려면 그 소속 기관의 장에게 미리 통보하여야 한다.

10

「국가공무원법」, 「공무원연금법」 및 동법 시행령상 경찰 공무원의 징계의 종류와 효과에 대한 설명 중 가장 적절하지 않은 것은?

① 공무원의 징계는 파면·해임·강등·정직·감봉·견책으로 구분한다.
② 강등은 1계급 아래로 직급을 내리고 공무원신분은 보유하나 3개월간 직무에 종사하지 못하며 그 기간 중 보수는 전액을 감한다.
③ 징계에 의하여 파면된 경우, 재직기간이 5년 이상인 사람의 퇴직급여는 2분의 1을 감액하고, 재직기간이 5년 미만인 사람의 퇴직급여는 3분의 1을 감액한다.
④ 금품 및 향응 수수로 징계 해임된 자의 경우 재직기간이 5년 이상인 사람의 퇴직급여는 4분의 3을 지급하고, 재직기간이 5년 미만인 사람의 퇴직급여는 8분의 7을 지급한다.

11

경찰비례의 원칙에 대한 설명 중 가장 적절하지 <u>않은</u> 것은?

① 경찰작용에 있어 목적실현을 위한 수단과 당해 목적 사이에 합리적인 비례관계가 있어야 한다는 것으로 「경찰관 직무집행법」에 명시적으로 규정되어 있다.

② 경찰비례의 원칙의 내용으로서 '적합성의 원칙', '필요성의 원칙', '상당성의 원칙'이 있으며 적어도 하나는 충족해야 위법하지 않다.

③ 비례의 원칙을 위반한 국가작용은 행정소송의 대상이 되며, 국가배상책임이 성립할 수 있다.

④ '경찰은 대포로 참새를 쏘아서는 안 된다.'는 법언은 상당성의 원칙을 잘 표현한 것이다.

12

경찰하명에 대한 설명 중 가장 적절하지 <u>않은</u> 것은?

① 경찰하명은 경찰목적을 위하여 국가의 일반통치권에 의거 개인에게 특정한 작위·부작위·수인 또는 급부의 의무를 명하는 행정행위이다.

② 부작위하명은 소극적으로 어떤 행위를 하지 말 것을 명하는 것으로 '금지'라 부르기도 한다.

③ 공공시설에서 공중의 건강을 위하여 흡연행위를 금지하는 것은 부작위하명이다.

④ 위법한 하명으로 인하여 권리·이익이 침해된 자는 손실보상을 청구할 수 있다.

13

「경찰관 직무집행법」상 보호조치에 대한 설명 중 가장 적절한 것은?

① 경찰관은 구호대상자를 발견하였을 때 보건의료기관이나 공공구호기관에 긴급구호를 요청할 수 있고, 긴급구호를 요청받은 기관이 정당한 이유 없이 이를 거절하는 경우 「경찰관 직무집행법」상 이에 대한 처벌규정이 있다.

② 본인이 구호를 거절하더라도 구호대상자 중 미아, 병자, 부상자에 대해 보호조치를 할 수 있다.

③ 경찰관은 보호조치를 하는 경우 구호대상자가 휴대하고 있는 무기·흉기 등 위험을 일으킬 수 있는 것으로 인정되는 물건을 임시로 영치할 수 있고, 임시로 영치할 수 있는 기간은 15일을 초과할 수 없다.

④ 경찰관은 보호조치를 하였을 때에는 지체 없이 구호대상자의 가족, 친지 또는 그 밖의 연고자에게 그 사실을 알려야 하고, 구호대상자를 경찰관서에서 보호하는 기간은 24시간을 초과할 수 없다.

14

「경찰관 직무집행법」 및 동법 시행령상 손실보상에 대한 설명 중 가장 적절한 것은?

① 국가는 손실 발생의 원인에 대하여 책임이 있는 자가 자신의 책임에 상응하는 정도를 초과하는 생명·신체 또는 재산상의 손실을 입은 경우 보상을 하지 않을 수 있다.

② 손실보상을 청구할 수 있는 권리는 손실이 있음을 안 날부터 5년, 손실이 발생한 날부터 3년간 행사하지 아니하면 시효의 완성으로 소멸한다.

③ 손실보상청구 사건을 심의하기 위하여 경찰청, 지방경찰청에 손실보상심의위원회를 설치한다. 위원회는 위원장 1명을 포함한 5명 이상 7명 이하의 위원으로 구성하며, 위원장은 경찰청장 등이 지명한다.

④ 보상금은 일시불로 지급하되, 예산 부족 등의 사유로 일시금으로 지급할 수 없는 특별한 사정이 있는 경우에는 청구인의 동의를 받아 분할하여 지급할 수 있다.

15

막스 베버(M. Weber)의 '이상적 관료제'의 구조적 특성에 대한 설명 중 가장 적절하지 <u>않은</u> 것은?

① 관료의 권한과 직무 범위는 법규와 관례에 의해 규정된다.

② 직무의 수행은 서류에 의해 이루어진다.

③ 직무조직은 계층제적 구조로 구성된다.

④ 구성원 간 또는 직무 수행상 감정의 배제가 필요하다.

16

「국가재정법」상 예산의 집행에 대한 설명 중 가장 적절한 것은?

① 각 중앙관서의 장은 예산이 확정되기 전에 사업운영계획 및 이에 따른 세입세출예산·계속비와 국고채무부담행위를 포함한 예산배정요구서를 기획재정부장관에게 제출하여야 한다.

② 기획재정부장관은 예산배정요구서에 따라 분기별 예산배정계획을 작성하여 국무회의의 심의를 거친 후 대통령의 승인을 얻어야 한다.

③ 예산이 확정되면 해당 예산이 배정되지 않은 상태라도 지출원인 행위를 할 수 있다.

④ 경찰청장은 예산이 정한 각 기관 간 또는 각 장·관·항 간에 상호 이용(移用)할 수 있는 것이 원칙이다.

17

「경찰장비관리규칙」상 무기·탄약의 회수 및 보관에 대한 설명 중 가장 적절한 것은?

① 경찰기관의 장은 무기를 휴대한 자 중에서 사의를 표명한 자에게 대여한 무기·탄약을 즉시 회수하여야 한다.

② 경찰기관의 장은 무기를 휴대한 자 중에서 경찰공무원 직무적성 검사 결과 고위험군에 해당되는 자에게 대여한 무기·탄약을 즉시 회수하여야 한다.

③ 경찰기관의 장은 무기를 휴대한 자 중에서 형사사건의 조사의 대상이 된 자에게 대여한 무기·탄약을 무기 소지 적격 심의 위원회의 심의를 거쳐 회수할 수 있다.

④ 경찰기관의 장은 무기를 휴대한 자 중에서 정신건강상 문제가 우려되어 치료가 필요한 자에게 대여한 무기·탄약을 즉시 회수하여야 한다.

18

「보안업무규정 시행 세부규칙」에 따른 제한구역을 모두 고른 것은?

> ⊙ 정보통신실
> ⓛ 과학수사센터
> ⓒ 암호취급소
> ⓔ 발간실
> ⓜ 치안상황실
> ⓗ 작전·경호·정보·보안업무 담당부서 전역

① ⊙, ⓛ, ⓒ, ⓔ
② ⊙, ⓒ, ⓜ, ⓗ
③ ⊙, ⓛ, ⓔ, ⓗ
④ ⓛ, ⓒ, ⓜ, ⓗ

19

경찰 통제에 대한 설명 중 가장 적절하지 않은 것은?

문제 변형

① 19세 이상의 국민은 경찰을 비롯한 공공기관의 사무처리가 법령 위반 또는 부패행위로 인하여 공익을 현저히 해하는 경우 200인 이상의 연서로 감사원에 감사를 청구할 수 있다.
② 경찰에 대한 민주적 통제방법으로 국가경찰위원회, 시·도경찰위원회 제도를 두고 있으나 행안부장관과 시·도지사의 재의요구권이 인정되어 완전한 민주적 통제장치로 보기에는 무리가 있다.
③ 청문감사관 제도는 경찰 내부적 통제이다.
④ 행정절차법은 입법예고, 행정예고 등 행정에 대한 사전 통제를 규정하고 있다.

20

「경찰 감찰 규칙」상 감찰활동에 대한 설명 중 가장 적절하지 않은 것은?

① 감찰관은 직무상 조사를 위한 출석, 질문에 대한 답변 및 진술서 제출, 증거품 등 자료 제출, 현지조사의 협조를 요구할 수 있다.
② ①과 같은 요구를 받은 소속공무원은 정당한 사유가 없는 한 그 요구에 응하여야 한다.
③ 감찰관은 다른 경찰기관 또는 검찰, 감사원 등 다른 행정기관으로부터 통보받은 소속공무원의 의무위반행위에 대해서는 통보 받은 날로부터 1개월 이내에 신속히 처리하여야 한다.
④ 감찰관은 심야(오후 10시부터 오전 6시까지를 말한다)에 조사를 하여서는 아니 된다.

21

환경설계를 통한 범죄예방의 기본원리에 대한 설명 중 가장 적절한 것은?

① 자연적 감시의 종류에는 조명·조경·가시권 확대를 위한 건물의 배치가 있다.
② 영역성의 강화는 일정한 지역에 접근하는 사람들을 정해진 공간으로 유도하거나 외부인의 출입을 통제하도록 설계함으로써 접근에 대한 심리적 부담을 증대시켜 범죄를 예방하는 원리이다.
③ 자연적 접근통제는 지역사회의 설계 시 주민들이 모여서 상호의견을 교환하고 유대감을 증대할 수 있는 공공장소를 설치하고 이용하도록 함으로써 '거리의 눈'을 활용한 자연적 감시와 접근통제의 기능을 확대하는 원리이다.
④ 활동의 활성화의 종류에는 벤치·정자의 위치 및 활용성에 대한 설계, 출입구의 최소화가 있다.

22

112신고처리 업무와 관련한 측위기술에 대한 설명 중 가장 적절하지 <u>않은</u> 것은?

① LBS란 Location Based Services의 약자로 휴대 전화 등의 위치를 기반으로 한 서비스를 통칭하는 용어이며 일반적으로 휴대전화 위치추적의 의미로 도 사용된다.
② Cell방식은 휴대전화가 접속한 기지국의 위치를 기반으로 위치를 판단하며 모든 휴대전화에 사용 가능하나 위치오차가 크다.
③ GPS방식은 인공위성을 통해 휴대전화에 내장된 GPS의 위치를 측정하며 위치오차가 비교적 정확 하지만 건물내부나 지하 등에서는 측위가 불가능 한 경우가 발생한다.
④ Wi-Fi방식은 휴대전화의 Wi-Fi가 연결된 무선 AP(무선인터넷 공유기)의 위치를 통한 측위를 나 타내며 Cell방식과 비교하여 위치가 현격히 다른 경우 Wi-Fi값 위치를 신고자의 위치로 추정한다.

23

「실종아동 등의 보호 및 지원에 관한 법률」 및 「실종아 동 등 및 가출인 업무처리 규칙」에 대한 설명 중 가장 적절한 것은?

① 「실종아동등 및 가출인 업무처리 규칙」상 '장기실 종아동 등'이란 실종된 지 48시간이 경과한 후에도 발견되지 않은 찾는 실종아동 등을 말한다.
② 「실종아동등의 보호 및 지원에 관한 법률」상 의료 법 제3조에 따른 의료기관의 장 또는 의료인은 신 고의무자에 해당한다.
③ 「실종아동등 및 가출인 업무처리 규칙」 제7조 제2 항에 따라 보호시설 무연고자는 실종아동등 프로 파일링시스템에 입력하지 않을 수 있다.
④ 「실종아동등의 보호 및 지원에 관한 법률」상 '아동 등'이란 약취·유인 또는 유기되거나 사고를 당하 거나 길을 잃는 등의 사유로 인하여 보호자로부터 이탈된 아동등을 말한다.

24

「아동·청소년의 성보호에 관한 법률」에 대한 설명 중 가장 적절하지 <u>않은</u> 것은?　**문제 변형**

① 아동·청소년성착취물을 제작한 자는 무기징역 또는 5년 이상의 유기징역에 처하며, 그 미수범처 벌규정을 두고 있다.
② 법원은 아동·청소년대상 성범죄를 범한 소년법 제2조의 소년에 대하여 형의 선고를 유예하는 경우 에는 반드시 보호관찰을 명하여야 한다.
③ '아동·청소년의 성을 사는 행위의 장소를 제공하 는 행위를 업으로 하는 자'에 대한 처벌규정보다 '폭행이나 협박으로 아동·청소년 대상 성범죄의 피해자를 상대로 합의를 강요한 자'에 대한 처벌 규정이 중하다.
④ 노래와 춤 등으로 손님의 유흥을 돋구는 접객행위 는 아동·청소년의 성을 사는 행위가 아니다.

25

다음 중 수사구조개혁 찬성 측에서 채택할 수 있는 논거로 가장 적절하지 <u>않은</u> 것은?

① 수사·기소 단계의 권한을 분산하여 견제와 균형을 이루고 있는 주요국과 달리 우리나라는 모든 권한이 검사에 집중되어 있어 각종 폐해가 발생하더라도 견제나 감시가 사실상 불가능하다.

② 수사와 기소의 분리, 형사사법 권한의 분산을 통해 경찰과 검찰이 각자 고유의 역할에 충실하도록 함으로써 형사사법 정의의 실현은 물론 국민 편익 제고가 가능하다.

③ 막강한 정보수집력을 가지고 있는 경찰에게 독자적 수사권을 부여할 경우 경찰에의 권력집중으로 인한 폐해가 발생할 수 있고, 경찰 수사에 대한 통제가 어렵게 된다.

④ 경찰은 수사의 책임성 제고를 위해 수사지휘 역량 및 수사 과정의 인권보장제도 강화와 수사 전문성 함양에 노력하고 있고, 경찰권을 분산하고 공정성을 높이기 위해 자치경찰제 도입, 국가수사본부 설치, 정보경찰 개혁 등 다양한 경찰개혁을 추진하고 있다.

26

다음 중 시체의 초기현상 및 후기현상에 대한 설명 중 가장 적절한 것은?

① 시체는 사후에 일시 이완되었다가 시간이 경과하면서 점차 경직되고, 턱관절에서 경직되기 시작하여 사후 6시간 정도면 전신에 미친다.

② 자가용해는 세균의 작용으로 장기나 조직 등이 분해되어 가는 과정이다.

③ 아질산소다 중독인 경우 시체얼룩은 암갈색(황갈색)을 나타낸다.

④ 사이안화칼륨 중독인 경우 시체얼룩은 암적갈색을 나타낸다.

27

「아동학대범죄의 처벌 등에 관한 특례법」에 대한 설명 중 가장 적절하지 <u>않은</u> 것은?

① 아동학대범죄에 대하여는 이 법을 우선 적용한다. 다만, 「성폭력 범죄의 처벌 등에 관한 특례법」, 「아동·청소년의 성보호에 관한 법률」에서 가중처벌되는 경우에는 그 법에서 정한 바에 따른다.

② 아동학대범죄 신고를 접수한 사법경찰관리나 아동보호전문기관의 직원은 지체 없이 아동학대범죄의 현장에 출동하여야 한다.

③ 현장에 출동하거나 아동학대범죄 현장을 발견한 사법경찰관리 또는 아동보호전문기관의 직원은 피해아동 보호를 위하여 즉시 응급조치를 하여야 한다.

④ 피해아동에 대한 응급조치의 내용 중 '피해아동을 아동학대 관련 보호시설로 인도'하는 조치를 하는 때에는 피해아동 및 보호자의 동의를 받아야 한다.

28

선거경비에 대한 설명 중 가장 적절하지 <u>않은</u> 것은?

① 대통령 선거기간은 23일이며, 국회의원 및 지방자치단체 의원 선거기간은 14일이다.

② 개표소 경비관련 3선 개념에 의하면 제1선은 개표소 내부, 제2선은 울타리 내곽, 제3선은 울타리 외곽으로 구분한다.

③ 대통령 선거, 국회의원선거, 지방자치단체의 의회의원 및 장의 선거기간은 후보자등록마감일의 다음날부터 선거일까지이다.

④ 대통령선거, 국회의원선거, 지방선거 모두 선거일 06:00부터 개표 종료시까지 갑호비상이 원칙이다.

29

「경찰 비상업무 규칙」에 대한 설명 중 가장 적절한 것은?

① 병호비상 시 연가를 중지하고 가용경력 30%까지 동원할 수 있다.
② 경계강화 시 지휘관과 참모는 비상연락망을 구축하고 신속한 응소체제를 유지한다.
③ '가용경력'이라 함은 총원에서 휴가·출장·교육·파견 등을 포함한 실제 동원될 수 있는 모든 인원을 말한다.
④ 비상근무 유형에 따른 분류에는 경비비상, 작전비상, 정보비상, 수사비상, 교통비상이 있다.

30

경찰의 대테러 업무에 대한 설명 중 옳은 것을 모두 고른 것은?

㉠ 「테러취약시설 안전활동에 관한 규칙」에 의하면 'B'급 다중 이용건축물등의 경우 테러에 의해 파괴되거나 기능 마비시 일부 지역의 대테러진압작전이 요구되고, 국민 생활에 중대한 영향을 미칠 수 있는 건축물 또는 시설이며, 관할 경찰서장은 분기 1회 이상 지도·점검을 실시해야 한다.
㉡ 「테러취약시설 안전활동에 관한 규칙」에 의하면 'C'급 다중 이용건축물등의 경우 테러에 의하여 파괴되거나 기능 마비시 제한된 지역의 대테러진압작전이 요구되고, 국민생활에 상당한 영향을 미칠 수 있는 건축물 또는 시설이며, 관할 경찰서장은 반기 1회 이상 지도·점검을 실시해야 한다.
㉢ '리마증후군'이란 인질범이 인질에게 일체감을 느끼게 되고 인질의 입장을 이해하여 호의를 베푸는 등 인질범이 인질에게 동화되는 현상이다.
㉣ 테러단체 구성죄는 미수범, 예비·음모 모두 처벌한다.

---

① ㉠, ㉢   ② ㉡, ㉢
③ ㉡, ㉢, ㉣   ④ ㉠, ㉡, ㉣

31

다음 중 주·정차 금지구역에 해당하지 않은 것은?

① 도로공사를 하고 있는 경우 그 공사 구역의 양쪽 가장자리로부터 5m 이내인 곳
② 교차로의 가장자리나 도로의 모퉁이로부터 5m 이내인 곳
③ 건널목의 가장자리 또는 횡단보도로부터 10m 이내인 곳
④ 안전지대가 설치된 도로에서는 그 안전지대의 사방으로부터 각각 10m 이내인 곳

32

음주운전으로 운전면허 취소처분 또는 정지처분을 받았을 때 일정 요건을 갖춘 경우 면허행정처분을 감경하는 경우가 있다. 이때 「도로교통법 시행규칙」상 감경 제외 사유로 규정된 것이 아닌 것은?

① 혈중알코올농도 0.1퍼센트를 초과하여 운전한 경우
② 음주운전 중 인적피해 교통사고를 일으킨 경우
③ 과거 3년 이내에 3회 이상의 인적피해 교통사고의 전력이 있는 경우
④ 과거 5년 이내에 음주운전 전력이 있는 경우

33

「도로교통법」 및 동법 시행규칙상 운전면허에 대한 설명 중 가장 적절하지 않은 것은?

① 제1종 보통면허로는 승차정원 15명 이하의 승합자동차, 적재 중량 12톤 미만의 화물자동차를 운전할 수 있다.

② 제2종 보통면허로는 승차정원 10명 이하의 승합자동차, 적재 중량 4톤 이하의 화물자동차를 운전할 수 있다.

③ 운전면허증 소지자가 면허증의 반납사유가 발생하면 그 사유가 발생한 날부터 7일 이내에 반납하여야 한다.

④ 무면허운전 금지를 3회 위반하여 자동차 등을 운전한 경우 위반한 날부터 3년간 운전면허 시험응시가 제한된다.

34

정보를 출처에 따라 분류할 때 그 설명 중 가장 적절한 것은?

① 근본출처정보는 정보출처에 대한 별다른 보호조치가 없더라도 상시적으로 정보를 획득할 것으로 기대되는 출처로부터 얻어진 정보이다.

② 비밀출처정보란 정보관이 의도한 정보입수의 시점과는 무관하게 얻어지는 정보이다.

③ 정기출처정보는 정기적으로 정보를 획득할 수 있는 출처로부터 얻은 정보로 일반적으로 우연출처정보에 비해 출처의 신빙성과 내용의 신뢰성 면에서 우위를 점한다고 볼 수 없다.

④ 간접정보란 중간매체가 있는 경우의 정보로 정보관은 이들 매체를 통해 정보를 감지하게 되지만 사실은 그 내용에 해당 매체의 주관이나 편견이 개입될 소지가 있다는 면에서 직접정보에 비해 출처의 신빙성과 내용의 신뢰성이 낮게 평가될 여지가 있다.

35

「집회 및 시위에 관한 법률」 및 동법 시행령에 대한 설명 중 가장 적절한 것은?

① 관할경찰관서장은 집회 및 시위에 관한 법률 제6조 제1항에 따른 신고서의 기재 사항에 미비한 점을 발견하면 접수증을 교부한 때부터 12시간 이내에 주최자 또는 질서유지인에게 24시간을 기한으로 그 기재 사항을 보완할 것을 통고할 수 있다.

② 위 ①에 따른 보완통고는 보완할 사항을 분명히 밝혀 서면 또는 구두로 주최자 또는 연락책임자에게 송달하여야 한다.

③ 집회 및 시위에 관한 법률 제6조 제1항에 따른 신고를 받은 관할경찰관서장이 집회 및 시위의 보호와 공공의 질서 유지를 위하여 필요하다고 인정하여 질서유지선을 설정할 때에는 주최자 또는 연락책임자에게 이를 알려야 한다.

④ 집회 또는 시위 장소의 상황에 따라 질서유지선을 새로 설정하거나 변경하는 경우 서면으로 통지해야 한다.

36

다음은 공작활동에 대한 내용이다. 아래 ㉠부터 ㉣까지의 설명 중 옳고 그름의 표시(○, ×)가 바르게 된 것은?

㉠ '연락'이란 비밀공작을 수행함에 있어서 상·하급 인원이나 기관 간에 비밀을 은폐하려고 기도하는 방법이다.

㉡ '신호'란 비밀공작활동에 있어서 조직원 상호 간에 어떠한 의사를 전달하기 위하여 사전에 약정해 놓은 표시를 말한다.

㉢ '사전정찰'이란 일정한 목적 하에 사물의 현상 및 사건의 전말을 감지하는 과정을 말한다.

㉣ '감시'란 장차 공작활동을 위하여 공작 목표나 공작 지역에 대하여 예비지식을 수집하기 위한 사전조사 활동이다.

① ㉠ (×) ㉡ (○) ㉢ (○) ㉣ (×)

② ㉠ (×) ㉡ (○) ㉢ (○) ㉣ (○)

③ ㉠ (○) ㉡ (×) ㉢ (×) ㉣ (×)

④ ㉠ (○) ㉡ (○) ㉢ (×) ㉣ (×)

37

「북한이탈주민 보호 및 정착지원에 관한 법률」 제9조에 규정된 보호대상자로 결정하지 아니할 수 있는 기준으로 가장 적절하지 <u>않은</u> 것은?

① 체류국에 5년 이상 생활 근거지를 두고 있는 사람
② 국내 입국 후 3년이 지나서 보호신청한 사람
③ 살인 등 중대한 비정치적 범죄자
④ 위장탈출 혐의자

38

「출입국관리법」 및 동법 시행령에 대한 설명 중 가장 적절하지 <u>않은</u> 것은? 문제 변형

① 법무부장관이 대한민국의 이익 등을 위하여 입국이 필요하다고 인정하는 외국인은 사증없이 입국할 수 있다.
② 주한외국공관(대사관과 영사관 포함)과 국제기구의 직원 및 그의 가족은 외국인등록 대상이다.
③ 외국인의 강제퇴거 사유가 동시에 형사처분 사유가 되는 경우 강제퇴거와 형사처분을 병행할 수 있다.
④ 법무부장관은 입국심사에 필요한 경우에는 관계 행정기관이 보유하고 있는 외국인 생체정보의 제출을 요청할 수 있다.

39

다음 중 인터폴에서 발행하는 국제수배서에 대한 설명 중 가장 적절하지 <u>않은</u> 것은?

① 흑색수배서(가출인수배서) – 실종자 소재확인 목적 발부
② 녹색수배서(상습국제범죄자 수배서) – 우범자 정보제공 목적 발부
③ 보라색수배서(범죄수법수배서) – 범죄수법 정보제공 목적 발부
④ 청색수배서(국제정보조회수배서) – 범죄관련인 소재확인 목적 발부

40

「범죄인 인도법」에 대한 설명 중 가장 적절하지 <u>않은</u> 것은?

① 순수한 정치범은 인도하지 않는 것이 원칙이나 정치범일지라도 국가원수암살범은 예외가 되어 일반적으로 인도의 대상이 된다.
② 대한민국과 청구국의 법률에 따라 인도범죄가 사형, 무기징역, 무기금고, 장기 1년 이상의 징역 또는 금고에 해당하는 경우에만 범죄인을 인도할 수 있다.
③ 범죄인이 인도범죄에 관하여 제3국(청구국이 아닌 외국)에서 재판을 받고 처벌되었거나 처벌받지 아니하기로 확정된 경우는 청구국에 인도하지 아니할 수 있다.
④ 법무부장관은 범죄인이 인도구속영장에 의하여 구속 중인 경우에는 구속된 날부터 2개월 이내에 인도심사에 관한 결정을 하여야 한다.

2020(경감) 기출문제

01

형식적 의미의 경찰과 실질적 의미의 경찰에 대한 설명으로 가장 적절하지 **않은** 것은?

① 실질적 의미의 경찰은 독일의 행정법학에서 정립된 학문상 개념이다.

② 형식적 의미의 경찰은 실정법상 보통경찰기관에 분배되어 있는 임무를 달성하기 위해 행해지는 경찰활동이다.

③ 실질적 의미의 경찰은 사회공공의 안녕, 질서유지와 같은 소극적 목적을 위한 작용이다.

④ 형식적 의미의 경찰은 모두 실질적 의미의 경찰에 포함된다.

02

경찰의 임무를 공공의 안녕과 질서에 대한 위험의 방지라고 정의할 때, 위험에 대한 설명으로 가장 적절한 것은?

① '위험'은 보호받는 개인 및 공동의 법익에 관한 정상적 상태의 객관적 감소를 뜻한다.

② 위험에 대한 인식은 외관적 위험, 위험혐의, 추상적 위험으로 구분할 수 있다.

③ '위험혐의'란 경찰이 의무에 합당한 사려 깊은 판단을 할 때 실제로 위험의 가능성은 예측되나 불확실한 경우를 말한다.

④ 외관적 위험에 대한 경찰권 발동은 경찰상 위험에 해당하는 적법한 개입이므로 경찰관에게 민·형사상 책임을 물을 수 없고, 국가의 손실보상 책임도 발생하지 않는다.

03

다음은 경찰의 부패원인에 대한 설명이다. 아래 ㉠부터 ㉣까지의 설명 중 옳고 그름의 표시(○, ×)가 바르게 된 것은?

㉠ '전체사회 가설'은 시민사회의 부패가 경찰부패의 주요 원인이라고 보는 이론이다.

㉡ '썩은 사과 가설'은 선배경찰의 부패행태로부터 신임경찰이 차츰 사회화되어 신임경찰도 기존 경찰처럼 부패로 물들게 된다고 보는 이론이다.

㉢ 셔먼의 '미끄러지기 쉬운 경사로 이론'에 대해 펠드버그는 작은 호의를 받았다고 해서 반드시 경찰이 큰 부패를 범하는 것은 아니라고 비판한다.

㉣ '구조원인 가설'은 부패에 해당하지 않는 작은 호의가 습관화될 경우 더 큰 부패와 범죄로 빠진다고 보는 이론이다.

① ㉠ (○) ㉡ (×) ㉢ (○) ㉣ (×)

② ㉠ (○) ㉡ (○) ㉢ (○) ㉣ (×)

③ ㉠ (×) ㉡ (○) ㉢ (○) ㉣ (×)

④ ㉠ (○) ㉡ (×) ㉢ (○) ㉣ (○)

04

「부정청탁 및 금품등 수수의 금지에 관한 법률」에 대한 설명으로 가장 적절하지 <u>않은</u> 것은?

① 부정청탁을 받은 공직자등이 그에 따라 직무를 수행한 경우 2년 이하의 징역 또는 2천만 원 이하의 벌금에 처한다.

② 공직자등은 직무 관련 여부 및 기부·후원·증여 등 그 명목에 관계없이 동일인으로부터 1회에 100만 원 또는 매 회계연도에 300만 원을 초과하는 금품등을 받거나 요구 또는 약속해서는 아니 된다.

③ 사적 거래(증여는 제외한다)로 인한 채무의 이행 등 정당한 권원에 의하여 제공되는 금품등은 동법 제8조(금품등의 수수 금지)에서 규정하는 수수가 금지된 금품등에 해당하지 않는다.

④ 공직자등과 관련된 직원상조회·동호인회·동창회·향우회·친목회·종교단체·사회단체 등이 정하는 기준에 따라 구성원에게 제공하는 금품등은 동법 제8조(금품등의 수수 금지)에서 규정하는 수수를 금지하는 금품등에 해당한다.

05

경찰의 역사와 제도에 대한 설명으로 가장 적절하지 <u>않은</u> 것은?

① 대한민국 임시정부 초대 경무국장은 백범 김구이며, 대한민국 경찰 역시 임시정부의 경찰활동 또는 경찰 정신을 계승하고 있다고 보아야 할 것이다.

② 미군정 시기에는 경찰작용에 관한 기본법인 「경찰관 직무집행법」이 제정되는 등 조직·작용법적 정비가 이루어졌다.

③ 1946년 이후 중앙행정기관이었던 경무부(警務部)가 1948년 「정부조직법」 상에서 내무부 산하의 국(局)으로 격하되었다.

④ 1969년 「국가공무원법」의 특별법인 「경찰공무원법」이 제정되었다.

06

훈령에 대한 설명으로 가장 적절하지 <u>않은</u> 것은?

① 훈령의 형식적 요건으로는 훈령권이 있는 상급관청이 발한 것일 것, 하급관청의 권한 내의 사항에 관한 것일 것, 하급관청의 직무상 독립성이 보장된 사항일 것을 들 수 있다.

② 훈령의 실질적 요건으로는 내용이 실현 가능하고 명확할 것, 내용이 적법하고 타당할 것, 내용이 공익에 반하지 않을 것을 들 수 있다.

③ 훈령은 원칙적으로 일반적·추상적 사항에 대해서 발해야 하지만, 개별적 구체적 사항에 대해서도 발해질 수 있다.

④ 하급관청 구성원에 변동이 있더라도 훈령의 효력에는 영향이 없다.

07

「국가경찰과 자치경찰의 조직 및 운영에 관한 법률」상 국가경찰위원회에 대한 설명으로 가장 적절한 것은?

문제 변형

① 위원장은 정무직으로 한다.

② 위원회는 위원장 1명을 포함한 7명의 위원으로 구성하되, 위원장 및 5명의 위원은 상임으로 하고, 1명의 위원은 비상임으로 한다.

③ 위원은 경찰청장의 제청으로 행정안전부장관을 거쳐 대통령이 임명한다.

④ 위원의 임기는 3년으로 하며, 연임할 수 없다. 이 경우 보궐위원의 임기는 전임자 임기의 남은 기간으로 한다.

08

「수사경찰 인사운영규칙」상 수사경과에 대한 설명으로 가장 적절하지 <u>않은</u> 것은?

① 직무 관련 금품·향응 수수, 중대한 인권침해 행위로 징계처분을 받는 경우 수사경과를 해제하여야 한다.

② 인권침해, 편파수사 등에 관한 시비로 사건관계인으로부터 수시로 진정을 받는 경우 수사경과를 해제하여야 한다.

③ 5년간 연속으로 비수사부서에 근무하는 경우 수사경과를 해제하여야 한다.

④ 2년간 연속으로 수사부서 전입을 기피하는 경우 수사경과를 해제할 수 있다.

09

「국가공무원법」상 휴직에 대한 설명으로 가장 적절하지 <u>않은</u> 것은?

① 공무원이 천재지변이나 전시·사변, 그 밖의 사유로 생사 또는 소재가 불명확하게 된 때의 휴직기간은 3개월 이내로 한다.

② 공무원이 국외 유학을 하게 된 때 휴직을 원하면 임용권자는 휴직을 명할 수 있으며, 휴직 기간은 3년 이내로 하되, 부득이한 경우에는 2년의 범위에서 연장할 수 있다.

③ 휴직 기간 중 그 사유가 없어지면 지체 없이 임용권자 또는 임용제청권자에게 신고하여야 하며, 임용권자는 30일 이내에 복직을 명하여야 한다.

④ 대통령령 등으로 정하는 기간 동안 재직한 공무원이 직무 관련 연구과제 수행 또는 자기개발을 위하여 학습·연구 등을 하게 된 때 휴직 기간은 1년 이내로 한다.

10

「경찰공무원 징계령」에 대한 설명으로 가장 적절하지 <u>않은</u> 것은? **문제 변형**

① 징계등 의결 요구를 받은 징계위원회는 그 요구서를 받은 날부터 30일 이내에 징계등에 관한 의결을 하여야 한다. 다만, 부득이한 사유가 있을 때에는 당해 징계심의대상자의 동의를 얻어 30일 이내의 범위에서 그 기간을 연장할 수 있다.

② 징계위원회가 징계등 심의 대상자의 출석을 요구할 때에는 출석통지서로 하되, 징계위원회 개최일 5일 전까지 그 징계등 심의대상자에게 도달되도록 하여야 한다.

③ 징계등 심의대상자의 소재가 분명하지 아니할 때에는 출석통지를 관보에 게재하고 그 게재일부터 10일이 지나면 출석통지가 송달된 것으로 본다.

④ 징계등 의결을 요구한 자는 경징계의 징계등 의결을 통지받았을 때에는 통지받은 날부터 15일 이내에 징계등을 집행하여야 한다.

11

「경찰공무원 징계령 세부시행규칙」상 감독자의 정상 참작사유로 가장 적절하지 <u>않은</u> 것은?

① 부임기간이 1개월 미만으로 부하직원에 대한 실질적인 감독이 곤란하다고 인정된 때

② 업무매뉴얼에 규정된 직무상의 절차를 충실히 이행한 때

③ 부하직원의 의무위반행위를 사전에 발견하여 적법 타당하게 조치한 때

④ 기타 부하직원에 대하여 평소 철저한 교양감독 등 감독자로서의 임무를 성실히 수행하였다고 인정된 때

12

경찰상 강제집행의 수단에 대한 설명으로 가장 적절하지 <u>않은</u> 것은?

① 직접강제란 의무의 불이행이 있는 경우 직접 의무자의 신체·재산에 실력을 가하여 의무의 이행이 있었던 것과 같은 상태를 실현하는 작용을 말한다.
② 강제징수의 일반법으로서 「국세징수법」이 있다.
③ 집행벌은 반복적으로 부과하는 것도 가능하다.
④ 대집행이란 비대체적 작위의무의 불이행이 있는 경우 행정청이 의무자의 작위의무를 스스로 행하거나 또는 제3자로 하여금 이를 행하게 하고 그 비용을 의무자로부터 징수하는 것을 말한다.

13

「경찰관 직무집행법」에 대한 설명으로 가장 적절하지 <u>않은</u> 것은?   문제 변형

① 동법에 규정된 경찰관의 직권은 그 직무 수행에 필요한 최소한도에서 행사되어야 하며 남용되어서는 아니 된다.
② 제2조 직무 범위에서는 범죄피해자 보호도 경찰의 직무로 규정하고 있다.
③ 경찰관은 수상한 행동이나 그 밖의 주위 사정을 합리적으로 판단하여 볼 때 어떠한 죄를 범하였거나 범하려 하고 있다고 의심할 만한 상당한 이유가 있는 사람을 정지시켜 질문할 수 있다.
④ 경찰관이 불심 검문 시 제복을 착용한 경우라면 경찰관의 신분 증표를 제시하지 않아도 된다.

14

「경찰관 직무집행법」 및 동법 시행령상 손실보상에 대한 설명으로 가장 적절하지 <u>않은</u> 것은?

① 국가는 경찰관의 적법한 직무집행으로 인하여 손실발생의 원인에 대하여 책임이 없는 자가 생명·신체 또는 재산상의 손실을 입은 경우 정당한 보상을 하여야 한다.
② 물건의 멸실·훼손으로 인한 손실 외의 재산상 손실에 대해서는 직무집행과 상당한 인과관계가 있는 범위에서 보상한다.
③ 손실보상을 청구할 수 있는 권리는 손실이 있음을 안 날부터 1년, 손실이 발생한 날부터 3년간 행사하지 아니하면 시효의 완성으로 소멸한다.
④ 손실보상심의위원회는 위원장 1명을 포함한 5명 이상 7명 이하의 위원으로 구성한다.

15

경찰조직 편성원리에 대한 설명으로 가장 적절하지 <u>않</u>은 것은?

① 통솔범위의 원리란 조직목적수행을 위한 구성원의 임무를 책임과 난이도에 따라 상위로 갈수록 권한과 책임이 무거운 임무를 수행하도록 편성하는 것을 말한다.
② 명령통일의 원리란 조직 구성원 간에 지시나 보고를 주고받는 과정에서 지시는 한 사람만이 할 수 있고, 보고도 한 사람에게만 하여야 한다는 원칙을 말한다.
③ 명령통일의 원리에 따르면 관리자의 공백 등을 대비하여 대리, 위임, 유고관리자 사전지정 등이 필요하다.
④ 계층제의 원리는 권한과 책임의 배분을 통하여 신중한 업무처리가 가능하다는 장점이 있다.

16

「국가재정법」상 경찰 예산안의 편성에 대한 설명으로 가장 적절하지 않은 것은?

① 경찰청장은 매년 1월 31일까지 당해 회계연도부터 5회계연도 이상의 기간 동안의 신규사업 및 기획재정부장관이 정하는 주요 계속사업에 대한 중기사업계획서를 기획재정부장관에게 제출하여야 한다.

② 기획재정부장관은 국무회의의 심의를 거쳐 대통령의 승인을 얻은 다음 연도의 예산안편성지침을 매년 3월 31일까지 경찰청장에게 통보하여야 한다.

③ 경찰청장은 예산안편성지침에 따라 그 소관에 속하는 다음 연도의 세입세출예산·계속비·명시이월비 및 국고채무부담행위 요구서를 작성하여 매년 5월 31일까지 기획재정부장관에게 제출하여야 한다.

④ 기획재정부장관은 예산요구서에 따라 예산안을 편성하여 국회의 심의를 거친 후 대통령의 승인을 얻어야 한다.

17

「보안업무규정 시행규칙」에 대한 설명으로 가장 적절하지 않은 것은?

① Ⅰ급 비밀은 반드시 금고에 보관하여야 하며, 다른 비밀과 혼합하여 보관하여서는 아니 된다.

② 비밀의 보관용기 외부에는 비밀의 중요성과 가치에 따라 구분하여 표시하여야 한다.

③ 제한구역이란 비인가자가 비밀, 주요시설 및 Ⅲ급 비밀 소통용 암호자재에 접근하는 것을 방지하기 위하여 안내를 받아 출입하여야 하는 구역을 말한다.

④ 통제구역이란 보안상 매우 중요한 구역으로서 비인가자의 출입이 금지되는 구역을 말한다.

18

「언론중재 및 피해구제 등에 관한 법률」상 정정보도청구에 대한 설명으로 가장 적절하지 않은 것은?

① 사실적 주장에 관한 언론보도등이 진실하지 아니함으로 인하여 피해를 입은 자는 해당 언론보도등이 있음을 안 날부터 3개월 이내에 언론사등에게 그 언론보도등의 내용에 관한 정정보도를 청구할 수 있다. 다만, 해당 언론보도등이 있은 후 6개월이 지났을 때에는 그러하지 아니하다.

② 정정보도 청구는 언론사등의 대표자에게 서면으로 하여야 하며, 청구서에는 피해자의 성명·주소·전화번호 등의 연락처를 적고, 정정의 대상인 언론보도등의 내용 및 정정을 청구하는 이유와 청구하는 정정보도문을 명시하여야 한다.

③ 청구된 정정보도의 내용이 법원의 공개재판절차의 사실보도에 관한 것인 경우 언론사등은 정정보도 청구를 거부할 수 없다.

④ 이 법에 따른 정정보도청구등과 관련하여 분쟁이 있는 경우 피해자 또는 언론사등은 중재위원회에 조정을 신청할 수 있다.

19

「경찰청 감사 규칙」상 감사결과의 조치기준에 대한 설명으로 옳은 것을 모두 고른 것은? **문제 변형**

> ㉠ 시정요구 – 감사결과 법령상·제도상 또는 행정상 모순이 있거나 그 밖에 개선할 사항이 있다고 인정되는 경우
>
> ㉡ 권고 – 감사결과 문제점이 인정되는 사실이 있어 그 대안을 제시하고 감사대상기관의 장 등으로 하여금 개선방안을 마련하도록 할 필요가 있는 경우
>
> ㉢ 징계 또는 문책 요구 – 국가공무원법과 그 밖의 법령에 규정된 징계 또는 문책 사유에 해당하거나 정당한 사유 없이 자체감사를 거부하거나 자료의 제출을 게을리한 경우
>
> ㉣ 변상명령 – 감사결과 위법 또는 부당하다고 인정되는 사실이 있어 추징·회수·환급·추급 또는 원상복구 등이 필요하다고 인정되는 경우

① ㉠, ㉡　　　　　　　② ㉡, ㉢
③ ㉠, ㉢　　　　　　　④ ㉢, ㉣

20

「공공기관의 정보공개에 관한 법률」에 대한 설명으로 가장 적절한 것은?

① 정보의 공개를 청구하는 자는 해당 정보를 보유하거나 관리하고 있는 공공기관에 대하여 서면으로만 정보공개를 청구할 수 있다.
② 정보의 공개 및 우송 등에 드는 비용은 실비의 범위에서 정보공개 청구를 받은 행정청이 부담한다.
③ 청구인이 정보공개와 관련한 공공기관의 결정에 대하여 불복하는 경우 이의신청 절차를 거치지 않아도 행정심판을 청구할 수 있다.
④ 공공기관은 정보공개 청구를 받으면 그 청구를 받은 날부터 7일 이내에 공개 여부를 결정하여야 한다.

21

범죄원인이론에 대한 설명 중 가장 적절하지 <u>않은</u> 것은?

① Miller는 범죄는 하위문화의 가치와 규범이 정상적으로 반영된 것이라고 하였다.
② Cohen은 하류계층의 청소년들이 목표와 수단의 괴리로 인해 중류계층에 대한 저항으로 비행을 저지르며, 목표달성의 어려움을 극복하기 위해 자신들만의 하위문화를 만들게 되는데 범죄는 이러한 하위문화에 의해 저질러진다고 한다.
③ '사회해체론'과 '아노미이론'은 범죄의 원인을 사회적 구조의 특성에서 찾는 사회적 수준의 범죄원인이론이다.
④ Durkheim은 좋은 자아관념이 주변의 범죄적 환경에도 불구하고 비행행위에 가담하지 않도록 하는 중요한 요소라고 한다.

22

「경범죄 처벌법」상 경범죄를 범한 자의 주거가 분명한 경우라도 현행범인 체포가 가능한 경범죄로 가장 적절한 것은?

① 출판물의 부당게재 등
② 거짓신고
③ 암표매매
④ 업무방해

23
지역경찰활동에 대한 설명으로 가장 적절한 것은?

문제 변형

① 「지역경찰의 조직 및 운영에 관한 규칙」상 관리팀원 및 순찰팀원에 대한 일일근무 지정 및 지휘·감독은 지역경찰관서장의 업무이다.

② 지역사회 경찰활동(community policing)은 주민의 경찰업무에의 협조도로 경찰업무의 효율성을 평가한다.

③ 「지역경찰의 조직 및 운영에 관한 규칙」상 비상 및 작전사태 등 발생시 차량, 선박 등의 통행 통제는 순찰근무에 해당한다.

④ 지역경찰관은 폭행죄 사건을 처리하는 경우 피해자에게 친고죄에 해당함을 설명하고, 피해자로부터 고소장을 제출받아 경찰서에 전달해야 한다.

24
아동학대 사건에 대한 설명으로 가장 적절한 것은?

① 응급학대범죄의 신고를 받아 현장에 출동하거나 아동학대범죄 현장을 발견한 사법경찰관리가 피해아동의 보호를 위하여 즉시 행하는 조치를 임시조치라 한다.

② 응급조치상 격리란 학대행위자를 48시간을 기한으로 피해아동으로부터 공간적으로 분리하는 조치를 의미한다.

③ 임시조치는 아동학대범죄의 원활한 조사·심리 또는 피해아동 보호를 위하여 필요하다고 인정되어 판사의 결정으로 학대행위자의 권한 또는 자유를 일정기간동안 제한하는 조치이다.

④ 긴급임시조치에는 피해아동 또는 가정구성원의 주거로부터 퇴거 등 격리, 피해아동 또는 가정구성원의 주거, 학교 또는 보호시설 등에서 100미터 이내의 접근 금지, 경찰관서의 유치장 또는 구치소에의 유치 등이 있다.

25
다음 중 수사구조개혁 찬성 측에서 채택할 수 있는 논거로 가장 적절하지 않은 것은?

① 수사·기소 단계의 권한을 분산하여 견제와 균형을 이루고 있는 주요국과 달리 우리나라는 모든 권한이 검사에 집중되어 있어 각종 폐해가 발생하더라도 견제나 감시가 사실상 불가능하다.

② 수사와 기소의 분리, 형사사법 권한의 분산을 통해 경찰과 검찰이 각자 고유의 역할에 충실하도록 함으로써 형사사법 정의의 실현은 물론 국민 편익 제고가 가능하다.

③ 경찰은 수사의 책임성 제고를 위해 수사지휘 역량 및 수사 과정의 인권보장제도 강화와 수사 전문성 함양에 노력하고 있고, 경찰권을 분산하고 공정성을 높이기 위해 자치경찰제 도입, 국가수사본부 설치, 정보경찰 개혁 등 다양한 경찰개혁을 추진하고 있다.

④ 막강한 정보수집력을 가지고 있는 경찰에게 독자적 수사권을 부여할 경우 경찰에의 권력집중으로 인한 폐해가 발생할 수 있고, 경찰 수사에 대한 통제가 어렵게 된다.

26
마약류에 대한 설명으로 가장 적절한 것은?

① 한외마약이란 일반약품에 마약성분을 미세하게 혼합한 약물로 신체적·정신적 의존성을 일으킬 염려가 없어 감기약 등으로 판매되는 합법의약품이다.

② 향정신성의약품 중 덱스트로 메트로판은 강한 중추신경 억제성 진해작용이 있으며 의존성과 독성이 강하다.

③ 마약의 분류 중 합성 마약으로는 헤로인, 옥시코돈, 하이드로폰 등이 있다.

④ GHB는 무색·무취의 짠맛이 나는 액체로 소다수 등의 음료에 타서 복용하며, 특히 미국, 유럽 등지에서 성범죄용으로 악용되어 '정글 주스'라고도 불린다.

27

과학수사에 대한 설명으로 옳은 것을 모두 고른 것은?

> ㉠ 유류품 수사시 착안점으로 동일성, 관련성, 기회성, 완전성을 들 수 있는바, 유류품이 범행시와 동일한 상태로 보전되어 있는가를 검사하는 것은 완전성과 관련된다.
> ㉡ 현장지문 또는 준현장지문 중에서 관계자지문을 제외하고 남은 지문은 범인지문으로 추정되는 지문으로서 이를 유류지문이라고 하며, 손가락으로 마르지 않은 진흙을 적당히 눌렀을 때 나타나는 지문은 역지문이다.
> ㉢ 각막의 혼탁은 사후 12시간 전후 흐려져서 24시간이 되면 현저하게 흐려지고, 48시간이 되면 불투명해진다.
> ㉣ 시체굳음은 턱관절에서 경직되기 시작하여 사후 12시간 정도면 전신에 미친다.

① ㉠, ㉢
② ㉠, ㉡, ㉣
③ ㉡, ㉢, ㉣
④ ㉠, ㉡, ㉢, ㉣

28

다음 중 경비경찰에 대한 설명으로 가장 적절하지 <u>않은</u> 것은?

① 행사장 경호와 관련하여 제1선(안전구역)에서는 출입자 통제관리 및 MD 설치 운용을 한다.
② 개표소 경비와 관련하여 제2선(울타리 내곽)에서는 선거관리 위원회와 합동으로 출입자를 통제한다.
③ 국가중요시설 경비와 관련하여 제2지대(주방어지대)에서는 주·야간 경계요원에 대한 계속적인 감시·통제가 될 수 있도록 경비인력을 운용한다.
④ 국가중요시설 경비와 관련하여 제3지대(핵심방어지대)에서는 시설의 보강(지하화, 방호벽, 방탄막 등)을 최우선으로 한다.

29

「통합방위법」에 대한 설명으로 가장 적절하지 <u>않은</u> 것은?　　　　　　　　　　　　　문제 변형

① 시·도경찰청장, 지역군사령관 또는 함대사령관은 을종사태나 병종사태에 해당하는 상황이 발생한 때에는 즉시 시·도지사에게 통합방위사태의 선포를 건의하여야 한다.
② 시·도지사는 위 ①에 따른 건의를 받은 때에는 중앙협의회의 심의를 거쳐 을종사태 또는 병종사태를 선포할 수 있다.
③ 「통합방위법」상 통합방위본부장은 합동참모의장, 부본부장은 합동참모본부 합동작전본부장이 되고, 지역 통합방위협의회 의장은 시·도지사이며, 중앙 통합방위협의회 의장은 국무총리이다.
④ 국방부장관은 둘 이상의 시·도에 걸쳐 을종사태에 해당하는 상황이 발생하였을 때 즉시 국무총리를 거쳐 대통령에게 통합 방위사태의 선포를 건의하여야 한다.

30

「경찰 비상업무 규칙」상 비상근무의 종류별 정황에 대한 설명으로 연결이 가장 적절한 것은?

① 정보비상 을호 – 간첩 또는 정보사범 색출을 위한 경계지역 내 검문검색 필요 시
② 작전비상 을호 – 대규모 적정이 발생하였거나 발생 징후가 현저한 경우
③ 수사비상 을호 – 사회이목을 집중시킬만한 중대범죄 발생 시
④ 경비비상 을호 – 대규모 집단사태·테러·재난 등의 발생으로 치안질서가 혼란하게 되었거나 그 징후가 예견되는 경우

31

운전면허에 대한 설명으로 가장 적절하지 <u>않은</u> 것은?

① 제2종 보통면허로는 승차정원 10명 이하의 승합자동차, 적재 중량 4톤 이하의 화물자동차, 총중량 3.5톤 이하의 특수자동차(구난차 등은 제외한다) 등을 운전할 수 있다.

② 임시운전증명서의 유효기간은 20일 이내로 하되, 운전면허의 취소 또는 정지처분 대상자의 경우 40일 이내로 할 수 있다. 다만, 지방경찰청장이 필요하다고 인정하는 경우 그 유효기간을 1회에 한하여 20일의 범위 이내에서 연장할 수 있다.

③ 제1종 특수면허 중 소형견인차 면허를 가지고 총중량 3.5톤 이하의 견인형 특수자동차를 운전할 수 있다.

④ 국제운전면허증을 발급받은 사람은 국내에 입국한 날부터 1년 동안만 그 국제운전면허증으로 자동차 등을 운전할 수 있다.

32

음주운전 단속 및 처벌에 대한 설명으로 가장 적절하지 <u>않은</u> 것은? (다툼이 있으면 판례에 의함)

① 음주측정 시에 사용하는 불대는 1회 1개 사용함을 원칙으로 한다.

② 호흡측정기에 의한 음주측정치와 혈액검사에 의한 음주측정치가 불일치할 경우 혈액검사에 의한 음주측정치가 우선한다.

③ 음주로 인한 「특정범죄가중처벌 등에 관한 법률」 위반(위험운전치사상)죄와 「도로교통법」 위반(음주운전)죄는 실체적 경합관계에 있다.

④ 음주운전 최초 위반 시 혈중알코올농도가 0.15퍼센트인 경우 2년 이상 5년 이하의 징역이나 1천만 원 이상 2천만 원 이하의 벌금에 처한다.

33

교통사고와 관련된 내용으로 가장 적절하지 <u>않은</u> 것은? (다툼이 있으면 판례에 의함)

① 교통사고로 인한 물적 피해가 경미하고 파편이 도로상에 비산되지도 않았다고 하더라도, 가해차량이 즉시 정차하는 등 필요한 조치를 취하지 아니한 채 그대로 도주한 경우에는 도로교통법 제54조 제1항 위반죄가 성립한다.

② 보행자가 횡단보도 보행신호등의 녹색등화의 점멸신호 전에 횡단을 시작하였다면, 보행신호등의 녹색등화가 점멸하고 있는 동안에 횡단보도를 통행하고 있다 해도 횡단보도에서의 보행자 보호의무의 대상이 되지 않는다.

③ 교통조사관은 교통사고조사규칙에 따라 차대차 사고로서 당사자 간의 과실이 동일한 경우 피해가 경한 당사자를 선순위로 지정한다.

④ 택시 운전자인 甲이 교차로에서 적색등화에 우회전하다가 신호에 따라 진행하던 乙의 승용차를 충격하여 乙에게 상해를 입혔다면, 당해 사고는 「교통사고처리 특례법」 제3조 제2항 단서 제1호에서 정한 '신호위반'으로 인한 사고에 해당하지 아니한다.

34

정보경찰활동에 대한 설명으로 가장 적절하지 <u>않은</u> 것은?

① 관련 문서의 배포범위를 제한하거나 폐기 대상인 문서를 파기하는 등의 관리방법은 물리적 보안조치에 해당한다.

② 정보배포의 원칙으로 필요성, 적당성, 보안성, 적시성, 계속성이 있다.

③ 어떤 수시적 돌발상황의 해결에 필요한 한도 내에서 임시적, 단편적, 지역적 특수사건을 단기에 해결하기 위하여 필요한 경우 요구되는 첩보를 SRI(특별첩보요구)라고 한다.

④ 정보배포의 원칙 중 계속성은 특정 정보가 필요한 정보사용자에게 배포되었다면 그 정보의 내용이 계속 변화되었거나 관련 내용이 추가적으로 입수되었거나 할 경우 정보는 계속적으로 사용자에게 배포되어야 한다는 원칙이다.

35

「집회 및 시위에 관한 법률」에 대한 설명으로 가장 적절하지 <u>않은</u> 것은?　　**문제 변형**

① 옥외집회와 시위의 장소가 두 곳 이상의 시·도경찰청의 관할에 속하는 경우 주최지를 관할하는 시·도경찰청장에게 집회신고서를 제출해야 한다.

② 관할경찰관서장은 신고서의 기재 사항에 미비한 점을 발견하면 접수증을 교부한 때부터 12시간 이내에 주최자에게 24시간을 기한으로 그 기재 사항을 보완할 것을 통고할 수 있다.

③ 주최자는 신고한 옥외집회 또는 시위를 하지 아니하게 된 경우에는 신고서에 적힌 집회 일시 12시간 전에 관할경찰관서장에게 철회신고서를 제출해야 한다.

④ 옥외집회나 시위를 주최하려는 자는 신고서를 옥외집회나 시위를 시작하기 720시간 전부터 48시간 전에 관할 경찰서장에게 제출해야 한다.

36

보안관찰에 대한 설명으로 가장 적절하지 <u>않은</u> 것은?

① 「국가보안법」상 목적수행죄, 자진지원죄, 금품수수죄와 형법상 내란목적살인죄, 외환유치죄, 간첩죄, 물건제공이적죄, 모병이적죄, 시설제공이적죄는 보안관찰 해당범죄이다.

② 피보안관찰자는 보안관찰처분결정고지를 받은 날이 속한 달부터 매 3월이 되는 달의 말일까지 정기신고를 해야 한다.

③ 피보안관찰자는 국외여행 또는 10일 이상 국내여행을 하는 경우 신고를 해야 한다.

④ 「보안관찰법」상 보안관찰처분심의위원회는 위원장 1인(법무부 장관)과 6인의 위원으로 구성되고, 위원은 법무부장관의 제청으로 대통령이 임명 또는 위촉한다.

37

남북교류협력에 대한 설명으로 가장 적절하지 <u>않은</u> 것은?

① 재외국민이 외국에서 북한을 왕래할 때에는 통일부장관이나 재외공관의 장에게 신고하여야 한다.

② 거짓이나 부정한 방법으로 방문승인을 받은 경우 승인을 취소해야 한다.

③ 남한 주민이 북한을 방문하고자 하는 경우 방문 10일 전까지 통일부장관에게 '방문승인 신청서'를 제출해야 한다.

④ 「남북교류협력에 관한 법률」은 남북 교류 협력을 목적으로 하는 행위에 관하여는 이 법률의 목적 범위에서 다른 법률에 우선하여 이 법을 적용한다.

38

「출입국관리법」에 대한 설명으로 가장 적절하지 않은 것은? `문제 변형`

① 법무부장관은 형사재판에 계속 중인 사람, 징역형이나 금고형의 집행이 끝나지 아니한 사람, 대통령령으로 정하는 금액 이상의 벌금이나 추징금을 내지 아니한 사람에 대해서는 6개월 이내의 기간을 정하여 출국을 금지할 수 있다.

② 재난상륙 긴급상륙 승무원상륙 허가기간은 각각 30일 이내이며, 난민임시상륙 허가기간은 90일 이내이다.

③ 수사기관이 출입국사범을 입건한 때에는 지체 없이 관할 지방출입국·외국인관서의 장에게 사건을 인계한다.

④ 법무부장관은 입국심사에 필요한 경우에는 관계 행정기관이 보유하고 있는 외국인의 생체정보의 제출을 요청할 수 있다.

39

「주한미군지위협정(SOFA), 대한민국과 중화인민공화국 간의 영사협정」에 대한 설명으로 가장 적절하지 않은 것은?

① 중국인 피의자 체포 구속 시, 체포 구속된 피의자의 요청이 없는 경우에도 7일 이내 해당 사실을 영사기관에 통보해야 한다.

② 미군의 공무집행 중의 작위 또는 부작위에 의한 범죄에 대하여 미군 당국이 1차적 재판권을 가지며, 공무집행의 범위에는 공무 집행으로 인한 범죄뿐만 아니라 공무집행에 부수하여 발생한 범죄도 포함된다.

③ 미국 군대의 구성원, 군속, 배우자 및 21세 미만의 자녀, 부모 및 21세 이상의 자녀 또는 기타 친척으로서 그 생계비의 반액 이상을 미국 군대의 구성원에 의존하는 자는 주한미군지위협정의 적용을 받는다.

④ 주한미군의 공무 중 사건으로 인한 피해가 전적으로 미군 측의 책임으로 밝혀진 경우 미군 측이 75%, 한국 측이 25%를 부담하여 배상한다.

40

국제형사경찰기구(인터폴)에 대한 설명으로 가장 적절하지 않은 것은?

① 인터폴 협력의 원칙으로는 주권의 존중, 일반법의 집행, 보편성의 원칙, 평등성의 원칙, 업무방법의 유연성 등이 있다.

② 1923년 비엔나에서 19개국 경찰기관장이 참석한 가운데 제2차 국제형사경찰회의가 개최되어 국제형사경찰위원회(ICPC : International Criminal Police Commission)를 창립하였다.

③ 법무부장관은 국제형사경찰기구로부터 외국의 형사사건 수사에 대하여 협력을 요청받거나 국제형사경찰기구에 협력을 요청하는 경우 국제범죄의 정보 및 자료교환, 국제범죄의 동일증명 및 전과조회 등의 조치를 취할 수 있다.

④ 인터폴에서 발행하는 국제수배서에는 변사자 신원확인을 위한 흑색수배서(Black Notice), 장물수배를 위한 장물수배서(Stolen Property Notice), 범죄관련인 소재확인을 위한 청색수배서(Blue Notice) 등이 있다.

01

경찰개념의 형성 및 역사적 변천과정에 대한 설명으로 가장 적절한 것은?

① 16세기 독일 제국경찰법은 교회행정을 포함한 국정 전반을 의미하였다.

② 17세기 대륙법계 국가에서는 국가작용의 분화현상이 나타나 경찰개념이 소극적인 위험방지 분야에 한정되었다.

③ 1794년 프로이센 일반란트법 제10조에서 경찰관청은 공공의 평온, 안녕 및 질서를 유지하고, 또한 공중 및 그의 개개 구성원들에 대한 절박한 위험을 방지하기 위하여 필요한 기관이라고 규정하였다.

④ 대륙법계 국가에서는 '경찰은 무엇인가'라는 문제보다 '경찰은 무엇을 하는가' 또는 '경찰활동이란 무엇인가'라는 문제를 중심으로 경찰개념이 논의되었다.

02

경찰개념에 대한 설명으로 가장 적절하지 <u>않은</u> 것은?

① 형식적 의미의 경찰은 실정법상 보통경찰기관에 분배된 임무를 달성하기 위하여 행해지는 경찰활동으로 그 범위는 나라마다 차이가 있을 수 있다.

② 실질적 의미의 경찰은 사회공공의 안녕, 질서유지와 같은 적극적 목적을 위한 작용이다.

③ 실질적 의미의 경찰은 국가의 일반통치권에 근거하여 국민에게 명령·강제하는 권력적 작용이다.

④ 일반행정기관이 실질적 의미의 경찰작용을 하는 경우는 있으나, 형식적 의미의 경찰작용을 하지는 않는다.

03

「부정청탁 및 금품 등 수수의 금지에 관한 법률」 제8조에서 규정하는 '금품 등의 수수 금지'에 대한 설명으로 가장 적절하지 <u>않은</u> 것은?

① 공직자 등은 직무 관련 여부 및 기부·후원·증여 등 그 명목에 관계없이 동일인으로부터 1회에 100만 원 또는 매 회계연도에 300만 원을 초과하는 금품 등을 받거나 요구 또는 약속해서는 아니 된다.

② 공직자 등은 직무와 관련하여 대가성 여부를 불문하고 1회에 100만 원 또는 매 회계연도에 300만 원 이하의 금품등을 받거나 요구 또는 약속해서는 아니 된다.

③ 공직자 등과 관련된 직원상조회·동호인회·동창회·향우회·친목회·종교단체·사회단체 등이 정하는 기준에 따라 구성원에게 제공하는 금품 등은 수수를 금지하는 금품 등에 해당하지 아니한다.

④ 공직자 등의 직무와 관련된 공식적인 행사에서 주최자가 참석자에게 통상적인 범위에서 일률적으로 제공하는 교통, 숙박, 음식물 등의 금품 등은 수수를 금지하는 금품 등에 해당한다.

04

갑오개혁부터 일제강점기 이전의 경찰에 대한 설명으로 가장 적절하지 **않은** 것은?

① 일본각의의 결정에 따라, '각아문관제'에서 처음으로 경찰이라는 용어를 사용하였다.

② '경무청관제직장'에 의해 당시의 좌우포도청을 합하여 경무청을 신설하고(장으로 경무사를 둠) 내무아문에 예속되어 한성부 내 일체의 경찰사무를 관장하였다.

③ 광무개혁에 따라 중앙관청으로서 경부가 한성 및 개항시장의 경찰업무와 감옥사무를 통합하였다.

④ 을사조약에 의거 통감부에 의한 통감정치가 시작되면서 경무청을 전국을 관할하는 기관으로 확대하여 사실상 한국경찰을 장악하였다.

05

행정규칙과 법규명령에 대한 설명으로 가장 적절하지 **않은** 것은?

① 법규명령은 대외적 구속력을 갖기 때문에 그에 반하는 행정권 행사는 위법하다.

② 법규명령은 특별한 규정이 없는 한 공포한 날로부터 20일을 경과함으로써 효력을 발생한다.

③ 위임명령은 법규명령이고, 집행명령은 행정규칙이다.

④ 법규명령의 형식(부령)을 취하고 있지만 그 내용이 행정규칙의 실질을 가지는 경우 판례는 당해 규범을 행정규칙으로 보고 있다.

06

훈령과 직무명령에 대한 설명으로 가장 적절하지 **않은** 것은?

① 훈령이란 상급관청이 하급관청의 권한행사를 지휘하기 위하여 발하는 명령으로 구성원의 변동이 있는 경우에는 당연히 효력을 상실하게 된다.

② 직무명령이란 상관이 부하공무원에게 발하는 명령으로, 특별한 작용법적 근거 없이 발할 수 있다.

③ 훈령의 형식적 요건으로 훈령권이 있는 상급관청이 발한 것일 것, 하급관청의 권한 내의 사항에 관한 것일 것, 직무상 독립한 범위에 속하는 사항이 아닐 것을 들 수 있다.

④ 훈령은 원칙적으로 일반적·추상적 사항에 대해서 발해야 하지만, 개별적·구체적 사항에 대해서도 발해질 수 있다.

07

경찰관청의 권한의 위임·대리에 대한 설명으로 가장 적절한 것은?

① 권한의 위임은 보조기관, 권한의 대리는 하급관청이 주로 상대방이 된다.

② 권한의 위임으로 인한 사무처리에 소요되는 인력 예산 등은 수임자 부담이 원칙이다.

③ 권한의 위임 시 수임기관의 사무처리가 위법·부당하다고 인정될 때에는 위임기관은 이를 취소 또는 정지할 수 있고, 수임기관에 대하여 사전승인을 받거나 협의할 것을 요구할 수 있다.

④ 임의대리는 원칙적으로 복대리가 허용되지 않으며 피대리관청은 대리자에 대한 지휘·감독이 가능하나, 법정대리는 복대리가 허용되며 피대리관청의 대리자에 대한 지휘·감독이 불가능하다.

08

「수사경찰 인사운영규칙」상 수사경과에 대한 설명으로 가장 적절한 것은?

① 수사경과 발령일로부터 5년이 되는 날이 전년도 11월 1일부터 해당 연도 4월 30일까지의 사이에 있는 경우에는 해당 연도 4월 30일까지 유효한 것으로 본다.

② 2년간 연속으로 수사부서 전입을 기피하는 경우 수사경과를 해제하여야 한다.

③ 인권침해, 편파수사 등에 관한 시비로 사건관계인으로부터 수시로 진정을 받는 경우 수사경과를 해제하여야 한다.

④ 수사경과자는 수사경과 유효기간 내에 경찰청장이 지정하는 수사 관련 직무교육을 이수(이 경우 사이버교육을 포함한다)하는 방법으로 언제든지 수사경과를 갱신할 수 있다. 다만, 휴직 등 경찰청장이 정하는 사유로 수사경과 갱신을 할 수 없는 경우에는 그 연기를 받을 수 있다.

09

「국가공무원법」상 휴직 사유와 휴직 기간에 대한 설명으로 가장 적절하지 <u>않은</u> 것은?

① 중앙인사관장기관의 장이 지정하는 연구기관이나 교육기관 등에서 연수하게 된 때 휴직 기간은 3년 이내로 한다.

② 「병역법」에 따른 병역 복무를 마치기 위하여 징집 또는 소집된 때 휴직 기간은 그 복무 기간이 끝날 때까지로 한다.

③ 만 8세 이하 또는 초등학교 2학년 이하의 자녀를 양육하기 위하여 필요하거나 여성공무원이 임신 또는 출산하게 된 때 휴직 기간은 자녀 1명에 대하여 3년 이내로 한다.

④ 외국에서 근무·유학 또는 연수하게 되는 배우자를 동반하게 된 때 휴직 기간은 3년 이내로 하되, 부득이한 경우에는 2년의 범위에서 연장할 수 있다.

10

인사혁신처에 설치된 소청심사위원회에 대한 설명으로 가장 적절하지 <u>않은</u> 것은?

① 소청심사위원회의 위원은 금고 이상의 형벌이나 장기의 심신 쇠약으로 직무를 수행할 수 없게 된 경우 외에는 본인의 의사에 반하여 면직되지 아니한다.

② 위원장 1명을 포함한 5명 이상 7명 이하의 상임위원과 상임위원 수의 2분의 1 이상인 비상임위원으로 구성되며, 위원은 인사 혁신처장의 제청으로 국무총리를 거쳐 대통령이 임명한다.

③ 3급 이상 공무원 또는 고위공무원단에 속하는 공무원으로 3년 이상 근무한 자는 비상임위원은 될 수 있으나, 상임위원은 될 수 없다.

④ 소청심사위원회의 취소명령 또는 변경명령 결정은 그에 따른 징계나 그 밖의 처분이 있을 때까지는 종전에 행한 징계처분에 영향을 미치지 아니한다.

11

경찰공무원의 직권면직 사유 가운데, 직권면직 처분을 위해서 징계위원회의 동의가 필요한 경우가 <u>아닌</u> 것은?

① 휴직기간이 끝나거나 휴직사유가 소멸된 후에도 직무에 복귀하지 아니하거나 직무를 감당할 수 없을 때

② 경찰공무원으로서 부적합할 정도로 직무 수행능력 또는 성실성이 현저하게 결여된 사람으로서 대통령령이 정하는 사유에 해당한다고 인정될 때

③ 국가공무원법 제73조의3 제3항에 따라 대기 명령을 받은 자가 그 기간에 능력 또는 근무성적의 향상을 기대하기 어렵다고 인정된 때

④ 직무를 수행하는 데에 위험을 일으킬 우려가 있을 정도의 성격적 또는 도덕적 결함이 있는 사람으로서 대통령령이 정하는 사유에 해당한다고 인정될 때

12

「질서위반행위규제법」에 대한 설명으로 가장 적절하지 <u>않은</u> 것은?

① 고의 또는 과실이 없는 질서위반행위는 과태료를 부과하지 아니한다.

② 과태료는 행정청의 과태료 부과처분이나 법원의 과태료 재판이 확정된 후 3년간 징수하지 아니하거나 집행하지 아니하면 시효로 인하여 소멸한다.

③ 행정청이 질서위반행위에 대하여 과태료를 부과하고자 하는 때에는 미리 당사자에게 대통령령으로 정하는 사항을 통지하고, 10일 이상의 기간을 정하여 의견을 제출할 기회를 주어야 한다. 이 경우 지정된 기일까지 의견 제출이 없는 경우에는 의견이 없는 것으로 본다.

④ 행정청의 과태료 부과에 불복하는 당사자는 과태료 부과 통지를 받은 날로부터 60일 이내에 해당 행정청에 서면으로 이의제기를 할 수 있다.

13

허가에 대한 설명으로 가장 적절한 것은?

① 허가란 법령에 의하여 과하여진 작위·급부·수인의무를 특정한 경우에 해제하여 주는 행정행위이다.

② 허가는 행위의 '적법요건'이지만 '유효요건'은 아니므로, 무허가 행위는 행정상 강제집행 또는 행정벌의 대상은 되지만, 행위 자체의 법적 효력은 영향을 받지 않는 것이 원칙이다.

③ 허가는 허가가 유보된 상대적 금지뿐만 아니라 절대적 금지의 경우에도 인정된다.

④ 허가는 상대방의 신청에 의하여 행하여지는 것으로 신청에 의하지 않고는 행하여질 수 없다.

14

다음은 「경찰관 직무집행법」 제5조 위험 발생의 방지 조치를 설명한 것이다. 빈칸의 내용을 가장 적절하게 연결한 것은?

경찰관은 사람의 생명 또는 신체에 위해를 끼치거나 재산에 중대한 손해를 끼칠 우려가 있는 천재, 사변, 인공구조물의 파손이나 붕괴, 교통사고, 위험물의 폭발, 위험한 동물 등의 출현, 극도의 혼잡, 그 밖의 위험한 사태가 있을 때에는 다음 각 호의 조치를 할 수 있다.

1. 그 장소에 모인 사람, 사물의 관리자, 그 밖의 관계인에게 필요한 (㉠)을(를) 하는 것
2. 매우 긴급한 경우에는 위해를 입을 우려가 있는 사람을 필요한 한도에서 (㉡)시키는 것
3. 그 장소에 있는 사람, 사물의 관리자, 그 밖의 관계인에게 위해를 방지하기 위하여 필요하다고 인정되는 조치를 하게 하거나 (㉢)을(를) 하는 것

	㉠	㉡	㉢
①	경고	제지	억류하거나 피난
②	경고	억류하거나 피난	직접조치
③	직접조치	제지	억류하거나 피난
④	직접조치	억류하거나 피난	경고

15

「경찰관 직무집행법」상 위험방지를 위한 출입에 대한 설명으로 가장 적절하지 <u>않은</u> 것은?

① 위험방지를 위한 출입의 성질은 대가택적 즉시강제이다.

② 경찰공무원은 여관에 불이 나서 객실에 쓰러져 있는 사람이 있는 경우에는 주인이 허락하지 않더라도 들어갈 수 있다.

③ 새벽 3시에 영업이 끝난 식당에서 주인만 머무르는 경우라도, 경찰공무원은 범죄의 예방을 위해 출입을 요구할 수 있고, 상대방은 이를 거절할 수 없다.

④ 경찰공무원은 위험방지를 위해 여관에 출입할 경우에는 그 신분을 표시하는 증표를 제시하여야 하며, 함부로 관계인이 하는 정당한 업무를 방해해서는 아니 된다.

16

「위해성 경찰장비의 사용기준 등에 관한 규정」에 대한 설명으로 가장 적절하지 <u>않은</u> 것은?

① 직무수행 중 위해성 경찰장비를 사용하는 경찰관은 위해성 경찰장비 사용을 위한 안전교육을 받아야 한다.

② 위해성 경찰장비를 사용하는 경찰관이 소속한 국가경찰관서의장은 소속 경찰관이 사용할 위해성 경찰장비에 대한 안전검사를 실시하여야 한다.

③ 경찰청장은 위해성 경찰장비를 새로 도입하려는 경우에는 안전성 검사를 실시하여 새로 도입하려는 장비가 사람의 생명이나 신체에 미치는 영향을 평가하여야 한다.

④ 위해성 경찰장비를 새로 도입하려는 경우에 안전성 검사에 참여한 외부 전문가는 안전성 검사를 실시한 후 3개월 이내에 안전성 검사 결과보고서를 국회 소관 상임위원회에 제출하여야 한다.

17

조직편성의 원리에 대한 설명으로 가장 적절하지 <u>않은</u> 것은?

① 계층제의 원리 – 직무를 책임과 난이도에 따라 등급화하고 계층 간에 명령복종관계를 적용하는 원리로, 지휘계통을 확립하고 조직의 업무수행에 통일을 기할 수 있다.

② 통솔범위의 원리 – 1인의 상관 또는 감독자가 효과적으로 직접 통솔할 수 있는 부하의 수를 정하는 원리로, 통솔범위는 신설 부서보다는 오래된 부서, 지리적으로 분산된 부서보다는 근접부서, 복잡한 업무보다는 단순한 업무의 경우에 넓어진다.

③ 명령통일의 원리 – 조직의 집단적 노력을 질서 있게 배열하는 과정으로서 개별적인 활동을 전체적인 관점에서 통일하여 조직의 목표달성도를 높이려는 원리로, 관리자의 공백 등을 대비하여 대리, 위임, 유고관리자 사전지정 등이 필요하다.

④ 조정의 원리 – 조직편성의 각각의 원리는 장단점을 가지고 있는바, 이러한 장단점을 조화롭게 승화시키는 원리로, 문제해결이 어려운 경우 관리자가 갈등을 초래할 수 있는 결정을 보류 또는 회피하는 방식을 사용할 수 있다.

18

계급제와 직위분류제를 비교한 것으로 가장 적절한 것은?

① 계급제는 공직을 분류함에 있어서 행정기관을 구성하는 개개의 직위에 내포되어 있는 직무의 종류와 책임도 및 곤란도에 따라 여러 직종과 등급 및 직급을 분류하는 제도이다.

② 계급제는 보통 계급의 수가 적고 계급 간의 차별이 심하며, 동일한 직무를 장기간 담당하게 되어 직위분류제에 비해 행정의 전문화에 기여한다.

③ 직위분류제는 직무중심의 분류방법으로 시험·채용·전직의 합리적 기준을 제공하여 계급제에 비해 인사배치의 신축성을 기할 수 있다.

④ 직위분류제는 권한과 책임의 한계를 명확히 하는 장점이 있지만, 유능한 일반행정가의 확보 곤란, 신분보장의 미흡 등의 단점이 있다.

19

「보안업무규정」상 비밀보호에 대한 설명으로 가장 적절하지 <u>않은</u> 것은?

① Ⅰ급 비밀은 그 생산자의 허가를 받은 경우에도 모사·타자·인쇄·조각·녹음·촬영·인화·확대 등 그 원형을 재현하는 행위를 할 수 없다.

② 비밀은 해당 등급의 비밀취급 인가를 받은 사람 중 그 비밀과 업무상 직접 관계가 있는 사람만 열람할 수 있다.

③ 공무원 또는 공무원이었던 사람은 법률에서 정하는 경우를 제외하고는 소속 기관의 장이나 소속되었던 기관의 장의 승인 없이 비밀을 공개해서는 아니 된다.

④ 비밀은 보관하고 있는 시설 밖으로 반출해서는 아니 된다. 다만, 공무상 반출이 필요할 때에는 소속 기관의 장의 승인을 받아야 한다.

20

「공공기관의 정보공개에 관한 법률」에 대한 설명으로 가장 적절한 것은?

① 공공기관이 보유·관리하는 정보는 국민의 알권리 보장 등을 위하여 「공공기관의 정보공개에 관한 법률」에서 정하는 바에 따라 적극적으로 공개하여야 한다.

② 공공기관은 공개 청구된 공개 대상 정보의 전부 또는 일부가 제3자와 관련이 있다고 인정할 때에는 그 사실을 제3자에게 3일 이내에 통지하여야 하며, 필요한 경우에는 그의 의견을 들을 수 있다.

③ 청구인이 정보공개와 관련한 공공기관의 부분 공개 결정에 대하여 불복이 있는 때에는 공공기관으로부터 정보공개 여부의 결정 통지를 받은 날부터 20일 이내에 이의신청 하여야 한다.

④ 공공기관은 이의신청을 받은 날부터 7일 이내에 그 이의신청에 대하여 결정하고 그 결과를 청구인에게 3일 이내에 문서로 통지하여야 한다.

21

「실종아동등의 보호 및 지원에 관한 법률」 및 「실종아동등 및 가출인 업무처리 규칙」에 대한 설명으로 가장 적절한 것은? 문제 변형

① 「실종아동등 및 가출인 업무처리 규칙」상 "발견지"란 실종아동등 또는 가출인을 발견하여 보호 중인 장소를 말하며, 발견한 장소와 보호 중인 장소가 서로 다른 경우에는 발견한 장소를 말한다.

② 「실종아동등의 보호 및 지원에 관한 법률」상 '보호자'란 친권자, 후견인, 보호시설의 장이나 그 밖에 다른 법률에 따라 아동 등을 보호 또는 부양할 의무가 있는 자를 말한다.

③ 경찰관서의 장은 실종아동등(범죄로 인한 경우를 포함한다)의 조속한 발견을 위하여 필요한 때에는 개인위치정보사업자에게 실종아동 등의 개인위치정보의 제공을 요청할 수 있다.

④ 보호시설의 장 또는 그 종사자는 그 직무를 수행하면서 실종아동 등임을 알게 되었을 때에는 경찰청장이 구축하여 운영하는 신고체계로 지체 없이 신고하여야 한다.

22

「가정폭력범죄의 처벌 등에 관한 특례법」에 대한 설명으로 가장 적절하지 않은 것은? 문제 변형

① 주거침입죄(형법 제319조)는 '가정폭력범죄'에 해당하지 않는다.

② 진행 중인 가정폭력범죄에 대하여 신고를 받은 사법경찰관리는 즉시 현장에 나가서 폭력행위의 제지, 가정폭력행위자 피해자의 분리 및 범죄수사의 조치를 하여야 한다.

③ 사법경찰관이 긴급임시조치를 한 때에는 지체 없이 검사에게 임시조치를 신청하고, 신청받은 검사는 법원에 임시조치를 청구하여야 한다. 이 경우 임시조치의 청구는 긴급임시조치를 한 때부터 48시간 이내에 청구하여야 하며, 긴급임시조치결정서를 첨부하여야 한다.

④ 자기 또는 배우자와 직계존비속관계(사실상의 양친자관계를 포함)에 있거나 있었던 사람은 '가정구성원'에 해당한다.

23

범죄원인론에 대한 설명으로 가장 적절하지 않은 것은?

① 고전주의 범죄학에 따르면 범죄는 인간의 자유의지에 의한 것이 아니고, 외적요소에 의해 강요되는 것이다.

② 마짜(Matza)와 싸이크스(Sykes)는 청소년은 비행의 과정에서 합법적·전통적 관습, 규범, 가치관 등을 중화시킨다고 주장하였다.

③ 허쉬(Hirshi)는 범죄의 원인은 사회적인 유대가 약화되어 통제되지 않기 때문이라고 주장하였다.

④ 글레이저(Glaser)는 청소년들이 영화의 주인공을 모방하고 자신과 동일시하면서 범죄를 학습한다고 주장하였다.

24

지문에 대한 설명으로 가장 적절하지 <u>않은</u> 것은?

① 혈액지문은 실리콘러버법으로 지문을 채취한다.

② 제상문은 지문 모양이 말발굽 모양을 형성하는 지문을 말한다.

③ 궁상문, 제상문, 와상문 중 어느 문형에도 속하지 않는 지문은 변태문이다.

④ 정상지문은 혈액·잉크·먼지 등이 손가락에 묻은 후 피사체에 인상된 지문이므로 무인했을 때의 지문과 동일하다.

25

「검사와 사법경찰관의 상호협력과 일반적 수사준칙에 관한 규정」상 변사사건 처리 요령에 대한 설명으로 가장 적절하지 <u>않은</u> 것은?　　　`문제 변형`

① 사법경찰관은 변사자 또는 변사한 것으로 의심되는 사체가 있으면 변사사건 발생사실을 검사에게 통보해야 한다.

② 검사 또는 사법경찰관은 피의자에게 출석요구를 할 때에는 피의자의 생업에 지장을 주지 않도록 충분한 시간적 여유를 두도록 하고, 피의자가 출석 일시의 연기를 요청하는 경우 특별한 사정이 없으면 출석 일시를 조정해야 한다.

③ 사법경찰관은 법 제222조 제1항 및 제3항에 따라 검시를 했을 경우에는 검시조서를, 검증영장이나 같은 조 제2항 및 제3항에 따라 검증을 했을 경우에는 검증조서를 각각 작성하여 검사에게 송부해야 한다.

④ 검사와 사법경찰관은 법 제222조에 따라 변사자의 검시를 한 사건에 대해 사건 종결 전에 수사할 사항 등에 관하여 상호 의견을 제시·교환할 수 있다.

26

「입건 전 조사 사건 처리에 관한 규칙」에 대한 설명으로 가장 적절하지 <u>않은</u> 것은?　　`문제 변형`

① 조사는 임의적인 방법으로 하는 것을 원칙으로 하고, 대물적 강제 조치를 실시하는 경우에는 법률에서 정한 바에 따라 필요 최소한의 범위에서 남용되지 않도록 유의하여야 한다.

② 경찰관은 조사 과정에서 범죄혐의가 있다고 판단될 때에는 지체없이 범죄인지서를 작성하여 소속 수사부서장의 지휘를 받아 수사를 개시할 수 있다.

③ 수사부서의 장은 조사에 착수한 후 6개월 이내에 수사절차로 전환하지 않은 사건에 대하여 「경찰수사규칙」의 사유에 따라 불입건 결정 지휘를 하여야 한다.

④ 경찰관은 조사 기간이 3개월을 초과하는 경우 별지 제4호서식의 입건 전 조사진행상황보고서를 작성하여 소속 수사부서의 장에게 보고하여야 한다.

27

「성폭력범죄의 처벌 등에 관한 특례법」에 대한 설명으로 가장 적절한 것은?

① 카메라등이용촬영죄는 디엔에이(DNA)증거 등 그 죄를 증명할 수 있는 과학적인 증거가 있는 때에는 공소시효가 10년 연장된다.

② 경찰청장은 각 경찰서장으로 하여금 성폭력범죄 전담 사법경찰관을 지정하도록 하여 특별한 사정이 없으면 이들로 하여금 피의자를 조사하게 하여야 한다.

③ 13세인 사람에 대하여 강간죄를 범한 경우에는 공소시효를 적용하지 아니한다.

④ 신체적인 장애가 있는 사람에 대하여 강제추행죄를 범한 경우에는 공소시효를 적용하지 아니한다.

28

행사안전경비에 대한 설명으로 가장 적절하지 <u>않은</u> 것은?

① 행사안전경비의 근거법령으로는 경찰법, 경찰관 직무집행법, 경비업법 시행령 등이 있다.
② 「공연법」 제11조에 의하면 공연장운영자는 재해대처계획을 관할 소방서장에게 신고하여야 한다.
③ 「공연법」에는 공연장운영자가 재해대처계획을 신고하지 않는 경우 과태료를 부과하는 규정이 있다.
④ 관중석에 배치되는 예비대는 통로 주변에 배치하는 것이 효과적이다.

29

청원경찰에 대한 설명으로 가장 적절한 것은?

① 청원경찰을 배치받으려는 자는 대통령령으로 정하는 바에 따라 관할 경찰서장에게 청원경찰 배치를 신청하여야 한다.
② 청원경찰은 청원주의 신청에 따라 시·도경찰청장이 임용한다.
③ 청원경찰에 대한 징계의 종류는 파면, 해임, 정직, 감봉 및 견책으로 구분한다.
④ 청원경찰의 '근무 중 제복 착용 의무'가 법률에 명시적으로 규정되어 있지는 않다.

30

「경찰 비상업무 규칙」상 용어의 정의로 가장 적절하지 <u>않은</u> 것은?

① '가용경력'이라 함은 총원에서 휴가·출장·교육·파견 등을 제외하고 실제 동원될 수 있는 모든 인원을 말한다.
② '지휘선상 위치 근무'라 함은 비상연락체계를 유지하며 유사시 1시간 이내에 현장지휘 및 현장근무가 가능한 장소에 위치하는 것을 말한다.
③ '필수요원'이라 함은 전 경찰관 및 일반직공무원 중 경찰기관의 장이 지정한 자로 비상소집시 1시간 이내에 응소하여야 할 자를 말한다.
④ '작전준비태세'라 함은 '경계강화'단계를 발령하기 이전에 별도의 경력을 동원하여 경찰작전부대의 출동태세 점검, 지휘관 및 참모의 비상연락망 구축 및 신속한 응소체제를 유지하며, 작전상황반을 운영하는 등 필요한 작전사항을 미리 조치하는 것을 말한다.

31

경찰정보활동에 대한 설명으로 가장 적절하지 <u>않은</u> 것은?

① '견문'이란 경찰관이 공 사생활을 통하여 보고 들은 국내외의 정치·경제·사회·문화 등 제 분야에 관한 각종 보고자료를 말한다.
② '정보상황보고'란 매일 전국의 사회갈등이나 집회 시위 상황을 정리하여 그 다음날 아침에 경찰 내부와 정부 각 기관에 전파하는 보고서이다.
③ '정보판단(대책)서'란 신고된 집회계획 또는 정보관들이 입수한 미신고 집회 개최계획 등을 파악하고 이 중 경찰력을 필요로 하는 중요 집회에 대해 미리 작성하여 경비·수사 등 관련기능에 전파하는 보고서이다.
④ '정책정보보고서'란 정부 정책의 문제점을 파악하고 그 개선책을 보고하는 데 주안점을 두는 정보보고이며, '예방적 상황정보'라고 볼 수 있다.

32

「집회 및 시위에 관한 법률」에 대한 설명으로 가장 적절한 것은? 문제 변형

① 옥외집회나 시위를 주최하려는 자는 신고서를 옥외집회나 시위를 시작하기 720시간 전부터 24시간 전에 관할 경찰서장에게 제출하여야 한다. 다만, 옥외집회 또는 시위 장소가 두 곳 이상의 경찰서의 관할에 속하는 경우에는 관할 시·도경찰청장에게 제출하여야 하고, 두 곳 이상의 시·도경찰청 관할에 속하는 경우에는 주최지를 관할하는 시·도경찰청장에게 제출하여야 한다.

② 관할 경찰서장 또는 시·도경찰청장은 「집회 및 시위에 관한 법률」 제6조 제1항에 따른 신고서를 접수하면 신고자에게 접수 일시를 적은 접수증을 12시간 이내에 내주어야 한다.

③ 관할경찰관서장은 신고서의 기재 사항에 미비한 점을 발견하면 접수증을 교부한 때부터 12시간 이내에 주최자에게 24시간을 기한으로 그 기재 사항을 보완할 것을 통고할 수 있다.

④ 주최자는 신고한 옥외집회 또는 시위를 하지 아니하게 된 경우에는 신고서에 적힌 집회 일시 12시간 전에 그 철회사유 등을 적은 철회신고서를 관할경찰관서장에게 제출하여야 한다.

33

「집회 및 시위에 관한 법률」에 대한 판례의 태도로 가장 적절하지 않은 것은?

① 해산명령 이전에 자진해산할 것을 요청할 때, 반드시 '자진해산'이라는 용어를 사용하여 요청할 필요는 없고, 해산을 요청하는 언행 중에 스스로 해산하도록 청하는 취지가 포함되어 있으면 된다.

② 사전 금지 또는 제한된 집회라 하더라도 실제 이루어진 집회가 당초 신고 내용과 달리 평화롭게 개최되거나 집회 규모를 축소하여 이루어지는 등 타인의 법익 침해나 기타 공공의 안녕질서에 대하여 직접적이고 명백한 위험을 초래하지 않은 경우에는 이에 대하여 사전 금지 또는 제한을 위반하여 집회를 한 점을 들어 처벌하는 것 이외에 더 나아가 이에 대한 해산을 명하고 이에 불응하였다 하여 처벌할 수는 없다.

③ 당초 옥외집회를 개최하겠다고 신고하였지만 그 신고 내용과 달리 아예 옥외집회는 개최하지 아니한 채 신고한 장소와 인접한 건물 등에서 옥내집회만을 개최한 경우, 신고한 옥외집회를 개최하는 과정에서 그 신고범위를 일탈한 행위로 보아 이를 「집회 및 시위에 관한 법률」 위반으로 처벌할 수 있다.

④ 타인이 관리하는 건조물에서 옥내집회를 개최하는 경우에도 타인의 법익 침해나 기타 공공의 안녕질서에 대하여 직접적이고 명백한 위험을 초래하는 때에는 해산명령의 대상이 된다.

34

「남북교류협력에 관한 법률」 및 동법 시행령과 「국가보안법」에 대한 설명으로 가장 적절하지 <u>않은</u> 것은? (다툼이 있는 경우 판례에 의함)

① 남한 주민이 북한을 방문하고자 하는 경우 방문 3일 전까지 남북교류협력시스템을 통해 '북한 방문 승인 신청서'를 제출해야 한다.

② 「남북교류협력에 관한 법률」에 따르면, 방북 시 통일부장관이 발급한 방문증명서를 소지해야 하며, 통일부장관의 방문승인을 받지 아니하고 방북하는 것에 대한 벌칙규정이 있다.

③ 7 · 4 남북공동성명이 있었고 남북 사이의 화해와 불가침 및 교류협력에 관한 합의서가 체결 및 발효되었다고 하여도 그로 인해 「국가보안법」이 규범력을 상실한 것으로 볼 수는 없다.

④ 「남북교류협력에 관한 법률」상 '재외국민'이 외국에서 북한을 왕래할 때에는 통일부장관이나 재외공관의 장에게 신고하여야 한다.

35

「북한이탈주민의 보호 및 정착 지원에 관한 법률」에 대한 설명으로 가장 적절하지 <u>않은</u> 것은?

① '북한이탈주민'이란 군사분계선 이북지역에 주소, 직계가족, 배우자, 직장 등을 두고 있는 사람으로서 북한을 벗어난 후 외국 국적을 취득하지 아니한 사람을 말한다.

② '보호금품'이란 「북한이탈주민의 보호 및 정착 지원에 관한 법률」에 따라 보호대상자에게 지급하거나 빌려주는 금전 또는 물품을 말한다.

③ 통일부장관은 북한이탈주민 대책협의회의 심의를 거쳐 보호여부를 결정할 때, 북한이탈주민으로서 보호신청을 한 사람 중 테러 등 국제형사범죄자는 보호대상자로 결정할 수 없다.

④ 통일부장관은 북한이탈주민 대책협의회의 심의를 거쳐 보호 여부를 결정할 때, 북한이탈주민으로서 보호신청을 한 사람 중 국내 입국 후 1년이 지나서 보호신청한 사람은 보호대상자로 결정하지 아니할 수 있다.

36

음주운전 또는 교통사고에 대한 판례의 태도로 가장 적절하지 **않은** 것은?

① 아파트 단지 내 통행로가 왕복 4차선의 외부도로와 직접 연결되어 있고, 외부차량의 통행에 제한이 없으며, 별도의 주차관리인이 없다면 「도로교통법」상 도로에 해당한다.

② 교통사고의 결과가 피해자의 구호 및 교통질서의 회복을 위한 조치가 필요한 상황인 이상 교통사고 발생 시의 구호조치의무 및 신고의무는 교통사고를 발생시킨 당해 차량의 운전자에게 그 사고 발생에 있어서 고의·과실 혹은 유책·위법의 유무에 관계없이 부과된 의무라고 해석함이 타당하고, 당해 사고의 발생에 귀책사유가 없는 경우에도 위 의무가 없다고 할 수 없다.

③ 신호위반으로 교통사고를 야기한 자가 통고처분을 받아 신호 위반의 범칙금을 납부하였다고 하더라도, 「교통사고처리 특례법」상 신호위반으로 인한 업무상과실치상죄로 처벌하는 것이 이중처벌에 해당한다고 볼 수 없다.

④ 약물 등의 영향으로 정상적으로 운전하지 못할 우려가 있는 상태에서 자동차 등을 운전하였다고 인정하려면, 약물 등의 영향으로 인하여 현실적으로 '정상적으로 운전하지 못할 상태'에 이르러야만 한다.

37

운전면허에 대한 설명으로 가장 적절하지 **않은** 것은?

① 외국 발행의 국제운전면허증은 입국일로부터 1년간 유효하다.

② 임시운전증명서는 유효기간 중 운전면허증과 동일한 효력이 있다.

③ 국제운전면허증을 외국에서 발급받은 사람은 「여객자동차운수사업법」에 따른 사업용 자동차를 운전할 수 없다(단, 「여객자동차 운수사업법」에 따른 대여사업용 자동차를 임차하여 운전하는 경우는 제외).

④ 연습운전면허를 발급받은 사람은 「여객자동차 운수사업법」 또는 「화물자동차 운수사업법」에 따른 사업용 자동차를 운전할 수 있다.

38

「출입국관리법」상 내국인의 출국금지에 대한 설명으로 가장 적절하지 **않은** 것은?

① 법무부장관은 형사재판에 계속 중인 사람에 대하여 6개월 이내의 기간을 정하여 출국을 금지할 수 있다.

② 법무부장관은 징역형이나 금고형의 집행이 끝나지 아니한 사람에 대하여 6개월 이내의 기간을 정하여 출국을 금지할 수 있다.

③ 법무부장관은 기소중지결정이 된 경우로서 체포영장 또는 구속영장이 발부된 사람에 대하여 영장 유효기간까지 출국을 금지하여야 한다.

④ 법무부장관은 소재를 알 수 없어 기소중지결정이 된 사람 또는 도주 등 특별한 사유가 있어 수사진행이 어려운 사람에 대하여 3개월 이내의 기간을 정하여 출국을 금지할 수 있다.

39

「주한미군지위협정」, 「대한민국과 중화인민공화국 간의 영사협정」, 「대한민국과 러시아연방간의 영사협약」에 대한 설명으로 가장 적절하지 않은 것은?

`문제 변형`

① 주한미군지위협정은 국회의 비준을 거친 조약으로 국내법과 동일한 효력을 가진다.

② 중국인 피의자 체포·구속 시, 피의자에게 영사관원 접견권 등 권리를 의무적으로 통지하여야 한다.

③ 중국인 피의자 체포·구속 시, 체포·구속된 피의자의 요청이 없는 경우에도 7일 이내에 해당 사실을 영사기관에 통보하여야 한다.

④ 러시아인이 구속된 경우 지체없이 러시아의 영사기관에 통보하여야 한다.

40

「경찰 감찰 규칙」에 의한 감찰활동에 대한 설명으로 가장 적절하지 않은 것은?

`문제 변형`

① 감찰관은 상급 경찰기관장의 지시에 따라 일정 기간동안 소속 경찰기관이 아닌 다른 경찰기관의 소속 직원의 복무실태, 업무추진 실태 등을 점검할 수 있다.

② 감찰관은 감찰조사를 위해서 의무위반행위와 관련된 경찰공무원 등의 출석을 요구할 때에는 조사기일 2일 전까지 출석요구서 또는 구두로 조사일시, 의무위반행위사실 요지 등을 통지하여야 한다. 다만, 사안이 급박한 경우에는 즉시 조사에 착수할 수 있다.

③ 감찰결과는 원칙적으로 공개하지 아니한다. 다만, 유사한 비위의 재발을 방지하기 위하여 일정한 경우에는 감찰결과 요지를 공개할 수 있다.

④ 감찰관은 검찰·경찰, 그 밖의 수사기관으로부터 수사개시 통보를 받은 경우에는 해당 기관으로부터 수사결과의 통보를 받을 때까지 감찰조사, 징계의결요구 등의 절차를 진행해서는 아니 된다.

01

대륙법계 경찰개념에 대한 설명으로 가장 적절하지 않은 것은?

① 17세기 경찰국가시대에는 국가작용의 분화현상이 나타나 경찰개념이 군사·재정·사법·외교를 제외한 내무행정 전반을 의미하였다.

② 1795년 프랑스 죄와 형벌법전 제16조는 '경찰은 공공질서를 유지하고 개인의 자유와 재산 및 안전을 유지하기 위한 기관'이라고 규정하였다.

③ 범죄의 예방과 검거 등 보안경찰 이외의 산업, 건축, 영업, 풍속경찰 등의 경찰사무를 다른 행정관청의 분장사무로 이관하는 현상을 '비경찰화'라고 한다.

④ 대륙법계 경찰의 업무범위는 국정전반 → 내무행정 → 위험방지 → 보안경찰 순으로 변화하였다.

02

경찰의 분류에 대한 설명으로 적절한 것을 모두 고른 것은?

> ⊙ 삼권분립사상에 기초하여 분류할 때 행정경찰은 실질적 의미의 경찰에 해당하고, 사법경찰은 형식적 의미의 경찰에 해당한다.
>
> ⓒ 경찰활동의 질과 내용을 기준으로 분류할 때 예방경찰은 경찰상의 위해 발생을 방지하기 위한 작용으로 '위해를 미칠 우려가 있는 정신착란자의 보호'가 이에 해당한다.
>
> ⓒ 자치경찰제도는 각 지방특성에 적합한 경찰행정이 가능하지만, 국가경찰제도에 비해 관료화되어 국민을 위한 봉사가 저해될 수 있다.
>
> ② 국가경찰제도는 경찰업무집행의 통일을 기할 수 있으나, 정부의 특정정책 수행에 이용되어 본연의 임무를 벗어날 우려가 있다.

① ⊙, ⓒ   ② ⊙, ②

③ ⓒ, ⓒ   ④ ⓒ, ②

03

경찰윤리에 대한 설명으로 가장 적절한 것은?

① 사회계약설로부터 도출되는 경찰활동의 기준으로 볼 때 경찰관이 사회의 일부분이 아닌 사회 전체의 이익을 염두에 두어야 한다는 것은 '냉정하고 객관적인 자세'에 해당한다.

② 경찰 전문직업화의 문제점으로 '소외'는 전문직이 되는 데 장기간의 교육이 필요하고 비용이 들어, 가난한 사람은 전문가가 되는 기회를 상실하는 것을 말한다.

③ 「경찰청 공무원 행동강령」에 따라 공무원은 「범죄수사규칙」 제30조에 따른 경찰관서 내 수사 지휘에 대한 이의제기와 관련하여 행동강령책임관에게 상담을 요청하여야 한다.

④ 경찰윤리강령의 문제점으로 '비진정성의 조장'은 강령의 내용을 행위의 울타리로 삼아 강령에 제시된 바람직한 행위 그 이상의 자기희생을 하지 않으려는 경향을 의미한다.

04

「부정청탁 및 금품등 수수의 금지에 관한 법률」에 대한 설명으로 가장 적절하지 <u>않은</u> 것은?

① 누구든지 「부정청탁 및 금품 등 수수의 금지에 관한 법률」의 위반행위가 발생하였거나 발생하고 있다는 사실을 알게 된 경우에는 이 법의 위반행위가 발생한 공공기관 또는 그 감독기관, 감사원 또는 수사기관, 국민권익위원회에 신고할 수 있다.

② '공직자 등'은 부정청탁을 받았을 때에는 부정청탁을 한 자에게 부정청탁임을 알리고 이를 거절하는 의사를 명확히 표시하여야 한다.

③ 부정청탁을 받은 '공직자 등'이 그에 따라 직무를 수행한 경우 2년 이하의 징역 또는 2천만원 이하의 벌금에 처한다.

④ '공직자 등'은 '외부강의 등'을 할 때에는 대통령령으로 정하는 바에 따라 외부강의 등의 요청 명세 등을 소속기관장에게 미리 서면으로 신고할 수 있다. 다만, 외부강의 등을 요청한 자가 국가나 지방자치단체인 경우에는 그러지 아니하다.

05

갑오개혁 이후 한국 경찰의 역사와 제도에 대한 설명으로 가장 적절한 것은?

① 1894년에 제정된 행정경찰장정은 일본의 행정경찰규칙(1875년)과 위경죄즉결례(1885년)를 혼합하여 만든 한국경찰 최초의 경찰작용법으로 영업·시장·회사 및 소방·위생, 결사·집회, 신문잡지·도서 등 광범위한 영역의 사무가 포함되었다.

② 1919년 3·1운동을 계기로 보통경찰제도로 전환되면서 경찰의 업무영역에 많은 변화가 발생하였으며, 이를 기화로 정치범처벌법을 제정하여 단속체계를 갖추었다.

③ 미군정시대에는 경찰의 이념에 민주적인 요소가 도입되면서 최초로 6인으로 구성된 '중앙경찰위원회'가 설치되었으며 경제경찰, 정보경찰 등의 사무가 폐지되는 등 비경찰화가 이루어졌다.

④ 최규식 경무관은 1968년 무장공비침투사건 당시 공비들의 근거지가 될 수 있는 사찰들을 불태우라는 상부의 명령에도 불구하고 화엄사, 천은사, 선운사 등 우리 문화재를 수호한 문화경찰의 표본이다.

06

법규명령과 행정규칙에 대한 설명으로 가장 적절하지 않은 것은?

① 법규명령은 국민과 행정청을 동시에 구속하는 양면적 구속력을 가짐으로써 재판규범이 된다.

② 법규명령의 한계로 행정권에 대한 입법권의 일반적 포괄적 위임은 인정될 수 없으며, 국회 전속적 법률사항의 위임은 원칙적으로 금지된다.

③ 행정규칙의 종류로는 고시·훈령·예규·일일명령 등이 있다.

④ 행정규칙은 행정기관이 법률의 수권 없이 권한 범위 내에서 만든 일반적 추상적 명령을 말하며 대내적 구속력을 갖고 있으므로 경찰관이 이를 위반하면 반드시 위법이 된다.

07

행정관청의 권한의 위임과 대리에 대한 설명이다. 아래 ㄱ부터 ㄹ까지의 설명 중 옳고 그름의 표시(○, ×)가 바르게 된 것은?

> ㉠ 권한의 위임이란 상급관청이 하급관청에 권한의 전부를 이전하여 수임기관의 권한으로 행하도록 하는 것으로 위임의 범위에는 제한이 없는 것이 원칙이다.
>
> ㉡ 권한의 위임은 수임관청에 권한이 이전되므로 수임관청에 효과가 귀속되나, 권한의 대리는 직무의 대행에 불과하므로 임의대리든 법정대리든 피대리관청에 효과가 귀속된다.
>
> ㉢ 원칙적으로 임의대리는 권한의 일부에 대해서만 가능하고 복대리가 불가능하나, 법정대리는 권한의 전부에 대해서 가능하고 복대리가 가능하다.
>
> ㉣ 임의대리의 경우 피대리관청은 대리기관의 행위에 대한 지휘·감독상의 책임을 지나, 법정대리의 경우 피대리관청은 원칙적으로 지휘·감독상의 책임을 지지 않는다.

① ㉠ (○) ㉡ (○) ㉢ (×) ㉣ (○)

② ㉠ (×) ㉡ (○) ㉢ (○) ㉣ (×)

③ ㉠ (×) ㉡ (○) ㉢ (○) ㉣ (○)

④ ㉠ (×) ㉡ (×) ㉢ (○) ㉣ (×)

경찰공무원의 「국가공무원법」상 의무에 대한 설명으로 가장 적절한 것은?

① 공무원의 직무상 의무로서 직무전념의 의무, 친절·공정의 의무, 법령준수의 의무, 종교중립의 의무, 비밀엄수의 의무, 복종의 의무를 규정하고 있다.

② 복종의 의무와 관련하여 국가경찰공무원은 구체적 사건수사와 관련하여 상관의 지휘 감독의 적법성 또는 정당성에 대하여 이견이 있을 때에는 이의를 제기할 수 있다.

③ 공무원은 공무 외에 영리를 목적으로 하는 업무에 종사하지 못하며 소속 기관장의 허가 없이 다른 직무를 겸할 수 없다.

④ 공무원은 종교에 따른 차별 없이 직무를 수행하여야 하며, 소속상관이 종교중립의 의무에 위배되는 직무상 명령을 한 경우에는 이에 따르지 아니하여야 한다.

경찰공무원의 징계와 관련된 규정에 대한 설명으로 가장 적절하지 않은 것은?

① 경찰기관의 장은 소속 경찰공무원 중 징계사유가 있다고 인정할 때와 징계등 의결 요구의 신청을 받은 때에는 지체 없이 관할징계위원회를 구성하여 징계등 의결을 요구하여야 한다.

② 강등 징계시 3개월간 직무에 종사하지 못하며 금품 또는 향응수수로 강등의 징계처분을 받은 경우 그 처분의 집행이 끝난 날로부터 21개월이 지나지 않으면 승진임용을 할 수 없다.

③ 감독자의 부임 기간이 1개월 미만으로 부하직원에 대한 실질적 감독이 곤란하다고 인정된 때에는 정상을 참작할 수 있다.

④ 행위자가 간첩 또는 사회이목을 집중시킨 중요사건의 범인을 검거한 공로가 있을 때나 업무매뉴얼에 규정된 직무상의 절차를 충실히 이행한 때에는 정상을 참작할 수 있다.

소청심사에 대한 설명으로 가장 적절하지 않은 것은?

① 소청심사란 징계처분 기타 그의 의사에 반하는 불이익처분을 받은 자가 관할 소청심사위원회에 심사를 청구하는 행정심판의 일종이다.

② 경찰공무원이 징계처분 등 불리한 처분을 받았을 때 행정소송은 소청심사위원회의 심사·결정을 거치지 아니하면 제기할 수 없다.

③ 소청심사위원회는 소청을 접수하면 지체 없이 심사하여야 하며, 심사할 때 필요하면 검증·감정, 그 밖의 사실조사를 하거나 증인을 소환하여 질문하거나 관계 서류를 제출하도록 명할 수 있다.

④ 3급 이상 공무원 또는 고위공무원단에 속하는 공무원으로 3년 이상 근무한 자는 비상임위원이 될 수 있다.

11

「경찰관 직무집행법」에 대한 설명으로 가장 적절한 것은?

① 경찰관은 이미 행하여진 범죄나 행하여지려고 하는 범죄행위에 관한 사실을 안다고 인정되는 사람에 대하여 질문을 하는 경우 자신의 신분을 표시하는 증표를 제시하면서 소속과 성명을 밝히고 질문의 목적과 이유를 설명하여야 하며 변호인의 도움을 받을 권리가 있음을 알려야 한다.

② 경찰관은 수상한 행동이나 그 밖의 주위 사정을 합리적으로 판단해 볼 때 구호대상자에 해당함이 명백하여 응급의 구호를 요한다고 믿을 만한 상당한 이유가 있는 자를 발견한 때에는 보건의료기관이나 공공구호기관에 긴급구호를 요청하거나 경찰관서에 보호하는 등 적절한 조치를 하여야 한다.

③ 경찰관은 범죄행위가 목전에 행하여지려고 하고 있다고 인정될 때에는 이를 예방하기 위하여 관계인에게 필요한 경고를 하고 즉시 그 행위를 제지할 수 있다.

④ 경찰관은 자신이나 다른 사람의 생명 신체의 방어 및 보호를 위하여 필요하다고 인정되는 상당한 이유가 있을 때에는 그 사태를 합리적으로 판단하여 필요한 한도에서 경찰장구를 사용할 수 있다.

12

「경찰관 직무집행법」상 범인검거 등 공로자 보상에 대한 ㉠부터 ㉣까지의 내용 중 옳은 것을 모두 고른 것은?

제11조의3(범인검거 등 공로자 보상)
① 경찰청장, 시·도경찰청장 또는 경찰서장은 다음 각 호의 어느 하나에 해당하는 사람에게 ㉠ 보상금을 지급하여야 한다.
  1. 범인 또는 범인의 소재를 신고하여 검거하게 한 사람
  ㉡ 2. 범인을 검거하여 경찰공무원에게 인도한 사람
  ㉢ 3. 테러범죄의 예방활동에 현저한 공로가 있는 사람
② 경찰청장, 지방경찰청장 및 경찰서장은 제1항에 따른 보상금 지급의 심사를 위하여 대통령령으로 정하는 바에 따라 각각 보상금심사위원회를 설치·운영하여야 한다.
③ 제2항에 따른 보상금심사위원회는 ㉣ 위원장 1명을 제외한 5명 이내의 위원으로 구성한다.

① ㉠, ㉡   ② ㉠, ㉣
③ ㉡, ㉢   ④ ㉡, ㉣

13

공직분류방식에 대한 설명으로 가장 적절한 것은?

① 계급제는 인간중심의 분류방법으로 널리 일반적 교양·능력을 가진 사람을 채용하여 신분보장과 함께 장기간에 걸쳐 능력이 키워지므로 공무원이 보다 종합적·신축적인 능력을 가질 수 있다.

② 직위분류제는 동일한 직무를 장기간 담당하게 되어 행정의 전문화에 유용하나, 권한과 책임의 한계가 불명확하다는 단점이 있다.

③ 계급제는 충원방식에서 폐쇄형을 채택하여 인사배치가 비융통적이나 직위분류제는 개방형을 채택하고 있어 인사배치의 신축성이 있다.

④ 직위분류제는 계급제에 비해서 보수결정의 합리적인 기준을 제시할 수 있으며, 직무분석을 통한 이해력이 넓어져 기관 간의 횡적 협조가 용이한 편이다.

14

조직 내부 갈등의 해결방법에 대한 설명으로 가장 적절하지 않은 것은?

① 부서 간의 갈등이 일어나고 있을 때는 더 높은 상위 목표를 제시, 상호 간 이해와 양보를 유도하는 것이 바람직하다.

② 문제해결이 어려운 경우에는 갈등을 완화하거나 관리자가 갈등을 초래할 수 있는 결정을 보류 또는 회피하는 방식을 사용할 수 있다.

③ 갈등의 장기적 대응을 위해서 조직의 구조, 보상체계, 인사 등의 제도개선과 조직원의 행태를 합리적으로 개선하는 방안이 있다.

④ 갈등의 원인이 세분화된 업무처리에 있다면 업무 추진의 우선 순위를 정해주는 것이 바람직하고 한정된 인력이나 예산으로 갈등이 생기는 경우 전체적인 업무처리과정의 조정과 통합이 바람직하다.

15

매슬로우(Maslow)의 욕구계층이론에 대한 설명으로 가장 적절한 것은?

① 경찰관이 포상휴가를 가는 것보다 유능한 경찰관이라는 인정을 받고 싶어서 열심히 범인을 검거하였다면 자아실현의 욕구를 충족하고 싶은 것이다.

② 매슬로우는 5단계 기본욕구가 우선순위의 계층을 이루고 있어 한 단계의 욕구가 충족되어야 비로소 다음 단계의 욕구가 발로된다고 보았다.

③ 소속 직원들 간 인간관계의 개선, 공무원 단체의 활동, 고충처리 상담, 적정한 휴양제도는 사회적 욕구를 충족시켜 주기 위한 방안에 해당한다.

④ 경찰관에 대한 공정하고 합리적인 승진제도를 마련하고 권한의 위임과 참여를 확대하는 것은 자아실현의 욕구를 충족시켜 주기 위한 방안에 해당한다.

16

예산제도에 대한 설명으로 가장 적절한 것은?

① 품목별 예산제도는 지출의 대상·성질을 기준으로 세출예산의 금액을 분류하는 통제지향적 제도로 회계책임의 명확화를 통해 계획과 지출의 불일치를 극복할 수 있다는 장점이 있다.

② 성과주의 예산제도는 정부가 구입하는 물품보다 정부가 수행하는 업무에 중점을 두는 관리지향적 예산제도로 기능의 중복을 피하기가 곤란하고 인건비 등 경직성 경비에 적용이 어렵다.

③ 영기준 예산제도는 예산편성 시 전년도 예산을 기준으로 점증적으로 예산을 책정하는 폐단을 탈피하기 위한 예산제도이다.

④ 일몰법은 특정의 행정기관이나 사업이 일정기간 지나면 의무적·자동적으로 폐지되게 하는 예산제도로 행정부가 예산편성을 통해 정하며 중요사업에 대해 적용된다.

17

경찰예산에 대한 설명으로 가장 적절한 것은?

① 정부 예산안이 국회를 통과하여 확정된 후에 새롭게 발생한 사유로 인하여 이미 성립한 예산에 변경을 가할 필요가 있을 때 편성하는 예산은 수정예산이다.

② 준예산은 회계연도 개시 전까지 예산의 불성립시 전년도 예산에 준하여 지출하는 제도로 예산 확정 전에는 경찰공무원의 보수와 경찰관서의 유지·운영 등 기본경비에는 사용할 수 없다.

③ 관서운영경비는 관서운영경비출납공무원이 아니면 지급할 수 없으며 관서운영경비출납공무원은 관서운영경비를 금융회사 등에 예치하여 관리하여야 한다.

④ 예산의 집행은 예산의 배정으로부터 시작되며 예산이 확정되면 해당 예산이 배정되지 않은 상태에서도 지출원인행위를 할 수 있다.

18

「보안업무규정」에 대한 설명으로 가장 적절하지 않은 것은?

① 비밀이란 그 내용이 누설될 경우 국가안전보장에 해를 끼칠 우려가 있는 국가 기밀로서 그 중요성과 가치에 따라 Ⅰ급, Ⅱ급, Ⅲ급 비밀로 구분된다.

② 누설될 경우 국가안전보장에 막대한 지장을 끼칠 우려가 있는 비밀을 Ⅱ급 비밀로 하며, 누설될 경우 국가안전보장에 해를 끼칠 우려가 있는 비밀을 Ⅲ급 비밀로 한다.

③ 비밀은 다른 비밀과 관련하여 분류해서는 아니 되고, 외국 정부나 국제기구로부터 접수한 비밀은 그 생산기관이 필요로 하는 정도로 보호할 수 있도록 분류하여야 한다.

④ 공무원 또는 공무원이었던 사람은 어떠한 경우에도 소속 기관의 장이나 소속되었던 기관의 장의 승인 없이 비밀을 공개해서는 아니 된다.

19

「공공기관의 정보공개에 관한 법률」에 대한 설명으로 가장 적절한 것은?

① 모든 국민은 정보의 공개를 청구할 권리를 가지며, 공공기관이 보유·관리하는 정보는 국민의 알권리 보장 등을 위하여 이 법에서 정하는 바에 따라 적극적으로 공개할 수 있다.

② 공공기관은 공개 청구된 공개 대상 정보의 전부 또는 일부가 제3자와 관련이 있다고 인정할 때에는 그 사실을 제3자에게 지체 없이 통지하여야 하며, 그의 의견을 들어야 한다.

③ 정보의 공개를 청구하는 자는 해당 정보를 보유하거나 관리하고 있는 공공기관에 대하여 서면으로 정보공개를 청구하여야 한다.

④ 공개될 경우 국민의 생명·신체 및 재산의 보호에 현저한 지장을 초래할 우려가 있다고 인정되는 정보는 공개하지 아니할 수 있다.

20

「행정절차법」에 대한 설명으로 가장 적절하지 않은 것은?

① 행정청이 당사자에게 의무를 부과하거나 권익을 제한하는 처분을 할 때 다른 법령에 특별한 규정이 없으면 청문을 거쳐야 한다.

② 행정청은 청문을 하려면 청문이 시작되는 날부터 10일 전까지 처분의 제목 등 일정한 사항을 당사자 등에게 통지하여야 한다.

③ 행정지도는 그 목적 달성에 필요한 최소한도에 그쳐야 하며, 행정지도의 상대방의 의사에 반하여 부당하게 강요하여서는 아니 된다.

④ 행정지도를 하는 자는 그 상대방에게 그 행정지도의 취지 및 내용과 신분을 밝혀야 하며, 행정지도의 상대방은 해당 행정 지도의 방식·내용 등에 관하여 행정기관에 의견제출을 할 수 있다.

21

범죄통제이론에 대한 설명으로 가장 적절하지 않은 것은?

① '억제이론'은 강력하고 확실한 처벌을 통하여 범죄를 억제할 수 있다고 보며, 범죄의 동기나 원인, 사회적 환경에는 관심이 없다.

② '일상활동이론'은 지역사회 구성원들이 범죄문제를 해결하기 위해 적극적으로 참여하는 것이 중요한 범죄예방의 열쇠라고 한다.

③ '합리적 선택이론'은 인간이 자유 의지를 가지고 있다고 가정하고 합리적인 인간관을 전제로 하므로 비결정론적 인간관에 바탕을 두고 있다.

④ '치료 및 갱생이론'은 비용이 많이 들고 범죄자를 대상으로 하므로 일반 예방효과에 한계가 있다는 비판이 존재한다.

22

「지역경찰의 조직 및 운영에 관한 규칙」상 '순찰근무'에 대한 설명으로 가장 적절하지 <u>않은</u> 것은?

① 각종 사건사고 발생시 초동조치 및 보고, 전파
② 비상 및 작전사태 등 발생시 차량, 선박 등의 통행통제
③ 범법자의 단속 및 검거
④ 통행인 및 차량에 대한 검문검색 등

23

「실종아동등의 보호 및 지원에 관한 법률」에 대한 설명으로 가장 적절한 것은?

① 경찰관서의 장은 실종아동등의 발생 신고를 접수하면 24시간 내에 수색 또는 수사의 실시 여부를 결정하여야 한다.
② 경찰관서의 장은 실종아동등(범죄로 인한 경우 포함)의 조속한 발견을 위하여 필요한 때에는 「위치정보의 보호 및 이용 등에 관한 법률」에 따른 개인위치정보사업자에게 실종아동등의 개인위치정보의 제공을 요청할 수 있다.
③ 업무에 관계없이 아동을 보호하는 자는 신고의무자에 해당한다.
④ '아동등'은 실종 당시 18세 미만인 아동과 장애인복지법 제2조의 장애인 중 지적장애인, 자폐성장애인 또는 정신장애인, 치매관리법 제2조 제2호의 치매환자를 말한다.

24

다음 중 「청소년 보호법」상 청소년의 출입과 고용이 청소년에게 유해한 것으로 인정되는 청소년 출입·고용금지업소를 모두 고른 것은?

> ㉠ 「사행행위 등 규제 및 처벌 특례법」에 따른 사행행위영업
> ㉡ 「체육시설의 설치·이용에 관한 법률」에 따른 무도학원업 및 무도장업
> ㉢ 「영화 및 비디오물의 진흥에 관한 법률」에 따른 비디오물 소극장업
> ㉣ 회비 등을 받거나 유료로 만화를 빌려 주는 만화대여업

① ㉠, ㉡　　　　　　② ㉠, ㉢
③ ㉡, ㉢　　　　　　④ ㉡, ㉣

25

영장에 의하지 아니한 강제처분에 대한 설명으로 가장 적절하지 <u>않은</u> 것은?

① 현행범인을 체포하는 경우 필요한 때에는 영장없이 체포현장에서의 압수, 수색, 검증을 할 수 있다.
② 범행 중 또는 범행직후의 범죄 장소에서 긴급을 요하여 법원판사의 영장을 받을 수 없는 때에는 영장없이 압수, 수색 또는 검증을 할 수 있다. 이 경우에는 사후에 지체없이 영장을 받아야 한다.
③ 긴급체포된 자가 소유·소지 또는 보관하는 물건에 대하여 긴급히 압수할 필요가 있는 경우에는 체포한 때부터 24시간 이내에 한하여 영장 없이 압수·수색 또는 검증을 할 수 있다.
④ 위 ③에 따라 압수한 물건을 계속 압수할 필요가 있는 경우에는 지체 없이 압수수색영장을 청구하여야 한다. 이 경우 압수수색 영장의 청구는 체포한 때부터 36시간 이내에 하여야 한다.

26

「통신비밀보호법」상 통신제한조치에 대한 설명으로 가장 적절하지 <u>않은</u> 것은?

① 사법경찰관은 범죄수사를 위한 통신제한조치의 허가요건이 구비된 경우에는 검사에 대하여 각 사건별로 통신제한조치에 대한 허가를 신청하고, 검사는 법원에 대하여 그 허가를 청구할 수 있다.

② 우편물 검열은 통신제한조치에 해당한다.

③ 사법경찰관은 긴급통신제한조치의 집행착수 후 지체없이 법원에 허가청구를 하여야 하며, 그 긴급통신제한조치를 한 때부터 36시간 이내에 법원의 허가를 받지 못한 때에는 즉시 이를 중지하여야 한다.

④ 사법경찰관이 긴급통신제한조치를 할 경우에는 미리 검사의 지휘를 받아야 한다. 다만, 특히 급속을 요하여 미리 지휘를 받을 수 없는 사유가 있는 경우에는 긴급통신제한조치의 집행착수 후 지체없이 검사의 승인을 얻어야 한다.

27

「디엔에이신원확인정보의 이용 및 보호에 관한 법률」에 대한 설명으로 가장 적절한 것은?

① 경찰청장은 수형인 등으로부터 채취한 디엔에이감식시료로부터 취득한 디엔에이신원확인정보에 관한 사무를 총괄한다.

② 법원이 무죄판결을 하면서 치료감호를 선고하는 경우 디엔에이 신원확인정보담당자는 구속피의자 등에 대해 데이터베이스에 수록된 디엔에이신원확인정보를 삭제하여서는 아니 된다.

③ 채취한 디엔에이감식시료는 데이터베이스 수록 후에도 일정기간 보관하여야 한다.

④ 사법경찰관은 살인죄를 범하여 구속된 피의자로부터 디엔에이감식시료를 채취할 수 없다.

28

다음 중 신고를 받고 출동한 지역경찰관이 「가정폭력범죄의 처벌 등에 관한 특례법」상 가정폭력 사건으로 처리할 수 있는 경우는?

① 甲과 사실혼 관계에 있는 사람이 甲에게 사기죄를 범한 경우

② 乙의 시어머니가 乙의 아들을 약취한 경우

③ 丙과 같이 살고 있는 사촌동생이 丙의 명예를 훼손한 경우

④ 丁의 배우자의 지인이 丁의 재물을 손괴한 경우

29

「아동학대범죄의 처벌 등에 관한 특례법」상 아동학대행위자에 대한 임시조치로 가장 적절하지 <u>않은</u> 것은?

① 피해아동 또는 가정구성원의 주거, 학교 또는 보호시설 등에서 100미터 이내의 접근 금지

② 피해아동을 아동학대 관련 보호시설로 인도

③ 아동보호전문기관 등에의 상담 및 교육 위탁

④ 친권 또는 후견인 권한 행사의 제한 또는 정지

30

경비경찰의 특징에 대한 설명으로 가장 적절하지 <u>않은</u> 것은?

① 복합기능적 활동 – 경비사태가 발생한 후의 진압 뿐만 아니라 특정한 사태가 발생하기 전의 경계·예방의 역할을 수행한다.

② 현상유지적 활동 – 경비활동은 기본적으로 현재의 질서상태를 보존하는 것에 가치를 둔다고 할 수 있다. 그러나 정태적·소극적인 질서유지가 아닌 새로운 변화와 발전을 보장하기 위한 동태적·적극적인 의미의 유지작용이다.

③ 즉시적(즉응적) 활동 – 경비상황은 국가적으로나 사회적으로 중대한 영향을 미치므로 신속한 처리가 요구된다. 따라서 경비사태에 대한 기한을 정하여 진압할 수 없으며 즉시 출동하여 신속하게 조기에 제압한다.

④ 하향적 명령에 의한 활동 – 긴급하고 신속한 경비업무의 효율적인 처리를 위하여 지휘관을 한 사람만 두어야 한다는 의미로 폭동의 진압과 같은 긴급한 상황에서는 지휘관의 신속한 결단과 명확한 지침이 필요하다.

31

「경찰 재난관리 규칙」에 대한 설명으로 가장 적절한 것은?　　`문제 변형`

① 경찰관서 방재·피해복구를 위해 필요한 사항의 결정은 재난상황실이 한다.

② 대책지원단은 본부장을 보좌하여 재난대책본부의 운영에 필요한 사무를 담당하며 단장은 위기관리센터장이 된다.

③ 재난대책본부는 총괄운영단, 대책실행단, 대책지원단으로 구성되며 총괄운영단은 본부장을 보좌하여 재난대책본부의 운영에 필요한 사무를 담당하며 단장은 위기관리센터장이 된다.

④ 시·도경찰청등의 장은 경찰관, 경찰장비 및 경찰관서가 재난에 의해 피해를 입은 경우에는 재난대책본부장에게 바로 보고하여야 한다.

32

「통합방위법」에 대한 설명으로 가장 적절하지 <u>않은</u> 것은?

① '갑종사태'란 일정한 조직체계를 갖춘 적의 대규모 병력 침투 또는 대량살상무기 공격 등의 도발로 발생한 비상사태로서 통합방위본부장 또는 지역군사령관의 지휘·통제 하에 통합방위작전을 수행하여야 할 사태를 말한다.

② 행정안전부장관 또는 국방부장관은 을종사태에 해당하는 상황이 발생하였을 때 즉시 국무총리를 거쳐 대통령에게 통합방위사태의 선포를 건의하여야 한다.

③ 중앙 통합방위협의회의 의장은 국무총리가 되고 통합방위본부장은 합동참모의장이 된다.

④ 시·도지사 또는 시장·군수·구청장은 통합방위사태가 선포된 때에는 인명 신체에 대한 위해를 방지하기 위하여 즉시 작전지역에 있는 주민이나 체류 중인 사람에게 대피할 것을 명할 수 있다.

33

교통사고에 대한 판례의 태도로 가장 적절하지 <u>않은</u> 것은?

① 신호위반으로 교통사고를 일으킨 사람이 통고처분을 받아 신호위반의 범칙금을 납부하였다고 하더라도, 「교통사고처리 특례법」상 신호위반으로 인한 업무상과실치상죄로 처벌하는 것이 이중처벌에 해당한다고 볼 수 없다.

② 교통사고 피해자가 2주간의 치료를 요하는 경미한 상해를 입었다는 사정만으로 사고 당시 피해자를 구호할 필요가 없었다고 단정 지을 수 없다.

③ 음주로 인한 「특정범죄가중처벌 등에 관한 법률」 위반(위험운전치사상)죄와 「도로교통법」 위반(음주운전)죄가 모두 성립하는 경우 두 죄는 실체적 경합관계에 있다.

④ 「특정범죄 가중처벌 등에 관한 법률」 제5조의3 도주차량 운전자의 가중처벌 규정과 관련하여, 차의 교통으로 인한 업무상과실치사상의 사고는 「도로교통법」이 정하는 도로에서의 교통사고로 한정된다.

34

정보요구의 방법 중 첩보기본요소(EEI)에 대한 설명으로 가장 적절하지 <u>않은</u> 것은?

① 정보기관의 활동은 주로 첩보기본요소(EEI)에 의한다.

② 사전에 반드시 첩보수집계획서를 작성한다.

③ 전체적인 의미를 가진 일반적인 내용으로 계속적·반복적으로 수집할 사항이다.

④ 우선적으로 필요로 하는 가장 기본적인 사항으로 첩보수집계획서의 핵심이다.

35

정보보고서에 대한 설명으로 가장 적절하지 <u>않은</u> 것은?

① 견문보고서는 경찰관이 공·사생활을 하면서 보고 들은 정치·경제·사회·문화 등 제 분야에 관한 각종 자료를 수집하여 기술한 보고서를 말한다.

② 정보상황보고서는 매일 전국의 사회갈등이나 집회 시위 상황을 정리하여 그 다음 날 아침에 경찰 내부와 정부 각 기관에 전파하는 보고서를 말한다.

③ 정책정보보고서는 정부 정책의 문제점을 파악하고 그 개선책을 보고하는 데 주안점을 두는 정보보고이다.

④ 정보판단서는 관련 견문과 자료를 종합, 분석하여 작성한 보고서로서 지휘관으로 하여금 상황에 대한조치를 요하게 하는 보고서를 말한다.

36

「집회 및 시위에 관한 법률」에 대한 설명으로 가장 적절한 것은?

① '집회'란 여러 사람이 공동의 목적을 가지고 도로, 광장, 공원 등 일반인이 자유로이 통행할 수 있는 장소를 행진하거나 위력 또는 기세를 보여, 불특정한 여러 사람의 의견에 영향을 주거나 제압을 가하는 행위를 말한다.

② 집회·시위의 신고를 받은 관할경찰관서장은 집회·시위의 보호와 공공의 질서 유지를 위해 최대한의 범위를 정하여 질서유지선을 설정할 수 있다.

③ 신고장소가 다른 사람의 주거지역이나 이와 유사한 장소 또는 학교 및 군사시설, 상가밀집지역의 주변지역에서의 집회나 시위의 경우 그 거주자나 관리자가 시설이나 장소의 보호를 요청하는 경우에는 집회나 시위의 금지 또는 제한을 통고할 수 있다.

④ 관할경찰관서장은 옥외집회 및 시위 신고서의 기재 사항에 미비한 점을 발견하면 접수증을 교부한 때부터 12시간 이내에 주최자에게 24시간을 기한으로 그 기재 사항을 보완할 것을 통고할 수 있다.

37

「국가보안법」의 특성에 대한 설명으로 가장 적절하지 않은 것은?

① 고의범만 처벌하며, 일부 범죄를 제외하고 기본적으로 미수·예비·음모를 처벌한다.

② 「국가보안법」의 죄를 범한 후 자수하거나 동법의 죄를 범한 자가 타인이 동법의 죄를 범하는 것을 방해하였을 때에는 그 형을 감경 또는 면제한다.

③ 검사는 「국가보안법」의 죄를 범한 자에 대하여 공소제기를 보류할 수 있으며 공소보류가 취소된 경우에는 동일한 범죄사실로 재구속 할 수 없다.

④ 편의제공죄나 찬양·고무죄 등 「형법」상 종범의 성격을 가진 행위에 대하여 독립된 범죄로 처벌한다.

38

「보안관찰법」에 대한 설명으로 가장 적절한 것은?

① 보안관찰처분에 관한 결정은 보안관찰처분심의위원회의 의결을 거쳐 법무부장관이 행한다.

② 피보안관찰자는 국외여행 또는 7일 이상 여행을 하는 경우 수시 신고를 해야 한다.

③ 보안관찰처분의 기간은 2년이며, 그 기간은 갱신할 수 없다.

④ '보안관찰처분대상자'는 보안관찰해당범죄 또는 이와 경합된 범죄로 징역 이상의 형의 선고를 받고 그 형기합계가 3년 이상인 자로서 형의 전부 또는 일부의 집행을 받은 사실이 있는 자를 말한다.

39

다문화 사회의 접근유형에 대한 설명으로 가장 적절하지 않은 것은?

① 급진적 다문화주의 – 다문화주의는 '차이에 대한 권리'로 해석되며, 소수자의 문화적 권리와 결부되어 이해된다.

② 동화주의 – 사회통합을 이룩하기 위해 국가내부의 문화적 다양성을 허용하고, 소수 인종집단 고유의 문화와 가치를 인정하지만, 시민생활이나 공적생활에서는 주류 사회의 문화·언어·사회습관에 따를 것을 요구한다.

③ 조합주의적 다문화주의 – 자유주의적 다문화주의와 급진적 다문화주의의 절충적 형태로서 다문화주의를 결과에 있어서의 평등 보장이라는 측면에서 접근한다.

④ 다원주의 – 소수집단이 자결(self-determination)의 원칙을 내세워 문화적 공존을 넘어서는 소수민족집단만의 공동체 건설을 지향한다. 미국에서의 흑인과 원주민에 의한 격리주의 운동이 대표적이다.

40

「범죄인 인도법」에 대한 설명으로 가장 적절한 것은?

① 대한민국의 주권, 국가안전보장, 안녕질서 또는 미풍양속을 해칠 우려가 있는 경우 범죄인을 인도하지 않을 수 있다.

② 범죄인이 인종, 종교, 국적, 성별, 정치적 신념 또는 특정 사회 단체에 속한 것 등을 이유로 처벌되거나 그 밖의 불리한 처분을 받을 염려가 있다고 인정되는 경우 범죄인을 인도하지 않을 수 있다.

③ 외교부장관은 범죄인 인도조약의 존재 여부, 상호보증 여부, 인도대상범죄 여부 등을 확인하고 관계 서류를 첨부하여 법무부장관에게 송부한다.

④ 외교부장관은 인도조약 또는 범죄인 인도법에 따라 범죄인을 인도할 수 없거나 인도하지 아니하는 것이 타당하다고 인정되는 경우에는 인도심사청구명령을 하지 아니하고, 그 사실을 법무부장관에게 통지하여야 한다.

✔ 회독 CHECK 1 2 3

01

행정법·형사법 관련 판결에 대한 ㉠부터 ㉣까지의 설명 중 옳고 그름의 표시(O, ×)가 바르게 된 것은?

㉠ Blanco 판결은 Blanco란 소년이 국영담배공장 운반차에 부상을 당하여 민사법원에 소를 제기하였는데 손해가 공무원에 의하여 발생한 것이라는 이유에서 행정재판소 관할로 옮겨진 사건으로, 공무원에 의한 손해는 국가에 배상책임이 있고 그 관할은 행정재판소라는 원칙이 확립되는 계기가 되었다.

㉡ Kreuzberg 판결을 통해 경찰관청이 일반수권 규정에 근거하여 법규명령을 발할 수 있는 분야는 위험방지 분야에 한정된다고 판시하였다.

㉢ Escobedo 판결은 변호인과의 접견교통권을 침해하여 획득한 자백의 증거능력을 부정한 판결이다.

㉣ Miranda 판결은 변호인선임권, 접견교통권 및 진술거부권을 고지하지 않은 상태에서 이루어진 자백의 증거능력을 부정하여, 자백의 임의성과 관계없이 채취과정에 위법이 있는 자백을 배제하게 되는 계기가 되었다.

① ㉠ (×)　㉡ (O)　㉢ (×)　㉣ (O)

② ㉠ (O)　㉡ (×)　㉢ (O)　㉣ (×)

③ ㉠ (O)　㉡ (O)　㉢ (O)　㉣ (O)

④ ㉠ (O)　㉡ (O)　㉢ (×)　㉣ (O)

02

경찰의 임무를 공공의 안녕과 질서에 대한 위험의 방지라고 정의할 때, 위험에 대한 설명으로 가장 적절하지 않은 것은?

① '위험'이란 가까운 장래에 공공의 안녕에 손해가 나타날 가능성이 개개의 경우 충분히 존재하는 상태를 말한다.

② 위험에 대한 인식으로 외관적 위험, 추정적 위험, 위험혐의로 구분할 수 있다.

③ 외관적 위험에 대한 경찰권 발동은 경찰상 위험에 해당하는 적법한 경찰개입이므로 경찰관에게 민·형사상의 책임을 물을 수 없고, 국가의 손실보상책임도 발생하지 않는다.

④ 추상적 위험은 경찰상 법규명령으로 위험을 방지해야 할 필요성이 있는 전형적인 사례로 경찰의 개입은 구체적 위험 내지 적어도 추상적 위험이 있을 때 가능하다.

03

경찰 부패의 현상 및 원인의 이론에 대한 설명으로 가장 적절하지 <u>않은</u> 것은?

① '썩은 사과 가설'은 경찰 부패의 원인으로 부패가능성이 있는 경찰관들이 모집단계에서 배제되지 못하고 조직 내에 유입됨으로써 경찰의 부패가 나타난다고 설명한다.

② 윌슨(Wilson)은 "미국 시카고 시민이 시카고 경찰을 부패시켰다."라고 주장하였는데 이는 시민사회의 부패가 경찰부패의 주원인이라고 보는 것으로 '전체사회 가설'에 해당한다.

③ 펠드버그(Feldberg)는 대부분의 경찰관들이 사소한 호의와 뇌물을 구별할 수 있으므로 '미끄러지기 쉬운 경사로 이론'은 비현실적이고, 더 나아가 경찰인의 지능에 대한 모독이라고 하였다.

④ 코헨(Cohen), 펠드버그(Feldberg)가 제시한 이론으로 신임경찰이 기존의 부패한 경찰로부터 부패의 사회화를 통하여 물들게 된다는 것은 '구조원인 가설'이다.

04

「경찰청 공무원 행동강령」에 대한 설명으로 가장 적절하지 <u>않은</u> 것은? **문제 변형**

① 경찰청 공무원 행동강령 제15조 제2항 본문에 따른 '외부 강의등'의 신고가 곤란한 경우 그 외부강의등을 마친 날부터 2일 이내에 소속기관의 장에게 서면으로 신고하여야 한다.

② 경찰청 공무원 행동강령 제15조 제1항 본문에 따른 '외부 강의등'의 사례금 상한액은 직급 구분없이 1시간당 40만 원이다.

③ 상한액을 초과하는 사례금을 받은 경우에는 그 사실을 안 날로부터 2일 이내에 소속기관의 장에게 신고하여야 하며, 지체 없이 소속기관의 장에게 초과금을 반환하여야 한다.

④ 초과사례금 신고를 받은 소속기관의 장은 초과사례금을 반환하지 아니한 공무원에 대하여 신고사항을 확인한 후 7일 이내 반환하여야 할 초과사례금의 액수를 산정하여 해당 공무원에게 통지하여야 한다.

05

「부정청탁 및 금품등 수수의 금지에 관한 법률」에 대한 설명으로 가장 적절한 것은?

① '공공기관'에는 국회, 법원, 헌법재판소, 감사원, 국가인권위원회, 중앙행정기관(대통령 소속 기관과 국무총리 소속 기관을 포함한다)과 그 소속 기관 및 지방자치단체를 포함한다. 단, 선거관리위원회는 '공공기관'에 해당하지 않는다.

② '공공기관'에는 「초·중등교육법」, 「고등교육법」, 「유아교육법」 및 그 밖의 다른 법령에 따라 설치된 각급 학교가 포함된다. 단, 「사립학교법」에 따른 학교법인은 '공공기관'에 해당하지 않는다.

③ '공직자등'에는 「언론중재 및 피해구제 등에 관한 법률」 제2조 제12호에 따른 언론사의 대표자와 그 임직원이 포함된다.

④ '공직자등'에는 「변호사법」 제4조에 따른 변호사 자격이 있는 자는 포함된다고 명시되어 있다.

06

한국경찰의 역사와 제도에 대한 설명이다. 시대 순으로 바르게 나열한 것은?

> ㉠ 「경찰법」 제정으로 내무부로부터의 독립을 통한 정치적 중립성을 확보했다.
> ㉡ 경찰작용에 관한 기본법으로서 「경찰관 직무집행법」이 제정되었다.
> ㉢ 중앙경찰위원회가 설치되어 경찰민주화를 위한 조치를 시행하였다.
> ㉣ 「경찰공무원법」이 처음으로 제정되어 그동안 「국가공무원법」에 의거하던 경찰공무원을 특별법으로 규율하게 되었다.

① ㉡ - ㉣ - ㉠ - ㉢
② ㉢ - ㉣ - ㉡ - ㉠
③ ㉣ - ㉡ - ㉠ - ㉢
④ ㉢ - ㉡ - ㉣ - ㉠

07

한국경찰사에 길이 빛날 경찰의 표상들에 대한 서술이다. 옳은 것을 모두 고른 것은?

> ㉠ 1968년 무장공비 침투사건(1·21사태) 당시 최규식 총경(경무관특진)과 형사 7명이 무장공비를 차단하고 격투 끝에 청와대를 사수하였다.
> ㉡ 정종수는 남부군 사령관 이현상을 사살하는 등 빨치산 토벌의 주역이었다.
> ㉢ 차일혁은 공비들의 근거지가 될 수 있는 사찰을 불태우라는 상부의 명령에 대해 현명하게 대처하여 구례 화엄사 등 여러 사찰과 문화재를 보호하였다.
> ㉣ 안병하는 1987년 6월 항쟁 당시 과격한 진압을 지시한 군과 달리 '분산되는 자는 너무 추격하지 말 것, 부상자 발생치 않도록 할 것, 연행과정에서 학생의 피해가 없도록 유의하라'고 지시하여 인권경찰의 면모를 보였다.

① ㉠, ㉡   ② ㉠, ㉢
③ ㉡, ㉣   ④ ㉢, ㉣

08

훈령에 대한 설명으로 가장 적절하지 <u>않은</u> 것은? (단, 다툼이 있는 경우 통설·판례에 의함)

① 훈령은 원칙적으로 일반적·추상적 사항에 대해서 발해야 하지만, 개별적·구체적 사항에 대해서도 발해질 수 있다.
② '하급관청의 직무상 독립한 범위에 속하는 사항이 아닌 것'은 훈령의 형식적 요건에 해당한다.
③ 하급관청 구성원의 변동이 있더라도 훈령은 그 효력에 영향을 받지 않는다.
④ 훈령은 내부적 구속력을 갖고 있어, 훈령을 위반한 공무원의 행위는 징계의 사유가 되고, 무효 또는 취소사유에 해당한다.

09

'국가경찰위원회'에 대한 설명으로 가장 적절하지 <u>않은</u> 것은?   `문제 변형`

① 「국가경찰과 자치경찰의 조직 및 운영에 관한 법률」에 근거를 두고 설치된 기관으로, 행정안전부 소속 합의제 심의·의결기관이다.
② 국가경찰위원회는 위원장 1명을 포함한 7명의 위원으로 구성하되, 위원장 및 5명의 위원은 비상임으로 하고, 1명의 위원은 상임으로 한다.
③ 국가경찰위원회 위원은 경찰청장의 제청으로 행정안전부장관을 거쳐 대통령이 임명한다.
④ 경찰, 검찰, 국가정보원 직원 또는 군인의 직에서 퇴직한 날부터 3년이 지나지 아니한 사람은 위원이 될 수 없다.

10

「국가경찰과 자치경찰의 조직 및 운영에 관한 법률」상 경찰조직에 대한 설명이다. ㉠부터 ㉣까지의 설명 중 옳고 그름의 표시(○, ×)가 바르게 된 것은?

> ㉠ 경찰청장은 국회의 동의를 받아 행정안전부장관의 제청으로 국무총리를 거쳐 대통령이 임명한다.
> ㉡ 경찰청장은 국가경찰에 관한 사무를 총괄하고 경찰청 업무를 관장하며 소속 공무원 및 각급 국가경찰기관의 장을 지휘·감독한다.
> ㉢ 경찰청장의 임기는 2년으로 하고, 중임할 수 없다.
> ㉣ 경찰청장이 헌법이나 법률을 위반했을 때 국회에서 탄핵 소추를 의결할 수 있다고 인정되나, 현행 「국가경찰과 자치경찰의 조직 및 운영에 관한 법률」에는 국회의 탄핵소추 의결권이 명기되어 있지 아니하다.

① ㉠ (×)   ㉡ (○)   ㉢ (○)   ㉣ (×)
② ㉠ (×)   ㉡ (○)   ㉢ (×)   ㉣ (○)
③ ㉠ (○)   ㉡ (×)   ㉢ (○)   ㉣ (○)
④ ㉠ (○)   ㉡ (○)   ㉢ (○)   ㉣ (×)

11

각종 위원회(협의회)와 근거법의 연결로 가장 적절하지 않은 것은?   문제 변형

① 소청심사위원회 – 국가공무원법
② 경찰공무원 인사위원회 – 경찰공무원법
③ 징계위원회 – 국가경찰과 자치경찰의 조직 및 운영에 관한 법률
④ 국가경찰위원회 – 국가경찰과 자치경찰의 조직 및 운영에 관한 법률

12

「경찰공무원 임용령」에서 규정한 채용후보자의 자격 상실 사유로 가장 적절하지 않은 것은?   문제 변형

① 채용후보자가 질병 등 교육훈련을 계속할 수 없는 불가피한 사정으로 퇴학처분을 받은 경우
② 채용후보자가 임용 또는 임용제청에 응하지 아니한 경우
③ 채용후보자로서 받아야 할 교육훈련에 응하지 아니한 경우
④ 채용후보자로서 받은 교육훈련성적이 수료점수에 미달되는 경우

13

「위해성 경찰장비의 사용기준 등에 관한 규정」의 내용으로 가장 적절하지 않은 것은?   문제 변형

① 경찰장구에는 수갑·포승(捕繩)·호송용포승·경찰봉·호신용경봉·전자충격기·방패 및 전자방패를 말한다.
② 무기에는 산탄총·유탄발사기·3인치포·전자충격기·폭발류 및 도검을 포함한다.
③ 경찰관은 범인의 체포 또는 도주방지, 타인 또는 경찰관의 생명·신체에 대한 방호, 공무집행에 대한 항거의 억제를 위하여 필요한 때에는 최소한의 범위 안에서 가스발사총을 사용할 수 있다. 이 경우 경찰관은 1미터 이내의 거리에서 상대방의 얼굴을 향하여 이를 발사하여서는 아니된다.
④ 경찰관은 범인·주취자 또는 정신착란자의 자살 또는 자해기도를 방지하기 위하여 필요한 때에는 수갑·포승 또는 호송용포승을 사용할 수 있다. 이 경우 경찰관은 소속 국가경찰관서의 장(경찰청장, 해양경찰청장, 시·도경찰청장, 지방해양경찰청장·경찰서장 또는 해양경찰서장 기타 경무관·총경·경정 또는 경감을 장으로 하는 국가경찰관서의 장을 말한다)에게 그 사실을 보고하여야 한다.

14

경찰상 강제집행의 수단에 대한 설명이다. ㉠부터 ㉣까지의 설명과 명칭이 가장 적절하게 연결된 것은?

㉠ 대체적 작위의무의 불이행이 있는 경우 행정청이 의무자의 작위의무를 스스로 행하거나 제3자로 하여금 이를 행하게 하고 그 비용을 의무자로부터 징수하는 행위

㉡ 경찰상 의무를 이행하지 않는 경우에 그 이행을 강제하기 위해 과하는 금전벌

㉢ 국민이 국가 또는 공공단체에 대해 부담하고 있는 공법상의 금전급부의무를 이행하지 않는 경우에 행정청이 강제적으로 의무가 이행된 것과 동일한 상태를 실현하는 작용

㉣ 경찰상 의무불이행에 대해 최후의 수단으로서 직접 의무자의 신체나 재산에 실력을 가하여 의무의 이행이 있었던 것과 동일한 상태를 실현하는 작용

	㉠	㉡	㉢	㉣
①	대집행	집행벌	강제징수	직접강제
②	집행벌	강제징수	대집행	직접강제
③	대집행	강제징수	직접강제	집행벌
④	강제징수	집행벌	직접강제	대집행

15

「경찰관 직무집행법」 제4조 보호조치에 대한 설명으로 가장 적절하지 않은 것은?

① 경찰관은 정신착란을 일으키거나 술에 취하여 자신 또는 다른 사람의 생명·신체·재산에 위해를 끼칠 우려가 있는 사람에 해당하는 것이 명백하고 응급구호가 필요하다고 믿을 만한 상당한 이유가 있는 사람을 발견하였을 때에는 보건의료기관이나 공공구호기관에 긴급구호를 요청할 수 있다.

② 경찰관은 적당한 보호자가 없는 미아에 대해 응급구호가 필요하다고 믿을 만한 상당한 이유가 있다면 본인이 구호를 거절하더라도 경찰관 직무집행법 제4조의 보호조치를 실시할 수 있다.

③ 경찰관은 자살을 시도하는 것이 명백하고 응급구호가 필요하다고 믿을 만한 상당한 이유가 있다면 본인 동의여부와 관계없이 경찰관 직무집행법 제4조의 보호조치를 실시할 수 있다.

④ 경찰관이 보호조치를 하였을 때에는 지체 없이 구호대상자의 가족, 친지 또는 그 밖의 연고자에게 그 사실을 알려야 하며, 연고자가 발견되지 아니할 때에는 구호대상자를 적당한 공공보건의료기관이나 공공구호기관에 즉시 인계하여야 한다.

16

「경찰공무원 징계령」의 내용으로 가장 적절하지 <u>않은</u> 것은?

문제 변형

① 경찰기관의 장은 소속 경찰공무원이 징계사유가 있다고 인정할 때와 징계의결 요구의 신청을 받았을 때에는 지체없이 관할 징계위원회를 구성하여 징계의결을 요구하여야 한다.

② 징계위원회가 설치된 경찰기관의 장은 징계등 심의 대상자보다 상위 계급인 경위 이상의 소속 경찰공무원 또는 상위 직급에 있는 6급 이상의 소속 공무원 중에서 징계위원회의 공무원위원을 임명한다. 다만, 보통징계위원회의 경우 징계등 심의 대상자보다 상위 계급인 경위 이상의 소속 경찰공무원 또는 상위 직급에 있는 6급 이상의 소속 공무원의 수가 제3항에 따른 민간위원을 제외한 위원 수에 미달되는 등의 사유로 보통징계위원회를 구성하는 것이 곤란한 경우에는 징계등 심의 대상자보다 상위 계급인 경사 이하의 소속 경찰공무원 또는 상위 직급에 있는 7급 이하의 소속 공무원 중에서 임명할 수 있다.

③ 징계등 의결 요구를 받은 징계위원회는 그 요구서를 받은 날부터 30일 이내에 징계등에 관한 의결을 하여야 한다. 다만, 부득이한 사유가 있을 때에는 해당 징계등 의결을 요구한 경찰기관의 장의 승인을 받아 30일 이내의 범위에서 그 기간을 연장할 수 있다.

④ 징계등 심의대상자의 소재가 분명하지 아니할 때에는 출석 통지를 관보에 게재하고, 그 게재일부터 7일이 지나면 출석통지가 송달된 것으로 본다.

17

「경찰관 직무집행법」 및 동법 시행령 상 손실보상에 대한 내용으로 가장 적절하지 <u>않은</u> 것은?

① 손실보상을 청구할 수 있는 권리는 손실이 있음을 안 날로부터 3년, 손실이 발생한 날로부터 5년간 행사하지 아니하면 시효의 완성으로 소멸한다.

② 손실보상심의위원회는 위원장 1명을 포함한 5명 이상 7명 이하의 위원으로 구성한다.

③ 손실보상심의위원회의 위원장은 위원회 위원 중 경찰청장등이 지명한다.

④ 위원회의 회의는 재적위원 과반수의 출석으로 개의하고, 출석위원 과반수의 찬성으로 의결한다.

18

다음 설명과 같은 특성을 가진 예산제도로 가장 적절한 것은?

- 지출의 대상·성질을 기준으로 하여 세출예산의 금액 분류
- 회계책임이 명확하고, 인사행정에 유용한 정보와 자료를 제공하는 장점은 있지만, 기능의 중복을 피하기 곤란하다는 단점이 있다.

① 품목별 예산제도
② 영점기준예산
③ 자본예산제도
④ 일몰법

19

「공공기관의 정보공개에 관한 법률」의 내용으로 가장 적절하지 <u>않은</u> 것은?

① 모든 국민은 정보의 공개를 청구할 권리를 가진다.

② 공공기관은 정보공개의 청구를 받으면 그 청구를 받은 날부터 7일 이내에 공개 여부를 결정하여야 한다.

③ 정보의 공개 및 우송 등에 드는 비용은 실비(實費)의 범위에서 청구인이 부담하는 것이 원칙이다.

④ 청구인이 정보공개와 관련한 공공기관의 비공개 결정 또는 부분 공개 결정에 대하여 불복이 있거나 정보공개 청구 후 20일이 경과하도록 정보공개 결정이 없는 때에는 공공기관으로부터 정보공개 여부의 결정 통지를 받은 날 또는 정보공개 청구 후 20일이 경과한 날부터 30일 이내에 해당 공공기관에 문서로 이의신청을 할 수 있다.

20

범죄이론과 범죄통제이론에 대한 설명으로 적절하지 <u>않은</u> 것을 모두 고른 것은?

㉠ 고전학파 범죄이론은 범죄에 대한 국가의 강력하고 확실한 처벌을 통해 범죄를 억제할 수 있다고 본다.

㉡ 생물학·심리학적 이론은 범죄자의 치료와 갱생을 통한 범죄통제를 주요내용으로 하며, 범죄자를 대상으로 하므로 일반예방효과에 한계가 있다는 비판이 존재한다.

㉢ 사회학적 이론은 범죄기회의 제거와 범죄행위의 이익을 감소시키는 것을 내용으로 한다.

㉣ 상황적 범죄예방이론은 사회발전을 통해 범죄의 근본적인 원인을 제거하고자 하나, 폭력과 같은 충동적인 범죄에는 적용하는 데 한계가 있다.

---

① ㉠, ㉡   ② ㉠, ㉢
③ ㉡, ㉢   ④ ㉢, ㉣

21

CPTED(환경설계를 통한 범죄예방)에 대한 설명으로 가장 적절하지 <u>않은</u> 것은?

① 자연적 감시의 종류로는 조명, 조경, 가시권확대를 위한 건물의 배치 등이 있다.

② 자연적 접근통제의 종류로는 차단기, 방범창, 잠금장치, 통행로의 설계, 출입구의 최소화가 있다.

③ 영역성의 강화란 일정한 지역에 접근하는 사람들을 정해진 공간으로 유도하거나 외부인의 출입을 통제하도록 설계함으로써 접근에 대한 심리적 부담을 증대시켜 범죄를 예방하는 원리이다.

④ 활동의 활성화란 지역사회의 설계 시 주민들이 모여서 상호의견을 교환하고 유대감을 증대할 수 있는 공공장소를 설치하고 이용하도록 함으로써 '거리의 눈'을 활용한 자연적 감시와 접근통제의 기능을 확대하는 원리이다.

22

「대기환경보전법」의 내용으로 가장 적절한 것은?

① '기후·생태계 변화유발물질'이란 지구 온난화 등으로 생태계의 변화를 가져올 수 있는 모든 물질로서 온실가스와 대통령령으로 정하는 것을 말한다.

② '온실가스'란 적외선 복사열을 흡수하거나 다시 방출하여 온실효과를 유발하는 대기 중의 가스상태 물질로서 이산화탄소, 메탄, 아산화질소, 수소불화탄소, 과불화탄소, 육불화황을 말한다.

③ '입자상물질(粒子狀物質)'이란 물질이 파쇄·선별·퇴적·이적(移積)될 때, 그 밖에 기계적으로 처리되거나 연소·합성·분해될 때에 발생하는 기체상의 미세한 물질을 말한다.

④ '특정대기유해물질'이란 유해성대기감시물질 중 제7조에 따른 심사·평가 결과 저농도에서도 장기적인 섭취나 노출에 의하여 사람의 건강이나 동식물의 생육에 직접 또는 간접으로 위해를 끼칠 수 있어 대기 배출에 대한 관리가 필요하다고 인정된 물질로서 대통령령으로 정하는 것을 말한다.

23

「공연법」 및 동법 시행령의 내용으로 가장 적절하지 **않은** 것은?

① 공연장운영자는 화재나 그 밖의 재해를 예방하기 위하여 그 공연장 종업원의 임무·배치 등 재해대처계획을 수립하여 매년 관할 특별자치시장·특별자치도지사·시장·군수·구청장에게 신고하여야 한다. 이 경우 특별자치시장·특별자치도지사·시장·군수·구청장은 신고받은 재해대처계획을 관할 소방서장에게 통보하여야 한다.

② 재해대처계획에는 비상시에 하여야 할 조치 및 연락처에 관한 사항이 포함되어야 한다.

③ 공연장 외의 시설이나 장소에서 1천 명 이상의 관람이 예상되는 공연을 하려는 자는 법 제11조 제3항에 따라 해당 시설이나 장소 운영자와 공동으로 공연 개시 14일 전까지 제1항 각 호의 사항과 안전관리인력의 확보·배치계획 및 공연계획서가 포함된 재해대처계획을 관할 특별자치시장·특별자치도지사·시장·군수 또는 구청장에게 신고하여야 하며, 신고한 사항을 변경하려는 경우에는 해당 공연 7일 전까지 변경신고를 하여야 한다.

④ 재해대처계획을 신고하지 아니한 자는 1천만 원 이하의 과태료를 부과한다.

24

「성매매알선 등 행위의 처벌에 관한 법률」상 '성매매알선 등 행위'의 태양으로 명시하고 있지 **않은** 것은?

① 성매매의 장소를 제공하는 행위

② 성매매에 이용됨을 알면서 정보통신망을 제공하는 행위

③ 성매매를 알선, 권유, 유인 또는 강요하는 행위

④ 성매매에 제공되는 사실을 알면서 자금, 토지 또는 건물을 제공하는 행위

25

「경범죄 처벌법」상 경범죄를 범한 자의 주거가 분명한 경우라도 현행범인 체포가 가능한 경범죄의 종류로 가장 적절한 것은?

① 출판물의 부당게재

② 거짓신고

③ 위험한 불씨 사용

④ 암표매매

26

「통신비밀보호법」상 통신사실확인자료에 해당하지 **않는** 것은?

① 가입자의 전기통신일시

② 이용자의 가입일 또는 해지일

③ 사용도수

④ 발·착신 통신번호 등 상대방의 가입자번호

27

「범죄수사규칙」상 검거한 지명수배자에 대하여 지명수배가 여러 건인 경우에 인계받을 관서의 순서가 바르게 나열된 것은?

> ㉠ 검거관서와 거리 또는 교통상 가장 인접한 수배관서
> ㉡ 공소시효 만료 3개월 이내이거나 공범에 대한 수사 또는 재판이 진행 중인 수배관서
> ㉢ 법정형이 중한 죄명으로 지명수배한 수배관서
> ㉣ 검거관서와 동일한 지방검찰청 또는 지청의 관할 구역에 있는 수배관서

① ㉠ - ㉡ - ㉢ - ㉣

② ㉡ - ㉢ - ㉣ - ㉠

③ ㉠ - ㉣ - ㉡ - ㉢

④ ㉡ - ㉣ - ㉠ - ㉢

28

「가정폭력범죄의 처벌 등에 관한 특례법」상 가정폭력범죄에 해당되지 <u>않는</u> 것은?

① 상해치사
② 협박
③ 특수공갈
④ 출판물등에 의한 명예훼손

29

「마약류 관리에 관한 법률」상 마약류에 대한 설명으로 가장 적절하지 <u>않은</u> 것은?

① GHB는 무색무취의 짠맛이 나는 액체로 소다수 등 음료에 타서 복용하며, 근육강화 호르몬 분비효과가 있다.
② 카리소프로돌(일명 S정)은 내성이나 심리적 의존현상은 있지만 금단증상은 일으키지 않는다고 알려져 있으며, 일부 남용자들은 '플래시백 현상'을 일으키기도 한다.
③ 야바(YABA)는 카페인, 에페드린, 밀가루 등에 필로폰을 혼합한 것으로 원료가 화공약품이기 때문에 보다 안정적인 밀조가 가능하다.
④ 메스카린(Mescaline)은 미국의 텍사스나 멕시코 북부지역에서 자생하는 선인장인 페이요트에서 추출·합성한 향정신성의약품이다.

30

「국민보호와 공공안전을 위한 테러방지법」에 대한 설명으로 가장 적절하지 <u>않은</u> 것은?

① '테러단체'란 국가정보원이 지정한 테러단체를 말한다.
② 관계기관의 장은 외국인테러전투원으로 출국하려 한다고 의심할 만한 상당한 이유가 있는 내국인·외국인에 대하여 일시 출국금지를 법무부장관에게 요청할 수 있다.
③ 위 '②'에 따른 일시 출국금지 기간은 90일로 한다. 다만, 출국금지를 계속할 필요가 있다고 판단할 상당한 이유가 있는 경우에 관계기관의 장은 그 사유를 명시하여 연장을 요청할 수 있다.
④ 국가정보원장은 대테러활동에 필요한 정보나 자료를 수집하기 위하여 대테러조사 및 테러위험인물에 대한 추적을 할 수 있다. 이 경우 사전 또는 사후에 국가테러대책위원회 위원장에게 보고하여야 한다.

31

「경찰 비상업무 규칙」에 대한 설명으로 가장 적절한 것은?

① '지휘선상 위치 근무'라 함은 비상연락체계를 유지하며 유사시 2시간 이내에 현장지휘 및 현장근무가 가능한 장소에 위치하는 것을 말한다.
② '정착근무'라 함은 감독순시·현장근무 및 사무실 대기 등 관할구역 내에 위치하는 것을 말한다.
③ '가용경력'이라 함은 총원에서 휴가·출장·교육·파견 등을 포함한 실제 동원될 수 있는 모든 인원을 말한다.
④ 비상근무의 유형에 따른 분류에는 경비비상, 작전비상, 정보비상, 수사비상, 교통비상이 있다.

32

「교통사고처리특례법」 제3조(처벌의 특례) 제2항 각호에 규정된 12개 예외 항목에 해당하지 <u>않는</u> 것은?

① 일시정지를 내용으로 하는 안전표지가 표시하는 지시를 위반하여 운전한 경우
② 교차로 통행방법을 위반하여 운전한 경우
③ 횡단보도에서의 보행자 보호의무를 위반하여 운전한 경우
④ 승객의 추락 방지의무를 위반하여 운전한 경우

33

「도로교통법」에 규정된 '어린이통학버스'에 대한 설명으로 가장 적절하지 <u>않은</u> 것은?

① 어린이라 함은 13세 미만인 사람을 말한다.
② 어린이통학버스가 도로에 정차하여 어린이나 영유아가 타고 내리는 중임을 표시하는 점멸등 등의 장치를 작동 중일 때에는 어린이통학버스가 정차한 차로와 그 차로의 바로 옆 차로로 통행하는 차의 운전자는 어린이통학버스에 이르기 전에 일시 정지하여 안전을 확인한 후 서행하여야 한다.
③ 위 '②'의 경우 중앙선이 설치되지 아니한 도로와 편도 1차로인 도로에서는 반대방향에서 진행하는 차의 운전자도 어린이통학 버스에 이르기 전에 일시정지하여 안전을 확인한 후 서행하여야 한다.
④ 모든 차의 운전자는 어린이나 영유아를 태우고 있다는 표시를 한 상태로 도로를 통행하는 어린이통학버스를 앞지를 때 과도하게 속도를 올리는 등 행위를 자제하여야 한다.

34

「보안업무규정」상 신원조사에 대한 설명으로 가장 적절하지 <u>않은</u> 것은? **문제 변형**

① 국가정보원장은 국가보안을 위하여 국가에 대한 충성심·성실성 및 신뢰성을 조사하기 위하여 신원조사를 한다.
② 국가안전보장에 한정된 국가 기밀을 취급하는 직위에 임용될 예정인 공무원 임용 예정자에 대해 관계 기관의 장은 국가정보원장에게 신원조사를 요청해야 한다.
③ 정기감사는 연 1회 실시한다.
④ 국가정보원장은 신원조사 결과 국가안전보장에 해를 끼칠 정보가 있음이 확인된 사람에 대해서는 관계 기관의 장에게 그 사실을 통보할 수 있고, 통보를 받은 관계기관의 장은 신원조사 결과에 따라 필요한 보안대책을 마련하여야 한다.

35

「집회 및 시위에 관한 법률」의 규정에서 일부를 발췌한 것이다. ㉠부터 ㉣까지 (   )안에 들어갈 숫자를 가장 적절하게 나열한 것은?

> 제6조(옥외집회 및 시위의 신고 등)
> ① 옥외집회나 시위를 주최하려는 자는 그에 관한 다음 각 호의 사항 모두를 적은 신고서를 옥외집회나 시위를 시작하기 (㉠) 시간 전부터 (㉡)시간 전에 관할 경찰서장에게 제출하여야 한다.
>
> 제7조(신고서의 보완 등)
> ① 관할경찰관서장은 제6조 제1항에 따른 신고서의 기재 사항에 미비한 점을 발견하면 접수증을 교부한 때부터 (㉢)시간 이내에 주최자에게 (㉣)시간을 기한으로 그 기재 사항을 보완할 것을 통고할 수 있다.

	㉠	㉡	㉢	㉣
①	360	48	12	24
②	360	24	24	12
③	720	48	12	24
④	720	48	12	48

36

「공직자윤리법」 및 동법 시행령의 내용으로 가장 적절한 것은? 문제 변형

① 공직자윤리법에서는 경정 이상의 경찰공무원을 재산등록의무자로 규정하고 있고, 동법 시행령에서는 경사 이상을 재산등록의무자로 규정하고 있다.

② 등록재산의 공개 대상자는 경무관 이상의 경찰공무원 및 특별시·광역시·특별자치시·도·특별자치도의 시·도경찰청장이다.

③ 공무원(지방의회의원을 포함한다) 또는 공직유관단체의 임직원은 외국으로부터 선물을 받거나 그 직무와 관련하여 외국인(외국단체를 포함한다)에게 선물을 받으면 지체 없이 소속 기관·단체의 장에게 신고하고 그 선물을 인도하여야 한다. 이들의 가족이 외국으로부터 선물을 받거나 그 공무원이나 공직유관단체 임직원의 직무와 관련하여 외국인에게 선물을 받은 경우에도 또한 같다.

④ 위 '③'에 따라 신고하여야 할 선물은 그 선물 수령 당시 증정한 국가 또는 외국인이 속한 국가의 시가로 미국화폐 1,000달러 이상이거나 국내 시가로 100만 원 이상인 선물로 한다.

37

「보안관찰법」상 '보안관찰 해당범죄'로 가장 적절하지 않은 것은?

① 국가보안법 상 목적수행죄
② 국가보안법 상 잠입탈출죄
③ 형법 상 내란죄
④ 군형법 상 일반이적죄

38

「출입국관리법」상 상륙의 종류와 상륙허가 기간에 대한 설명으로 ㉠부터 ㉤까지 (　) 안에 들어갈 숫자를 모두 합한 값으로 가장 적절한 것은? (단, 필요요건과 절차는 갖추어졌으며, 연장은 없는 것으로 본다)

㉠ 대한민국의 출입국항에 입항할 예정이거나 정박 중인 선박등으로 옮겨 타려는 외국인승무원 – (　)일 이내

㉡ 선박등에 타고 있는 외국인(승무원을 포함한다)이 질병이나 그 밖의 사고로 긴급히 상륙할 필요가 있다고 인정될 때 – (　)일 이내

㉢ 승선 중인 선박등이 대한민국의 출입국항에 정박하고 있는 동안 휴양 등의 목적으로 상륙하는 외국인승무원 – (　)일 이내

㉣ 조난을 당한 선박등에 타고 있는 외국인(승무원을 포함한다)을 긴급히 구조할 필요가 있다고 인정 될 때 – (　)일 이내

㉤ 선박등에 타고 있는 외국인이 「난민법」 제2조 제1호에 규정된 이유나 그 밖에 이에 준하는 이유로 그 생명·신체 또는 신체의 자유를 침해받을 공포가 있는 영역에서 도피하여 곧바로 대한민국에 비호를 신청하는 경우 – (　)일 이내

① 153
② 168
③ 180
④ 205

39

인터폴에서 발행하는 국제수배서에 대한 설명으로 가장 적절하지 <u>않은</u> 것은?

① 청색수배서(Blue Notice) – 수배자의 신원·전과 및 소재확인을 목적으로 발행
② 녹색수배서(Green Notice) – 상습 국제범죄자의 동향 파악 및 범죄예방을 위해 발행
③ 황색수배서(Yellow Notice) – 가출인의 소재확인 및 가명사용 사망자의 신원확인을 목적으로 발행
④ 자주색수배서(Purple Notice) – 새로운 특이 범죄수법을 분석하여 각 회원국에 배포할 목적으로 발행

40

경찰과 대중매체와의 관계에 대한 여러 학자들의 견해가 가장 적절하게 연결된 것은?

- (㉠)은 "경찰과 대중매체는 서로를 필요로 하기 때문에 둘 사이에는 공생관계가 발달한다."라고 주장하였다.
- (㉡)는 경찰과 대중매체의 관계를 단란하고 행복스럽지는 않더라도, 오래 지속되는 결혼생활에 비유하였다.

	㉠	㉡
①	Crandon	C. R. Jeffery
②	Crandon	Sir Robert Mark
③	Ericson	Sir Robert Mark
④	Ericson	C. R. Jeffery

✔ 회독 CHECK 1 2 3

01

크로이쯔베르크(Kreuzberg) 판결에 대한 설명으로 적절한 것을 모두 고른 것은?

> ㉠ 1882년 프로이센 고등행정법원이 판시하였다.
> ㉡ 베를린 시민이 Kreuzberg 부근에서 국영 담배공장 운반차에 부상을 당하여 민사법원에 손해배상청구소송을 제기한 사실관계에 기초하여, 손해가 공무원에 의하여 발생한 것이라는 이유에서 관할이 행정재판소로 옮겨지게 된 판결이다.
> ㉢ 경찰권 발동의 조리상 한계로서 경찰소극목적의 원칙 확립의 계기가 되었다.
> ㉣ 독일에서 경찰개입청구권을 인정한 판결의 효시로 평가된다.

① ㉠, ㉡   ② ㉠, ㉢
③ ㉡, ㉣   ④ ㉠, ㉡, ㉢

02

경찰의 임무를 공공의 안녕과 질서에 대한 위험의 방지라고 정의할 때, 위험에 대한 설명으로 가장 적절한 것은?

① '위험'은 보호받는 개인 및 공동의 법익에 관한 정상적 상태의 객관적 감소를 뜻한다.
② '오상위험'은 객관적으로 판단할 때 위험의 외관 또는 혐의가 정당화되지 않음에도 경찰이 위험의 존재를 잘못 추정한 경우를 말한다.
③ '외관적 위험'에 대한 경찰개입은 적법하며, 경찰관 개인에게 민·형사상 책임을 물을 수 없고 국가의 손실보상책임도 인정될 여지가 없다.
④ '위험혐의'의 경우 위험의 존재여부가 명백해질 때까지 예비적인 위험조사 차원의 경찰개입은 정당화될 수 없다.

03

「경찰청 공무원 행동강령」에 대한 설명으로 가장 적절한 것은? **문제 변형**

① 공무원은 직무관련자가 비용을 부담하는 경우에는 골프를 같이 하여서는 아니 된다.
② 공무원이 국가나 지방자치단체의 요청으로 대가를 받고 외부강의 등을 할 경우 소속기관장에게 미리 서면으로 신고하여야 한다.
③ 공무원이 대가를 받고 수행하는 외부강의 등은 월 1회를 초과할 수 없다. 국가나 지방자치단체에서 요청하거나 겸직 허가를 받고 수행하는 외부강의 등은 그 횟수에 포함하지 아니한다.
④ 공무원이 정치인이나 정당 등으로부터 부당한 직무수행을 강요받거나 청탁을 받은 경우에는 소속기관의 장에게 보고하거나 행동강령책임관과 상담한 후 처리하여야 한다.

04

경찰문화의 냉소주의를 극복하기 위한 방안에 대한 설명이다. ㉠부터 ㉤까지 (   ) 안에 들어갈 용어를 나열한 것으로 가장 적절한 것은?

인간관 중 (㉠) 이론은 인간이 책임감 있고 정직하여 (㉡)적인 관리를 해야 한다는 이론이고, (㉢) 이론은 인간을 게으르고 부정직한 것으로 보아 (㉣)적으로 관리해야 한다는 이론으로, (㉤) 이론에 의한 관리가 냉소주의를 극복하는 방안이 된다.

	㉠	㉡	㉢	㉣	㉤
①	X	민주	Y	권위	X
②	X	권위	Y	민주	Y
③	Y	민주	X	권위	Y
④	Y	권위	X	민주	X

05

자랑스러운 경찰의 표상에 대한 서술이다. ㉠부터 ㉣까지의 내용에 해당하는 인물을 바르게 나열한 것은?

㉠ 1919년 상하이에서 수립한 대한민국 임시정부의 초대 경무국장
㉡ 1968년 무장공비 침투사건(1·21사태) 당시 종로경찰서 자하문 검문소에서 무장공비를 온몸으로 막아내고 순국함으로써 청와대를 사수하고 대한민국을 위기에서 건져 올린 호국경찰의 표상
㉢ 구례 화엄사 등 다수의 사찰을 소실로부터 구해내는 등 문화 경찰의 발자취를 남긴 문화경찰의 표상
㉣ 5·18 광주 민주화운동 당시 전남도경국장으로서 비례의 원칙에 입각한 경찰권 행사와 시위대에 대한 인권보호를 강조

	㉠	㉡	㉢	㉣
①	김원봉	최규식	차일혁	안병하
②	김구	최규식	안병하	차일혁
③	김원봉	정종수	안병하	차일혁
④	김구	정종수	차일혁	안병하

06

「국가경찰과 자치경찰의 조직 및 운영에 관한 법률」상 경찰위원회에 대한 설명으로 가장 적절한 것은?

문제 변형

① 국가경찰행정에 관하여 법정 사항을 심의·의결하기 위하여 경찰청에 국가경찰위원회를 둔다.
② 경찰, 검찰, 국가정보원 직원 또는 군인의 직에서 퇴직한 날부터 3년이 지나지 아니한 사람은 위원으로 선임될 수 없다.
③ 국가경찰위원회 위원의 임기는 3년으로 하며, 연임할 수 있다.
④ 국가경찰위원회의 회의는 재적위원 과반수의 출석과 출석위원 3분의 2의 찬성으로 의결한다.

07

다음 중 경찰청 조직에 대한 설명으로 옳지 않은 것은?

문제 변형

① 경찰청장의 임기는 2년으로 하고, 중임(重任)할 수 없다.
② 경찰청에 국가수사본부를 두며, 국가수사본부장은 치안정감으로 보한다.
③ 국가수사본부장의 임기는 3년으로 하며, 중임할 수 없다.
④ 정당의 당원이거나 당적을 이탈한 날부터 3년이 지나지 아니한 사람은 국가수사본부장이 될 수 없다.

08

경찰공무원 근무관계의 성립·변동·소멸에 대한 설명으로 적절한 것을 모두 고른 것은?

> ○ 징계에 의하여 해임의 처분을 받았더라도 그 후 3년이 경과하였다면 경찰공무원에 임용될 수 있다.
> ○ 「국가공무원법」상 강임은 하위 직급에의 임용으로서 경찰공무원에게도 적용된다.
> © 감사업무를 담당하는 경찰공무원은 부적격자로 인정되는 경우가 아닌 한 해당 직위에 임용된 날부터 3년 이내에는 다른 직위에 전보할 수 없다.
> ② 경찰공무원으로서 자격정지 이상의 형의 선고유예를 받고 그 선고유예 기간 중에 있는 자는 당연퇴직된다.

① 없음
② ○
③ ©
④ ○, ②

09

「국가공무원법」상 휴직사유와 휴직기간을 연결한 것으로 가장 적절하지 <u>않은</u> 것은?

① 「병역법」에 따른 병역 복무를 마치기 위하여 징집 또는 소집된 때 - 그 복무기간이 끝날 때까지
② 국외 유학을 하게 된 때 - 3년 이내(다만, 부득이한 경우에는 2년의 범위에서 연장할 수 있다)
③ 중앙인사관장기관의 장이 지정하는 연구기관이나 교육기관 등에서 연수하게 된 때 - 2년 이내
④ 대통령령 등으로 정하는 기간 동안 재직한 공무원이 직무 관련 연구과제 수행 또는 자기개발을 위하여 학습·연구 등을 하게 된 때 - 2년 이내

10

경찰공무원의 권익보장제도에 대한 설명으로 적절한 것을 모두 고른 것은?

> ○ 경찰공무원에 대하여 징계처분을 할 때에는 그 처분권자 또는 처분제청권자는 처분사유를 적은 설명서를 교부하여야 한다.
> ○ 징계처분으로 처분사유 설명서를 받은 경찰공무원이 그 징계 처분에 불복할 때에는 그 설명서를 받은 날부터 30일 이내에 소청심사위원회에 이에 대한 심사를 청구할 수 있다.
> © 경찰공무원의 권리구제 범위 확대를 위해 징계처분 등 불리한 처분을 받았을 때 소청심사 청구와 행정소송 제기 중 하나를 선택하는 것이 가능하다.
> ② 소청심사위원회는 심사 중 다른 비위사실이 발견되는 등 특단의 사정이 없는 한 원징계처분보다 중한 징계를 부과하는 결정을 할 수 없다.

① ○, ○
② ○, ©
③ ○, ②
④ ©, ②

11

「국가공무원법」상 국가공무원의 의무 중 신분상 의무에 해당하지 <u>않는</u> 것은?

① 공무원은 재직 중은 물론 퇴직 후에도 직무상 알게 된 비밀을 엄수하여야 한다.
② 공무원이 외국정부로부터 영예나 증여를 받을 경우 대통령의 허가를 받아야 한다.
③ 공무원은 종교에 따른 차별 없이 직무를 수행하여야 하며, 소속 상관이 이에 위배되는 직무상 명령을 한 경우에는 따르지 아니할 수 있다.
④ 공무원은 직무와 관련 없는 경우에도 그 소속 상관에게 증여하거나 소속 공무원으로부터 증여를 받아서는 아니 된다.

12

「경찰관 직무집행법 시행령」에서 위임받아 제정된 「범인 검거 등 공로자 보상에 관한 규정」에 대한 설명으로 가장 적절하지 <u>않은</u> 것은? 문제 변형

① 장기 5년 미만의 징역 또는 금고, 장기 10년 이상의 자격정지 또는 벌금형에 대한 보상금 지급기준 금액은 15만 원이다.

② 장기 10년 미만의 징역 또는 금고에 해당하는 범죄에 대한 보상금 지급기준은 50만 원이다.

③ 범인검거 등 공로자가 2명 이상인 경우에는 각자의 공로, 당사자 간의 분배 합의 등을 감안해서 보상금을 배분하여 지급할 수 있다.

④ 보상금 지급 심사·의결을 거쳐 지급이 이루어진 이후에는 동일한 사건에 대하여 보상금을 지급할 수 없다.

13

조직편성의 원리 중 명령통일의 원리에 대한 설명으로 가장 적절하지 <u>않은</u> 것은?

① 조직의 구성원 간에 지시나 보고를 주고받는 과정에서 지시는 한 사람만이 할 수 있고, 보고도 한 사람에게만 하여야 한다는 원칙이다.

② 경찰의 경우에 수사나 사고처리 및 범죄예방활동에 이르기까지 거의 모든 업무수행에서 결단과 신속한 집행을 필요로 하는데, 이때 지시가 분산되고 여러 사람으로부터 지시를 받는다면, 범인을 놓친다든지 사고처리가 늦어 인명이나 재산의 피해에 신속한 대응이 불가하다.

③ 관리자의 공백 등을 대비하여 대리, 위임, 유고관리자 사전지정 등이 필요하다.

④ 조직목적수행을 위한 구성원의 임무를 책임과 난이도에 따라 상위로 갈수록 권한과 책임이 무거운 임무를 수행하도록 편성한다.

14

예산안이 국회에 제출되면 예산안 심의를 위한 국회가 개회되고 예산안 종합심사를 위하여 예산결산특별위원회가 활동한다. 다음 중 예산결산특별위원회 종합심사 순서를 나열한 것으로 가장 적절한 것은?

① 종합정책질의 → 계수조정소위원회의 계수조정 → 부별 심사 → 예산결산특별위원회 전체회의에서 소위원회의 조정안 승인

② 종합정책질의 → 부별 심사 → 계수조정소위원회의 계수조정 → 예산결산특별위원회 전체회의에서 소위원회의 조정안 승인

③ 종합정책질의 → 부별 심사 → 예산결산특별위원회 전체회의에서 소위원회의 조정안 승인 → 계수조정소위원회의 계수조정

④ 부별 심사 → 종합정책질의 → 계수조정소위원회의 계수조정 → 예산결산특별위원회 전체회의에서 소위원회의 조정안 승인

15

「경찰장비관리규칙」상 차량관리에 대한 설명으로 적절하지 <u>않은</u> 것을 모두 고른 것은?

> ⊙ 차량은 용도별로 전용·지휘용·행정용·순찰용·특수구난용 차량으로 구분한다.
> ⓒ 부속기관 및 시·도경찰청의 장은 다음 연도에 소속기관의 차량정수를 증감시킬 필요가 있을 때에는 매년 11월 말까지 다음 연도 차량정수 소요계획을 경찰청장에게 제출하여야 한다.
> ⓒ 차량교체를 위한 불용 대상차량은 주행거리와 차량의 노후 상태를 최우선적으로 고려하여 선정하여야 하고, 주행거리가 동일한 경우에는 차량사용기간, 사용부서 등을 추가로 검토한다.
> ⓔ 차량운행 시 책임자는 1차 선임탑승자, 2차 운전자(사용자), 3차 경찰기관의 장으로 한다.

① ⊙, ⓔ

② ⊙, ⓒ, ⓒ

③ ⓒ, ⓒ, ⓔ

④ ⊙, ⓒ, ⓒ, ⓔ

16

「경찰 감찰 규칙」에 대한 설명으로 가장 적절한 것은?

문제 변형

① 감찰관은 소속공무원의 의무위반사실에 대한 민원을 접수한 경우 접수일로부터 2개월 내에 신속히 처리하여야 한다. 다만, 부득이한 사유로 민원을 기한 내에 처리할 수 없을 때에는 소속 경찰기관의 감찰부서장에게 보고하여 그 처리 기간을 연장할 수 있다.

② 감찰관은 직무상 증거품 등 자료 제출, 현지조사의 협조 등을 요구할 수 있으며, 경찰공무원 등은 정당한 사유가 없더라도 감찰관의 요구에 응하지 않을 수 있다.

③ 감찰관은 감찰조사를 위해서 조사대상자의 출석을 요구할 때에는 조사기일 5일 전까지 출석요구서 또는 구두로 조사일시, 의무위반행위사실 요지 등을 통지하여야 한다. 다만, 사안이 급박한 경우에는 즉시 조사에 착수할 수 있다.

④ 감찰관의 의무위반행위 중 직무와 관련된 금품 및 향응 수수, 공금횡령·유용, 성폭력범죄에 한하여 「경찰공무원 징계양정 등에 관한 규칙」의 징계양정에 정한 기준보다 가중하여 징계조치한다.

17

「공공기관의 정보공개에 관한 법률」상 '불복 구제 절차'에 대한 내용으로 가장 적절하지 <u>않은</u> 것은?

① 청구인이 정보공개와 관련한 공공기관의 비공개 결정 또는 부분 공개 결정에 대하여 불복이 있거나 정보공개 청구 후 20일이 경과하도록 정보공개 결정이 없는 때에는 공공기관으로부터 정보공개 여부의 결정 통지를 받은 날 또는 정보공개 청구 후 20일이 경과한 날부터 60일 이내에 해당 공공기관에 문서로 이의신청을 할 수 있다.

② 공공기관은 이의신청을 받은 날부터 7일 이내에 그 이의신청에 대하여 결정하고 그 결과를 청구인에게 지체 없이 문서로 통지하여야 한다. 다만, 부득이한 사유로 정하여진 기간 이내에 결정할 수 없을 때에는 그 기간이 끝나는 날의 다음 날부터 기산하여 7일의 범위에서 연장할 수 있으며, 연장 사유를 청구인에게 통지하여야 한다.

③ 청구인이 정보공개와 관련한 공공기관의 결정에 대하여 불복이 있거나 정보공개 청구 후 20일이 경과하도록 정보공개 결정이 없는 때에는 「행정심판법」에서 정하는 바에 따라 행정심판을 청구할 수 있으며, 이 경우 이의신청 절차를 거치지 아니하고 행정심판을 청구할 수 있다.

④ 청구인이 정보공개와 관련한 공공기관의 결정에 대하여 불복이 있거나 정보공개 청구 후 20일이 경과하도록 정보공개 결정이 없는 때에는 「행정소송법」에서 정하는 바에 따라 행정소송을 제기할 수 있다.

18

범죄원인론에 대한 설명으로 가장 적절하지 <u>않은</u> 것은?

① 범인성 소질은 부모로부터 자식에 전해지는 선천적인 유전물질과 후천적 발전요소(체질과 성격의 이상, 연령, 지능 등) 등에 의하여 형성된다.

② 범죄를 부추기는 가치관으로의 사회화나 범죄에 대한 구조적·문화적 유인에 대한 자기통제의 상실을 범죄의 원인으로 보는 이론은 문화적 전파이론이다.

③ Shaw&Macay의 '사회해체' 개념에 대비해 Hirshi는 이를 '사회적 분화'라는 개념으로 설명하며 개인의 학습을 '사회적 학습'이라고 규정하였다.

④ Miller는 범죄는 하위문화의 가치와 규범이 정상적으로 반영된 것이라고 하였다.

19

지역경찰근무 중 발생한 상황에 대한 각 경찰관들의 초동조치로 가장 적절하지 <u>않은</u> 것은?

① 경찰관 甲은 교통사고가 발생하자 부상자 구호 및 현장 표시를 한 후 전담 교통경찰에 인계하였다.

② 경찰관 乙은 도박행위에 대한 112신고를 접수하고 현장에서 도박용구 및 판돈 등 증거를 확보하고, 판돈은 행위자별로 액수를 확인한 후 구분하여 압수하였다.

③ 경찰관 丙은 강제추행사건이 발생하자 피해자에게 친고죄에 해당함을 설명하고, 피해자로부터 고소장을 제출받아 경찰서에 전달하였다.

④ 경찰관 丁은 주취자가 지역경찰관서 내에서 소란을 피우자 적법하게 채증하였고, 주취자가 丁의 제지에도 불구하고 소란행위를 계속하자 현행범으로 체포하였다.

20

CPTED(환경설계를 통한 범죄예방)의 원리와 그 내용 및 종류에 대한 설명으로 가장 적절하지 <u>않은</u> 것은?

① 건축물이나 시설물의 설계 시 가시권을 최대 확보, 외부침입에 대한 감시기능을 확대함으로써 범죄행위의 발견 가능성을 증가시키고, 기회를 감소시킬 수 있다는 원리를 '자연적 감시'라고 하고, 종류로는 조명·조경·가시권확대를 위한 건물의 배치 등이 있다.

② 사적공간에 대한 경계를 표시하여 주민들의 책임 의식과 소유 의식을 증대함으로써 사적공간에 대한 관리권과 권리를 강화시키고, 외부인들에게는 침입에 대한 불법사실을 인식시켜 범죄 기회를 차단하는 원리를 '영역성의 강화'라고 하고, 종류로는 울타리·펜스의 설치, 사적·공적 공간의 구분이 있다.

③ 일정한 지역에 접근하는 사람들을 정해진 공간으로 유도하거나 외부인의 출입을 통제하도록 설계함으로써 접근에 대한 심리적 부담을 증대시켜 범죄를 예방하는 원리를 '자연적 접근통제'라고 하고, 종류로는 차단기·방범창 설치, 체육시설에의 접근성과 이용의 증대 등이 있다.

④ 처음 설계된 대로 혹은 개선한 의도대로 기능을 지속적으로 유지하도록 관리함으로써 범죄예방을 위한 환경설계의 장기적이고 지속적인 효과를 유지하는 원리를 '유지관리'라고 하고, 종류로는 파손의 즉시보수, 청결유지 등이 있다.

21

「아동학대범죄의 처벌 등에 관한 특례법」에 대한 설명으로 가장 적절하지 않은 것은?

① 피해아동이 보호자의 학대를 당연하게 받아들이고 이를 학대로 인식하지 못하는 은폐성 때문에 「아동학대범죄의 처벌 등에 관한 특례법」은 아동학대 신고의무자를 광범위하게 규정하고 있다.

② 응급조치상의 격리란 아동학대행위자를 72시간(단, 검사가 법원에 임시조치를 청구한 경우에는 법원의 임시조치 결정 시까지 연장)을 기한으로 하여 피해아동으로부터 장소적으로 분리하는 조치를 의미한다.

③ 응급조치에도 불구하고 아동학대범죄가 재발될 우려가 있고, 긴급을 요하여 법원의 임시조치 결정을 받을 수 없을 때 사법경찰관은 직권이나 피해아동 등의 신청에 따라 긴급임시조치를 할 수 있다.

④ 임시조치는 아동학대범죄의 원활한 조사·심리 또는 피해아동 보호를 위하여 필요하다고 인정되는 경우 판사의 결정으로 아동 학대행위자의 권한 또는 자유를 일정기간동안 제한하는 조치이다.

22

「범죄수사규칙」상 고소·고발이 있을 때 수리하지 않고 반려할 수 있는 경우로 가장 적절하지 <u>않은</u> 것은?

① 甲이 피의자 乙을 상대로 100만 원을 사기 당했다는 취지로 고소하였으나, 사기죄의 공소시효가 완성된 뒤에 고소장이 접수된 경우

② 동일한 사안에 대하여 이미 법원의 판결이나 수사기관의 처분이 존재하여 다시 수사할 가치가 없다고 인정되며, 고소·고발인이 새로운 증거가 발견된 사실도 소명하지 못한 경우

③ 고소장에 적시된 명예훼손죄 피의자가 고소장 접수시점 기준으로 이미 사망한 경우

④ 시어머니 丙이 며느리 丁을 상대로 사문서 위조죄에 해당한다며 고소장을 접수한 경우

23

「경찰수사사건등의 공보에 관한 규칙」상 수사사건 등의 내용을 공개할 수 있는 예외적인 상황으로 가장 적절하지 <u>않은</u> 것은?

① 범죄유형과 수법을 국민들에게 알려 유사한 범죄의 재발을 방지할 필요가 있는 경우

② 오보 또는 추측성 보도로 인하여 사건관계자의 권익이 침해될 우려가 있는 경우

③ 인적·물적 증거의 확보에 활용된 첨단수사기법에 대해 대국민 홍보가 필요한 경우

④ 공공의 안전에 대한 급박한 위협이나 그 대응조치에 관하여 국민들에게 즉시 알릴 필요가 있는 경우

24

「피의자 유치 및 호송규칙」에 대한 설명으로 가장 적절하지 <u>않은</u> 것은?

① 호송관은 반드시 호송주무관의 지휘에 따라 포박하기 전에 피호송자에 대하여 안전호송에 필요한 신체검색을 실시하여야 한다.

② 호송관은 피호송자가 2인 이상일 때에는 피호송자마다 수갑을 채우고 포승으로 포박한 후 호송수단에 따라 2인 내지 6인을 1조로 상호 연결시켜 포승해야 한다.

③ 호송수단은 경찰호송차, 기타 경찰이 보유하고 있는 차량에 의함을 원칙으로 한다.

④ 여자인 피호송자의 신체검색은 여자경찰관이 행하거나 성년의 여자를 참여시켜야 한다.

25

「디지털 증거 수집·분석 및 관리 규정(대검찰청 예규)」에 대한 설명으로 가장 적절하지 <u>않은</u> 것은?

문제 변형

① "정보저장매체등의 복제"란 법률적으로 유효한 증거로 사용될 수 있도록 수집 대상 정보저장매체등에 저장된 전자정보를 동일하게 파일로 생성하거나, 다른 정보저장매체에 동일하게 저장하는 것을 말한다.
② 디지털 증거는 최초 수집된 상태 그대로 어떠한 변경도 없이 보관되어야 하고, 이를 위해 보관 주체들 간의 연속적인 승계 절차를 관리하는 등의 조치를 취해야 한다.
③ 압수·수색 또는 검증 현장에서 정보저장매체등에 들어 있는 전자정보 전부를 복제하여 그 복제본을 정보저장매체등의 소재지 외의 장소로 반출하는 방식으로 함이 원칙이다.
④ 디지털포렌식 수사관은 사건과 관련이 있는 디지털 증거를 압수하는 경우에는 해시값(파일의 고유값으로서 일종의 전자지문을 말한다)을 생성하고 "현장조사확인서"를 작성하여 서명을 받거나, 확인서를 작성하여 피압수자 등의 서명을 받아야 한다.

26

혈흔패턴분석에 대한 설명으로 가장 적절하지 <u>않은</u> 것은?

① 사람이 다쳐서 피를 흘리며 움직이면 혈흔궤적(trail)이 형성된다.
② 카펫과 같이 흡수성이 높은 표면에는 혈흔이 명확하게 남아있어 방향성 판단이 쉽다.
③ spine은 낙하혈에서 볼 수 있는 둥근 혈흔 주변의 가시 같은 모양의 혈흔이다.
④ 자혈흔은 비산혈에서 볼 수 있는 형태로 모혈흔에서 튀어서 생긴 작은 혈흔이다.

27

A경찰서 경비계장은 지방선거를 앞두고 개표소 경비대책을 수립하였다. ㄱ부터 ㄹ까지의 내용 중 적절하지 <u>않은</u> 것을 모두 고른 것은?

> ㄱ 제1선(개표소 내부)은 선거관리위원회위원장의 책임 하에 질서를 유지한다.
> ㄴ 「공직선거법」상 누구든지 개표소 안에서 무기 등을 지닐 수 없으므로 선거관리위원회위원장의 원조요구가 있더라도 개표소안으로 투입되는 경찰관에게 무기를 휴대할 수 없도록 한다.
> ㄷ 제2선(울타리 내곽)에서는 선거관리위원회와 합동으로 출입자를 통제하며, 2선의 출입문은 수개로 하는 것이 원칙이므로 정문과 후문을 개방한다.
> ㄹ 우발사태에 대비하여 개표소별로 예비대를 확보하고 소방·한전 등 관계요원을 대기시켜 자가발전시설이나 예비조명기구를 확보하여 화재·정전사고 등에 대비한다.

① ㄱ, ㄴ   ② ㄱ, ㄷ
③ ㄴ, ㄷ   ④ ㄷ, ㄹ

28

행사안전경비 중 부대의 편성과 배치에 대한 설명으로 적절한 것을 모두 고른 것은?

> ㄱ 경력은 단계별로 탄력적으로 운영한다.
> ㄴ 경력배치는 항상 군중이 집결되기 전부터 사전배치함을 원칙으로 한다.
> ㄷ 예비대의 운용여부 판단은 주최측과 협조하여 실시한다.
> ㄹ 예비대가 관중석에 배치될 경우 관중이 잘 보이도록 행사장 앞쪽에 배치하는 것이 효과적이다.

① ㄱ, ㄴ   ② ㄱ, ㄷ
③ ㄱ, ㄹ   ④ ㄷ, ㄹ

29

인질사건이 발생한 때 나타날 수 있는 스톡홀름 신드롬 (Stockholm Syndrome)에 대한 설명으로 가장 적절한 것은?

① 인질범이 인질에 동화되는 현상
② 인질이 인질범에 동화되는 현상
③ 인질범이 인질에 대해 적개심을 갖는 현상
④ 인질이 인질범에 대해 적개심을 갖는 현상

30

「출입국관리법 시행령」 상 외국인의 체류자격과 그에 대한 예시이다. ㉠부터 ㉣까지 (   )안에 들어갈 숫자를 모두 합한 값으로 가장 적절한 것은? `문제 변형`

- A–(㉠), 공무 – 대한민국정부가 승인한 외국정부의 공무를 수행하는 미국인
- D–(㉡), 유학 – 서울대학교에서 정규과정의 교육을 받으려고 하는 중국인
- E–(㉢), 예술흥행 – 수익을 목적으로 광고·패션모델로 활동하려는 우크라이나인
- F–(㉣), 결혼이민 – 한국인과 결혼하여, 국내에 거주하고자하는 베트남인

① 12　　　　　　② 14
③ 16　　　　　　④ 19

31

각종 운전면허로 운전할 수 있는 차종에 대한 설명이다. ㉠부터 ㉣까지 (   )안에 들어갈 용어를 나열한 것으로 가장 적절한 것은?

운전면허	운전할 수 있는 차의 종류
제1종 보통면허	• 승용자동차 • 승차정원 15명 (㉠)의 승합자동차 • 적재중량 12톤 (㉡)의 화물자동차
제2종 보통면허	• 승용자동차 • 승차정원 10명 (㉢)의 승합자동차 • 적재중량 4톤 (㉣)의 화물자동차

	㉠	㉡	㉢	㉣
①	이하	미만	미만	미만
②	이하	미만	이하	미만
③	미만	이하	미만	이하
④	이하	미만	이하	이하

32

교통사고에 대한 판례의 태도로 가장 적절하지 <u>않은</u> 것은? (다툼이 있는 경우 판례에 의함)

① 음주로 인한 특정범죄가중처벌 등에 관한 법률 위반(위험운전치사상)죄와 도로교통법 위반(음주운전)죄가 모두 성립하는 경우 두 죄는 실체적 경합관계에 있다.

② 택시 운전자인 甲이 교차로에서 적색등화에 우회전하다가 신호에 따라 진행하던 乙의 승용차를 충격하여 乙에게 상해를 입혔다면 교통사고처리 특례법 제3조 제2항 단서 제1호에서 정한 '신호위반'으로 인한 사고에 해당한다.

③ 특정범죄 가중처벌 등에 관한 법률 제5조의3 도주차량죄의 교통사고는 도로교통법 이 정하는 도로에서의 교통사고에 제한되지 않는다.

④ 보행자가 횡단보도 보행신호등의 녹색등화의 점멸신호 전에 횡단을 시작하였는지 여부를 가리지 아니하고 보행신호등의 녹색등화가 점멸하고 있는 동안에 횡단보도를 통행하는 모든 보행자는 횡단보도에서의 보행자 보호의무의 대상이 된다.

33

정보의 배포 단계 중 보안조치에 대한 설명으로 가장 적절하지 않은 것은?

① 통신보안조치 - 컴퓨터 네트워크에 대한 보안조치는 오늘날 통신보안의 가장 중요한 분야에 해당한다.

② 인사보안조치 - 민감한 정보를 취급할 가능성이 있는 공무원을 채용·관리하는 데 있어서 해당 정보들이 공무원이 될 자 또는 공무원에 의해 유출될 가능성을 차단하는 것을 말한다.

③ 정보의 분류조치 - 주요문서와 같은 정보들을 여러 등급으로 분류하여 각각의 관리방법과 열람자격 등을 규정함으로써 정보의 유출을 막는 일련의 조치를 말한다.

④ 물리적 보안조치 - 문서에 비밀임을 표시하거나 관련 정보나 문서를 열람하는 자격을 제한하는 등의 조치, 관련 문서의 배포범위를 제한하거나 폐기대상인 문서를 파기하는 등의 관리방법을 말한다.

34

「집회 및 시위에 관한 법률」에 대한 설명으로 가장 적절한 것은? (다툼이 있는 경우 판례에 의함)

① 甲단체가 A공원(전북군산경찰서 관할)에서 옥외집회를 갖고, B광장(충남서산경찰서 관할)까지 행진을 하려는 경우 甲단체의 대표자이자 주최자인 乙은 경찰청장에게 집회 신고서를 제출하여야 한다.

② 경찰서장은 집회신고에 대해 집회신고서의 형식적인 미비점뿐만 아니라 내용에 대해서도 보완통고를 할 수 있다.

③ 주최자는 신고한 옥외집회 또는 시위를 하지 아니하게 된 경우에는 신고서에 적힌 집회 일시 24시간 전에 관할경찰관서장에게 철회신고서를 제출하여야 한다.

④ 정당한 사유 없이 철회신고서를 관할경찰관서장에게 제출하지 아니한 모든 옥외집회 또는 시위의 주최자에 대해서는 100만 원 이하의 과태료를 부과한다.

35

다음 (   )안에 들어갈 인물을 바르게 나열한 것은?

> 경찰과 대중매체의 관계를 '단란하고 행복스럽지 않더라도, 오래 지속되는 결혼생활'에 비유한 사람은 (㉠)이고, '경찰과 대중매체는 서로를 필요로 하기 때문에 둘 사이에는 공생관계가 발달한다.'고 주장한 사람은 (㉡)이다.

	㉠	㉡
①	Ericson	Crandon
②	Crandon	Sir Robert Mark
③	Sir Robert Mark	Ericson
④	Sir Robert Mark	Crandon

36

공산주의 경제이론(마르크스의 경제이론)에 대한 설명으로 가장 적절하지 않은 것은?

① 잉여가치설 - 자본가가 지불한 노동력의 가치 이상으로 생산된 잉여가치가 자본으로 축적된다는 이론이다.

② 노동가치설 - 상품의 가치는 그 상품을 생산한 노동이 형성하고, 가치의 크기는 생산에 필요한 노동시간이 결정한다는 학설이다.

③ 자본축적론 - 자본주의적 생산 초기에는 축적된 자본의 절대량이 적어 자본가가 소비를 억제하지만, 잉여가치의 축적량이 늘어남에 따라 사치와 낭비·정치적 비용·유통비용 등이 증가하게 된다고 본다.

④ 궁핍화이론 - 자본 축적이 진행됨에 따라 자본가 계급의 부는 늘어나지만, 노동자 계급은 점차로 궁핍하게 된다는 주장이다.

37

공작활동에 대한 설명으로 가장 적절하지 않은 것은?

① '관찰묘사'란 경험을 재생하여 표현·기술하는 것을 의미하는 관찰과 일정한 목적 하에 사물의 현상 및 사건의 전말을 감지하는 과정을 말하는 묘사로 구분된다.

② '가장'이란 정보활동에 관계되는 모든 요소의 정체가 외부에 노출되지 않도록 꾸며지는 외적·내적 형태를 말한다.

③ '연락'이란 비밀공작을 수행함에 있어서 상·하급 인원이나 기관 간에 비밀을 은폐하려고 기도하는 방법으로, 첩보·문서·관념·물자 등을 전달하기 위하여 강구된 수단·방법의 유지 및 운용을 말한다.

④ '신호'란 비밀공작활동에 있어서 조직원 상호 간에 어떤 의사를 전달하기 위하여 사전에 약정해 놓은 표시를 말한다.

38

북한이탈주민의 개념과 보호에 대한 설명으로 가장 적절하지 않은 것은? `문제 변형`

① 「북한이탈주민의 보호 및 정착지원에 관한 법률」 상 '북한이탈주민'이란 군사분계선 이북지역(북한)에 주소, 직계가족, 배우자, 직장 등을 두고 있는 사람으로서 북한을 벗어난 후 외국 국적을 취득하지 아니한 사람을 말한다.

② 북한 정부의 해외공민증과 중국정부의 외국인 거류증을 소지한 채 중국에서 거주하는 북한 국적자를 '북한국적 중국동포(조교)'라고 부른다.

③ 「북한이탈주민의 보호 및 정착지원에 관한 법률」 상 북한이탈 주민으로서 위장탈출 혐의자, 국내 입국 후 6개월이 지나서 보호신청한 사람, 체류국에 10년 이상 생활 근거지를 두고 있는 사람은 보호대상자로 결정하여서는 아니 된다.

④ 통일부장관은 보호대상자가 정착지원시설로부터 그의 거주지로 전입한 후 대통령령으로 정하는 바에 따라 최초로 취업한 날부터 3년간 취업보호를 실시한다.

39

인터폴에서 발행하는 국제수배서에 대한 설명으로 가장 적절하지 않은 것은?

① 청색수배서(Blue Notice) – 수배자의 신원·전과 및 소재확인을 목적으로 발행

② 녹색수배서(Green Notice) – 상습 국제범죄자의 동향 파악 및 범죄예방을 위해 발행

③ 황색수배서(Yellow Notice) – 가출인의 소재확인 및 가명사용 사망자의 신원확인을 목적으로 발행

④ 자주색수배서(Purple Notice) – 새로운 특이 범죄수법을 분석하여 각 회원국에 배포할 목적으로 발행

40

「경찰청 감사 규칙」상 감사결과의 조치기준과 그 내용을 연결한 것으로 가장 적절한 것은? `문제 변형`

① 개선 요구 – 감사결과 문제점이 인정되는 사실이 있어 그 대안을 제시하고 피감사기관의 장 등으로 하여금 개선방안을 마련하도록 할 필요가 있는 경우

② 권고 – 감사결과 법령상·제도상 또는 행정상 모순이 있거나 그 밖에 개선할 사항이 있다고 인정되는 경우

③ 변상명령 – 감사결과 위법 또는 부당하다고 인정되는 사실이 있어 추징·회수·환급·추급 또는 원상복구 등이 필요하다고 인정되는 경우

④ 통보 – 감사결과 비위 사실이나 위법 또는 부당하다고 인정되는 사실이 있으나 징계 또는 시정요구, 경고·주의 요구, 개선요구, 권고를 하기에 부적합하여 감사대상기관 또는 부서에서 자율적으로 처리할 필요가 있다고 인정되는 경우

2017(경위) 기출문제

01

경찰의 분류와 그 기준이 가장 적절하지 <u>않은</u> 것은?

① 행정경찰과 사법경찰은 3권분립 기준으로 구분한 것이다.
② 예방경찰과 진압경찰은 경찰권 발동 시점으로 구분한 것이다.
③ 보안경찰과 협의의 행정경찰은 업무의 독자성을 기준으로 구분한 것이다.
④ 국가경찰과 자치제경찰은 경찰활동의 질과 내용을 기준으로 구분한 것이다.

02

공공의 안녕과 질서에 대한 위험의 방지를 경찰의 기본적 임무라고 정의할 때, 위험에 대한 설명으로 가장 적절하지 <u>않은</u> 것은?

① 위험은 가까운 장래에 공공의 안녕에 손해가 나타날 가능성이 개개의 경우에 충분히 존재하는 상태를 말한다.
② 구체적 위험이란 구체적 개개 사안에 있어 가까운 장래에 손해 발생의 충분한 가능성이 존재하는 경우, 즉 개개의 경우에 실제로 존재하는 경우를 의미한다.
③ 위험혐의란 경찰이 의무에 합당한 사려 깊은 판단을 할 때 실제로 위험의 가능성은 예측되나 불확실한 경우를 말한다.
④ 추상적 위험이란 객관적으로 판단할 때 위험의 외관 또는 혐의가 정당화되지 않음에도 경찰이 위험의 존재를 잘못 추정한 경우를 말하며, 위법한 경찰개입이므로 경찰관 개인에게 민·형사상 책임, 국가에게는 손해배상책임이 발생할 수 있다.

03

「경찰청 공무원 행동강령」에 대한 설명으로 가장 적절하지 <u>않은</u> 것은?

① 경찰관은 직무를 수행함에 있어 지연·혈연·학연·종교 등을 이유로 특정인에게 특혜를 주어서는 아니 된다.
② 경찰관은 정치인이나 정당 등으로부터 부당한 직무수행을 강요받거나 청탁을 받은 경우에는 소속기관의 장에게 보고하거나 행동강령책임관과 상담한 후 처리하여야 한다.
③ 경찰관은 자신의 임용·승진·전보 등 인사에 부당한 영향을 미치기 위하여 타인으로 하여금 인사업무 담당자에게 청탁을 하도록 해서는 아니 된다.
④ 경찰관은 자신이 소속된 종교단체·친목단체 등의 회원이 직무관련자나 직무관련공무원인 경우에는 경조사를 알릴 수 없다.

04

경찰의 부정부패 원인가설 중 「구조원인가설」에 대한 설명으로 가장 적절하지 <u>않은</u> 것은?

① 시민 사회의 경찰부패에 대한 묵인·조장이 부패의 원인이다.
② 구조화된 조직적 부패는 서로가 문제점을 알면서도 눈감아주는 '침묵의 규범'을 형성한다.
③ 부패한 조직 전통 속에서 신임경찰이 사회화되어 부패경찰이 된다.
④ 부패가 구조화된 조직에서는 '법규와 현실의 괴리' 현상이 발생한다.

05

다음은 「경찰공무원복무규정」의 내용이다. 아래 ㉠부터 ㉣까지의 설명으로 옳고 그름의 표시(O, ×)가 바르게 된 것은?

㉠ 경찰공무원의 기본강령으로 제1호에 경찰사명, 제2호에 경찰정신, 제3호에 규율, 제4호에 책임, 제5호에 단결, 제6호에 성실·청렴을 규정하고 있다.

㉡ 경찰공무원은 직위 또는 직권을 이용하여 부당하게 타인의 민사분쟁에 개입하여서는 아니 된다.

㉢ 경찰기관의 장은 근무성적이 탁월하거나 다른 경찰공무원의 모범이 될 공적이 있는 경찰공무원에 대하여 1회 10일 이내의 포상휴가를 허가할 수 있다. 이 경우의 포상휴가기간은 연가일수에 산입하지 아니한다.

㉣ 경찰기관의 장은 특별한 사정이 없는 한, 연일근무자 및 공휴일 근무자에 대하여는 그 다음 날 1일의 휴무, 당직 또는 철야 근무자에 대하여는 다음날 오후 2시를 기준으로 하여 오전 또는 오후의 휴무를 허가할 수 있다.

① ㉠ (O)　㉡ (O)　㉢ (O)　㉣ (O)
② ㉠ (O)　㉡ (×)　㉢ (O)　㉣ (×)
③ ㉠ (×)　㉡ (O)　㉢ (O)　㉣ (O)
④ ㉠ (×)　㉡ (O)　㉢ (×)　㉣ (O)

06

갑오개혁 이후 한일합방 이전의 경찰변천사에 대한 아래 ㉠부터 ㉣까지의 설명이 시대 순으로 바르게 나열된 것은?

㉠ '내부관제'의 제정을 통해 내부대신의 경찰에 대한 지휘감독권 정비

㉡ '지방경찰규칙'이 제정되어 지방경찰의 작용법적 근거 마련

㉢ 통감부에 의한 통감정치가 시작

㉣ 광무개혁 당시 독립된 중앙관청으로서 경부 설치

① ㉠ - ㉡ - ㉢ - ㉣
② ㉠ - ㉡ - ㉣ - ㉢
③ ㉣ - ㉠ - ㉡ - ㉢
④ ㉣ - ㉡ - ㉠ - ㉢

07

훈령에 대한 설명으로 가장 적절하지 <u>않은</u> 것은?

① 훈령이란 상급관청이 하급관청의 권한행사를 지휘·감독하기 위해 발하는 명령이다.

② 내용이 실현 가능하고 명확할 것, 내용이 적법하고 타당할 것, 공익에 반하지 않을 것은 훈령의 실질적 요건이다.

③ 하급행정기관은 서로 모순되는 둘 이상의 상급관청의 훈령이 경합하는 때에는 주관상급관청의 훈령에 따라야 하고, 주관상급 관청이 서로 상하관계에 있을 때에는 직근상급관청의 훈령에 따라야 하며, 주관상급관청이 불명확한 때에는 주관쟁의의 방법으로 해결하여야 한다.

④ 하급관청 구성원의 변동이 있으면 훈령은 그 효력에 영향을 받는다.

08

다음은 「국가경찰과 자치경찰의 조직 및 운영에 관한 법률」상 경찰위원회에 대한 규정이다. 아래 ㉠부터 ㉤까지의 설명으로 옳고 그름의 표시(O, ×)가 바르게 된 것은?

㉠ 국가경찰위원회는 위원장 1명을 포함한 7명의 위원으로 구성하되, 6명의 위원은 비상임으로 하고, 위원장은 상임으로 한다.

㉡ 국가경찰위원회 위원은 중대한 신체상 또는 정신상의 장애로 직무를 수행할 수 없게 된 경우를 제외하고는 그 의사에 반하여 면직되지 아니한다.

㉢ 경찰, 검찰, 법관, 국가정보원 직원 또는 군인의 직에서 퇴직한 날부터 3년이 지나지 아니한 사람은 국가경찰위원회의 위원이 될 수 없다.

㉣ 국가경찰위원회의 사무는 경찰청에서 수행하고, 경찰위원회의 회의는 재적위원 과반수의 출석과 재적위원 과반수의 찬성으로 의결한다.

㉤ 국가경찰 임무와 관련하여 다른 국가기관으로부터 업무협조 요청에 관한 사항은 경찰위원회의 심의·의결 사항이다.

① ㉠ (O) ㉡ (×) ㉢ (O) ㉣ (O) ㉤ (×)
② ㉠ (×) ㉡ (O) ㉢ (×) ㉣ (×) ㉤ (O)
③ ㉠ (×) ㉡ (O) ㉢ (×) ㉣ (×) ㉤ (×)
④ ㉠ (×) ㉡ (×) ㉢ (O) ㉣ (O) ㉤ (O)

09

다음은 「경찰공무원 징계령」의 내용이다. 아래 ㉠부터 ㉣까지의 설명으로 옳고 그름의 표시(O, ×)가 바르게 된 것은?   **문제 변형**

㉠ 경찰공무원중앙징계위원회는 위원장 1명을 포함하여 3명 이상 7명 이하의 공무원위원과 민간위원으로 구성하고, 경찰공무원 보통징계위원회는 위원장 1명을 포함하여 위원 5명 이상 7명 이하의 공무원위원과 민간위원으로 구성한다.

㉡ 소속이 다른 2명 이상의 경찰공무원이 관련된 징계 등 사건으로서 관할 징계위원회가 서로 다른 경우에는 모두를 관할하는 바로 위 상급 경찰기관에 설치된 징계위원회에서 심의·의결한다.

㉢ 징계 등 의결 요구를 받은 징계위원회는 그 징계요구서를 받은 날부터 30일 이내에 징계 등에 관한 의결을 하여야 한다. 다만, 부득이한 사유가 있을 때에는 해당 징계 등 의결을 요구한 경찰기관의 장의 승인을 받아 30일 이내의 범위에서 그 기간을 연장할 수 있다.

㉣ 징계위원회는 출석 통지를 하였음에도 불구하고 징계 등 심의 대상자가 정당한 사유 없이 출석하지 아니하였을 때에는 그 사실을 기록에 분명히 적고 서면심사로 징계 등 의결을 할 수 있다. 다만, 징계 등 심의 대상자의 소재가 분명하지 아니할 때에는 출석 통지를 관보에 게재하고, 그 게재일 다음날부터 10일이 지나면 출석 통지가 송달된 것으로 보며, 징계 등 의결을 할 때에는 관보 게재의 사유와 그 사실을 기록에 분명히 적어야 한다.

① ㉠ (O) ㉡ (O) ㉢ (O) ㉣ (O)
② ㉠ (×) ㉡ (O) ㉢ (O) ㉣ (O)
③ ㉠ (×) ㉡ (O) ㉢ (O) ㉣ (×)
④ ㉠ (×) ㉡ (×) ㉢ (×) ㉣ (O)

10

「경찰공무원법」 및 「경찰공무원임용령」상 시보임용에 대한 설명으로 가장 적절하지 <u>않은</u> 것은?

① 휴직기간, 직위해제기간 및 징계에 의한 정직처분, 감봉처분 또는 견책처분을 받은 기간은 시보임용 기간에 산입하지 아니한다.

② 경찰공무원으로서 대통령령으로 정하는 상위계급으로의 승진에 필요한 자격 요건을 갖추고 임용예정 계급에 상응하는 공개경쟁 채용 시험에 합격한 사람을 해당 계급의 경찰공무원으로 임용하는 경우에는 시보임용을 거치지 아니한다.

③ 시보임용경찰공무원을 정규경찰공무원으로 임용함에 있어서 그 적부를 심사하게 하기 위하여 임용권자 또는 임용제청권자 소속하에 정규임용심사위원회를 둔다.

④ 임용권자 또는 임용제청권자는 시보임용경찰공무원이 징계사유에 해당하여 정규경찰공무원으로 임용함이 부적당하다고 인정되는 경우에는 정규임용심사위원회의 심사를 거쳐 당해 시보임용경찰 공무원을 면직시키거나 면직을 제청할 수 있다.

11

「국가공무원법」상 휴직에 대한 설명으로 가장 적절하지 <u>않은</u> 것은?

① 신체·정신상의 장애로 장기 요양이 필요한 때의 휴직기간은 1년으로 하되, 부득이한 경우 1년의 범위에서 연장할 수 있다. 다만, 「공무원연금법」에 따른 공무상요양비 지급대상 질병 또는 부상으로 인한 휴직기간은 5년 이내로 한다.

② 공무원이 천재지변이나 전시·사변, 그 밖의 사유로 생사 또는 소재가 불명확하게 된 때의 휴직기간은 3개월 이내로 한다.

③ 휴직 기간 중 그 사유가 없어지면 30일 이내에 임용권자 또는 임용제청권자에게 신고하여야 하며, 임용권자는 지체 없이 복직을 명하여야 한다.

④ 공무원이 국외 유학을 하게 된 때 휴직을 원하면 임용권자는 휴직을 명할 수 있으며, 휴직 기간은 3년 이내로 하되, 부득이한 경우에는 2년의 범위에서 연장할 수 있다.

12

다음은 「경찰관 직무집행법 및 동법 시행령」의 내용이다. 아래 ㉠부터 ㉰까지의 (　)안에 들어갈 숫자가 바르게 나열된 것은?

가. 경찰관은 보호조치를 하는 경우에 구호대상자가 휴대하고 있는 무기·흉기 등 위험을 일으킬 수 있는 것으로 인정되는 물건을 경찰관서에 임시로 영치하여 놓을 수 있다. 이때 물건을 경찰관서에 임시로 영치하는 기간은 (㉠)일을 초과할 수 없다.
나. 손실보상을 청구할 수 있는 권리는 손실이 있음을 안 날부터 (㉡)년, 손실이 발생한 날부터 (㉢)년간 행사하지 아니하면 시효의 완성으로 소멸한다.
다. 손실보상심의위원회는 위원장 1명을 포함한 (㉣)명 이상 (㉤)명 이하의 위원으로 구성한다.
라. 「경찰관 직무집행법」에 규정된 경찰관의 의무를 위반하거나 직권을 남용하여 다른 사람에게 해를 끼친 사람은 (㉥)년 이하의 징역이나 금고에 처한다.

	㉠	㉡	㉢	㉣	㉤	㉥
①	10	5	7	3	5	1
②	10	3	7	3	5	1
③	10	3	5	5	7	1
④	7	5	7	3	7	2

13

「경찰관직무집행법」상 보상금 지급에 대한 설명으로 가장 적절하지 <u>않은</u> 것은?

① 경찰청장, 시·도경찰청장 또는 경찰서장은 테러범죄의 예방활동에 현저한 공로가 있는 사람에게 보상금을 지급할 수 있다.
② 경찰청장, 시·도경찰청장 및 경찰서장은 보상금 지급의 심사를 위하여 대통령령으로 정하는 바에 따라 각각 보상금심사위원회를 설치·운영하여야 한다.
③ 보상금심사위원회의 위원은 경찰청장, 시·도경찰청장 또는 경찰서장이 임명하고, 위원의 과반수 이상은 경찰공무원이 아닌 사람으로 하여야 한다.
④ 경찰청장, 시·도경찰청장 또는 경찰서장은 보상금심사위원회의 심사·의결에 따라 보상금을 지급하고, 거짓 또는 부정한 방법으로 보상금을 받은 사람에 대하여는 해당 보상금을 환수한다.

14

조직 내부의 갈등은 업무의 효율성을 떨어뜨리는 요인이 된다. 다음 중 갈등의 조정과 통합방법에 대한 설명으로 가장 적절하지 <u>않은</u> 것은?

① 부서 간의 갈등이 일어나고 있을 때는 더 높은 상위목표를 제시, 상호 간 이해와 양보를 유도하는 것이 바람직하다.
② 한정된 인력이나 예산을 가지고 갈등이 생기는 경우에는 가능하면 예산과 인력을 확보하고 업무추진의 우선순위를 지정할 필요가 있다.
③ 문제해결이 어려운 경우에는 갈등을 완화, 양자 간의 타협을 도출, 관리자가 갈등을 초래할 수 있는 결정을 보류 또는 회피하는 방식을 사용한다.
④ 조직의 구조, 보상체계, 인사 등의 제도개선과 조직원의 행태를 합리적으로 개선하는 것은 갈등의 단기적인 대응방안이다.

15

「국가재정법」상 예산안의 편성에 대한 설명으로 가장 적절하지 **않은** 것은?

① 각 중앙관서의 장은 매년 1월 31일까지 당해 회계 연도부터 5회계연도 이상의 기간 동안의 신규사업 및 기획재정부장관이 정하는 주요 계속사업에 대한 중기사업계획서를 기획재정부장관에게 제출하여야 한다.

② 기획재정부장관은 국무회의의 심의를 거쳐 대통령의 승인을 얻은 다음 연도의 예산안 편성지침을 매년 3월 31일까지 각 중앙관서의 장에게 통보하여야 한다.

③ 각 중앙관서의 장은 예산안 편성지침에 따라 그 소관에 속하는 다음 연도의 예산요구서를 작성하여 매년 5월 31일까지 기획재정부장관에게 제출하여야 한다.

④ 기획재정부장관은 예산요구서에 따라 예산안을 편성하여 국무회의의 심의를 거친 후 대통령의 승인을 얻어야 하며, 정부는 대통령의 승인을 얻은 예산안을 회계연도 개시 90일 전까지 국회에 제출해야 한다.

16

「경찰장비관리규칙」에 대한 설명으로 가장 적절하지 **않은** 것은?

① 부속기관 및 시·도경찰청의 장은 다음 연도에 소속기관의 차량 정수를 증감시킬 필요가 있을 때에는 매년 3월 말까지 다음 연도 차량 정수 소요계획을 경찰청장에게 제출하여야 한다.

② 부속기관 및 시·도경찰청은 소속기관 차량 중 다음 연도 교체대상 차량을 매년 11월 말까지 경찰청장에게 보고하여야 한다.

③ 차량교체를 위한 불용 대상차량은 부속기관 및 시·도경찰청에 배정되는 수량의 범위 내에서 주행거리를 최우선적으로 고려하여 선정한다.

④ 차량운행 시 책임자는 1차 운전자, 2차 선임탑승자(사용자), 3차 경찰기관의 장으로 한다.

17

「위해성 경찰장비의 사용기준 등에 관한 규정」상 '위해성 경찰장비'의 종류에 대한 설명으로 가장 적절하지 **않은** 것은?

① 수갑·포승·경찰봉·전자충격기는 '경찰장구'에 포함된다.

② 권총·소총·산탄총·유탄발사기·박격포·함포·크레모아·수류탄·폭약류 및 도검은 '무기'에 포함된다.

③ 가스발사총(고무탄 발사겸용을 포함) 및 최루탄(그 발사장치를 포함)은 '분사기·최루탄 등'에 포함된다.

④ 가스차·살수차·특수진압차·물포·석궁·전자방패는 '기타 장비'에 포함된다.

18

「보안업무규정」에 대한 설명으로 가장 적절한 것은?

① 비밀은 그 중요성과 가치의 정도에 따라 Ⅰ급 비밀, Ⅱ급 비밀, Ⅲ급 비밀, 대외비로 구분한다.

② 외국 정부나 국제기구로부터 접수한 비밀은 그 접수기관이 필요로 하는 정도로 보호할 수 있도록 분류하여야 한다.

③ 경찰청장은 Ⅰ급 비밀취급 인가권자이다.

④ 누설될 경우 국가안전보장에 막대한 지장을 끼칠 우려가 있는 비밀은 Ⅱ급 비밀이다.

19

「경찰 감찰 규칙」에 대한 설명으로 가장 적절하지 <u>않은</u> 것은?

① 직무와 관련한 금품 및 향응 수수, 공금횡령·유용, 「성폭력범죄의 처벌 및 피해자보호 등에 관한 법률」에 따른 성폭력범죄로 징계처분을 받은 사람은 감찰관이 될 수 없다.

② 경찰기관장은 1년 이상 성실히 근무한 감찰관에 대해서는 희망부서를 고려하여 전보한다.

③ 감찰관은 소속 경찰기관장의 지시에 따라 일정기간 동안 소속 경찰기관이 아닌 다른 경찰기관의 소속 직원의 복무실태, 업무추진실태 등을 점검할 수 있다.

④ 감찰관은 소속 경찰기관의 관할구역 안에서 활동하는 것을 원칙으로 한다. 다만, 필요한 경우에는 관할구역 밖에서도 활동할 수 있다.

20

「공공기관의 정보공개에 관한 법률」에 대한 설명으로 가장 적절하지 <u>않은</u> 것은?

① 모든 국민은 정보의 공개를 청구할 권리를 가지며, 외국인의 정보공개 청구에 관하여는 대통령령으로 정한다.

② 정보의 공개 및 우송 등에 드는 비용은 실비의 범위에서 청구인이 부담한다.

③ 청구인은 이의신청 절차를 거치지 아니하고 행정심판을 청구할 수 없다.

④ 공공기관의 범위에는 지방자치단체가 포함된다.

21

「실종아동등의 보호 및 지원에 관한 법률」과 「실종아동등 및 가출인 업무처리 규칙」에 규정된 용어의 설명으로 가장 적절하지 <u>않은</u> 것은?

① 「실종아동등의 보호 및 지원에 관한 법률」상 '실종아동등'이란 약취·유인 또는 유기되거나 사고를 당하거나 가출하거나 길을 잃는 등의 사유로 인하여 보호자로부터 이탈된 아동 등을 말한다.

② 「실종아동등 및 가출인 업무처리 규칙」상 '장기실종아동등'이란 보호자로부터 신고를 접수한 지 48시간이 경과한 후에도 발견되지 않은 찾는실종아동등을 말한다.

③ 「실종아동등 및 가출인 업무처리 규칙」상 '발생지'란 실종아동등 및 가출인이 실종·가출 전 최종적으로 목격되었거나 목격되었을 것으로 추정하여 신고자 등이 진술한 장소를 말하며, 신고자 등이 최종 목격 장소를 진술하지 못하거나, 목격되었을 것으로 추정되는 장소가 대중교통시설 등일 경우 또는 실종·가출 발생 후 1개월이 경과한 때에는 실종아동등 및 가출인의 실종 전 최종주거지를 말한다.

④ 「실종아동등 및 가출인 업무처리 규칙」상 '발견지'란 실종아동등 또는 가출인을 발견하여 보호 중인 장소를 말하며, 발견한 장소와 보호 중인 장소가 서로 다른 경우에는 발견한 장소를 말한다.

22

「가정폭력범죄의 처벌 등에 관한 특례법」상 사법경찰관의 긴급임시조치에 해당하는 것으로 가장 적절하지 <u>않은</u> 것은?

① 의료기관이나 그 밖의 요양소에의 위탁
② 피해자 또는 가정구성원의 주거, 직장 등에서 100미터 이내의 접근금지
③ 피해자 또는 가정구성원의 주거 또는 점유하는 방실로부터의 퇴거 등 격리
④ 피해자 또는 가정구성원에 대한 유선·무선·광선 및 기타의 전자적 방식에 의하여 부호·문언·음향 또는 영상을 송신하거나 수신하는 전기통신을 이용한 접근금지

23

「성폭력범죄의 처벌 등에 관한 특례법」에 대한 설명으로 가장 적절하지 <u>않은</u> 것은?

① 성폭력범죄의 피해자가 19세 미만이거나 신체적인 또는 정신적인 장애로 사물을 변별하거나 의사를 결정할 능력이 미약한 경우에는 피해자의 진술 내용과 조사 과정을 비디오녹화기 등 영상물 녹화장치로 촬영·보존하여야 한다.
② 위의 "①"에 따른 영상물 녹화는 피해자 또는 법정대리인이 이를 원하지 아니하는 의사를 표시한 경우에는 촬영을 하여서는 아니 된다. 다만, 가해자가 친권자 중 일방인 경우는 그러하지 아니하다.
③ 위의 "①"에 따라 촬영한 영상물에 수록된 피해자의 진술은 공판준비기일 또는 공판기일에 피해자나 조사 과정에 동석하였던 신뢰관계에 있는 사람 또는 진술조력인의 진술에 의하여 그 성립의 진정함이 인정된 경우에 증거로 하여야 한다.
④ 경찰청장은 각 경찰서장으로 하여금 성폭력범죄 전담 사법경찰관을 지정하도록 하여 특별한 사정이 없으면 이들로 하여금 피해자를 조사하게 하여야 한다.

24

「출입국관리법」에 규정된 출국금지 사유에 대한 내용이다. 아래 ㉠부터 ㉣까지의 설명으로 옳고 그름의 표시(○, ×)가 바르게 된 것은?

> ㉠ 1천만 원 이상의 벌금이나 2천만 원 이상의 추징금을 내지 아니한 사람
> ㉡ 금고 이상의 형을 선고받고 석방된 사람
> ㉢ 출국심사 규정을 위반하여 출국하려고 한 사람
> ㉣ 징역형이나 금고형의 집행이 끝나지 아니한 사람

① ㉠ (○) ㉡ (×) ㉢ (×) ㉣ (○)
② ㉠ (○) ㉡ (×) ㉢ (×) ㉣ (×)
③ ㉠ (×) ㉡ (×) ㉢ (○) ㉣ (○)
④ ㉠ (×) ㉡ (○) ㉢ (○) ㉣ (×)

25

「피의자 유치 및 호송규칙」에 대한 설명으로 가장 적절하지 <u>않은</u> 것은?

① 피호송자가 도망하였을 때에는 도주한 자에 관한 호송관계서류 및 금품은 호송관서에 보관하여야 한다.
② 호송관은 반드시 호송주무관의 지휘에 따라 포박하기 전에 피호송자에 대하여 안전호송에 필요한 신체검색을 실시하여야 한다.
③ 호송관은 호송근무를 할 때에는 분사기를 휴대할 수 있다.
④ 피호송자가 경증으로 발병하여 호송에 큰 지장이 없고 당일로 호송을 마칠 수 있을 때에는 호송관이 적절한 응급조치를 취하고 호송을 계속하여야 한다.

26

「학교폭력예방 및 대책에 관한 법률」에 규정된 가해학생에 대한 조치로 가장 적절하지 <u>않은</u> 것은?

① 피해학생에 대한 구두사과
② 피해학생 및 신고·고발 학생에 대한 접촉, 협박 및 보복행위의 금지
③ 사회봉사
④ 학급교체

27

「국민보호와 공공안전을 위한 테러방지법」에 대한 설명으로 가장 적절하지 <u>않은</u> 것은?

① 국가테러대책위원회 위원장은 국무총리로 한다.
② 국가정보원장은 테러위험인물에 대하여 출입국·금융거래 및 통신이용 등 관련 정보를 수집할 수 있다.
③ 국가정보원장은 대테러활동에 필요한 정보나 자료를 수집하기 위하여 대테러조사 및 테러위험인물에 대한 추적을 할 수 있다. 이 경우 사전 또는 사후에 대책위원회 위원장에게 보고하여야 한다.
④ 타국의 외국인테러전투원으로 가입한 사람은 3년 이상의 징역으로 처벌한다.

28

「경찰 재난관리 규칙」에 대한 설명으로 가장 적절하지 <u>않은</u> 것은? **문제 변형**

① 재난관리와 관련하여 업무를 처리할 부서를 판단하기 어려운 경우에는 치안상황관리관이 처리할 부서를 지정한다. 다만, 국가수사본부 내 분장 사항에 대해서는 수사기획조정관의 의견에 따른다.
② 치안상황관리관은 재난이 발생하였거나 재난이 발생할 우려가 있는 경우에는 위기관리센터 또는 치안종합상황실에 재난상황실을 설치·운영할 수 있다.
③ 총괄반은 위기관리센터 소속 직원으로 구성하며, 재난상황의 분석, 재난관리를 위한 대책 마련 및 다른 국·관과의 협조 업무를 담당한다.
④ 시·도경찰청의 재난대책 본부장은 시·도경찰청장이 지정하는 차장 또는 부장으로 한다.

29

「테러취약시설 안전활동에 관한 규칙」에 대한 설명으로 가장 적절하지 <u>않은</u> 것은?

① 경찰서장은 관할 내에 있는 A급 다중이용시설에 대하여 반기 1회 이상 지도·점검을 실시하여야 한다.
② B급 다중이용시설이란 테러에 의하여 파괴되거나 기능 마비 시 일부 지역의 대테러진압작전이 요구되고, 국민생활에 중대한 영향을 미칠 수 있는 시설을 말한다.
③ C급 다중이용시설이란 테러에 의하여 파괴되거나 기능 마비 시 제한된 지역에서 단기간 대테러진압작전이 요구되고, 국민생활에 상당한 영향을 미칠 수 있는 시설을 말한다.
④ 테러취약시설 심의위원회는 위기관리센터에 비상설로 두며 위원장은 경찰청 경비국장으로 한다.

30

「도로교통법 시행규칙」에 규정된 운전면허를 받은 사람이 운전할 수 있는 자동차 등의 종류에 대한 설명으로 가장 적절하지 <u>않은</u> 것은?

① 제1종 보통면허로 적재중량 12톤 미만의 화물자동차를 운전할 수 있다.

② 제1종 소형면허로 3륜화물자동차를 운전할 수 있다.

③ 제2종 소형면허로 원동기장치자전거를 운전할 수 있다.

④ 제2종 보통면허로 승차정원 12명인 승합자동차를 운전할 수 있다.

31

「도로교통법 시행규칙」상 안전표지에 대한 설명으로 가장 적절하지 <u>않은</u> 것은?

① 노면표지 – 도로교통의 안전을 위하여 각종 주의·규제·지시 등의 내용을 노면에 기호·문자 또는 선으로 도로사용자에게 알리는 표지

② 규제표지 – 도로교통의 안전을 위하여 각종 제한·금지 등의 규제를 하는 경우에 이를 도로사용자에게 알리는 표지

③ 지시표지 – 도로의 통행방법·통행구분 등 도로교통의 안전을 위하여 필요한 지시를 하는 경우에 도로사용자가 이에 따르도록 알리는 표지

④ 보조표지 – 도로상태가 위험하거나 도로 또는 그 부근에 위험물이 있는 경우에 필요한 안전조치를 할 수 있도록 이를 도로사용자에게 알리는 표지

32

「청원경찰법」상 청원경찰에 대한 설명으로 가장 적절하지 <u>않은</u> 것은?

① 시·도경찰청장은 청원경찰 배치가 필요하다고 인정하는 기관의 장 또는 시설·사업장의 경영자에게 청원경찰을 배치할 것을 요청할 수 있다.

② 청원경찰은 근무 중 제복을 착용하여야 한다.

③ 청원경찰이 직무를 수행할 때 직권을 남용하여 국민에게 해를 끼친 경우에는 1년 이하의 징역이나 금고에 처한다.

④ 청원경찰은 청원경찰의 배치 결정을 받은 자와 배치된 기관·시설 또는 사업장 등의 구역을 관할하는 경찰서장의 감독을 받아 그 경비 구역만의 경비를 목적으로 필요한 범위에서 「경찰관 직무집행법」에 따른 경찰관의 직무를 수행한다.

33

「보안업무규정」상 신원조사에 대한 설명으로 가장 적절하지 <u>않은</u> 것은? 문제 변형

① 국가정보원장은 국가보안을 위하여 국가에 대한 충성심·성실성 및 신뢰성을 조사하기 위하여 신원조사를 한다.

② 정기감사는 연 1회, 수시감사는 필요에 따라 수시로 한다.

③ 국가정보원장은 신원조사 결과 국가안전보장에 해를 끼칠 정보가 있음이 확인된 사람에 대해서는 관계기관의 장에게 그 사실을 통보하여야 한다.

④ 위의 "③"에 따라 통보를 받은 관계기관의 장은 신원조사 결과에 따라 필요한 보안대책을 마련할 수 있다.

34

「집회 및 시위에 관한 법률」에 대한 설명으로 가장 적절하지 <u>않은</u> 것은?

① "질서유지인"이란 주최자가 자신을 보좌하여 집회 또는 시위의 질서를 유지하게 할 목적으로 임명한 자를 말한다.

② "질서유지선"이란 관할 경찰서장이나 시·도경찰청장이 적법한 집회 및 시위를 보호하고 질서유지나 원활한 교통 소통을 위하여 집회 또는 시위의 장소나 행진 구간을 일정하게 구획하여 설정한 띠, 방책, 차선 등의 경계 표지를 말한다.

③ 집회 또는 시위의 주최자는 평화적인 집회 또는 시위가 방해받을 염려가 있다고 인정되면 관할 경찰관서에 그 사실을 알려 보호를 요청할 수 있다. 이 경우 관할 경찰관서의 장은 정당한 사유 없이 보호 요청을 거절하여서는 안 된다.

④ 헌법재판소의 경계 지점으로부터 200미터 이내의 장소에서는 옥외집회 또는 시위를 하여서는 아니 된다.

35

간첩망의 형태에 대한 설명으로 가장 적절하지 <u>않은</u> 것은?

① 피라미드형 – 간첩이 주공작원 2~3명을 두고 그 밑에 각 2~3명의 행동공작원을 두는 조직형태로 일시에 많은 공작을 입체적으로 수행할 수 있고 활동범위가 넓은 반면, 행동의 노출이 쉽고 일망타진 가능성이 높으며 조직구성에 많은 시간이 소요된다.

② 단일형 – 보안유지 및 신속한 활동이 가능한 반면 활동범위가 좁고 공작성과가 비교적 낮다.

③ 삼각형 – 간첩이 3명 이내의 공작원을 포섭하여 지휘하고 포섭된 공작원 간 횡적연락을 차단한 형태로 일망타진 가능성이 적지만 활동범위가 좁고 공작원 검거 시 간첩 정체가 쉽게 노출된다.

④ 레포형 – 합법적 신분을 이용하여 침투하고 대상국의 정치·사회문제를 활용하여 적국의 이념이나 사상에 동조하도록 유도하며 간첩활동이 자유롭고 대중적 조직과 동원이 가능한 반면, 간첩의 정체가 폭로되었을 때 외교적 문제가 야기될 수 있다.

36

「보안관찰법」에 대한 설명으로 가장 적절하지 <u>않은</u> 것은?

① 보안관찰처분에 관한 결정은 보안관찰처분심의위원회의 의결을 거쳐 법무부장관이 행한다.

② 법무부장관은 검사의 청구가 있는 때에는 보안관찰처분심의위원회의 의결을 거쳐 그 기간을 갱신할 수 있다.

③ 검사는 피보안관찰자가 도주하거나 1월 이상 그 소재가 불명한 때에는 보안관찰처분의 집행중지결정을 할 수 있다.

④ "보안관찰처분대상자"라 함은 보안관찰해당범죄 또는 이와 경합된 범죄로 징역 이상의 형의 선고를 받고 그 형기합계가 3년 이상인 자로서 형의 전부 또는 일부의 집행을 받은 사실이 있는 자를 말한다.

37

「출입국관리법 시행령」상 외국인의 체류자격에 대한 설명으로 가장 적절하지 <u>않은</u> 것은?

① D-2 – 전문대학 이상의 교육기관 또는 학술연구기관에서 정규과정의 교육을 받거나 특정 연구를 하려는 사람
② A-2 – 대한민국정부가 승인한 외국정부 또는 국제기구의 공무를 수행하는 사람과 그 가족
③ E-9 – 수익이 따르는 음악, 미술, 문학 등의 예술활동과 수익을 목적으로 하는 연예, 연주, 연극, 운동경기, 광고·패션 모델, 그 밖에 이에 준하는 활동을 하려는 사람
④ E-2 – 법무부장관이 정하는 자격요건을 갖춘 외국인으로서 외국어전문학원, 초등학교 이상의 교육기관 및 부설어학연구소, 방송사 및 기업체 부설 어학연수원, 그 밖에 이에 준하는 기관 또는 단체에서 외국어 회화지도에 종사하려는 사람

38

「국적법」상 일반귀화의 요건에 대한 설명으로 가장 적절하지 <u>않은</u> 것은?

① 품행이 단정할 것
② 자신의 자산이나 기능에 의하거나 생계를 같이하는 가족에 의존하여 생계를 유지할 능력이 있을 것
③ 대한민국의 민법상 성년일 것
④ 3년 이상 계속하여 대한민국에 주소가 있을 것

39

「범죄인인도법」상 아래 ㉠부터 ㉤까지 설명으로 절대적 인도거절 사유(A)와 임의적 인도거절 사유(B)로 바르게 연결된 것은?

> ㉠ 인도범죄에 관하여 대한민국 법원에서 재판이 계속 중이거나 재판이 확정된 경우
> ㉡ 범죄인이 대한민국 국민인 경우
> ㉢ 인도범죄의 성격과 범죄인이 처한 환경 등에 비추어 범죄인을 인도하는 것이 비인도적이라고 인정되는 경우
> ㉣ 범죄인이 인종, 종교, 국적, 성별, 정치적 신념 또는 특정 사회단체에 속한 것 등을 이유로 처벌되거나 그 밖의 불리한 처분을 받을 염려가 있다고 인정되는 경우
> ㉤ 인도범죄의 전부 또는 일부가 대한민국 영역에서 범한 것인 경우

	(A)	(B)
①	㉠, ㉣	㉡, ㉢, ㉤
②	㉠, ㉤	㉡, ㉢, ㉣
③	㉡, ㉢	㉠, ㉣, ㉤
④	㉡, ㉣	㉠, ㉢, ㉤

40

「언론중재 및 피해구제 등에 관한 법률」상 언론중재위원회에 대한 설명으로 가장 적절하지 <u>않은</u> 것은?

① 언론 등의 보도 또는 매개로 인한 분쟁의 조정·중재 및 침해사항을 심의하기 위하여 언론중재위원회를 둔다.
② 언론중재위원회에 위원장 1명과 2명 이내의 부위원장 및 3명 이내의 감사를 두며, 각각 언론중재위원 중에서 호선한다.
③ 위원장·부위원장·감사 및 언론중재위원의 임기는 각각 3년으로 하며, 한 차례만 연임할 수 있다.
④ 언론중재위원회의 회의는 재적위원 과반수의 출석과 출석위원 과반수의 찬성으로 의결한다.

PART 2

정답 및 해설편

CHAPTER 01   2023년 정답 및 해설

CHAPTER 02   2022년 정답 및 해설

CHAPTER 03   2021년 정답 및 해설

CHAPTER 04   2020년(경위) 정답 및 해설

CHAPTER 05   2020년(경감) 정답 및 해설

CHAPTER 06   2019년(경위) 정답 및 해설

CHAPTER 07   2019년(경감) 정답 및 해설

CHAPTER 08   2018년(경위) 정답 및 해설

CHAPTER 09   2018년(경감) 정답 및 해설

CHAPTER 10   2017년(경위) 정답 및 해설

2023 정답 및 해설

01	02	03	04	05	06	07	08	09	10	11	12	13	14	15	16	17	18	19	20
②	②	③	③	②	④	①	②	②	③	④	③	②	①	③	④	③	①	③	④
21	22	23	24	25	26	27	28	29	30	31	32	33	34	35	36	37	38	39	40
④	④	③	②	①	④	④	①	④	②	①	④	③	③	③	③	③	②	①	③

01 난도 ★   답 ②

∥ 정답해설 ∥

ⓒ (○) 실질적 의미의 경찰은 이론적·학문적으로 발전해 온 개념으로 공공의 안녕과 질서를 유지하기 위하여 일반 통치권에 근거하여 국민에게 명령 강제하는 권력적 작용을 의미하며 이 개념은 독일의 행정법학에서 경찰작용법상 일반수권조항의 존재를 전제로 하여, 경찰행정관청에 대한 포괄적 수권과 법치국가적 요청을 조화시키기 위해서 구성된 개념이다.

ⓒ (○) 형식적 의미의 경찰이란 실정법상(예 국가경찰과 자치경찰의 조직 및 운영에 관한 법률, 정부조직법 등) 조직상 보통경찰기관에 분배되어 있는 임무를 달성하기 위해 이루어지는 경찰활동을 의미하며 역사적 제도적으로 발전해온 개념이다.

∥ 오답해설 ∥

㉠ (×) 정보경찰, 안보(보안·대공)경찰, 사법경찰 및 경찰이 맡고 있는 서비스 제공 등은 실질적 의미의 경찰에는 해당하지 않고 형식적 의미의 경찰개념에만 속하는 작용이다.

㉣ (×) 실질적 의미의 경찰은 형식적 의미의 경찰을 모두 포괄하는 것은 아니다. 형식적 의미의 경찰개념에는 해당하지 않고 실질적 의미의 경찰개념에만 속하는 작용에는 건축허가와 같은 건축경찰, 유흥주점허가와 같은 위생경찰 또는 영업경찰, 산림경찰, 경제경찰 등이 있다.

02 난도 ★   답 ②

∥ 정답해설 ∥

② 국가경찰사무·자치경찰사무의 협력·조정과 관련하여 경찰청장과 협의(국가경찰과 자치경찰의 조직 및 운영에 관한 법률 제24조 제1항 제15호).

> **제24조(시·도자치경찰위원회의 소관 사무)**
> ① 시·도자치경찰위원회의 소관 사무는 다음 각 호로 한다.
> 1. 자치경찰사무에 관한 목표의 수립 및 평가
> 2. 자치경찰사무에 관한 인사, 예산, 장비, 통신 등에 관한 주요정책 및 그 운영지원
> 3. 자치경찰사무 담당 공무원의 임용, 평가 및 인사위원회 운영
> 4. 자치경찰사무 담당 공무원의 부패 방지와 청렴도 향상에 관한 주요 정책 및 인권침해 또는 권한남용 소지가 있는 규칙, 제도, 정책, 관행 등의 개선
> 5. 제2조에 따른 시책 수립
> 6. 제28조 제2항에 따른 시·도경찰청장의 임용과 관련한 경찰청장과의 협의, 제30조 제4항에 따른 평가 및 결과 통보
> 7. 자치경찰사무 감사 및 감사의뢰
> 8. 자치경찰사무 담당 공무원의 주요 비위사건에 대한 감찰요구
> 9. 자치경찰사무 담당 공무원에 대한 징계요구
> 10. <u>자치경찰사무 담당 공무원의 고충심사 및 사기 진작</u>
> 11. 자치경찰사무와 관련된 중요사건·사고 및 현안의 점검

12. 자치경찰사무에 관한 규칙의 제정 · 개정 또는 폐지
13. 지방행정과 치안행정의 업무조정과 그 밖에 필요한 협의 · 조정
14. 제32조에 따른 비상사태 등 전국적 치안유지를 위한 경찰청장의 지휘 · 명령에 관한 사무
15. 국가경찰사무 · 자치경찰사무의 협력 · 조정과 관련하여 경찰청장과 협의
16. 국가경찰위원회에 대한 심의 · 조정 요청
17. 그 밖에 시 · 도지사, 시 · 도경찰청장이 중요하다고 인정하여 시 · 도자치경찰위원회의 회의에 부친 사항에 대한 심의 · 의결

03 난도 ★★ 답 ③

┃정답해설┃

ⓛ (○) 경찰공무원 임용령 제8조
ⓒ (○) 경찰공무원 임용령 제16조 제1항 제1호
ⓔ (○) 경찰공무원 임용령 제18조의2 제1항 제2호

┃오답해설┃

㉠ (×) 사망으로 인한 면직은 사망한 다음 날에 면직된 것으로 본다(경찰공무원 임용령 제5조 제2항).

04 난도 ★ 답 ③

┃정답해설┃

③ 징계 등 의결 요구를 받은 징계위원회는 그 요구서를 받은 날부터 30일 이내에 징계 등에 관한 의결을 하여야 한다. 다만, 부득이한 사유가 있을 때에는 해당 징계 등 의결을 요구한 경찰기관의 장의 승인을 받아 30일 이내의 범위에서 그 기한을 연기할 수 있다(경찰공무원 징계령 제11조 제1항).

┃오답해설┃

① 경찰공무원 징계령 제14조의2 제1항
② 경찰공무원 징계령 제6조 제1항
④ 경찰공무원 징계령 제6조 제3항

05 난도 ★ 답 ②

┃정답해설┃

② 공무원은 직무와 관련하여 직접적이든 간접적이든 사례 · 증여 또는 향응을 주거나 받을 수 없다(국가공무원법 제61조).

┃오답해설┃

① 국가공무원법 제60조
③ 국가공무원법 제62조
④ 국가공무원법 제59조의2

06 난도 ★ 답 ④

┃정답해설┃

④ 국민의 권리 제한 또는 의무 부과와 직접 관련되는 법률, 대통령령, 총리령 및 부령은 긴급히 시행하여야 할 특별한 사유가 있는 경우를 제외하고는 공포일부터 적어도 30일이 경과한 날부터 시행되도록 하여야 한다(법령 등 공포에 관한 법률 제13조의2).

┃오답해설┃

① 헌법 제53조 제1항
② 헌법 제53조 제7항
③ 법령 등 공포에 관한 법률 제13조

07 난도 ★ 답 ①

┃정답해설┃

① 행정기본법 제12조 제2항

┃오답해설┃

② 평등의 원칙(행정기본법 제9조)
③ 비례의 원칙(행정기본법 제10조)
④ 부당결부금지의 원칙(행정기본법 제13조)

08 난도 ★★ 　　　　　답 ②

┃정답해설┃

② 법령에 의한 일반적·상대적 금지를 특정한 경우에 해제하여 적법하게 일정한 행위를 할 수 있게 하는 행정행위를 경찰허가라고 한다. 절대적 금지는 허가의 대상이 아니다.

더 알아보기	경찰상 행정행위의 종류
경찰하명	경찰목적을 위하여 상대방에게 일정한 작위·부작위·급부·수인의무를 부과하는 경찰상 행정행위
경찰허가	법령에 의한 일반적·상대적 금지를 특정한 경우에 해제하여 적법하게 일정한 행위를 할 수 있게 하는 행정행위
면제	법령에 의하여 과하여진 작위, 급부, 수인의무를 특정한 경우에 해제하여 주는 경찰상의 행정행위
행정지도	일정한 행정목적을 달성하기 위해 상대방인 국민에게 임의적인 협력을 요청하는 비권력적 사실행위

09 난도 ★★ 　　　　　답 ②

┃정답해설┃

㉠ (지체없이) : 경찰관은 제1항의 조치를 하였을 때에는 지체 없이 구호대상자의 가족, 친지 또는 그 밖의 연고자에게 그 사실을 알려야 하며, 연고자가 발견되지 아니할 때에는 구호대상자를 적당한 공공보건의료기관이나 공공구호기관에 즉시 인계하여야 한다(경찰관 직무집행법 제4조 제4항).

㉡ (24), ㉢ (10) : 제1항에 따라 구호대상자를 경찰관서에서 보호하는 기간은 24시간을 초과할 수 없고, 제3항에 따라 물건을 경찰관서에 임시로 영치하는 기간은 10일을 초과할 수 없다(경찰관 직무집행법 제4조 제7항).

10 난도 ★★ 　　　　　답 ③

┃정답해설┃

③ 경찰관서의 장은 대간첩 작전의 수행이나 소요 사태의 진압을 위하여 필요하다고 인정되는 상당한 이유가 있을 때에는 대간첩 작전지역이나 경찰관서·무기고 등 국가중요시설에 대한 접근 또는 통행을 제한하거나 금지할 수 있다(경찰관 직무집행법 제5조 제2항).

┃오답해설┃

① 경찰관 직무집행법 제5조 제1항 제2호
② 경찰관 직무집행법 제5조 제3항
④ 경찰관 직무집행법 제5조

11 난도 ★★ 　　　　　답 ④

┃정답해설┃

④ 경찰관은 범죄행위가 목전(目前)에 행하여지려고 하고 있다고 인정될 때에는 이를 예방하기 위하여 관계인에게 필요한 경고를 하고, 그 행위로 인하여 사람의 생명·신체에 위해를 끼치거나 재산에 중대한 손해를 끼칠 우려가 있는 긴급한 경우에는 그 행위를 제지할 수 있다(경찰관 직무집행법 제6조).

┃오답해설┃

① 대판 2018.12.13. 2016도19417
② 경찰관 직무집행법 제7조 제4항
③ 대판 2013.9.26. 2013도643

12 난도 ★★ 　　　　　답 ③

┃정답해설┃

㉡ (×) 조직의 집단적 노력을 질서 있게 배열하는 과정으로 개별적인 활동을 전체적인 관점에서 통일하여 조직의 목표달성도를 높이려는 조직편성의 원리를 조정과 통합의 원리라고 한다.

㉢ (×) 명령통일의 원리는 관리자의 공백 등을 대비하여 대리, 위임, 유고관리자 사전지정 등이 필요하다.

㉠ (○) 한 사람의 상관이 직접 통솔할 수 있는 부하의 합리적인 수를 의미한다(구조조정과 관련됨).

㉣ (○) 조직의 공통목적달성을 위해 조직체 각 부분 간 전체적인 관점에서 통일이 이루어지도록 집단적 노력을 질서 정연하게 배열·결합하는 과정

13 난도 ★★ 답 ②

정답해설

㉠ 기획재정부장관은 국무회의의 심의를 거쳐 대통령의 승인을 얻은 다음 연도의 예산안편성지침을 매년 3월 31일까지 각 중앙관서의 장에게 통보하여야 한다(국가재정법 제29조).

㉣ 기획재정부장관은 제29조 제1항의 규정에 따라 각 중앙관서의 장에게 통보한 예산안편성지침을 국회 예산결산특별위원회에 보고하여야 한다(국가재정법 제30조).

㉢ 각 중앙관서의 장은 제29조의 규정에 따른 예산안편성지침에 따라 그 소관에 속하는 다음 연도의 세입세출예산·계속비·명시이월비 및 국고채무부담행위 요구서(이하 "예산요구서"라 한다)를 작성하여 매년 5월 31일까지 기획재정부장관에게 제출하여야 한다(국가재정법 제31조 제1항).

㉡ 기획재정부장관은 제31조 제1항의 규정에 따른 예산요구서에 따라 예산안을 편성하여 국무회의의 심의를 거친 후 대통령의 승인을 얻어야 한다(국가재정법 제32조).

14 난도 ★ 답 ①

정답해설

① 중재위원회에 위원장 1명과 2명 이내의 부위원장 및 2명 이내의 감사를 두며, 각각 중재위원 중에서 호선(互選)한다(언론중재 및 피해구제 등에 관한 법률 제7조 제4항).

오답해설

② 언론중재 및 피해구제 등에 관한 법률 제14조 제1항
③ 언론중재 및 피해구제 등에 관한 법률 제7조 제3항
④ 언론중재 및 피해구제 등에 관한 법률 제15조 제4항 제1호

15 난도 ★★ 답 ③

정답해설

③ 공공기관은 부득이한 사유로 제1항에 따른 기간 이내에 공개 여부를 결정할 수 없을 때에는 그 기간이 끝나는 날의 다음 날부터 기산(起算)하여 10일의 범위에서 공개 여부 결정기간을 연장할 수 있다. 이 경우 공공기관은 연장된 사실과 연장 사유를 청구인에게 지체 없이 문서로 통지하여야 한다(공공기관의 정보공개에 관한 법률 제1항, 제2항).

오답해설

① 공공기관의 정보공개에 관한 법률 제9조 제2항
② 공공기관의 정보공개에 관한 법률 제10조 제1항
④ 공공기관의 정보공개에 관한 법률 제14조

16 난도 ★★ 답 ④

정답해설

④ 사법부의 사법심사, 행정부 내의 징계책임이나 상급기관의 하급기관에 대한 감독권, 행정심판을 통한 통제, 국회의 예산결산권이나 국정감사·조사권 등의 행정감독기능을 통한 통제는 사후통제에 해당한다.

오답해설

① 국가배상제도는 사법적 통제에 해당한다.
② 사법부의 사법심사는 사후통제에 해당한다.
③ 훈령권은 내부통제에 해당한다.

17 난도 ★ 답 ③

정답해설

③ 진정인이 진정을 취소한 사건에서 진정인이 제출한 물건이 있는 경우 조사담당자는 제출자가 요구하지 않더라도 반환할 수 있다(경찰 인권보호 규칙 제32조 제4항 제1호).

오답해설

① 경찰 인권보호 규칙 제32조 제1항
② 경찰 인권보호 규칙 제32조 제3항
④ 경찰 인권보호 규칙 제35조 제1항 제4호

18 난도 ★★ 답 ①

┃정답해설┃

① ㉠ 의로운 – ㉡ 공정한 – ㉢ 깨끗한

경찰헌장
① 모든 사람의 인격을 존중하고 누구에게나 따뜻하게 봉사하는 (친절한 경찰)
② 정의의 이름으로 진실을 추구하며 어떠한 불의나 불법과도 타협하지 않는 (의로운 경찰)
③ 국민의 신뢰를 바탕으로 오직 양심에 따라 법을 집행하는 (공정한 경찰)
④ 건전한 상식 위에 전문지식을 갈고 닦아 맡은 바 일을 성실하게 수행하는 (근면한 경찰)
⑤ 화합과 단결 속에 항상 규율을 지키며 검소하게 생활하는 (깨끗한 경찰)

19 난도 ★★ 답 ③

┃정답해설┃

㉠ (○) 공직자의 이해충돌 방지법 제9조 제1항 제2호
㉡ (○) 공직자의 이해충돌 방지법 제10조 제1호
㉢ (×) 공직자는 직무관련자인 소속 기관의 퇴직자(공직자가 아니게 된 날부터 2년이 지나지 아니한 사람만 해당한다)와 사적 접촉(골프, 여행, 사행성 오락을 같이 하는 행위를 말한다)을 하는 경우 소속기관장에게 신고하여야 한다. 다만, 사회상규에 따라 허용되는 경우에는 그러하지 아니하다(공직자의 이해충돌 방지법 제15조 제1항).
㉣ (○) 공직자의 이해충돌 방지법 제2조 제6호

20 난도 ★★ 답 ④

┃정답해설┃

④ "적극행정"이란 공무원이 불합리한 규제를 개선하는 등 공공의 이익을 위해 창의성과 전문성을 바탕으로 적극적으로 업무를 처리하는 행위를 말한다(적극행정 운영규정 제2조 제1호).

┃오답해설┃

① 경찰청 적극행정 면책제도 운영규정 제6조 제3호
② 공공감사에 관한 법률 제23조의2 제1항
③ 공무원 징계령 시행규칙 제3조의2 제1항 제1호

21 난도 ★★ 답 ④

┃정답해설┃

④ 술에 취한 채로 관공서에서 몹시 거친 말과 행동으로 주정하거나 시끄럽게 한 사람은 60만 원 이하의 벌금, 구류 또는 과료의 형으로 처벌한다(경범죄 처벌법 제3조 제3항 제1호).

┃오답해설┃

① 경범죄 처벌법 제4조
② 경범죄 처벌법 제6조 제2항 제1호
③ 경범죄 처벌법 제3조 제1항 제30호

22 난도 ★★ 답 ④

┃정답해설┃

④ 지역경찰의 조직 및 운영에 관한 규칙 제27조 제3항

┃오답해설┃

① "지역경찰관서"란 「국가경찰과 자치경찰의 조직 및 운영에 관한 법률」 제30조 제3항 및 「경찰청과 그 소속기관 직제」 제43조에 규정된 지구대 및 파출소를 말한다(지역경찰의 조직 및 운영에 관한 규칙 제2조 제1호).
② '문서의 접수 및 처리'는 행정근무를 지정받은 지역경찰의 업무이다(지역경찰의 조직 및 운영에 관한 규칙 제23조 제1호).

더 알아보기	지역경찰의 조직 및 운영에 관한 규칙

행정근무(제23조)
행정근무를 지정받은 지역경찰은 지역경찰관서 내에서 다음 각 호의 업무를 수행한다. 1. 문서의 접수 및 처리 2. 시설·장비의 관리 및 예산의 집행 3. 각종 현황, 통계, 자료, 부책 관리 4. 기타 행정업무 및 지역경찰관서장이 지시한 업무

상황근무(제24조)
상황근무를 지정받은 지역경찰은 지역경찰관서 및 치안센터 내에서 다음 각 호의 업무를 수행한다. 1. 시설 및 장비의 작동여부 확인 2. 방문민원 및 각종 신고사건의 접수 및 처리 3. 요보호자 또는 피의자에 대한 보호·감시 4. 중요 사건·사고 발생시 보고 및 전파 5. 기타 필요한 문서의 작성

③ 근무일지는 3년간 보관한다(지역경찰의 조직 및 운영에 관한 규칙 제42조 제3항).

23 난도 ★★ 답 ③

┃정답해설┃

③ 112요원은 '사건이 해결된 경우' 112신고처리를 종결할 수 있다. 다만, 타 부서의 계속적 조치가 필요한 경우 해당 부서에 사건을 인계한 이후 종결하여야 한다(112종합상황실 운영 및 신고처리 규칙 제17조).

┃오답해설┃

① 112종합상황실 운영 및 신고처리 규칙 제9조 제2항 제3호

더 알아보기	112 신고 대응코드(112종합상황실 운영 및 신고처리 규칙 제9조)
code 1 신고	다음 각 목의 사유로 인해 최우선 출동이 필요한 경우 가. 범죄로부터 인명·신체·재산 보호 나. 심각한 공공의 위험 제거 및 방지 다. 신속한 범인검거
code 2 신고	경찰 출동요소에 의한 현장조치 필요성은 있으나 제1호의 code 1 신고에 속하지 않는 경우
code 3 신고	경찰 출동요소에 의한 현장조치 필요성이 없는 경우

② 112종합상황실 운영 및 신고처리 규칙 제9조 제4항
④ 112종합상황실 운영 및 신고처리 규칙 제14조 제2항

24 난도 ★★ 답 ②

┃정답해설┃

② 가정폭력범죄의 처벌 등에 관한 특례법은 가정폭력범죄의 형사처벌 절차에 관한 특례를 정하고 가정폭력범죄를 범한 사람에 대하여 환경의 조정과 성행(性行)의 교정을 위한 보호처분을 함으로써 가정폭력범죄로 파괴된 가정의 평화와 안정을 회복하고 건강한 가정을 가꾸며 피해자와 가족구성원의 인권을 보호함을 목적으로 한다(가정폭력범죄의 처벌 등에 관한 특례법 제1조).

┃오답해설┃

① 가정구성원 중 배우자에는 '사실상 혼인관계에 있는 사람'을 포함한다(가정폭력범죄의 처벌 등에 관한 특례법 제2조 제2호
③ "가정폭력행위자"란 가정폭력범죄를 범한 사람 및 가정구성원인 공범을 말한다(가정폭력범죄의 처벌 등에 관한 특례법 제2조 제4호).
④ "가정폭력"이란 가정구성원 사이의 신체적, 정신적 또는 재산상 피해를 수반하는 행위를 말한다(가정폭력범죄의 처벌 등에 관한 특례법 제2조 제1호).

25 난도 ★ 답 ①

┃정답해설┃

① 경찰수사규칙 제103조 제2항

> **제103조(송치 서류)**
> ② 송치 서류는 다음 순서에 따라 편철한다.
> 1. 별지 제117호 서식의 사건송치서
> 2. 압수물 총목록
> 3. 법 제198조 제3항에 따라 작성된 서류 또는 물건 전부를 적은 기록목록
> 4. 송치 결정서
> 5. 그 밖의 서류

26 난도 ★ 답 ④

┃정답해설┃

④ 대마의 종자(種子)·뿌리 및 성숙한 대마초의 줄기와 그 제품은 「마약류 관리에 관한 법률」상 '대마'에서 제외한다.

> **마약류 관리에 관한 법률 제2조(정의)**
> 4. "대마"란 다음 각 목의 어느 하나에 해당하는 것을 말한다. 다만, 대마초[칸나비스 사티바 엘(Cannabis sativa L)을 말한다. 이하 같다]의 종자(種子)·뿌리 및 성숙한 대마초의 줄기와 그 제품은 제외한다.
> 가. 대마초와 그 수지(樹脂)
> 나. 대마초 또는 그 수지를 원료로 하여 제조된 모든 제품
> 다. 가목 또는 나목에 규정된 것과 동일한 화학적 합성품으로서 대통령령으로 정하는 것
> 라. 가목부터 다목까지에 규정된 것을 함유하는 혼합물질 또는 혼합제제

27 난도 ★

┃ 정답해설 ┃

④ 피의자가 그 죄를 범하였다고 믿을 만한 충분한 증거가 있을 것(특정강력범죄의 처벌에 관한 특례법 제8조의2 제1항 제1호).

> **제8조의2(피의자의 얼굴 등 공개)**
> ① 검사와 사법경찰관은 다음 각 호의 요건을 모두 갖춘 특정강력범죄사건의 피의자의 얼굴, 성명 및 나이 등 신상에 관한 정보를 공개할 수 있다.
> 1. 범행수단이 잔인하고 중대한 피해가 발생한 특정강력범죄사건일 것
> 2. 피의자가 그 죄를 범하였다고 믿을 만한 충분한 증거가 있을 것
> 3. 국민의 알권리 보장, 피의자의 재범방지 및 범죄예방 등 오로지 공공의 이익을 위하여 필요할 것
> 4. 피의자가 「청소년 보호법」 제2조 제1호의 청소년에 해당하지 아니할 것

28 난도 ★★
답 ①

┃ 정답해설 ┃

① 경고는 간접적실력행사로 '경찰관 직무집행법'에 근거를 두고 있다.

더 알아보기	경비수단의 원칙
균형의 원칙	경비사태의 상황과 대상에 따라 주력부대와 예비부대를 유효적절하게 활용하여 한정된 경력을 가지고 최대의 성과를 올릴 수 있도록 경력운용을 균형 있게 하여야 한다는 원칙
위치의 원칙	실력행사를 할 경우에는 상대하는 군중보다 유리한 지점과 위치를 선점하여야 한다는 원칙
적시의 원칙	상대방의 기세와 힘이 미처 살아나지 못할 때나 힘이 빠져서 저항력이 가장 허약한 시점을 포착하여 시기를 놓치지 않고 적절한 실력행사를 하여야 한다는 원칙
안전의 원칙	경비사태 발생시 경비병력이나 군중들을 사고 없이 안전하게 진압해야 한다는 원칙 (가장 중요한 원칙)

29 난도 ★
답 ④

┃ 정답해설 ┃

④ 체계통일성의 원칙이란 조직의 정점에서부터 말단에 이르는 계선을 통하여 상하 계급간에 일정한 관계가 형성되어 책임과 임무의 분담이 명확히 이루어지고 명령과 복종의 체계가 통일되어야 한다는 원칙을 말한다.

30 난도 ★★
답 ②

┃ 정답해설 ┃

② "병종사태"란 적의 침투·도발 위협이 예상되거나 소규모의 적이 침투하였을 때에 시·도경찰청장, 지역군사령관 또는 함대사령관의 지휘·통제 하에 통합방위작전을 수행하여 단기간 내에 치안이 회복될 수 있는 사태를 말한다. "을종사태"는 일부 또는 여러 지역에서 적이 침투·도발하여 단기간 내에 치안이 회복되기 어려워 지역군사령관의 지휘·통제 하에 통합방위작전을 수행하여야 할 사태를 말한다(통합방위법 제2조 제7호, 제8호).

┃ 오답해설 ┃

① 통합방위법 제2조 제6호
③ 통합방위법 제4조 제1항
④ 통합방위법 제21조 제4항

31 난도 ★★
답 ①

┃ 정답해설 ┃

ⓔ (○) 국민보호와 공공안전을 위한 테러방지법 제9조 제4항

┃ 오답해설 ┃

㉠ (✕) "외국인테러전투원"이란 테러를 실행·계획·준비하거나 테러에 참가할 목적으로 국적국이 아닌 국가의 테러단체에 가입하거나 가입하기 위하여 이동 또는 이동을 시도하는 내국인·외국인을 말한다(국민보호와 공공안전을 위한 테러방지법 제2조 제4호).
㉡ (✕) 대테러활동에 관한 정책의 중요사항을 심의 의결하기 위하여 국가테러대책위원회를 두고 위원장은 국무총리로 한다(국민보호와 공공안전을 위한 테러방지법 제5조 제2항).

ⓒ (×) 관계기관의 장은 테러의 계획 또는 실행에 관한 사실을 관계기관에 신고하여 테러를 사전에 예방할 수 있게 하였거나, 테러에 가담 또는 지원한 사람을 신고하거나 체포한 사람에 대하여 대통령령으로 정하는 바에 따라 포상금을 지급할 수 있다(국민보호와 공공안전을 위한 테러방지법 제14조 제2항).

32 난도 ★★ 　　　　　　　　 답 ④

▮ 정답해설 ▮

④ 차마는 정지선이나 횡단보도가 있을 때에는 그 직전이나 교차로의 직전에 일시정지한 후 다른 교통에 주의하면서 진행할 수 있다.

33 난도 ★ 　　　　　　　　 답 ③

▮ 정답해설 ▮

③ 교통정리를 하고 있지 아니하는 교차로에 동시에 들어가려고 하는 차의 운전자는 우측도로의 차에 진로를 양보하여야 한다(도로교통법 제26조 제3항).

▮ 오답해설 ▮

① 도로교통법 제26조 제1항
② 도로교통법 제26조 제2항
④ 도로교통법 제26조 제4항

34 난도 ★★ 　　　　　　　　 답 ③

▮ 정답해설 ▮

③ 국가공무원 복무규정 제19조

> **제19조(공가)**
> 행정기관의 장은 소속 공무원이 다음 각 호의 어느 하나에 해당하는 경우에는 이에 직접 필요한 기간 또는 시간을 공가로 승인해야 한다.
> 1. 「병역법」이나 그 밖의 다른 법령에 따른 병역판정검사·소집·검열점호 등에 응하거나 동원 또는 훈련에 참가할 때
> 2. 공무와 관련하여 국회, 법원, 검찰, 경찰 또는 그 밖의 국가기관에 소환되었을 때

> 3. 법률에 따라 투표에 참가할 때
> 4. 승진시험·전직시험에 응시할 때
> 5. 원격지(遠隔地)로 전보(轉補) 발령을 받고 부임할 때
> 6. 「산업안전보건법」 제129조부터 제131조까지의 규정에 따른 건강진단, 「국민건강보험법」 제52조에 따른 건강검진 또는 「결핵예방법」 제11조 제1항에 따른 결핵검진등을 받을 때
> 7. 「혈액관리법」에 따라 헌혈에 참가할 때
> 8. 「공무원 인재개발법 시행령」 제32조 제5호에 따른 외국어능력에 관한 시험에 응시할 때
> 9. 올림픽, 전국체전 등 국가적인 행사에 참가할 때
> 10. 천재지변, 교통 차단 또는 그 밖의 사유로 출근이 불가능할 때
> 11. 「공무원의 노동조합 설립 및 운영 등에 관한 법률」 제9조에 따른 교섭위원으로 선임(選任)되어 단체교섭 및 단체협약 체결에 참석하거나 같은 법 제17조 및 「노동조합 및 노동관계조정법」 제17조에 따른 대의원회(「공무원의 노동조합 설립 및 운영 등에 관한 법률」에 따라 설립된 공무원 노동조합의 대의원회를 말하며, 연 1회로 한정한다)에 참석할 때
> 12. 공무국외출장등을 위하여 「검역법」 제5조 제1항에 따른 검역관리지역 또는 중점검역관리지역으로 가기 전에 같은 법에 따른 검역감염병의 예방접종을 할 때
> 13. 「감염병의 예방 및 관리에 관한 법률」에 따른 제1급감염병에 대하여 같은 법 제24조 또는 제25조에 따라 필수예방접종 또는 임시예방접종을 받거나 같은 법 제42조 제2항 제3호에 따라 감염 여부 검사를 받을 때

35 난도 ★ 　　　　　　　　 답 ③

▮ 정답해설 ▮

③ 경찰관은 법 제8조의2 제1항에 따라 정보를 수집하거나 정보의 수집·작성·배포에 수반되는 사실을 확인하려는 경우에는 상대방에게 자신의 신분을 밝히고 정보 수집 또는 사실 확인의 목적을 설명해야 한다. 이 경우 강제적인 방법을 사용해서는 안 된다(경찰관의 정보수집 및 처리 등에 관한 규정 제4조 제1항).

① 경찰관의 정보수집 및 처리 등에 관한 규정 제3조 제1호
② 경찰관의 정보수집 및 처리 등에 관한 규정 제4조 제1항
④ 경찰관의 정보수집 및 처리 등에 관한 규정 제4조 제2항

36 난도 ★ 답 ③

③ 질서유지선의 설정 고지는 서면으로 하여야 한다. 다만, 집회 또는 시위 장소의 상황에 따라 질서유지선을 새로 설정하거나 변경하는 경우에는 집회 또는 시위의 장소에 있는 경찰공무원이 구두로 알릴 수 있다(집회 및 시위에 관한 법률 시행령 제13조 제2항).

① 집회 및 시위에 관한 법률 제24조 제3호
② 집회 및 시위에 관한 법률 제13조 제2항
④ 집회 및 시위에 관한 법률 제13조 제1항

37 난도 ★★ 답 ③

③ 집회 및 시위에 관한 법률 시행령 제17조

> **제17조(집회 또는 시위의 자진 해산의 요청 등)**
> 법 제20조에 따라 집회 또는 시위를 해산시키려는 때에는 관할 경찰관서장 또는 관할 경찰관서장으로부터 권한을 부여받은 경찰공무원은 다음 각 호의 순서에 따라야 한다. 다만, 법 제20조 제1항 제1호·제2호 또는 제4호에 해당하는 집회·시위의 경우와 주최자·주관자·연락책임자 및 질서유지인이 집회 또는 시위 장소에 없는 경우에는 종결 선언의 요청을 생략할 수 있다.
> 1. 종결 선언의 요청 주최자에게 집회 또는 시위의 <u>종결 선언을 요청</u>하되, 주최자의 소재를 알 수 없는 경우에는 주관자·연락책임자 또는 질서유지인을 통하여 종결 선언을 요청할 수 있다.
> 2. 자진 해산의 요청 제1호의 종결 선언 요청에 따르지 아니하거나 종결 선언에도 불구하고 집회 또는 시위의 참가자들이 집회 또는 시위를 계속하는 경우에는 직접 참가자들에 대하여 <u>자진 해산할 것을 요청</u>한다.

> 3. 해산명령 및 직접 해산 제2호에 따른 자진 해산 요청에 따르지 아니하는 경우에는 세 번 이상 자진 <u>해산할 것을</u> 명령하고, 참가자들이 해산명령에도 불구하고 해산하지 아니하면 <u>직접 해산시킬 수</u> 있다.

38 난도 ★★ 답 ②

② 대통령령으로 정하는 금액 이상의 국세 관세 또는 지방세를 정당한 사유 없이 그 납부기한까지 내지 아니한 사람은 출국을 금지할 수 있다(출입국관리법 제4조 제1항).

① 출입국관리법 제62조 제2항
③ 출입국관리법 제46조 제1항 제13호
④ 출입국관리법 제63조 제2항

39 난도 ★ 답 ①

① 경찰관은 외국인인 피의자 및 그 밖의 관계자가 한국어에 능통하지 않는 경우에는 통역인으로 하여금 통역하게 하여 한국어로 피의자신문조서나 진술조서를 작성하여야 하며 특히 필요한 때에는 외국어의 진술서를 작성하게 하거나 외국어의 진술서를 제출하게 하여야 한다(범죄수사규칙 제217조 제1항).

②·③ 범죄수사규칙 제218조
④ 범죄수사규칙 제209조 제3항

40 난도 ★★★ 답 ③

③ 경찰관은 총영사, 영사 또는 부영사나 명예영사의 사무소 안에 있는 기록문서에 관하여는 이를 열람하거나 압수하여서는 아니 된다(범죄수사규칙 제213조 제4항).

■ 오답해설 ■

① 경찰수사규칙 제91조 제2항
② 대한민국과 중화인민공화국 간의 영사협정 제7조 제1호

> **제7조 구속 및 체포의 통보와 접견**
> 1. 달리 입증되지 아니하는 한, 파견국 국민이라고 주장하는 자를 포함하는 파견국 국민이 접수국의 권한 있는 당국에 의하여 구속, 체포 또는 다른 어떤 방식으로 자유를 박탈당하였을 경우, 그 당국은 그 국민이 요구하든 그러하지 아니하든 간에 지체 없이 그러나 그 <u>강제행동이 취해진 날부터 4일이 넘지 아니하는</u> 기간 내에 파견국 영사기관에 그 국민의 이름, 신분확인 방식, 그 강제 행동의 이유, 날짜와 장소 그리고 그 국민을 접촉할 수 있는 정확한 장소를 <u>통보한다</u>. 그러나 파견국 국민이 접수국의 출입국관리 법령 위반으로 접수국의 권한 있는 당국에 의하여 구속되는 경우, 접수국의 권한 있는 당국은 그 국민이 서면으로 그 통보를 명시적으로 반대하지 아니하는 한 영사기관에 통보한다.

④ 경찰수사규칙 제92조 제2항

01	02	03	04	05	06	07	08	09	10	11	12	13	14	15	16	17	18	19	20
④	②	④	②	③	①	④	④	②	③	④	④	③	①	①	③	④	②	③	④
21	22	23	24	25	26	27	28	29	30	31	32	33	34	35	36	37	38	39	40
②	①	③	②	②	①	①	②	①	④	①	④	②	①	①	②	②	③	②	④

01 난도 ★　　　　　　　　　답 ④

▍정답해설▍

④ 안병하 치안감은 전남경찰국장으로 재직 중이던 1980. 5.18. 광주 민주화운동 당시 '분산되는 자는 너무 추적하지 말 것, 부상자가 발생하지 않도록 할 것, 연행과정에서 학생의 피해가 없도록 유의할 것' 등을 지시하여 (㉠ : 비례의 원칙)에 입각한 경찰권발동 및 시위대 (㉡ : 인권보호)를 강조하였다.

02 난도 ★★　　　　　　　답 ②

▍정답해설▍

② 오상위험은 이성적이고 객관적으로 판단할 때 위험의 외관이나 위험혐의가 정당화되지 아니함에도 불구하고 경찰이 위험의 존재를 잘못 추정한 경우로 추정적 위험 또는 추정성 위험이라고도 한다. 오상위험에 기초하여 경찰권을 발동하는 경우 이러한 경찰권발동은 정당화될 수 없으며, 경찰관 개인에게는 민·형사상 책임이, 국가에게는 손해배상책임이 발생할 수 있다.

03 난도 ★　　　　　　　　　답 ④

▍정답해설▍

④ 국가수사본부장이 직무를 집행하면서 헌법이나 법률을 위배하였을 때에는 국회는 탄핵 소추를 의결할 수 있다(국가경찰과 자치경찰의 조직 및 운영에 관한 법률 제16조 제5항).

▍오답해설▍

① 국가경찰과 자치경찰의 조직 및 운영에 관한 법률 제28조 제1항
② 국가경찰과 자치경찰의 조직 및 운영에 관한 법률 제29조 제2항
③ 국가경찰과 자치경찰의 조직 및 운영에 관한 법률 제16조 제2항

04 난도 ★★　　　　　　　답 ②

▍정답해설▍

② 중앙인사관장기관의 장이 지정하는 연구기관이나 교육기관 등에서 연수하게 된 때 임용권자는 공무원이 휴직을 원하면 휴직을 명할 수 있다(국가공무원법 제71조 제2항 제3호).

▍오답해설▍

① 경찰공무원 임용령 제4조 제7항
③ 경찰공무원 임용령 제3조 제2항
④ 경찰공무원법 제7조 제1항

05 난도 ★★   답 ③

┃정답해설┃

㉠ (✕) 자치경찰공무원을 그 계급에 상응하는 경찰공무원으로 임용하는 경우 시보임용을 거치지 아니한다(경찰공무원법 제13조 제4항 제4호).

㉡ (○) 경찰공무원 승진임용 규정 제24조 제3항

㉢ (○) 국가공무원법 제73조의3 제1항 제6호

㉣ (○) 경찰공무원법 제28조 제1항 제2호

06 난도 ★★   답 ①

┃정답해설┃

① 치안총감과 치안정감에 대해서는 "형의 선고, 징계처분 또는 「국가공무원법」 및 「경찰공무원법」에 정하는 사유에 따르지 아니하고는 본인의 의사에 반하여 휴직 강임 또는 면직을 당하지 아니한다."는 규정을 적용하지 아니한다(경찰공무원법 제36조 제1항).

┃오답해설┃

② 경찰공무원 복무규정 제10조

③ 경찰공무원법 제25조

④ 공직자윤리법 제3조, 공직자윤리법 시행령 제3조 제5항 제6호

07 난도 ★★   답 ④

┃정답해설┃

④ 국가공무원법 제76조의2 제3항

┃오답해설┃

① 국가공무원법 제76조의2 제1항

② 경찰공무원법 제31조 제2항

③ 공무원고충처리규정 제7조 제1항

08 난도 ★   답 ④

┃정답해설┃

④ 경찰비례의 원칙은 경찰권 발동의 조건과 그 수단 및 정도를 명시한 원칙으로 헌법 제37조 제2항과 경찰관 직무집행법 제1조 제2항을 직접적인 근거로 한다.

09 난도 ★★   답 ②

┃정답해설┃

② 미아, 병자, 부상자 등으로서 적당한 보호자가 없으며 응급구호가 필요하다고 인정되는 사람. 다만, 본인이 구호를 거절하는 경우는 제외한다(경찰관 직무집행법 제4조 제1항 제3호).

┃오답해설┃

① 경찰관 직무집행법 시행령 제10조 제1항

③ 경찰관 직무집행법 제3조 제2항

④ 구 집회 및 시위에 관한 법률(2007.5.11. 법률 제8424호로 개정되기 전의 것)에 의하여 금지되어 그 주최 또는 참가행위가 형사처벌의 대상이 되는 위법한 집회·시위가 장차 특정지역에서 개최될 것이 예상된다고 하더라도, 이와 시간적·장소적으로 근접하지 않은 다른 지역에서 그 집회·시위에 참가하기 위하여 출발 또는 이동하는 행위를 함부로 제지하는 것은 경찰관 직무집행법 제6조 제1항의 행정상 즉시강제인 경찰관의 제지의 범위를 명백히 넘어 허용될 수 없다. 따라서 이러한 제지 행위는 공무집행방해죄의 보호대상이 되는 공무원의 적법한 직무집행이 아니다(대판 2008.11.13. 2007도9794).

10 난도 ★   답 ③

┃정답해설┃

③ 경찰관은 규정에 따라 필요한 장소에 출입할 때에는 그 신분을 표시하는 증표를 제시하여야 하며, 함부로 관계인이 하는 정당한 업무를 방해해서는 아니 된다(경찰관 직무집행법 제7조 제4항).

┃오답해설┃

① 경찰관 직무집행법 제1조 제1항

② 경찰관 직무집행법 제6조

④ 경찰관 직무집행법 제7조 제1항

11 난도 ★★ 답 ④

┃정답해설┃

㉠ (×) 경찰청장은 위해성 경찰장비를 새로 도입하려는 경우에는 대통령령으로 정하는 바에 따라 안전성 검사를 실시하여 그 안전성 검사의 결과보고서를 국회 소관 상임위원회에 제출하여야 한다. 이 경우 안전성 검사에는 외부 전문가를 참여시켜야 한다(경찰관 직무집행법 제10조 제5항).

㉡ (×) 경찰관은 14세 미만의 자 또는 임산부에 대하여 전자충격기 또는 전자방패를 사용하여서는 아니 된다(위해성 경찰장비의 사용기준 등에 관한 규정 제8조 제1항).

㉢ (○) 경찰관 직무집행법 제10조의3

㉣ (○) 경찰관 직무집행법 제10조의4

12 난도 ★★ 답 ④

┃정답해설┃

④ 누설될 경우 국가안전보장에 해를 끼칠 우려가 있는 비밀은 Ⅲ급 비밀에 해당한다(보안업무규정 제4조 제3호).

┃오답해설┃

① 보안업무규정 시행 세부규칙 제15조 제1항

② 보안업무규정 시행 세부규칙 제15조 제2항 제2호

③ 보안업무규정 시행규칙 제54조 제1항 제2호

13 난도 ★★ 답 ③

┃정답해설┃

㉠ 구조원인가설은 니더호퍼, 로벅, 바커 등이 주장한 가설로 신임 경찰관들이 그들의 고참 동료들에 의해 조직의 부패 전통 내에서 사회화됨으로써 부패의 길로 접어든다는 입장이다.

구조원인가설 사례
1. 정직하고 청렴하였던 신임 경찰관 A가 자신의 순찰팀장인 B로부터 관내 유흥업소 업자들을 소개받고, 이후 B와 함께 활동을 하면서 B가 유흥업소 업자들로부터 상납금을 받는 것을 보고 점점 그 방식 등을 답습한 경우

2. 경찰관 A는 동료경찰관들이 유흥업소 업주들로부터 접대를 받은 사실을 알고도 모른 체한 경우

3. A 경찰관은 부서에서 많은 동료들이 단독 출장을 가면서도 공공연하게 두 사람의 출장비를 청구하고 퇴근 후 잠깐 들러서 시간 외 근무를 한 것으로 퇴근시간을 허위 기록되게 하는 것을 보고 A 경찰관도 동료들과 같은 행동을 한 경우

㉡ 전체사회가설은 사회전체가 경찰의 부패를 묵인하거나 조장할 때 경찰관은 자연스럽게 부패행위를 하게 되며 초기 단계에는 불법행위를 하지 않더라도 작은 호의에 길들여져 나중에는 부정부패로 빠져들게 되는 것을 말한다.

전체사회가설 사례
1. A지역은 과거부터 지역주민들이 관내 경찰관들과 어울려 도박을 일삼고, 부적절한 사건 청탁을 하는 경우가 종종 있었으나 아무도 이를 문제삼지 않던 곳이었다. 이러한 A지역에 새로 발령받은 신임 경찰관 B에게도 지역주민들이 접근하여 도박을 함께 하게 되는 경우

2. 주류판매로 단속된 노래연습장 업주가 담당경찰관 C에게 사건무마를 청탁하며 뇌물수수를 시도한 경우

14 난도 ★★ 답 ①

┃정답해설┃

① 공직자는 3만 원 이상의 음식대접을 받을 수 없다(부정청탁 및 금품 등 수수의 금지에 관한 법 제8조, 동시행령 제17조 제1항, [별표 1] 참고).

┃오답해설┃

② 공공기관이 소속 공직자등이나 파견 공직자등에게 지급하거나 상급 공직자등이 위로 · 격려 · 포상 등의 목적으로 하급 공직자등에게 제공하는 금품등으로 허용된다(부정청탁 및 금품등 수수의 금지에 관한 법률 제8조 제3항 제1호).

③ 공직자 등의 친족(민법 제777조에 따른 친족을 말한다)이 제공하는 금품등으로 허용된다(부정청탁 및 금품 등 수수의 금지에 관한 법률 제8조 제3항 제4호).

④ 불특정 다수인에게 배포하기 위한 기념품 또는 홍보용품 등이나 경연 · 추첨을 통하여 받는 보상 또는 상품 등(부정청탁 및 금품 등 수수의 금지에 관한 법률 제8조 제3항 제7호).

15 난도 ★★   답 ①

▌정답해설▐

① 부정청탁 및 금품등 수수의 금지에 관한 법률 제8조 제1항

▌오답해설▐

② 누구든지 이 법의 위반행위가 발생하였거나 발생하고 있다는 사실을 알게 된 경우에는 다음 각 호의 어느 하나에 해당하는 기관에 신고할 수 있다(부정청탁 및 금품 등 수수의 금지에 관한 법률 제13조 제1항).

③ 부정청탁 및 금품 등 수수의 금지에 관한 법률 시행령 [별표 2]에 따라 직급별 사례금의 범위가 다르다.

> **[별표 2] 외부강의 등 사례금 상한액(제25조 관련)**
> 1. 공직자등별 사례금 상한액
>   가. 법 제2조 제2호 가목 및 나목에 따른 공직자 등(같은 호 다목에 따른 각급 학교의 장과 교직원 및 같은 호 라목에 따른 공직자 등에도 해당하는 사람은 제외한다) : 40만 원
>   나. 법 제2조 제2호 다목 및 라목에 따른 공직자 등 : 100만 원
>   다. 가목 및 나목에도 불구하고 국제기구, 외국정부, 외국대학, 외국연구기관, 외국학술단체, 그 밖에 이에 준하는 외국기관에서 지급하는 외부강의 등의 사례금 상한액은 사례금을 지급하는 자의 지급기준에 따른다.

④ 공직자 등은 부정청탁을 받았을 때에는 부정청탁을 한 자에게 부정청탁임을 알리고 이를 거절하는 의사를 명확히 표시하여야 한다(부정청탁 및 금품등 수수의 금지에 관한 법률 제7조 제1항).

16 난도 ★   답 ③

▌정답해설▐

③ 공무원은 직무 관련 여부 및 기부·후원·증여 등 그 명목에 관계없이 동일인으로부터 1회에 100만 원 또는 매 회계연도에 300만 원을 초과하는 금품등을 받거나 요구 또는 약속해서는 아니 된다(경찰청 공무원 행동강령 제14조 제1항).

▌오답해설▐

① 경찰청 공무원 행동강령 제7조
② 경찰청 공무원 행동강령 제8조의2 제4호
④ 경찰청 공무원 행동강령 제11조 제3항 제4호

17 난도 ★★   답 ④

▌정답해설▐

④ 경찰이 사익을 위해 공권력을 사용하거나 필요한 최소한의 강제력을 초과하여 사용하였다면 '공공의 신뢰확보' 위반에 해당한다.

18 난도 ★★   답 ②

▌정답해설▐

② 인권보호담당관은 반기 1회 이상 인권영향평가의 이행 여부를 점검하고, 이를 경찰청 인권위원회에 제출하여야 한다(경찰 인권보호규칙 제24조).

▌오답해설▐

① 경찰관 인권행동강령 제6조
③ 경찰 인권보호 규칙 제21조 제1항 제3호
④ 경찰 인권보호 규칙 제32조 제4항

19 난도 ★★   답 ③

▌정답해설▐

③ 문제지향적 경제활동의 과정은 일명 'SARA 모델'로 불리는데 SARA는 조사(Scanning) - 분석(Analysis) - 대응(Response) - 평가(Assessment)로 진행된다. 무관용의 원칙은 경미한 범죄 및 무질서 행위에 대해 관용을 두어서는 안 된다는 원칙이다.

20 난도 ★ 답 ④

┃정답해설┃

④ 거짓 광고는 20만 원 이하의 벌금, 구류 또는 과료의 형으로 처벌한다(경범죄 처벌법 제3조 제2항).

┃오답해설┃

① 경범죄 처벌법 제6조 제2항 제4호
② 경범죄 처벌법 제3조 제21호
③ '관공서에서의 주취소란'과 '거짓신고'는 60만 원 이하의 벌금, 구류 또는 과료의 형으로 처벌하므로(경범죄 처벌법 제3조 제3항) 형사소송법 제214조의 경미사건과 현행범인의 체포 규정은 적용되지 않는다.

> **형사소송법 제214조(경미사건과 현행범인의 체포)**
> 다액 50만 원 이하의 벌금, 구류 또는 과료에 해당하는 죄의 현행범인에 대하여는 범인의 주거가 분명하지 아니한 때에 한하여 제212조(현행범인의 체포) 내지 제213조(체포된 현행범인의 인도)의 규정을 적용한다.
>
> **경범죄처벌법 제3조(경범죄의 종류)**
> ③ 다음 각 호의 어느 하나에 해당하는 사람은 60만 원 이하의 벌금, 구류 또는 과료의 형으로 처벌한다.
> 1. (관공서에서의 주취소란) 술에 취한 채로 관공서에서 몹시 거친 말과 행동으로 주정하거나 시끄럽게 한 사람
> 2. (거짓신고) 있지 아니한 범죄나 재해 사실을 공무원에게 거짓으로 신고한 사람

21 난도 ★ 답 ②

┃정답해설┃

② "발견지"란 실종아동등 또는 가출인을 발견하여 보호 중인 장소를 말하며, 발견한 장소와 보호 중인 장소가 서로 다른 경우에는 보호 중인 장소를 말한다(실종아동등 및 가출인 업무처리 규칙 제2조 제8호).

┃오답해설┃

① 실종아동등 및 가출인 업무처리 규칙 제2조 제5호
③ 실종아동등 및 가출인 업무처리 규칙 제7조 제2항 제2호
④ 실종아동등의 보호 및 지원에 관한 법률 제9조 제2항

22 난도 ★ 답 ①

┃정답해설┃

① 현장출동이 동행하여 이루어지지 아니한 경우 수사기관의 장이나 시·도지사 또는 시장·군수·구청장은 현장출동에 따른 조사 등의 결과를 서로에게 통지하여야 한다(아동학대범죄의 처벌 등에 관한 특례법 제11조 제7항).

┃오답해설┃

② 아동학대범죄의 처벌 등에 관한 특례법 제13조 제1항
③ 아동학대범죄의 처벌 등에 관한 특례법 제17조 제1항
④ 아동학대범죄의 처벌 등에 관한 특례법 제19조 제1항 제7호

23 난도 ★★ 답 ③

┃정답해설┃

③ 가정폭력이란 가정구성원 사이에 신체적, 정신적 또는 재산상 피해를 수반하는 행위를 말한다(가정폭력범죄의 처벌 등에 관한 특례법 제2조 제1호). 가정폭력으로서 제260조(폭행)죄는 가정폭력범죄에 해당한다(동법 제2조 제3호). 甲과 乙은 배우자관계이므로 해당사건은 가정폭력범죄사건에 해당한다.

┃오답해설┃

① 가정폭력범죄의 처벌 등에 관한 특례법 제8조의2
② 가정폭력범죄의 처벌 등에 관한 특례법 제5조
④ 가정폭력범죄의 처벌 등에 관한 특례법 제6조 제1항

24 난도 ★ 답 ②

┃정답해설┃

② 지역경찰관리자는 신고출동태세 유지 등을 위해 필요한 경우에는 휴게 및 식사시간도 대기 근무로 지정할 수 있다(지역경찰의 조직 및 운영에 관한 규칙 제29조 제6항).

┃오답해설┃

① 지역경찰의 조직 및 운영에 관한 규칙 제31조 제2항
③ 지역경찰의 조직 및 운영에 관한 규칙 제29조 제3항
④ 지역경찰의 조직 및 운영에 관한 규칙 제24조 제1항

25 난도 ★★ 답 ②

┃정답해설┃

② 사법경찰관은 법 제222조 제1항 및 제3항에 따라 검시를 하는 경우에는 의사를 참여시켜야 하며, 그 의사로 하여금 검안서를 작성하게 해야 한다. 이 경우 사법경찰관은 검시 조사관을 참여시킬 수 있다(경찰수사규칙 제27조 제1항).

┃오답해설┃

① 준현장지문은 범죄현장은 아니더라도 범죄현장과 관련이 있는 범인의 침입경로, 도주경로 및 예비장소 등에서 발견된 지문 또는 전당포, 금은방 등에 비치된 거래대장에 압날된 지문등 피의자 발견을 위하여 범죄현장 이외의 장소에서 채취한 지문을 말한다.

③ (경찰청) 지문 및 수사자료표 등에 관한 규칙 제2조 제2호

④ 경찰수사규칙 제30조

26 난도 ★★ 답 ①

┃정답해설┃

① '공소시효 만료 3개월 이내이거나 공범에 대한 수사 또는 재판이 진행 중인 수배관서'가 가장 우선순위이다(범죄수사규칙 제99조 제3항 참고).

> **제99조(지명수배자의 인수·호송 등)**
> ③ 경찰관은 검거한 지명수배자에 대하여 지명수배가 여러 건인 경우에는 다음 각호의 수배관서 순위에 따라 검거된 지명수배자를 인계받아 조사하여야 한다.
> 1. 공소시효 만료 3개월 이내이거나 공범에 대한 수사 또는 재판이 진행 중인 수배관서
> 2. 법정형이 중한 죄명으로 지명수배한 수배관서
> 3. 검거관서와 동일한 지방검찰청 또는 지청의 관할구역에 있는 수배관서
> 4. 검거관서와 거리 또는 교통상 가장 인접한 수배관서

┃오답해설┃

② 범죄수사규칙 제101조 제2항

③ 경찰수사규칙 제46조 제1항

④ (경찰청) 범죄수사규칙 제98조 제2항

27 난도 ★★ 답 ①

┃정답해설┃

① 지문은 경쟁행위법에 대한 설명이다. 전이법은 다중범죄의 발생징후나 이슈가 있을 때 집단이나 국민들의 관심을 집중시킬 수 있는 경이적인 사건을 폭로하거나 규모가 큰 행사를 개최함으로써 원래의 이슈가 상대적으로 약화되도록 하는 방법이다.

더 알아보기	다중범죄의 정책적 치료법
전이법	다중범죄의 발생징후나 이슈가 있을 때 집단이나 국민들의 관심을 집중시킬 수 있는 경이적인 사건을 폭로하거나 규모가 큰 행사를 개최함으로써 원래의 이슈가 상대적으로 약화되도록 하는 방법
선수승화법	특정사안의 불만집단에 대한 정보활동을 강화하여 사전에 불만 및 분쟁요인을 찾아내어 해소시켜주는 방법
지연정화법	불만집단의 고조된 주장을 시간을 끌어 이성적으로 사고할 기회를 부여하고 정서적으로 감정을 둔화시켜서 흥분을 가라앉게 하는 방법
경쟁행위법	불만집단과 반대되는 대중의견을 크게 부각시켜 불만집단이 위압되어 자진해산 및 분산되도록 하는 방법

28 난도 ★★ 답 ②

┃정답해설┃

② 개표소안에 들어간 경찰공무원 또는 경찰관서장은 구·시·군선거관리위원회위원장의 지시를 받아야 하며, 질서가 회복되거나 위원장의 요구가 있는 때에는 즉시 개표소에서 퇴거하여야 한다(공직선거법 제183조 제5항).

┃오답해설┃

① 제3선(울타리 외곽)은 검문조·순찰조를 운영하여 위해기도자 접근을 차단한다.

③ 공직선거법 제166조 제1항

④ 공직선거법 제164조 제1항

┃정답해설┃

이하 경찰 비상업무 규칙 [별표 1] 참고
- ㉠ (○) 작전비상 – 갑호 – 대규모 적정이 발생하였거나 발생 징후가 현저한 경우
- ㉡ (×) 교통비상 – 을호 – 농무, 풍수설해 및 화재로 극도의 교통혼란 및 사고발생이 예상될 시
- ㉢ (×) 경비비상 – 병호 – 국제행사 기념일 등을 전후하여 치안수요가 증가하여 가용경력의 30%를 동원할 필요가 있는 경우
- ㉣ (○) 수사비상 – 갑호 – 사회이목을 집중시킬만한 중대범죄 발생시

더 알아보기 **[별표 1] 비상근무의 종류별 정황**

경비비상	
갑호	1. 계엄이 선포되기 전의 치안상태 2. 대규모 집단사태·테러 등의 발생으로 치안질서가 극도로 혼란하게 되었거나 그 징후가 현저한 경우 3. 국제행사·기념일 등을 전후하여 치안수요의 급증으로 가용경력을 100% 동원할 필요가 있는 경우
을호	1. 대규모 집단사태·테러 등의 발생으로 치안질서가 혼란하게 되었거나 그 징후가 예견되는 경우 2. 국제행사·기념일 등을 전후하여 치안수요가 증가하여 가용경력의 50%를 동원할 필요가 있는 경우
병호	1. 집단사태·테러 등의 발생으로 치안질서의 혼란이 예견되는 경우 2. 국제행사·기념일 등을 전후하여 치안수요가 증가하여 가용경력의 30%를 동원할 필요가 있는 경우

작전비상	
갑호	대규모 적정이 발생하였거나 발생 징후가 현저한 경우
을호	적정이 발생하였거나 일부 적의 침투가 예상되는 경우
병호	정·첩보에 의해 적 침투에 대비한 고도의 경계강화가 필요한 경우

안보비상	
갑호	간첩 또는 정보사범 색출을 위한 경계지역 내 검문검색 필요시
을호	상기 상황하에서 특정지역·요지에 대한 검문검색 필요시

수사비상	
갑호	사회이목을 집중시킬만한 중대범죄 발생시
을호	중요범죄 사건발생시

교통비상	
갑호	농무, 풍수설해 및 화재로 극도의 교통혼란 및 사고발생시
을호	상기 징후가 예상될 시

재난비상	
갑호	대규모 재난의 발생으로 치안질서가 극도로 혼란하게 되었거나 그 징후가 현저한 경우
을호	대규모 재난의 발생으로 치안질서가 혼란하게 되었거나 그 징후가 예견되는 경우
병호	재난의 발생으로 치안질서의 혼란이 예견되는 경우

경계강화 (기능 공통)
"병호"비상보다는 낮은 단계로, 별도의 경력동원 없이 평상시보다 치안활동을 강화할 필요가 있을 때

작전준비태세 (작전비상시 적용)
"경계강화"를 발령하기 이전에 별도의 경력동원 없이 필요한 작전사항을 미리 조치할 필요가 있을 때

┃정답해설┃

④ 치안상황관리관은 재난이 발생하였거나 재난이 발생할 우려가 있는 경우에는 위기관리센터 또는 치안종합상황실에 재난상황실을 설치·운영할 수 있다. 다만, 제11조의 재난대책본부가 설치되었거나 「재난 및 안전관리 기본법」 제38조에 따라 '심각' 단계의 위기경보가 발령된 경우에는 재난상황실을 설치·운영하여야 한다(경찰 재난관리 규칙 제4조).

┃오답해설┃

① 재난 및 안전관리 기본법 제3조 제1호 참고
② 테러취약시설 안전활동에 관한 규칙 제9조 제1항 제3호
③ 국민보호와 공공안전을 위한 테러방지법 제2조 제3호

31 난도 ★   답 ①

┃정답해설┃

① 교통사고의 발생지점과 사고차량의 정차지점을 표시하는 때에는 사고발생 지점을 도면의 중앙에 배치하고 가해차량의 진행방향이 위로 향하도록 하여 이동지점을 점선으로 표시하고 정차지점은 실선으로 표시한다(교통사고조사규칙 제14조 제7항).

┃오답해설┃

② 교통사고조사규칙 제14조 제4항

③ 교통사고조사규칙 제5조 제2항 제1호

④ 교통사고조사규칙 제6조 제1항, 제2항

32 난도 ★★   답 ④

┃정답해설┃

㉠ (○) 교통사고처리 특례법 제3조 제12호

㉡ (○) 교통사고처리 특례법 제3조 제3호

㉢ (○) 교통사고처리 특례법 제3조 제2호

㉣ (○) 교통사고처리 특례법 제3조 제5호

33 난도 ★★   답 ②

┃정답해설┃

② 시·도경찰청장이나 경찰서장은 「도로교통법」 제12조 제1항 또는 제12조의2 제1항에 따라 보호구역에서 구간별·시간대별로 이면도로(도시지역에 있어서 간선도로가 아닌 도로로서 일반의 교통에 사용되는 도로를 말한다)를 일방통행로로 지정·운영 할 수 있다(어린이·노인 및 장애인 보호구역의 지정 및 관리에 관한 규칙 제9조 제1항 제4호).

┃오답해설┃

① 도로교통법 제51조 제3항

③ 도로교통법 시행령 제31조 제3호

④ 어린이·노인 및 장애인 보호구역의 지정 및 관리에 관한 규칙 제3조 제6항

34 난도 ★★   답 ①

┃정답해설┃

① 경찰서장, 도지사 또는 시장등은 차를 견인하였을 때부터 24시간이 경과되어도 이를 인수하지 아니하는 때에는 해당 차의 보관장소 등 행정안전부령이 정하는 사항을 해당 차의 사용자 또는 운전자에게 등기우편으로 통지하여야 한다(도로교통법 시행령 제13조 제3항).

┃오답해설┃

② 도로교통법 제33조 제2호

③ 도로교통법 제34조

④ 도로교통법 제34조의3

35 난도 ★★★   답 ①

┃정답해설┃

① 중앙행정기관이 개최하는 국경일 행사의 경우 행사 개최 시간에 한정하여 행사 진행에 영향을 미치는 소음에 대해서는, 집회 및 시위에 관한 법률 시행령 [별표 2]에 따른 확성기등의 소음기준을 '주거지역'의 소음기준으로 적용한다(집회 및 시위에 관한 법률 시행령 [별표 2] 제7호).

┃오답해설┃

② 집회 및 시위에 관한 법률 시행령 [별표 2] 제3호

③ 집회 및 시위에 관한 법률 제14조

④ 집회 및 시위에 관한 법률 시행령 [별표 2]

36 난도 ★★   답 ②

┃정답해설┃

② 옥외집회 또는 시위 참가자들이 교통혼잡이 야기되었다고 볼 만한 사정은 없으나 이미 신고한 행진 경로를 따라 행진로인 하위 1개 차로에서 약 3시간 30분 동안 이루어진 집회시간 동안 2회에 걸쳐 약 15분 동안 연좌하였다는 사실만으로도 주최행위가 신고한 목적, 일시, 방법 등의 범위를 뚜렷이 벗어나는 경우에 해당한다고 볼 수 있다(대판 2010.3.11. 2009도10425).

┃오답해설┃

① 대판 2012.4.26. 2011도6294
③ 대판 2009.7.9. 2007도1649
④ 대판 2001.10.9. 98다20929

37 난도 ★★   답 ②

┃정답해설┃

② 인도심사의 청구는 관계 자료를 첨부하여 서면으로 하여야 한다(범죄인 인도법 제13조 제3항).

┃오답해설┃

① 범죄인 인도법 제14조 제2항
③ 국제형사사법 공조법 제38조 제1항 제1호
④ 대한민국과 러시아연방간의 영사협약 제39조 제1호

38 난도 ★★   답 ③

┃정답해설┃

③ 도주한 자에 관한 호송관계서류 및 금품은 호송관서에 보관하여야 한다[(경찰청) 피의자 유치 및 호송 규칙 제65조 제1호 다목].

┃오답해설┃

① (경찰청) 피의자 유치 및 호송 규칙 제8조 제4항 제2호
② (경찰청) 피의자 유치 및 호송 규칙 제7조 제1항
④ (경찰청) 피의자 유치 및 호송 규칙 제53조 제1호

39 난도 ★★   답 ②

┃정답해설┃

② 보안관찰법 제20조 제3호

┃오답해설┃

① 보안관찰법 제20조 제3항
③ 보안관찰법 시행규칙 제2조 제1호
④ 보안관찰법 제18조 제4항

40 난도 ★★   답 ④

┃정답해설┃

④ 발·착신 통신번호 등 상대방의 가입자번호는「통신비밀보호법」상 '통신사실확인자료'에 해당한다.

┃오답해설┃

① 전기통신사업법 제83조 제3항
② 통신비밀보호법 제13조 제1항
③ 통신비밀보호법 제4조

01	02	03	04	05	06	07	08	09	10	11	12	13	14	15	16	17	18	19	20
②	④	④	②	②	④	②	④	③	④	②	①	①	①	③	②	④	③	②	③
21	22	23	24	25	26	27	28	29	30	31	32	33	34	35	36	37	38	39	40
①	②	④	①	③	③	④	③	①	③	③	④	②	④	①	④	①	②	①	②

01 난도 ★

답 ②

정답해설

② 실질적 의미의 경찰은 이론적·학문적으로 발전해온 개념으로 공공의 안녕과 질서를 유지(소극적 목적)하기 위하여 일반통치권에 근거하여 국민에게 명령 강제하는 권력적 작용을 의미한다.

02 난도 ★★

답 ④

정답해설

④ 대한민국 임시정부의 초대 경무국장은 백범 김구 선생이다. 1923.12.27. 김구 선생을 중심으로 대한교민단 산하에 별도의 경찰조직인 의경대를 창설하였고 1932년에는 김구 선생이 직접 의경대장을 맡았다.

오답해설

① 문형순 경감은 1950.8.30. 성산포경찰서장 재직시 계엄군의 예비검속자 총살 명령에 '부당함으로 불이행한다'고 거부하고 278명을 방면하였다.

② 이준규 총경은 1980.5.18. 당시 목포경찰서장으로 재임 중 안병하 국장의 방침에 따라 경찰 총기 대부분을 군부대 등으로 사전에 이동시키고, 자체방호를 위해 가지고 있던 소량의 총기도 격발이 불가능하도록 방아쇠 뭉치를 모두 제거하여 경찰관들과 함께 고하도로 이동시켜 시민들과의 유혈충돌을 원천봉쇄하여 사건 당시 사상자가 거의 발생하지 않도록 하였다.

③ 제주 4·3 사건 이후 1948년 12월 제주 대정읍 하모리에서 검거된 좌익총책의 명단에 연루된 100여 명의 주민들이 처형위기에 처하자 당시 모슬포 서장 문형순은 조남수 목사의 선처청원을 받아들여 이들에게 자수하도록 하고, 1949년 자신의 결정으로 전원을 훈방하였다.

03 난도 ★

답 ④

정답해설

④ 위임명령은 법률 또는 상위명령에 의해 개별적·구체적으로 위임된 사항에 관하여 발하는 명령으로 국민의 권리·의무에 관한 새로운 입법사항을 규정할 수 있다.

더 알아보기	명령의 구분		
제정권자에 따른 구분	대통령령·총리령·부령		
법규성의 유무에 따른 구분	법규명령	위임 명령	새로운 입법사항 규정 ○
		집행 명령	새로운 입법사항 규정 ×
	행정규칙 (행정명령·훈령)	협의의 훈령, 지시, 예규, 일일명령 등	

04 난도 ★★ 답 ②

┃정답해설┃

② 국가경찰위원회 규정 제7조 제3항

┃오답해설┃

① 국가경찰과 자치경찰의 조직 및 운영에 관한 법률 제8조 제2항
③ 국가경찰과 자치경찰의 조직 및 운영에 관한 법률 제8조 제5항 제3호
④ 국가경찰위원회 규정 제11조

05 난도 ★ 답 ②

┃정답해설┃

② 수임 및 수탁사무의 처리에 관한 책임은 수임 및 수탁기관에 있으며, 위임 및 위탁기관의 장은 그에 대한 감독책임을 진다. 수임 및 수탁사무에 관한 권한을 행사할 때에는 수임 및 수탁기관의 명의로 하여야 한다(행정권한의 위임 및 위탁에 관한 규정 제8조).

┃오답해설┃

① 행정권한의 위임 및 위탁에 관한 규정 제2조 제2호
③ 행정권한의 위임 및 위탁에 관한 규정 제14조 제3항
④ 행정권한의 위임 및 위탁에 관한 규정 제3조 제2항

06 난도 ★★★ 답 ④

┃정답해설┃

④ 「국가공무원법」 제73조의3 제1항 제5호에 따라 직위해제된 사람 : 봉급의 70퍼센트. 다만, 직위해제일부터 3개월이 지나도 직위를 부여받지 못한 경우에는 그 3개월이 지난 후의 기간 중에는 봉급의 40퍼센트를 지급한다(공무원보수규정 제29조 제2호).

제29조(직위해제기간 중의 봉급 감액)
직위해제된 사람에게는 다음 각 호의 구분에 따라 봉급(외무공무원의 경우에는 직위해제 직전의 봉급을 말한다. 이하 이 조에서 같다)의 일부를 지급한다.
1. 「국가공무원법」 제73조의3 제1항 제2호, 「교육공무원법」 제44조의2 제1항 제1호 또는 「군무원인사법」 제29조 제1항 제1호에 따라 직위해제된 사람 : 봉급의 80퍼센트
2. 「국가공무원법」 제73조의3 제1항 제5호에 따라 직위해제된 사람 : 봉급의 70퍼센트. 다만, 직위해제일부터 3개월이 지나도 직위를 부여받지 못한 경우에는 그 3개월이 지난 후의 기간 중에는 봉급의 40퍼센트를 지급한다.
3. 「국가공무원법」 제73조의3 제1항 제3호·제4호·제6호, 「교육공무원법」 제44조의2 제1항 제2호부터 제4호까지 또는 「군무원인사법」 제29조 제1항 제2호부터 제4호까지의 규정에 따라 직위해제된 사람 : 봉급의 50퍼센트. 다만, 직위해제일부터 3개월이 지나도 직위를 부여받지 못한 경우에는 그 3개월이 지난 후의 기간 중에는 봉급의 30퍼센트를 지급한다.

07 난도 ★★ 답 ②

┃정답해설┃

② 임용권자 등은 제3조에 따른 신고를 받거나 공직 내 성희롱 또는 성폭력 발생 사실을 알게 된 경우에는 지체 없이 그 사실 확인을 위한 조사를 하여야 하며, 수사의 필요성이 있다고 인정하는 경우 수사기관에 통보하여야 한다(성희롱·성폭력 근절을 위한 공무원 인사관리규정 제4조 제1항).

┃오답해설┃

① 성희롱·성폭력 근절을 위한 공무원 인사관리규정 제3조
③ 성희롱·성폭력 근절을 위한 공무원 인사관리규정 제4조 제3항
④ 성희롱·성폭력 근절을 위한 공무원 인사관리규정 제5조 제1항 제1호

08 난도 ★★ 답 ④

┃정답해설┃

④ 공직자윤리법 제15조 제1항

┃오답해설┃

① 공직자윤리법 제15조 제1항
② 공직자윤리법 시행령 제28조 제1항
③ 공직자윤리법 제17조 제1항

09 난도 ★★ 답 ③

┃정답해설┃

③ 집행벌(이행강제금)은 사후적 제제가 아니고 장래의 의무이행을 담보한다는 점에서 일사부재리의 원칙에 반하지 않는다. 사후적 제재로서의 성질이 아니라 의무이행의 확보에 그 주된 지향점이 있다는 점에서 경찰벌과 구별된다.

10 난도 ★★★ 답 ④

┃정답해설┃

㉠ 5, ㉡ 5, ㉢ 14, ㉣ 1, ㉤ 9
5 + 5 + 14 + 1 + 9 = 34

> ㉠ 과태료는 행정청의 과태료 부과처분이나 법원의 과태료 재판이 확정된 후 (5)년간 징수하지 아니하거나 집행하지 아니하면 시효로 인하여 소멸한다(질서위반행위규제법 제15조 제1항).
> ㉡ 동법 제19조 제1항에 따라 행정청은 질서위반행위가 종료된 날부터 (5)년이 경과한 경우에는 해당 질서위반행위에 대하여 과태료를 부과할 수 없다(질서위반행위규제법 제19조 제1항).
> ㉢ (14)세가 되지 아니한 자의 질서위반행위는 과태료를 부과하지 아니한다(질서위반행위규제법 제9조).
> ㉣ 행정청은 당사자가 동법 제24조의3 제1항에 따라 과태료를 납부하기가 곤란하다고 인정되면 (1)년의 범위에서 과태료의 분할납부나 납부기일의 연기를 결정할 수 있다(질서위반행위규제법 제24조의3 제1항).

> ㉤ 행정청은 ㉣에 따라 과태료의 분할납부나 납부기일의 연기(이하 "징수유예 등"이라 한다)를 결정하는 경우 그 기간을 그 징수유예 등을 결정한 날의 다음 날부터 (9)개월 이내로 하여야 한다(질서위반행위규제법 시행령 제7조의2 제1항).

11 난도 ★★★ 답 ②

┃정답해설┃

② 경찰관은 제1항의 조치를 하는 경우에 구호대상자가 휴대하고 있는 무기·흉기 등 위험을 일으킬 수 있는 것으로 인정되는 물건을 경찰관서에 임시로 영치(領置)하여 놓을 수 있다(경찰관 직무집행법 제4조 제3항). 물건을 경찰관서에 임시로 영치하는 기간은 10일을 초과할 수 없다(동법 제4조 제7항).

┃오답해설┃

① 경찰관은 제1항의 조치(제2호. 자살을 시도하는 사람)를 하였을 때에는 지체 없이 구호대상자의 가족, 친지 또는 그 밖의 연고자에게 그 사실을 알려야 하며, 연고자가 발견되지 아니할 때에는 구호대상자를 적당한 공공보건의료기관이나 공공구호기관에 즉시 인계하여야 한다(경찰관 직무집행법 제4조 제4항).
③ 경찰관의 긴급구호요청을 받은 보건의료기관이나 공공구호기관은 정당한 이유 없이 긴급구호의 요청을 거부할 수 없다. 그러나 정당한 사유 없이 요청을 거부하더라도 경찰관 직무집행법에는 처벌할 수 있는 근거 규정이 없고 '응급의료에 관한 법률'에 처벌에 관한 근거 규정이 있으므로 이에 의한다.

> **응급의료에 관한 법률 제6조(응급의료의 거부금지 등)**
> ② 응급의료종사자는 업무 중에 응급의료를 요청받거나 응급환자를 발견하면 즉시 응급의료를 하여야 하며 정당한 사유 없이 이를 거부하거나 기피하지 못한다.
>
> **제60조(벌칙)**
> ③ 다음의 어느 하나에 해당하는 사람은 3년 이하의 징역 또는 3천만 원 이하의 벌금에 처한다.
>   1. 제6조 제2항을 위반하여 응급의료를 거부 또는 기피한 응급의료종사자

12 난도 ★★   답 ①

┃정답해설┃

① 경찰관은 불법집회·시위로 인하여 발생할 수 있는 타인 또는 경찰관의 생명·신체의 위해와 재산·공공시설의 위험을 방지하기 위하여 필요한 때에는 최소한의 범위안에서 경찰봉 또는 호신용경봉을 사용할 수 있다(위해성 경찰장비의 사용기준 등에 관한 규정 제6조).

┃오답해설┃

② 위해성 경찰장비의 사용기준 등에 관한 규정 제5조
③ 위해성 경찰장비의 사용기준 등에 관한 규정 제18조의2 제4항
④ 위해성 경찰장비의 사용기준 등에 관한 규정 제12조 제2항

13 난도 ★   답 ①

┃정답해설┃

① 조정의 원리란 조직의 공동목적을 달성하기 위하여 구성원의 행동이 통일을 기할 수 있도록 집단적 노력을 질서 있게 배열하는 과정으로, 구성원이나 단위 기관의 활동을 전체적인 관점에서 통일하여 조직의 목표달성도를 높이려는 원리이다. J. Mooney는 조정과 통합의 원리를 조직편성의 제1의 원리라고 강조하였고 이는 조직편성에 있어 가장 최종적인 원리라고 할 수 있다.

14 난도 ★★   답 ①

┃정답해설┃

① "진행 중인 재판에 관련된 정보와 범죄의 예방, 수사, 공소의 제기 및 유지, 형의 집행, 교정(矯正), 보안처분에 관한 사항으로서 공개될 경우 그 직무수행을 현저히 곤란하게 하거나 형사피고인의 공정한 재판을 받을 권리를 침해한다고 인정할 만한 상당한 이유가 있는 정보"는 공개하지 아니할 수 있다(공공기관의 정보공개에 관한 법률 제9조 제1항 제4호).

┃오답해설┃

② 공공기관의 정보공개에 관한 법률 제9조 제2항
③ 공공기관의 정보공개에 관한 법률 제11조
④ 공공기관의 정보공개에 관한 법률 제11조 제3항

15 난도 ★   답 ③

┃정답해설┃

③ 2년 이내에 본인의 의사에 반하여 전보하여서는 아니 된다(경찰 감찰 규칙 제7조 제1항).

> **제7조(감찰관의 신분보장)**
> ① 경찰기관의 장은 감찰관이 제5조에 따른 결격사유에 해당되는 것으로 밝혀졌을 경우와 다음 각 호의 어느 하나에 해당하는 경우를 제외하고는 2년 이내에 본인의 의사에 반하여 전보하여서는 아니 된다. 다만, 승진 등 인사관리상 필요한 경우에는 그러하지 아니하다.
> 1. 징계사유가 있는 경우
> 2. 형사사건에 계류된 경우
> 3. 질병 등으로 감찰업무를 수행할 수 없거나 직무수행 능력이 현저히 부족하다고 판단되는 경우
> 4. 고압·권위적인 감찰활동을 반복하여 물의를 야기한 경우

┃오답해설┃

① 경찰 감찰 규칙 제12조
② 경찰 감찰 규칙 제15조 제1항
④ 경찰 감찰 규칙 제7조 제2항

16 난도 ★★   답 ②

┃정답해설┃

② 경찰청장은 경찰관 등(경찰공무원으로 신규 임용될 사람을 포함)이 근무하는 동안 지속적·체계적으로 교육을 받을 수 있도록 3년 단위로 다음 각 호의 사항을 포함한 인권교육종합계획을 수립하여 시행해야 한다(경찰 인권보호 규칙 제18조의2 제1항).

┃오답해설┃

① 경찰 인권보호 규칙 제24조
③ 경찰 인권보호 규칙 제35조 제1항
④ 경찰 인권보호 규칙 제32조 제4항

17 난도 ★

┃정답해설┃

④ 공직자 등은 직무 관련 여부 및 기부·후원·증여 등 그 명목에 관계없이 동일인으로부터 1회에 100만 원 또는 매 회계연도에 300만 원을 초과하는 금품등을 받거나 요구 또는 약속해서는 아니 된다(부정청탁 및 금품등 수수의 금지에 관한 법률 제8조 제1항).

┃오답해설┃

① 부정청탁 및 금품등 수수의 금지에 관한 법률 제8조 제3항 제1호
② 부정청탁 및 금품등 수수의 금지에 관한 법률 제8조 제3항 제7호
③ 부정청탁 및 금품등 수수의 금지에 관한 법률 제8조 제3항 제4호

18 난도 ★★
답 ③

┃정답해설┃

③ 경찰청 공무원 행동강령 제10조의2

┃오답해설┃

① 1945년 국립경찰의 탄생 시 경찰의 이념적 좌표가 된 경찰정신인 '봉사와 질서'는 영미법계의 영향을 받은 것이다.
② 우리는 화합과 단결 속에 항상 규율을 지키며, 검소하게 생활하는 깨끗한 경찰이다(경찰헌장 제5호).
④ 경찰윤리강령의 문제점 중 '비진정성의 조장'이란 경찰윤리강령은 경찰관의 도덕적 자각에 따른 자발적 행동이 아니라 외부로부터 요구된 것으로서 타율적이다.

19 난도 ★★
답 ②

┃정답해설┃

② Cohen에 의하면 미국사회는 중산층 문화가 먼저 형성되고 이러한 중산층 문화에 참여하지 못한 계층이 중산층 문화의 문화적 목표를 지향하며 종속적인 하위문화를 형성한다고 하였다.

20 난도 ★★
답 ③

┃정답해설┃

③ 이용자의 성명 - 「전기통신사업법」상 통신자료

┃오답해설┃

① 인터넷 로그기록 - 「통신비밀보호법」상 통신사실확인자료
② 가입자의 전기통신 일시 - 「통신비밀보호법」상 통신사실확인자료
④ 발신기지국 위치 - 「통신비밀보호법」상 통신사실확인자료

21 난도 ★★
답 ①

┃정답해설┃

① 동법 제12조 제1항에 따라 응급조치상 아동학대행위자를 피해 아동등으로부터 격리할 경우 72시간을 넘을 수 없다(아동학대범죄의 처벌 등에 관한 특례법 제12조 제3항).

제12조(피해아동 등에 대한 응급조치)
① 제11조 제1항에 따라 현장에 출동하거나 아동학대범죄 현장을 발견한 경우 또는 학대현장 이외의 장소에서 학대피해가 확인되고 재학대의 위험이 급박·현저한 경우, 사법경찰관리 또는 아동학대전담공무원은 피해아동, 피해아동의 형제자매인 아동 및 피해아동과 동거하는 아동(이하 "피해아동등"이라 한다)의 보호를 위하여 즉시 다음 각 호의 조치(이하 "응급조치"라 한다)를 하여야 한다. 이 경우 제3호의 조치를 하는 때에는 피해아동등의 이익을 최우선으로 고려하여야 하며, 피해아동등을 보호하여야 할 필요가 있는 등 특별한 사정이 있는 경우를 제외하고는 피해아동등의 의사를 존중하여야 한다.
1. 아동학대범죄 행위의 제지
2. 아동학대행위자를 피해아동등으로부터 격리
3. 피해아동등을 아동학대 관련 보호시설로 인도
4. 긴급치료가 필요한 피해아동을 의료기관으로 인도
② 사법경찰관리나 아동학대전담공무원은 제1항 제3호 및 제4호 규정에 따라 피해아동 등을 분리·인도하여 보호하는 경우 지체 없이 피해아동 등을 인도받은 보호시설·의료시설을 관할하는 시·도지사 또는 시장·군수·구청장에게 그 사실을 통보하여야 한다.

③ 제1항 제2호부터 제4호까지의 규정에 따른 응급조치는 72시간을 넘을 수 없다. 다만, 본문의 기간에 공휴일이나 토요일이 포함되는 경우로서 피해아동등의 보호를 위하여 필요하다고 인정되는 경우에는 48시간의 범위에서 그 기간을 연장할 수 있다.
④ 제3항에도 불구하고 검사가 제15조 제2항에 따라 임시조치를 법원에 청구한 경우에는 법원의 임시조치 결정 시까지 응급조치 기간이 연장된다.

▌오답해설▌
② 아동학대범죄의 처벌 등에 관한 특례법 제13조 제1항
③ 아동학대범죄의 처벌 등에 관한 특례법 제19조 제1항
④ 아동학대범죄의 처벌 등에 관한 특례법 제19조 제1항 제7호

22 난도 ★★　　　　　　　　　답 ②

▌정답해설▌
② 아동·청소년의 성보호에 관한 법률(이하 '청소년성보호법'이라고 한다)은 성매매의 대상이 된 아동·청소년을 보호·구제하려는 데 입법 취지가 있고, 청소년성보호법에서 '아동·청소년의 성매매 행위'가 아닌 '아동·청소년의 성을 사는 행위'라는 용어를 사용한 것은 아동·청소년은 보호대상에 해당하고 성매매의 주체가 될 수 없어 아동·청소년의 성을 사는 사람을 주체로 표현한 것이다. 그리고 아동·청소년의 성을 사는 행위를 알선하는 행위를 업으로 하는 사람이 알선의 대상이 아동·청소년임을 인식하면서 알선행위를 하였다면, 알선행위로 아동·청소년의 성을 사는 행위를 한 사람이 행위의 상대방이 아동·청소년임을 인식하고 있었는지는 알선행위를 한 사람의 책임에 영향을 미칠 이유가 없다. 따라서 아동·청소년의 성을 사는 행위를 알선하는 행위를 업으로 하여 청소년성보호법 제15조 제1항 제2호의 위반죄가 성립하기 위해서는 알선행위를 업으로 하는 사람이 아동·청소년을 알선의 대상으로 삼아 그 성을 사는 행위를 알선한다는 것을 인식하여야 하지만, 이에 더하여 알선행위로 아동·청소년의 성을 사는 행위를 한 사람이 행위의 상대방이 아동·청소년임을 인식하여야 한다고 볼 수는 없다(대판 2016.2.18. 2015도15664).

▌오답해설▌
① 대판 2011.11.10. 2011도3934
③ 대판 2014.7.10. 2014도5173
④ 아동·청소년의 성보호에 관한 법률 제13조

23 난도 ★★　　　　　　　　　답 ④

▌정답해설▌
④ 사실판단증명의 원칙은 수사관의 판단이 진실이라는 이유 또는 객관적 증거를 제시해야 한다.

▌오답해설▌
① 수사의 기본 방법 중 제1조건은 수사자료 완전수집의 원칙이다.
② 검증적 수사의 원칙 : 추측은 어디까지나 가상적인 판단(가설)로서 그것만으로는 진위가 불명하므로 검증적 수사에 의하여 그 진실성이 확인될 때까지 그것을 진실이라고 확신하여서는 안된다.
③ 검증적 원칙의 진행순서는 수사사항의 결정 → 수사방법의 결정 → 수사실행의 순이다.

24 난도 ★★　　　　　　　　　답 ①

▌정답해설▌
① 수색한 경우에 증거물 또는 몰취할 물건이 없는 때에는 그 취지의 증명서를 교부하여야 한다(형사소송법 제128조). 압수한 경우에는 목록을 작성하여 소유자, 소지자, 보관자 기타 이에 준할 자에게 교부하여야 한다(동법 제129조).

▌오답해설▌
② 범행 중 또는 범행직후의 범죄 장소에서 긴급을 요하여 법원판사의 영장을 받을 수 없는 때에는 영장 없이 압수, 수색 또는 검증을 할 수 있다. 이 경우에는 사후에 지체없이 영장을 받아야 한다(형사소송법 제216조 제3항).
③ 검찰사건사무규칙 제50조 제1항, 군검찰 사건사무규칙 제24조 제함은 검사 내지 군검사가 압수한 경우 압수조서를 작성하도록 하면서도 그 단서에 '피의자신문조서 또는 진술조서에 압수의 취지를 기재함으로써 압수조서의 작성에 갈음할 수 있다.'고 규정하고 있다.
④ 사법경찰관이 범죄수사에 필요한 때에는 피의자가 죄를 범하였다고 의심할 만한 정황이 있고 해당 사건과 관계가 있다고 인정할 수 있는 것에 한정하여 검사에게 신청하여 검사의 청구로 지방법원판사가 발부한 영장에 의하여 압수, 수색 또는 검증을 할 수 있다(형사소송법 제215조). 영장신청서에는 피의자의 인적 사항, 죄명, 범죄사실의 요지, 압수·수색 검증의 사유 등을 기재하여야 한다(형사소송규칙 제107조 참고).

25 난도 ★★　　　　답 ③

▎정답해설▎

③ 통신사실확인자료 중 수사를 위한 정보통신기기 관련 실시간 추적자료, 특정한 기지국에 대한 통신사실확인자료가 필요한 경우에는 다른 방법으로는 범죄의 실행을 저지하기 어렵거나 범인의 발견·확보 또는 증거의 수집·보전이 어려운 경우에만 전기통신사업자에게 해당 자료의 열람이나 제출을 요청할 수 있다(통신비밀보호법 제13조 제1항).

▎오답해설▎

① 통신비밀보호법 제5조 제1항 제1호 참고
② 전기통신사업법 제83조 제3항
④ 통신비밀보호법 제3조 제2항, 제2조 제6호, 제7호 참고

26 난도 ★★★　　　　답 ③

▎정답해설▎

③ C단계에서는 피의자의 감정을 달래준다. 이 단계에서 피의자는 수사관과의 심리적 공감대가 형성되기 시작하고 수사관이 자신의 입장을 이해하고 있다고 생각하지만, 아직 처벌에 대한 두려움이 남아 있으며 더 이상 상황을 스스로 어찌할 수 없기 때문에 우울하고 소극적인 태도를 보인다. 이때 수사관은 계속 이해와 동정을 나타내며 지금 괴로운 이유는 죄책감 때문이고 진실을 말하는 것이 그런 죄책감으로부터 벗어나는 길임을 이야기한다. 이 단계에 이르면 피의자는 고개를 떨구고, 팔다리를 늘어뜨리거나 손으로 턱을 괸다. 일부는 눈물을 흘리며 울기도 한다.

> **더 알아보기　Reid의 신문기법**
>
> 제1단계 : 직접 대면하여 피의자가 범인임을 명백히 밝힌다.
> 제2단계 : 적절한 수사화제(interrogation theme)를 개발한다.
> 제3단계 : 피의자의 부인(否認)을 통제한다.
> 제4단계 : 반대논리를 제압한다.
> 제5단계 : 피의자의 관심을 이끌어내고, 유지한다.
> 제6단계 : 피의자의 감정을 달래준다.
> 제7단계 : 양자택일적 질문을 제시한다.
> 제8단계 : 구두자백
> 제9단계 : 구두로 자백한 내용을 조서로 작성한다.

27 난도 ★★　　　　답 ④

▎정답해설▎

④ 옳은 지문이다.

관통총창	• 총알입구, 사출구, 사창관이 모두 있는 경우 • 대부분의 총기에 의한 시체손상에서 발견됨
찰과총창	탄두가 체표만 찰과한 경우
반도총창	탄환의 속도가 떨어져 피부를 뚫지 못하고 피부까짐이나 피부밑출혈만 형성한 경우
회선총창	탄환이 골격에 맞았으나 천공시키지 못하고 뼈와 연부조직 사이를 우회한 경우
맹관총창	총알입구와 사창관만 있고 탄환이 체내에 남아 있는 경우

▎오답해설▎

① 자가용해는 시체후기현상에 해당한다.
② 청산가리 중독사는 선홍색을 띈다.
③ 피부에 대한 수분 보충이 정지되어 몸의 표면이 습윤성을 잃고 건조해지는 시체의 밀랍화는 모두 시체의 초기현상에 해당된다.

28 난도 ★★★　　　　답 ③

▎정답해설▎

③ 경비경찰은 다중범죄, 테러, 경호상 위해나 경찰작전상황 등이 발생하였을 경우뿐만 아니라 특정한 사태가 발생하기 전의 경계예방의 역할을 수행한다는 점에서 복합기능적 활동이라 할 수 있다.

29 난도 ★★　　　　답 ①

▎정답해설▎

① 경찰관은 사람의 생명 또는 신체에 위해를 끼치거나 재산에 중대한 손해를 끼칠 우려가 있는 천재(天災), 사변(事變), 인공구조물의 파손이나 붕괴, 교통사고, 위험물의 폭발, 위험한 동물 등의 출현, 극도의 혼잡, 그 밖의 위험한 사태가 있을 때 그 장소에 모인 사람, 사물(事物)의 관리자, 그 밖의 관계인에게 필요한 경고를 할 수 있다(경찰관 직무집행법 제5조 제1항 제1호).

② 적시의 원칙은 상대방의 기세와 힘이 미처 살아나지 못할 때나 힘이 빠져서 저항력이 가장 허약한 시점을 포착하여 시기를 놓치지 않고 적절한 실력행사를 하여야 한다는 원칙이다.

③ '제지'는 경찰관직무집행법 제6조에 근거 규정이 있고 '체포'는 형사소송법에 근거규정(제200조의2 이하)이 있다.

④ 안전의 원칙은 작전시의 변수의 발생은 사회적으로 큰 파장을 미칠 수 있으므로 경찰병력이나 군중들을 사고 없이 안전하게 진입하여야 한다는 원칙이다.

30 난도 ★★
답 ③

③ "일반요원"이란 필수요원을 제외한 경찰관 등으로 비상소집시 2시간 이내에 응소하여야 할 자를 말한다(경찰 비상업무 규칙 제12조 제2항).

① 경찰 비상업무 규칙 제2조 제2호
② 경찰 비상업무 규칙 제2조 제4호
④ 경찰 비상업무 규칙 제2조 제7호

31 난도 ★★
답 ③

③ ㉠ 경비구역, ㉡ 안전구역, ㉢ 경계구역

더 알아보기 행사장 경호

안전구역(제1선)
① 피경호자가 위치하는 내부로서 옥내일 경우에는 건물 자체를 말하며, 옥외일 경우에는 본부석이 통상적으로 해당됨
② 요인의 승·하차장, 동선 등의 취약개소로 피경호자에게 직접적으로 위해를 가할 수 있는 거리 내의 지역을 지칭
③ 경호에 대한 주관 및 책임은 경호실에서 직접 계획을 수립·실시하고 경찰은 경호실 요청시 경력 및 장비를 지원
④ 경호경비요원은 입장시 비표 패용 확인 및 경계, 통로 통제, MD조 운영 등을 실시

경비구역(제2선)
① 소총의 유효사거리를 고려한 거리의 개념으로 설정된 선으로 제1선을 제외한 행사장 중심으로 반경 600m 내외의 취약개소를 말함
② 안전구역을 보호하기 위한 경호활동이 이루어지는 구역
③ 실내행사는 건물내부 또는 담장을 연하는 경계책 내곽, 실외행사는 소총유효사거리 내외
④ 일반적인 경호책임은 경찰이 담당하고 군부대 내일 경우에는 군이 담당하게 됨
⑤ 행사장 접근로에 검문조와 순찰조를 운영하여 불심자의 접근제지 위해요소를 제거하고, 돌발사태에 대비하여 예비대 및 비상통로, 소방차, 구급차 등을 확보하고 경호·경비CP를 준비

경계구역(제3선)
① 실내행사인 경우 소총유효사거리(행사장 반경 600m 이내 지역), 실외행사의 경우에는 소구경곡사화기의 유효사거리(1~2km권내 지역)를 고려한 거리로 행사장 중심으로 적의 접근을 조기에 경보하고 차단하기 위하여 설정된 선
② 통상 경찰이 경호책임을 지며 안전구역과 경비구역을 보호하기 위한 경호활동이 이루어지는 구역
④ 제3선에서 임무는 주변 동향파악과 직시고층건물 및 감제고지에 대한 안전확보, 우발사태에 대비책을 강구하여 피경호자에 대한 위해요소를 제거하는 데 있음
⑤ 감시조·도보 등 원거리 기동순찰조 운영, 원거리에서 불심자 검문차단 등의 임무를 수행

32 난도 ★★
답 ④

④ 긴급자동차 교통안전교육 중 신규 교통안전교육은 최초로 긴급자동차를 운전하려는 사람을 대상으로 실시하는 교육이다(도로교통법시행령 제38조의2 제2항 제1호).

① 도로교통법 제73조 제1항
② 도로교통법 제73조 제2항
③ 도로교통법 제73조 제3항

33 난도 ★★   답 ②

정답해설

② 형법 제40조에서 말하는 1개의 행위란 법적 평가를 떠나 사회관념상 행위가 사물자연의 상태로서 1개로 평가되는 것을 말하는바, 무면허인데다가 술이 취한 상태에서 오토바이를 운전하였다는 것은 위의 관점에서 분명히 1개의 운전행위라 할 것이고 이 행위에 의하여 도로교통법 제111조 제2호, 제40조와 제109조 제2호, 제41조 제1항의 각 죄에 동시에 해당하는 것이니 두 죄는 형법 제40조의 상상적 경합관계에 있다고 할 것이다(대판 1987.2.24. 86도2731).

오답해설

① 도로교통법 제44조 제2항
③ 대판 2002.6.14. 2001도5987
④ 대판 2013.10.11. 2013두9359

34 난도 ★★   답 ④

정답해설

④ 도로교통법 제41조 제2항에서 말하는 '측정'이란, 측정결과에 불복하는 운전자에 대하여 그의 동의를 얻어 혈액채취 등의 방법으로 다시 측정할 수 있음을 규정하고 있는 같은 조 제3항과의 체계적 해석상, 호흡을 채취하여 그로부터 주취의 정도를 객관적으로 환산하는 측정방법, 즉 호흡측정기에 의한 측정이라고 이해하여야 할 것이고, 한편 호흡측정기에 의한 음주측정은 운전자가 호흡측정기에 숨을 세게 불어넣는 방식으로 행하여지는 것으로서 여기에는 운전자의 자발적인 협조가 필수적이라 할 것이므로, 운전자가 경찰공무원으로부터 음주측정을 요구받고 호흡측정기에 숨을 내쉬는 시늉만 하는 등 형식적으로 음주측정에 응하였을 뿐 경찰공무원의 거듭된 요구에도 불구하고 호흡측정기에 음주측정수치가 나타날 정도로 숨을 제대로 불어넣지 아니하였다면 이는 실질적으로 음주측정에 불응한 것과 다를바 없다 할 것이고, 운전자가 정당한 사유 없이 호흡측정기에 의한 음주측정에 불응한 이상 그로써 음주측정불응의 죄는 성립하는 것이며, 그 후 경찰공무원이 혈액채취 등의 방법으로 음주여부를 조사하지 아니하였다고 하여 달리 볼 것은 아니다(대판 2000.4.21. 99도5210).

오답해설

① 2020 교통단속처리지침 제31조 제5항 제3호
② 도로교통법 제148조의2 제2항
③ 대판 2006.1.13. 2005도7125

35 난도 ★★   답 ①

정답해설

① 집회 및 시위에 관한 법률 제2조 제2호가 규정한 '시위'는 여러 사람이 공동의 목적을 가지고 도로, 광장, 공원 등 일반인이 자유로이 통행할 수 있는 장소를 행진하거나 위력(威力) 또는 기세(氣勢)를 보여, 불특정한 여러 사람의 의견에 영향을 주거나 제압(制壓)을 가하는 행위를 말한다. 따라서 '공중이 자유로이 통행할 수 있는 장소'라는 요건을 반드시 충족하여야 하는 것만 뜻하는 것은 아니다.

오답해설

② 대판 2012.11.15. 2011도6301
③ 집회 및 시위에 관한 법률상의 집회 및 시위가 성립하려면 2인 이상의 사람이 한 가지 목적을 가지고 행동해야 하므로 1인 시위는 동법상의 시위가 아니다.
④ 구 집회 및 시위에 관한 법률(2007.5.11. 법률 제8424호로 전부 개정되기 전의 것)에 의하여 보장 및 규제의 대상이 되는 집회란 '특정 또는 불특정 다수인이 공동의 의견을 형성하여 이를 대외적으로 표명할 목적 아래 일시적으로 일정한 장소에 모이는 것'을 말하고, 모이는 장소나 사람의 다과에 제한이 있을 수 없으므로, 2인이 모인 집회도 위 법의 규제 대상이 된다고 보아야 한다(대판 2012.5.24. 2010도11381).

36 난도 ★★   답 ④

정답해설

④ 보완 통고는 보완할 사항을 분명히 밝혀 서면으로 주최자 또는 연락책임자에게 송달하여야 한다(집회 및 시위에 관한 법률 제7조 제2항).

오답해설

① 집회 및 시위에 관한 법률 제8조 제5항
② 집회 및 시위에 관한 법률 제8조 제1항
③ 집회 및 시위에 관한 법률 제7조 제1항

37 난도 ★★ 답 ①

┃정답해설┃

① "북한이탈주민"이란 군사분계선 이북지역(이하 "북한"이라 한다)에 주소, 직계가족, 배우자, 직장 등을 두고 있는 사람으로서 북한을 벗어난 후 외국 국적을 취득하지 아니한 사람을 말한다(북한이탈주민의 보호 및 정착지원에 관한 법률 제2조 제1호).

┃오답해설┃

② "체류국(滯留國)에 10년 이상 생활 근거지를 두고 있는 사람" 요건은 2020.12.8. 법개정으로 삭제되었다.

③ "보호금품"이란 이 법에 따라 보호대상자에게 지급하거나 빌려주는 금전 또는 물품을 말한다(북한이탈주민의 보호 및 정착지원에 관한 법률 제2조 제4호).

④ 통일부장관은 제7조 제3항에 따른 통보를 받으면 협의회의 심의를 거쳐 보호 여부를 결정한다. 다만, 국가안전보장에 현저한 영향을 줄 우려가 있는 사람에 대하여는 국가정보원장이 그 보호 여부를 결정하고, 그 결과를 지체 없이 통일부장관과 보호신청자에게 통보하거나 알려야 한다(북한이탈주민의 보호 및 정착지원에 관한 법률 제8조 제1항).

38 난도 ★★ 답 ②

┃정답해설┃

② 브리핑은 파견 전에 공작원에게 구체적인 공작임무를 부여하는 것으로 양성된 공작원에게 공작수행에 관한 명확하고 소상한 최종적인 설명 및 지령을 재확인시키는 것을 말한다.

┃오답해설┃

① '훈련'은 임무수행에 필요한 능력을 배양시키고, 지식과 기술을 습득케 하는 과정이다.

③ '모집'은 공작계획에 따라 공작을 진행할 사람을 채용하는 과정이다.

④ '계획'은 지령을 수행하기 위한 수단과 방법을 조직화 하는 과정이다.

39 난도 ★ 답 ①

┃정답해설┃

① 범죄인 인도법 제9조는 임의적 인도거절 사유이다.

> **제9조(임의적 인도거절 사유)**
> 다음 각 호의 어느 하나에 해당하는 경우에는 범죄인을 인도하지 아니할 수 있다.
> 1. 범죄인이 대한민국 국민인 경우
> 2. 인도범죄의 전부 또는 일부가 대한민국 영역에서 범한 것인 경우
> 3. 범죄인의 인도범죄 외의 범죄에 관하여 대한민국 법원에 재판이 계속 중인 경우 또는 범죄인이 형을 선고받고 그 집행이 끝나지 아니하거나 면제되지 아니한 경우
> 4. 범죄인이 인도범죄에 관하여 제3국(청구국이 아닌 외국을 말한다)에서 재판을 받고 처벌되었거나 처벌받지 아니하기로 확정된 경우
> 5. 인도범죄의 성격과 범죄인이 처한 환경 등에 비추어 범죄인을 인도하는 것이 비인도적(非人道的)이라고 인정되는 경우

40 난도 ★★ 답 ②

┃정답해설┃

② 황색경보(여행자제, 2단계) : 치안 악화로 살인·납치 등 강력사건 등이 상당히 빈번하게 발생하여 인접국에 상황 확산 가능성 있음

더 알아보기	여행경보제도(여행경보단계별 행동지침)
여행유의(1단계)	
남색경보	특별한 이상 징후 및 첩보는 없으나 테러 발생 가능성 있음
여행자제(2단계)	
황색경보	치안 악화로 살인·납치 등 강력사건 등이 상당히 빈번하게 발생하여 인접국에 상황 확산 가능성 있음
철수권고(3단계)	
적색경보	다수 및 전체 지역에서 테러 및 사상자가 발생, 구체적 테러정보 입수 등 우리 국민에 대한 테러 위험 고조
여행금지(4단계)	
흑색경보	사상자 다수 발생 및 대규모의 인명 피해가 예상되는 급박한 상황 발생

CHAPTER

04 2020(경위) 정답 및 해설

01	02	03	04	05	06	07	08	09	10	11	12	13	14	15	16	17	18	19	20
②	④	②	④	②	①	③	②	③	③	②	④	④	④	①	②	①	③	①	④
21	22	23	24	25	26	27	28	29	30	31	32	33	34	35	36	37	38	39	40
①	④	②	③	③	③	④	③	④	③	①	③	④	④	③	④	①	②	①	④

01 난도 ★
답 ②

▌정답해설▌

② '공공질서'란 시대에 따라 변화하는 유동적 개념이다. 공공질서의 개념은 사용분야가 점점 축소하고 있다.

더 알아보기	공공의 질서(불문규범의 총체)
유동성	절대적 개념이 아닌 상대적 개념
사용범위 축소	공공의 질서가 점점 성문화되어가는 추세이기 때문에 사용가능 분야가 점점 축소
한계	통치권의 집행을 위한 개입의 근거로서 사용될 수 있는 '공공질서'라는 개념은 엄격한 합헌성의 요구를 받음

02 난도 ★
답 ④

▌정답해설▌

④ 상담 요청을 받은 행동강령책임관은 지시 내용을 확인하여 지시를 취소하거나 변경할 필요가 있다고 인정되면 소속 기관의 장에게 보고하여야 한다. 다만, 지시 내용을 확인하는 과정에서 부당한 지시를 한 상급자가 스스로 그 지시를 취소하거나 변경하였을 때에는 소속 기관의 장에게 보고하지 아니할 수 있다(경찰청 공무원 행동강령 제4조 제3항).

▌오답해설▌

① 경찰청 공무원 행동강령 제3조
② 경찰청 공무원 행동강령 제4조 제1항
③ 경찰청 공무원 행동강령 제4조 제2항

03 난도 ★
답 ②

▌정답해설▌

② 안병하 치안감 – 5·18 광주 민주화운동 당시 비례의 원칙에 입각한 경찰권 행사 강조

04 난도 ★★
답 ④

▌정답해설▌

㉠ (×) 헌법, 법률, 명령, 자치법규, 조약과 국제법규는 성문법원이고 관습법, 판례법, 조리는 불문법원이다.
㉢ (×) 총리령과 부령은 국무총리나 행정 각부의 장이 법률이나 대통령령의 위임을 받거나 또는 직권으로 발하는 명령으로 총리령과 부령의 효력은 동등하다는 것이 다수설의 입장이다.
㉣ (×) 규칙은 지방자치단체의 장이 법령 또는 조례가 위임한 범위 내에서 그 권한에 속하는 사무에 관하여 제정하는 법규범을 말한다.

ⓛ (○) 국회가 제정하는 법규범 형식을 법률이라고 부르는
데 반하여, 행정부가 제정하는 법규범 형식을 총칭하여
명령이라고 한다. 명령은 법규성의 유무에 따라 법규명령
과 행정규칙으로 구분할 수 있는데 법규성을 가지는 명령
을 법규명령이라고 하며, 법규성을 가지지 않는(일반 국
민에게 적용되지 않고 특별권력관계 내부에서만 적용되
는) 명령을 행정규칙이라고 한다. 법규명령은 다시 위임
명령과 집행명령으로 구분할 수 있다. 위임명령은 법률
또는 상위명령에 의해 개별적·구체적으로 위임된 사항
에 관하여 발하는 명령으로 국민의 권리·의무에 관한
새로운 입법사항을 규정할 수 있다.

05 난도 ★ 답 ②

▌정답해설▌

② 내용이 적법하고 타당할 것은 실질적 요건에 해당한다.

더 알아보기	훈령의 요건과 하급관청의 심사권	
형식적 요건		
요건	① 훈령권을 가지는 상급경찰행정관청에 의하여 발한 것일 것 ② 하급경찰행정관청의 권한에 속하는 사항일 것 ③ 하급경찰행정관청의 권한행사의 독립성이 보장되어 있는 사항에 관한 것이 아닐 것	
심사 여부	① 하급경찰행정관청이 심사권을 가짐 ② 형식적 요건이 구비되어 있지 않은 경우에는 복종을 거부할 수 있음 ③ 형식적 요건이 구비되지 않았음에도 복종하는 경우에는 하급경찰행정관청이 책임을 짐	
실질적 요건		
요건	① 내용이 적법·타당하며 실현가능하고 명백할 것 ② 내용이 합목적적이고 공익에 적합하여야 할 것	
심사 여부	① 원칙적으로 하급경찰행정관청은 심사권이 없음 ② 내용이 중대·명백한 하자가 있어 당연무효이거나, 범죄를 구성하는 경우에는 하급경찰행정관청은 복종을 거부하여야 함 ③ 실질적 요건을 구비하지 못한 훈령에 복종하게 되면 훈령을 발한 상급경찰행정관청과 복종한 하급경찰행정관청 모두 그 책임을 부담함	

06 난도 ★ 답 ①

▌정답해설▌

① 국가경찰위원 중 상임위원은 정무직으로 한다(국가경찰
과 자치경찰의 조직 및 운영에 관한 법률 제7조 제2항).

▌오답해설▌

② 국가경찰과 자치경찰의 조직 및 운영에 관한 법률 제8조
제3항

③ 국가경찰과 자치경찰의 조직 및 운영에 관한 법률 제8조
제5항

④ 국가경찰과 자치경찰의 조직 및 운영에 관한 법률 제8조
제1항

07 난도 ★★ 답 ③

▌정답해설▌

③ 권한의 대리란 경찰행정관청 권한의 전부 또는 일부를
대리기관(보조기관이나 하급 경찰행정관청)이 피대리관
청을 위한 것임을 표시하고 자기(대리기관)의 명의로 권
한을 행사하여, 그 행위가 피대리관청의 행위로서 법률상
효과가 발생하는 것을 말한다. 권한의 대리에는 임의대리
와 법정대리가 있으며 대리는 일반적으로 임의대리를 의
미한다.

08 난도 ★★ 답 ②

▌정답해설▌

② 감봉의 경우는 직위해제의 대상이 아니다(국가공무원법
제78조의4 제2항).

> **제78조의4(퇴직을 희망하는 공무원의 징계사유 확인 및 퇴직 제한 등)**
> ② 제1항에 따른 확인 결과 퇴직을 희망하는 공무원이
> 파면, 해임, 강등 또는 정직에 해당하는 징계사유가
> 있거나 다음 각 호의 어느 하나에 해당하는 경우(제1
> 호·제3호 및 제4호의 경우에는 해당 공무원이 파면
> ·해임·강등 또는 정직의 징계에 해당한다고 판단
> 되는 경우에 한정한다) 제78조 제4항에 따른 소속 장
> 관 등은 지체 없이 징계의결등을 요구하여야 하고,
> 퇴직을 허용하여서는 아니 된다.

1. 비위(非違)와 관련하여 형사사건으로 기소된 때
2. 징계위원회에 파면·해임·강등 또는 정직에 해당하는 징계 의결이 요구 중인 때
3. 조사 및 수사기관에서 비위와 관련하여 조사 또는 수사 중인 때
4. 각급 행정기관의 감사부서 등에서 비위와 관련하여 내부 감사 또는 조사 중인 때

③ 제2항에 따라 징계의결등을 요구한 경우 임용권자는 제73조의3 제1항 제3호에 따라 해당 공무원에게 직위를 부여하지 아니할 수 있다.

09 난도 ★★ 답 ③

▌정답해설▐

③ '거짓 보고 등의 금지', '지휘권 남용 등의 금지', '제복착용'은 경찰공무원법에 규정되어 있다.

▌오답해설▐

① '성실 의무'는 국가공무원법에 규정되어 있다.
② '비밀엄수의 의무', '청렴의 의무'는 신분상의 의무이나 '친절·공정의 의무'는 직무상의 의무이다.
④ 수사기관이 공무원을 구속하려면 그 소속 기관의 장에게 미리 통보하여야 한다. 다만, 현행범은 그러하지 아니하다(국가공무원법 제58조 제2항).

10 난도 ★★ 답 ③

▌정답해설▐

③ 파면된 자는 재직기간이 5년 이상인 경우에 퇴직급여의 2분의 1을, 재직기간이 5년 미만인 경우에는 퇴직급여의 4분의 1을 감액한다(공무원연금법 시행령 제61조 제1항 제1호).

▌오답해설▐

① 국가공무원법 제79조
② 국가공무원법 제80조 제1항
④ 공무원연금법 시행령 제61조 제1항 제2호

11 난도 ★ 답 ②

▌정답해설▐

② 경찰비례의 원칙은 '적합성의 원칙', '필요성의 원칙', '상당성의 원칙' 세 가지 조건이 모두 충족되어야 한다.

▌오답해설▐

① 경찰관 직무집행법 제1조 제2항 참고
③ 경찰기관의 행위가 비록 형식상 적법하더라도 비례의 원칙을 위반한 경우에는 위헌·위법의 문제가 발생하여 국가배상이나 항고소송의 대상이 될 수 있다.
④ '경찰은 참새를 쫓기 위해서 대포를 쏘아서는 안 된다'는 독일의 법언은 경찰비례의 원칙 중에서도 상당성의 원칙을 표현한 것이다.

12 난도 ★★ 답 ④

▌정답해설▐

④ 위법한 경찰하명에 의해 손해를 입은 자는 국가를 상대로 국가배상을 청구할 수 있다. 위법한 경찰하명을 발한 경찰공무원 개인에 대하여는 고의 또는 중과실이 있는 경우에만 손해배상을 청구할 수 있다는 것이 판례의 태도이다. 적법한 경찰하명에 의하여 특별한 희생에 해당하는 손실을 입은 자에 대해서는 국가가 그 손실을 보상하여야 한다. 그러나 손실보상은 법률의 근거를 요하는 바, 현행법상 경찰하명에 의한 손실의 보상에 관한 일반법은 없다. 따라서 개별보상 규정이 있는 경우에는 문제가 없지만 그 밖의 경우에는 문제가 발생한다.

13 난도 ★★ 답 ④

▌정답해설▐

④ 경찰관 직무집행법 제4조 제4항, 제7항

▌오답해설▐

① 경찰관의 긴급구호요청을 받은 보건의료기관이나 공공구호기관은 정당한 이유 없이 긴급구호의 요청을 거부할 수 없다(경찰관 직무집행법 제4조 제2항). 그러나 정당한 사유 없이 요청을 거부하더라도 경찰관 직무집행법에는 처벌할 수 있는 근거 규정이 없는데 이 경우 '응급의료에 관한 법률'에 처벌에 관한 근거 규정이 있다.

응급의료에 관한 법률 제6조(응급의료의 거부금지 등)
② 응급의료종사자는 업무 중에 응급의료를 요청받거나 응급환자를 발견하면 즉시 응급의료를 하여야 하며 정당한 사유 없이 이를 거부하거나 기피하지 못한다.

제60조(벌칙)
③ 다음의 어느 하나에 해당하는 사람은 3년 이하의 징역 또는 3천만 원 이하의 벌금에 처한다.
   1. 제6조 제2항을 위반하여 응급의료를 거부 또는 기피한 응급의료종사자

② '미아, 병자, 부상자 등으로서 적당한 보호자가 없으며 응급구호가 필요하다고 인정되는 사람'은 보호조치의 대상이나 다만, 본인이 구호를 거절하는 경우는 제외한다(경찰관 직무집행법 제4조 제1항 제3호).
③ 물건을 경찰관서에 임시로 영치하는 기간은 10일을 초과할 수 없다(경찰관 직무집행법 제4조 제7항).

14 난도 ★★　　답 ④

┃정답해설┃
④ 보상금은 일시불로 지급하되, 예산 부족 등의 사유로 일시금으로 지급할 수 없는 특별한 사정이 있는 경우에는 청구인의 동의를 받아 분할하여 지급할 수 있다(경찰관 직무집행법 시행령 제10조 제6항).

┃오답해설┃
① 국가는 경찰관의 적법한 직무집행으로 손실발생의 원인에 대하여 책임이 있는 자가 자신의 책임에 상응하는 정도를 초과하는 생명·신체 또는 재산상의 손실을 입은 경우 손실을 입은 자에 대하여 정당한 보상을 하여야 한다(경찰관 직무집행법 제11조 제1항 제2호).
② 보상을 청구할 수 있는 권리는 손실이 있음을 안 날부터 3년, 손실이 발생한 날부터 5년간 행사하지 아니하면 시효의 완성으로 소멸한다(경찰관 직무집행법 제11조의2 제2항).
③ 위원장은 위원 중에서 호선(互選)한다(경찰관 직무집행법 시행령 제12조).

15 난도 ★　　답 ①

┃정답해설┃
① 관료의 권한과 직무 범위는 법규에 의해 규정된다.

더 알아보기　관료제의 구조적 특성(M. Weber)
1. 관료제에서 구성원은 신분계급관계가 아닌 계약관계에 해당됨
2. 관료의 권한과 직무범위는 법규에 의해 규정됨
3. 직무조직은 계층제적 구조로 편성되어야 함
4. 직무의 수행은 서류에 의하여 이루어지며 기록은 장기간 보존되어야 함
5. 관료는 직무수행과정시 개인적 감정에 의하지 않고 법규에 따라 임무를 수행하여야 함
6. 모든 직무는 시험 또는 자격 등에 의해 공개적으로 채용된 전문지식과 기술을 지닌 관료가 담당함
7. 관료는 직무수행의 대가로 급료를 정기적으로 받고, 승진 및 퇴직금 등의 직업적 보상을 취득함

16 난도 ★★　　답 ②

┃정답해설┃
② 국가재정법 제43조 제1항

┃오답해설┃
① 각 중앙관서의 장은 예산이 확정된 후 사업운영계획 및 이에 따른 세입세출예산·계속비와 국고채무부담행위를 포함한 예산배정요구서를 기획재정부장관에게 제출하여야 한다(국가재정법 제42조).
③ 지출원인행위는 법령의 범위 및 예산이 배정·재배정된 범위에서만 가능하다.
④ 각 중앙관서의 장은 예산이 정한 각 기관 간 또는 각 장·관·항 간에 상호 이용(移用)할 수 없는 것이 원칙이다(국가재정법 제47조 제1항 참고).

제47조(예산의 이용·이체)
① 각 중앙관서의 장은 예산이 정한 각 기관 간 또는 각 장·관·항 간에 상호 이용(移用)할 수 없다. 다만, 다음 각 호의 어느 하나에 해당하는 경우에 한정하여 미리 예산으로써 국회의 의결을 얻은 때에는 기획재정부장관의 승인을 얻어 이용하거나 기획재정부장관이 위임하는 범위 안에서 자체적으로 이용할 수 있다.

1. 법령상 지출의무의 이행을 위한 경비 및 기관운영을 위한 필수적 경비의 부족액이 발생하는 경우
2. 환율변동·유가변동 등 사전에 예측하기 어려운 불가피한 사정이 발생하는 경우
3. 재해대책 재원 등으로 사용할 시급한 필요가 있는 경우
4. 그 밖에 대통령령으로 정하는 경우

17 난도 ★★　　　　　　　　　답 ①

│정답해설│

① 경찰장비관리규칙 제120조 제1항 제3호

제120조(무기·탄약의 회수 및 보관)
① 경찰기관의 장은 무기를 휴대한 자 중에서 다음 각 호에 해당하는 자가 발생한 때에는 즉시 대여한 무기·탄약을 회수하여야 한다.
　1. 직무상의 비위 등으로 인하여 징계대상이 된 자
　2. 형사사건의 조사의 대상이 된 자
　3. 사의를 표명한 자

│오답해설│

② '경찰공무원 직무적성검사 결과 고위험군에 해당되는 자'는 무기 소지 적격 심의위원회의 심의를 거쳐 대여한 무기·탄약을 회수할 수 있다(경찰장비관리규칙 제120조 제1항).
③ 형사사건의 조사의 대상이 된 자는 즉시 대여한 무기·탄약을 회수하여야 한다(경찰장비관리규칙 제120조 제1항 제2호).
④ '정신건강상 문제가 우려되어 치료가 필요한 자'는 무기 소지 적격 심의위원회의 심의를 거쳐 대여한 무기·탄약을 회수할 수 있다(경찰장비관리규칙 제120조 제1항).

18 난도 ★★　　　　　　　　　답 ③

│정답해설│

③ 보안업무규정 시행 세부규칙 제60조 제1항 제1호 참고

더 알아보기	제한구역, 통제구역(보안업무규정 시행 세부규칙 제60조 제1항)
제한구역	가. 전자교환기(통합장비)실, 정보통신실 나. 발간실 다. 송신 및 중계소, 정보통신관제센터 라. 경찰청 및 시·도경찰청 항공대 마. 작전·경호·정보·안보업무 담당부서 전역 바. 과학수사센터
통제구역	가. 암호취급소 나. 정보보안기록실 다. 무기창·무기고 및 탄약고 라. 종합상황실·치안상황실 마. 암호장비관리실 바. 정보상황실 사. 비밀발간실 아. 종합조회처리실

19 난도 ★★　　　　　　　　　답 ①

│정답해설│

① 8세 이상의 국민은 공공기관의 사무처리가 법령위반 또는 부패행위로 인하여 공익을 현저히 해하는 경우 대통령령으로 정하는 일정한 수(300인) 이상의 국민의 연서로 감사원에 감사를 청구할 수 있다(부패방지 및 국민권익위원회의 설치와 운영에 관한 법률 제72조 제1항).

│오답해설│

② 국가·시·도경찰위원회의 의결에 대해 행안부장관과 시·도지사는 재의요구권을 가지므로 완전한 의미의 민주적 통제장치로 보기에는 무리가 있다.
③ 청문감사관 제도는 경찰의 대국민 신뢰 제고를 위한 취지에서 1999년 신설된 경찰서의 감찰·감사업무를 담당하는 부서로 내부적 통제에 해당한다.
④ 행정절차법은 제4장 입법예고, 제5장 행정예고 규정을 두고 있다.

2020년(경위) | 정답 및 해설　**163**

┃정답해설┃

④ 감찰관은 심야(자정부터 오전 6시까지를 말한다)에 조사를 하여서는 아니 된다(경찰감찰규칙 제32조 제1항).

┃오답해설┃

① 경찰 감찰 규칙 제17조 제1항
② 경찰 감찰 규칙 제17조 제2항
③ 경찰 감찰 규칙 제36조

┃정답해설┃

① 자연적 감시란 보행자 얼굴을 쉽게 인식할 수 있도록 보안등의 밝기를 높이는 것 같은 가시권 확보를 통해 외부 침입자에 대한 감시기능을 강화하는 것으로 조명·조경·가시권확대를 위한 건물의 배치 등이 있다.

┃오답해설┃

② 자연적 접근통제는 일정한 지역에 접근하는 사람들을 정해진 공간으로 유도하거나 외부인이 출입을 통제하도록 설계함으로써 접근에 대한 심리적 부담을 증대시켜 범죄를 예방하는 것으로 차단기, 방범창, 잠금장치, 통행로의 설치, 출입구의 최소화 등이 있다.
④ '출입구의 최소화'는 자연적 접근통제의 예에 해당한다.

┃정답해설┃

④ Wi-Fi방식은 휴대전화의 Wi-Fi가 연결된 무선AP(무선인터넷 공유기)의 위치를 통한 측위를 나타내며 Cell방식과 비교하여 위치가 현격히 다른 경우 Cell값 위치를 신고자의 위치로 추정한다.

더 알아보기	측위기술의 종류 및 특징
GPS 방식	
측위 방식	휴대전화에 내장된 GPS의 위치를 인공위성을 통해 측정
특징	• 기본 오차가 수십m로 정확한 측위가 가능 • GPS 내장되지 않은 휴대폰은 측위를 할 수 없음 • 건물내부, 지하 등에서는 측위 불가능
주의	신고자가 아파트 등 건물의 창가, 베란다, 옥상과 같이 개방된 곳에 위치시 측위 가능함으로 GPS위치 결과값이 건물과 근접한 경우에는 건물내부에 신고자가 위치한 경우도 있음
Wi-Fi 방식	
측위 방식	휴대전화 Wi-Fi가 연결된 무선AP(Access Point, 무선인터넷 공유기)의 위치를 통한 측정
특징	• GPS 방식보다는 정확도가 떨어짐 • Cell 방식보다는 상대적으로 정확한 측위 가능 • 지하나 건물 내에서도 측위 가능하지만, AP가 많이 설치되어 있지 않은 시외지역에서는 측위 곤란
주의	Cell값과 Wi-Fi 위치가 현격히 차이나는 경우는 Cell값 위치를 신고자 위치로 추정함
Cell 방식	
측위 방식	휴대전화가 접속한 기지국의 위치를 기반으로 위치측정
특징	• 모든 휴대전화에 대해 사용 가능 • 실내·지하 등에서도 측위 가능 • 수백m(도심지) ~ 수km(개활지)의 위치오차 발생하는 점은 단점
주의	−

23 난도 ★
답 ②

▌정답해설▐

② 실종아동등의 보호 및 지원에 관한 법률 제6조 제1항 제5호

▌오답해설▐

① "장기실종아동등"이란 보호자로부터 신고를 접수한 지 48시간이 경과한 후에도 발견되지 않은 찾는실종아동등을 말한다(실종아동등 및 가출인 업무처리 규칙 제2조 제5호).

③ "보호시설 무연고자"는 실종아동등 프로파일링시스템에 입력해야 한다(실종아동등 및 가출인 업무처리 규칙 제7조 제1항).

④ 실종아동등의 보호 및 지원에 관한 법률 제2조 제2호 참고

제2조(정의)
이 법에서 사용하는 용어의 정의는 다음과 같다.
1. "아동등"이란 다음 각 목의 어느 하나에 해당하는 사람을 말한다.
   가. 실종 당시 18세 미만인 아동
   나. 「장애인복지법」 제2조의 장애인 중 지적장애인, 자폐성장애인 또는 정신장애인
   다. 「치매관리법」 제2조 제2호의 치매환자
2. "실종아동등"이란 약취·유인 또는 유기되거나 사고를 당하거나 가출하거나 길을 잃는 등의 사유로 인하여 보호자로부터 이탈된 아동등을 말한다.

24 난도 ★★
답 ③

▌정답해설▐

③ 아동·청소년의 성을 사는 행위의 장소를 제공하는 행위를 업으로 하는 자는 7년 이상 유기징역에 처한다(아동·청소년의 성보호에 관한 법률 제15조 제1항). 폭행이나 협박으로 아동·청소년대상 성범죄의 피해자 또는 「아동복지법」 제3조 제3호에 따른 보호자를 상대로 합의를 강요한 자는 7년 이하의 징역에 처한다(동법 제16조).

▌오답해설▐

① 아동·청소년의 성보호에 관한 법률 제11조 제1항
② 아동·청소년의 성보호에 관한 법률 제21조
④ 아동·청소년의 성보호에 관한 법률 제2조 제4호

제2조(정의)
4. "아동·청소년의 성을 사는 행위"란 아동·청소년, 아동·청소년의 성(性)을 사는 행위를 알선한 자 또는 아동·청소년을 실질적으로 보호·감독하는 자 등에게 금품이나 그 밖의 재산상 이익, 직무·편의제공 등 대가를 제공하거나 약속하고 다음 각 목의 어느 하나에 해당하는 행위를 아동·청소년을 대상으로 하거나 아동·청소년으로 하여금 하게 하는 것을 말한다.
   가. 성교 행위
   나. 구강·항문 등 신체의 일부나 도구를 이용한 유사 성교 행위
   다. 신체의 전부 또는 일부를 접촉·노출하는 행위로서 일반인의 성적 수치심이나 혐오감을 일으키는 행위
   라. 자위 행위

25 난도 ★
답 ③

▌정답해설▐

③ 경찰수사권 독립론에 대한 반대측 논거에 해당한다.

26 난도 ★★★
답 ③

▌정답해설▐

③ 염소산칼륨중독, 아질산소다 중독인 경우 갈색조(황갈색, 암갈색, 초콜릿색)를 띤다.

더 알아보기 시반(시체얼룩)

구분	색
정상적인 경우 (끈졸림 시체 등)	암적색 (검붉은색)
일산화탄소 중독, 청산중독, 익사, 저체온사, 사망 후 차가운 곳에 둔 경우	선홍색 (빨간색)
염소산칼륨중독, 아질산소다 중독인 경우	갈색조 (황갈색, 암갈색, 초콜릿색)
황화수소가스 중독인 경우	녹갈색

① 시체는 사후에 일시 이완되었다가 시간이 경과하면서 점차 경직되고, 턱관절에서 경직되기 시작하여 사후 6~12시간 내에 전신에 미친다.
② 자가용해(autolysis)는 세포 내에 있는 자체의 효소를 통해 세포가 스스로 파괴되는 현상으로 세포가 죽을 때 또는 손상받은 세포가 파괴될 때 일어나는 과정이다.
④ 사이안화칼륨(사이안화포타슘, 시안화칼륨, 청산가리, 청산칼륨, 청화칼륨, 청화칼리, 청산칼리, 싸이나는 모두 동의어이다) 중독의 경우 시반은 선홍색(빨간색)이다.

27 난도 ★★

답 ④

▮정답해설▮
④ 피해아동 및 보호자의 동의를 받아야 하는 것이 아니라 피해아동등의 의사를 존중하여야 한다(아동학대범죄의 처벌 등에 관한 특례법 제12조 제1항 참고).

> **제12조(피해아동 등에 대한 응급조치)**
> ① 제11조 제1항에 따라 현장에 출동하거나 아동학대범죄 현장을 발견한 경우 또는 학대현장 이외의 장소에서 학대피해가 확인되고 재학대의 위험이 급박·현저한 경우, 사법경찰관리 또는 아동학대전담공무원은 피해아동, 피해아동의 형제자매인 아동 및 피해아동과 동거하는 아동(이하 "피해아동등"이라 한다)의 보호를 위하여 즉시 다음 각 호의 조치(이하 "응급조치"라 한다)를 하여야 한다. 이 경우 제3호의 조치를 하는 때에는 피해아동등의 이익을 최우선으로 고려하여야 하며, 피해아동등을 보호하여야 할 필요가 있는 등 특별한 사정이 있는 경우를 제외하고는 피해아동등의 의사를 존중하여야 한다.
> 1. 아동학대범죄 행위의 제지
> 2. 아동학대행위자를 피해아동등으로부터 격리
> 3. 피해아동등을 아동학대 관련 보호시설로 인도
> 4. 긴급치료가 필요한 피해아동을 의료기관으로 인도

▮오답해설▮
① 아동학대범죄의 처벌 등에 관한 특례법 제3조
② 아동학대범죄의 처벌 등에 관한 특례법 제11조 제1항
③ 아동학대범죄의 처벌 등에 관한 특례법 제12조

28 난도 ★★

답 ③

▮정답해설▮
③ 대통령선거의 경우 선거기간은 후보자등록마감일의 다음 날부터 선거일까지이고 국회의원선거와 지방자치단체의 의회의원 및 장의 선거의 선거기간은 후보자등록마감일 후 6일부터 선거일까지이다(공직선거법 제33조 제3항).

▮오답해설▮
① 공직선거법 제33조 제2항
② 개표소 경비에서 제1선(개표소 내부)은 선거관리위원회 위원장의 책임하에 질서를 유지한다. 제2선(울타리 내곽)에서는 경찰과 선거관리위원회가 합동으로 출입자를 통제하고 제3선(울타리 외곽)은 검문조·순찰조를 운영하여 위해 기도자 접근을 차단한다.
④ 선거일은 갑호비상이 일반적이다.

29 난도 ★★

답 ④

▮정답해설▮
④ 경찰 비상업무 규칙 [별표 1] 참고

▮오답해설▮
① 연가 중지는 갑호비상시이다(경찰 비상업무 규칙 제7조 제1항 제1호).
② 작전준비태세시 별도의 경력동원 없이 경찰관서 지휘관 및 참모의 비상연락망을 구축하고 신속한 응소체제를 유지한다(경찰 비상업무 규칙 제7조 제1항 제5호).
③ "가용경력"이라 함은 총원에서 휴가·출장·교육·파견 등을 제외하고 실제 동원될 수 있는 모든 인원을 말한다(경찰 비상업무 규칙 제2조 제7호).

30 난도 ★★

답 ③

▮정답해설▮
ⓒ (○) 테러취약시설 안전활동에 관한 규칙 제9조·제14조
ⓔ (○) 다수의 인질범들에 의한 납치사건이 일어났을 때, 하나 혹은 둘 이상의 인질범이 인질들에게 일체감을 느끼고 인질의 입장을 이해하여 호의를 베풀거나, 자신들의 행위를 미안하게 여기거나, 인질을 계속해서 괴롭히는 것을 바라지 않게 되는 이상 현상. 인질이 인질범에게

동화되거나 호감을 느끼게 되는 스톡홀름 증후군과는 반대다.

② (○) 국민보호와 공공안전을 위한 테러방지법 제17조 제4항, 제5항

▮오답해설▮

⊙ (×) B급 다중이용건축물은 반기 1회 이상 점검을 실시한다(테러취약시설 안전활동에 관한 규칙 [별표 4]).

31 난도 ★★　　　　　답 ①

▮정답해설▮

① 도로공사를 하고 있는 경우 그 공사 구역의 양쪽 가장자리로부터 5m 이내인 곳은 주·정차금지구역이 아니다(도로교통법 제32조 참고).

> **제32조(정차 및 주차의 금지)**
> 모든 차의 운전자는 다음 각 호의 어느 하나에 해당하는 곳에서는 차를 정차하거나 주차하여서는 아니 된다. 다만, 이 법이나 이 법에 따른 명령 또는 경찰공무원의 지시를 따르는 경우와 위험방지를 위하여 일시정지하는 경우에는 그러하지 아니하다.
> 1. 교차로·횡단보도·건널목이나 보도와 차도가 구분된 도로의 보도(「주차장법」에 따라 차도와 보도에 걸쳐서 설치된 노상주차장은 제외한다)
> 2. 교차로의 가장자리나 도로의 모퉁이로부터 5미터 이내인 곳
> 3. 안전지대가 설치된 도로에서는 그 안전지대의 사방으로부터 각각 10미터 이내인 곳
> 4. 버스여객자동차의 정류지(停留地)임을 표시하는 기둥이나 표지판 또는 선이 설치된 곳으로부터 10미터 이내인 곳. 다만, 버스여객자동차의 운전자가 그 버스여객자동차의 운행시간 중에 운행노선에 따르는 정류장에서 승객을 태우거나 내리기 위하여 차를 정차하거나 주차하는 경우에는 그러하지 아니하다.
> 5. 건널목의 가장자리 또는 횡단보도로부터 10미터 이내인 곳
> 6. 다음 각 목의 곳으로부터 5미터 이내인 곳
>   가. 「소방기본법」 제10조에 따른 소방용수시설 또는 비상소화장치가 설치된 곳
>   나. 「소방시설 설치 및 관리에 관한 법률」 제2조 제1항 제1호에 따른 소방시설로서 대통령령으로 정하는 시설이 설치된 곳

> 7. 시·도경찰청장이 도로에서의 위험을 방지하고 교통의 안전과 원활한 소통을 확보하기 위하여 필요하다고 인정하여 지정한 곳
> 8. 시장등이 제12조 제1항에 따라 지정한 어린이 보호구역

32 난도 ★★　　　　　답 ③

▮정답해설▮

③ 과거 5년 이내에 3회 이상의 인적피해 교통사고의 전력이 있는 경우(도로교통법 시행규칙 [별표 28])이다.

33 난도 ★★　　　　　답 ④

▮정답해설▮

④ 무면허운전 금지를 3회 위반하여 자동차 등을 운전한 경우 위반한 날부터 2년간 운전면허 시험응시가 제한된다(도로교통법 제82조 제2항 제2호).

▮오답해설▮

①·② 도로교통법 시행규칙 [별표 18]
③ 도로교통법 제95조 제1항

34 난도 ★★　　　　　답 ④

▮정답해설▮

④ 간접정보는 책·텔레비전·라디오·신문 등의 매체를 통하여 입수한 정보로 오늘날에는 간접정보가 압도적으로 많다.

▮오답해설▮

① 공개출처정보는 정보출처에 대한 별다른 보호조치가 없더라도 상시적으로 정보를 획득할 것으로 기대되는 출처로부터 얻어진 정보를 말한다.
② 우연출처정보는 정보관이 의도한 정보입수의 시점과는 무관하게 얻어지는 정보이다.
③ 정기출처정보가 우연출처정보보다 신빙성과 신뢰성이 높다.

35 난도 ★★　　　답 ③

┃정답해설┃

③ 집회 및 시위에 관한 법률 제13조

┃오답해설┃

① 관할경찰관서장은 제6조 제1항에 따른 신고서의 기재 사항에 미비한 점을 발견하면 접수증을 교부한 때부터 12시간 이내에 <u>주최자에게</u> 24시간을 기한으로 그 기재 사항을 보완할 것을 통고할 수 있다(집회 및 시위에 관한 법률 제7조 제1항).

② 보완 통고는 보완할 사항을 분명히 밝혀 <u>서면으로 주최자 또는 연락책임자에게</u> 송달하여야 한다(집회 및 시위에 관한 법률 제7조 제2항).

④ 법 제13조 제2항에 따른 질서유지선의 설정 고지는 서면으로 하여야 한다. 다만, 집회 또는 시위 장소의 상황에 따라 질서유지선을 새로 설정하거나 변경하는 경우에는 집회 또는 시위의 장소에 있는 경찰공무원이 구두로 알릴 수 있다(집회 및 시위에 관한 법률 시행령 제13조 제2항).

36 난도 ★★　　　답 ④

┃정답해설┃

㉠ (○) '연락'이란 비밀공작을 수행함에 있어서 상·하급 인원이나 기관 간에 비밀을 은폐하려고 기도하는 방법으로 첩보, 관념, 문서와 물자 등을 전달하기 위하여 설치한 수단방법의 유지·운용을 의미한다.

㉡ (○) '신호'란 비밀공작활동에 있어서 조직원 상호 간에 어떠한 의사를 전달하기 위하여 사전에 약정해 놓은 표시를 말한다. 신호의 종류로는 인식신호, 확인신호, 안전·위험신호, 행동신호가 있다.

㉢ (×) '사전정찰'이란 앞으로 실시할 공작활동을 위해 공작 목표나 공작지역에 대하여 예비지식을 수집하는 사전조사활동을 말한다.

㉣ (×) '감시'란 공작대상의 인물, 시설, 물자, 지역 등에 대한 정보를 획득할 목적으로 시각이나 청각 등을 사용하여 관찰하는 기술을 말한다.

37 난도 ★　　　답 ①

┃정답해설┃

① 북한이탈주민의 보호 및 정착지원에 관한 법률 제9조 참고

> **제9조(보호 결정의 기준)**
> ① 제8조 제항 본문에 따라 보호 여부를 결정할 때 다음 각 호의 어느 하나에 해당하는 사람은 보호대상자로 결정하지 아니할 수 있다.
> 1. 항공기 납치, 마약거래, 테러, 집단살해 등 국제형사범죄자
> 2. 살인 등 중대한 비정치적 범죄자
> 3. 위장탈출 혐의자
> 4. 삭제
> 5. 국내 입국 후 3년이 지나서 보호신청한 사람
> 6. 그 밖에 국가안전보장·질서유지·공공복리에 대한 중대한 위해 발생 우려, 보호신청자의 경제적 능력 및 해외체류 여건 등을 고려하여 보호대상자로 정하는 것이 부적당하거나 보호 필요성이 현저히 부족하다고 대통령령으로 정하는 사람

38 난도 ★★　　　답 ②

┃정답해설┃

② 주한외국공관(대사관과 영사관 포함)과 국제기구의 직원 및 그의 가족은 외국인등록 예외이다(출입국관리법 제31조 제1항 제1호).

┃오답해설┃

① 출입국관리법 제7조, 제7조의3 참고

③ 지방출입국·외국인관서의 장은 제46조 제1항 각 호의 어느 하나에 해당하는 사람이 형의 집행을 받고 있는 중에도 강제퇴거의 절차를 밟을 수 있다(출입국관리법 제85조 제1항).

④ 출입국관리법 제12조의2 제3항

39 난도 ★ 답 ①

▌정답해설▌

① 황색수배서 – 가출인 수배서(가출인 소재확인 또는 기억상실자 신원파악 목적)

더 알아보기	**국제수배서**
녹색수배서	상습국제범죄자 수배서(상습 국제범죄자의 동향파악 목적)
청색수배서	국제정보조회수배서(피수배자의 신원과 소재확인 목적)
적색수배서	국제체포수배서(범죄인인도 목적)
황색수배서	가출인 수배서(가출인 소재확인 또는 기억상실자 신원파악 목적)
흑색수배서	변사자 수배서(신원불상 사망자 또는 가명사용 사망자 신원파악 목적)
장물수배서	도난 또는 불법취득 물건·문화재 등 수배
자주색수배서	새로운 범죄수법 배포
오렌지수배서 (Orange Notice)	폭발물·테러범(위험인물) 등에 대하여 보안을 경고하기 위한 목적
INTERPOL-UN 수배서	국제 테러범 및 테러단체에 대한 제재 목적

40 난도 ★★ 답 ④

▌정답해설▌

④ 법원은 범죄인이 인도구속영장에 의하여 구속 중인 경우에는 구속된 날부터 2개월 이내에 인도심사에 관한 결정을 하여야 한다(범죄인 인도법 제14조 제1항).

▌오답해설▌

① 범죄인 인도법 제8조 제1항 제1호
② 범죄인 인도법 제6조
③ 범죄인 인도법 제9조 제4호

01	02	03	04	05	06	07	08	09	10	11	12	13	14	15	16	17	18	19	20
④	③	①	④	②	①	④	②	③	①	②	④	④	③	①	④	②	③	②	③
21	22	23	24	25	26	27	28	29	30	31	32	33	34	35	36	37	38	39	40
④	②	②	③	④	①	④	②	②	④	②	④	②	①	③	④	③	②	①	③

01 난도 ★　　　　　　　　답 ④

| 정답해설 |

④ 형식적 의미의 경찰과 실질적 의미의 경찰은 서로 다른 별개의 기준으로 구분한 개념으로 경우에 따라서는 두 개념이 일치하는 경우도 있으나 일치하지 않는 경우도 있다. 이 두 개념은 어느 하나의 개념이 다른 하나의 개념에 포함되는 상위개념과 하위개념의 문제가 아니다.

02 난도 ★★　　　　　　　답 ③

| 정답해설 |

③ 위험혐의는 경찰이 의무에 합당한 사려 깊은 판단을 할 때 실제로 위험의 가능성은 예측이 되지만 그 실현이 불확실한 경우를 말한다.

| 오답해설 |

① 손해는 보호받는 개인 및 공동의 법익에 관한 정상적 상태의 객관적 감소를 뜻하고, 보호법익에 대한 현저한 침해행위가 있어야만 성립한다. 위험은 가까운 장래에 공공의 안녕 또는 질서에 손해가 나타날 수 있는 가능성이 개개의 경우에 충분히 존재하는 상태를 말한다.

② 위험은 그 인식 여부에 따라 외관적 위험, 위험혐의, 오상위험으로 구분할 수 있다.

④ 외관적위험은 원칙적으로 적법하나 적법한 행위로 인하여 특별한 희생이 발생한다면 손실보상 책임은 부담할 수 있다.

03 난도 ★★　　　　　　　답 ①

| 정답해설 |

㉠ (○) 전체사회가설은 사회 전체가 경찰의 부패를 묵인하거나 조장할 때 경찰관은 자연스럽게 부패행위를 하게 되며 처음 단계에는 작은 호의와 같은 것에 길들여져 나중에는 명백한 부정부패로 빠져들게 된다는 이론이다.

㉡ (×) 구조원인가설은 신참경찰관들이 그들의 고참동료들에 의해 조직의 부패전통 내에서 사회화됨으로써 부패의 길로 들어선다는 견해이다.

㉢ (○) 펠드버그는 작은 호의를 받았다고 해서 반드시 경찰이 큰 부패를 범하는 것은 아니라고 비판하였다(작은 호의 허용론).

㉣ (×) 미끄러지기 쉬운 경사로 이론의 내용이다.

04 난도 ★★　　　　　　　답 ④

| 정답해설 |

④ 예외사항에 해당한다(부정청탁 및 금품등 수수의 금지에 관한 법률 제8조 참고).

> **제8조(금품등의 수수 금지)**
> ③ 제10조의 외부강의등에 관한 사례금 또는 다음 각 호의 어느 하나에 해당하는 금품등의 경우에는 제1항 또는 제2항에서 수수를 금지하는 금품등에 해당하지 아니한다.
> 1. 공공기관이 소속 공직자등이나 파견 공직자등에게 지급하거나 상급 공직자등이 위로·격려·포상 등의 목적으로 하급 공직자등에게 제공하는 금품등

2. 원활한 직무수행 또는 사교·의례 또는 부조의 목적으로 제공되는 음식물·경조사비·선물 등으로서 대통령령으로 정하는 가액 범위 안의 금품등. 다만, 선물 중 「농수산물 품질관리법」 제2조 제1항 제1호에 따른 농수산물 및 같은 항 제13호에 따른 농수산가공품(농수산물을 원료 또는 재료의 50퍼센트를 넘게 사용하여 가공한 제품만 해당한다)은 대통령령으로 정하는 설날·추석을 포함한 기간에 한정하여 그 가액 범위를 두 배로 한다.
3. 사적 거래(증여는 제외한다)로 인한 채무의 이행 등 정당한 권원(權原)에 의하여 제공되는 금품등
4. 공직자등의 친족(「민법」 제777조에 따른 친족을 말한다)이 제공하는 금품등
5. 공직자등과 관련된 직원상조회·동호인회·동창회·향우회·친목회·종교단체·사회단체 등이 정하는 기준에 따라 구성원에게 제공하는 금품등 및 그 소속 구성원 등 공직자등과 특별히 장기적·지속적인 친분관계를 맺고 있는 자가 질병·재난 등으로 어려운 처지에 있는 공직자등에게 제공하는 금품등
6. 공직자등의 직무와 관련된 공식적인 행사에서 주최자가 참석자에게 통상적인 범위에서 일률적으로 제공하는 교통, 숙박, 음식물 등의 금품등
7. 불특정 다수인에게 배포하기 위한 기념품 또는 홍보용품 등이나 경연·추첨을 통하여 받는 보상 또는 상품 등
8. 그 밖에 다른 법령·기준 또는 사회상규에 따라 허용되는 금품등

┃오답해설┃

① 부정청탁 및 금품등 수수의 금지에 관한 법률 제22조 제2항
② 부정청탁 및 금품등 수수의 금지에 관한 법률 제8조 제1항
③ 부정청탁 및 금품등 수수의 금지에 관한 법률 제8조 제3항 제3호

05 난도 ★   답 ②

┃정답해설┃

② 미군정 시기는 1945년 해방 이후부터 1948년 8월 15일 대한민국 정부 수립 때까지를 말한다. 경찰관 직무집행법은 1953년 12월 14일 제정되었다.

더 알아보기	해방 이후의 경찰제도 변천과정
1940년대	
1945.10.21.	미 군정청에 경무국 설치, 각 도에 경찰부를 창설
1946.1.6.	경무국을 경무부(경찰부)로 승격
1946.5.15.	최초로 여자 경찰관을 모집
1946.3. ~1949	철도경찰 신설
1946.2.25.	기마경찰대 신설
1947.9.1.	경찰간부후보생 제도
1947.12.15.	중앙경찰위원회 설치
1948.10.14.	내무부장관 소속으로 치안국 설치 및 시·도에 경찰국 설치
1949.10.18.	경찰병원 설치
1950년대	
1953.12.14.	경찰관 직무집행법
1953.12.23.	해양경찰대
1954.3.18.	행정대집행법
1954.4.1.	경범죄처벌법
1955.3.25.	국립과학수사연구소
1960년대	
1966.7.12.	경찰윤리헌장
1969.1.7.	경찰공무원법
1966.7.1.	경찰관 해외주재관 제도 신설
1969	경정·경장 2계급 신설하고 2급 지서장을 경감에서 경정으로 격상
1970년대	
1970.12.31.	전투경찰대설치법
1974.12.24.	내무부 치안국을 치안본부로 개편
1975	소방업무가 민방위본부로 이관
1979.12.28.	경찰대학설치법 제정 공포
1980년대	
1980	새경찰신조
1983	의무경찰대
1970.1.27. 제정, 1983.6.11. 전문개정	경찰공무원복무규정
1987	6·10 선언

1990년대	
1991.8.1.	치안본부의 경찰청 승격, 지방경찰국의 지방경찰청 승격
1991.7.23.	해양경찰대가 경찰청 소속 해양경찰청으로 변경
1999.5.24.	경찰서에 "청문관제" 도입
1999.12.28.	면허시험장을 책임운영기관화하여 청장 직속의 "운전면허시험관리단" 신설
2000년대	
2000.9.29.	사이버테러대응센터 신설
2005.7.5.	경찰청 생활안전국에 여성청소년과 신설
2005.12.30.	경찰병원을 추가로 책임운영기관화
2006.3.30.	경찰청 외사관리관을 "외사국"으로 확대 개편
2006.7.1.	제주도 자치 경찰 출범
2006.10.31.	제주지방경찰청장을 치안감급으로 격상
2006.10.31.	경찰청 수사국 내에 "인권보호센터" 신설
2010년대	
2010.8.10.	국립과학수사연구소를 "원"으로 승격
2013.2.25.	국토해양부에서 해양수산부 분리, 재신설로 해양경찰청의 이관
2019.2.26.	본청의 상황관리 역량 강화를 위해 차장 직속으로 치안상황관리관 신설
2020년대	
2020.12.31.	■ 국가수사본부 도입 • 국가수사본부 산하에 2관(수사행정), 4국(수사지휘·조정 등), 1담당관(인권) 편제 • 기존 수사·사이버*·보안**·과수를 편제하면서 '수사기획조정관', '형사국' 신설 • 사이버안전국 → 사이버수사국, 보안국 → 안보수사국으로 개편 • 과(課)단위 '수사심사정책담당관', '반부패공공범죄수사과', '마약조직범죄수사과' 신설 • 여성대상범죄수사·아동청소년수사·외사수사·교통조사 기능을 형사국으로 이관 • 서울청 수사차장 신설 및 시·도경찰청 2부장(경기남부 3부장)을 수사부장으로 개편 • 시·도경찰청의 직접 수사기능 강화를 위해 '광역수사대' 9대 신설 등 수사인력 증원

	• '수사심사담당관(시·도경찰청)', '수사심사관(경찰서)' 신설 및 기록물관리인력 증원 • 과학치안정책팀 신설 및 인력증원(총액인건비) • 자치경찰제 도입 • 기획조정관 소속으로 자치경찰 사무 지원을 수행하는 '자치경찰담당관' 신설 • 시·도경찰청에서 자치경찰 사무를 수행할 '자치경찰차장(서울)' 및 '자치경찰부장' 신설 • 정부 청사경비대(서울, 대전, 과천)를 폐지하고, 서울청에 6기동대, 7기동대, 8기동대 신설 • 11개 시·도경찰청(대구, 광주, 대전, 울산, 경기북부, 강원, 충북, 충남, 전북, 전남, 경남)은 경무과와 정보화장비과를 경무기획정보화장비과로 통합하고, 경비교통과를 경비과와 교통과로 분리
2021.7.30.	■ 기구개편 • 본청 : 정보통신담당관 → 정보통신기술담당관 • 시·도청 : 청문감사담당관 → 청문감사인권담당관 • 경찰서 : 청문감사관 → 청문감사인권관

06 난도 ★　　　　　답 ①

▌정답해설▌

① 훈령은 형식적 요건으로 '하급경찰행정관청의 권한행사의 독립성이 보장되어 있는 사항에 관한 것이 아닐 것'이 요구된다.

07 난도 ★★　　　　답 ④

▌정답해설▌

④ 국가경찰과 자치경찰의 조직 및 운영에 관한 법률 제9조 제1항

① 위원 중 상임위원은 정무직으로 한다(국가경찰과 자치경찰의 조직 및 운영에 관한 법률 제7장 제3호).

② 위원장 1명을 포함한 7명의 위원으로 구성하되, 위원장 및 5명의 위원은 비상임으로 하고, 1명의 위원은 상임으로 한다(국가경찰과 자치경찰의 조직 및 운영에 관한 법률 제7조 제2항).

③ 위원은 행정안전부장관의 제청으로 국무총리를 거쳐 대통령이 임명한다(국가경찰과 자치경찰의 조직 및 운영에 관한 법률 제8조 제1항).

08 난도 ★★ 답 ②

② 인권침해, 편파수사를 이유로 다수의 진정을 받는 등 공정한 수사업무 수행을 기대하기 곤란한 경우 수사경과를 해제할 수 있다(수사경찰 인사운영규칙 제15조 제2항 제2호).

① · ③ 수사경찰 인사운영규칙 제15조 제1항
④ 수사경찰 인사운영규칙 제15조 제4항

09 난도 ★★ 답 ③

③ 휴직 기간 중 그 사유가 없어지면 30일 이내에 임용권자 또는 임용제청권자에게 신고하여야 하며, 임용권자는 지체 없이 복직을 명하여야 한다(국가공무원법 제73조 제2항).

① 국가공무원법 제72조 제3호
② 국가공무원법 제72조 제5호
④ 국가공무원법 제72조 제10호

10 난도 ★★ 답 ①

① 징계등 의결 요구를 받은 징계위원회는 그 요구서를 받은 날부터 30일 이내에 징계등에 관한 의결을 하여야 한다. 다만, 부득이한 사유가 있을 때에는 해당 징계등 의결을 요구한 경찰기관의 장의 승인을 받아 30일 이내의 범위에서 그 기한을 연기할 수 있다(경찰공무원 징계령 제11조 제1항).

② 경찰공무원 징계령 제12조 제1항
③ 경찰공무원 징계령 제12조 제3항
④ 경찰공무원 징계령 제18조 제1항

11 난도 ★★ 답 ②

② 경찰공무원 징계령 세부시행규칙 제5조 제2항 참고

제5조(행위자와 감독자에 대한 문책기준)
② 징계요구권자 또는 징계위원회는 감독자에게 다음 각 호의 어느 하나에 해당하는 사유가 있을 때에는 징계책임을 감경하여 징계의결 요구 또는 징계의결하거나 징계책임을 묻지 아니할 수 있다.
1. 부하직원의 의무위반행위를 사전에 발견하여 적법 타당하게 조치한 때
2. 부하직원의 의무위반행위가 감독자 또는 행위자의 비번일, 휴가기간, 교육기간 등에 발생하거나, 소관업무와 직접 관련 없는 등 감독자의 실질적 감독범위를 벗어났다고 인정된 때
3. 부임기간이 1개월 미만으로 부하직원에 대한 실질적인 감독이 곤란하다고 인정된 때
4. 교정이 불가능하다고 판단된 부하직원의 사유를 명시하여 인사상 조치(전출 등)를 상신하는 등 성실히 관리한 이후에 같은 부하직원이 의무위반행위를 야기하였을 때
5. 기타 부하직원에 대하여 평소 철저한 교양감독 등 감독자로서의 임무를 성실히 수행하였다고 인정된 때

12 난도 ★★ 답 ④

┃정답해설┃

④ 대집행은 행정법상의 대체적 작위의무를 진 자의 의무불이행시 경찰행정관청이 스스로 그 행위를 하거나 또는 제3자로 하여금 의무자가 하여야 할 행위를 하게 함으로써 의무의 이행이 있는 것과 같은 상태를 실현시킨 후, 그에 관한 비용을 의무자로부터 징수하는 경찰상의 강제집행이다.

┃오답해설┃

① 직접강제는 의무자가 의무를 이행하지 않는 경우엔 직접적으로 의무자의 신체 또는 재산에 실력을 가하여 행정상 필요한 상태를 실현하는 것으로 대체적·비대체적 작위의무·부작위·수인의무 불이행에 대해 행사할 수 있다.
② 강제징수는 행정법상의 금전급부의무를 이행하지 않는 경우에 경찰행정관청이 강제적으로 의무가 이행된 것과 동일한 상태를 실현하는 경찰상 강제집행으로 그 법적근거에는 국세징수법이 있다.
③ 집행벌은 사후적 제재로서의 성질이 아니라 의무이행의 확보에 그 주된 지향점이 있다는 점에서 경찰벌과 구별된다.

13 난도 ★★ 답 ④

┃정답해설┃

④ 경찰관은 제1항이나 제2항에 따라 질문을 하거나 동행을 요구할 경우 자신의 신분을 표시하는 증표를 제시하면서 소속과 성명을 밝히고 질문이나 동행의 목적과 이유를 설명하여야 하며, 동행을 요구하는 경우에는 동행 장소를 밝혀야 한다(경찰관 직무집행법 제3조 제4항).

┃오답해설┃

① 경찰관 직무집행법 제1조 제2항
② 경찰관 직무집행법 제2조 제2의2호
③ 경찰관 직무집행법 제3조 제1항

14 난도 ★★ 답 ③

┃정답해설┃

③ 손실보상을 청구할 수 있는 권리는 손실이 있음을 안 날부터 3년, 손실이 발생한 날부터 5년간 행사하지 아니하면 시효의 완성으로 소멸한다(경찰관 직무집행법 제11조의2 제2항).

┃오답해설┃

① 경찰관 직무집행법 제11조의2 제1호
② 경찰관 직무집행법 시행령 제9조 제2항
④ 경찰관 직무집행법 시행령 제11조 제2항

15 난도 ★ 답 ①

┃정답해설┃

① 계층제의 원리는 조직목적수행을 위한 구성원의 임무를 책임과 난이도에 따라 상위로 갈수록 권한과 책임이 무거운 임무를 수행하도록 편성하는 것을 말한다. 통솔범위의 원리는 한 사람의 관리자가 직접 관리할 수 있는 적정한 부하의 수는 어느 정도인가 라는 문제로 관리의 효율성과 관련된 원리이다.

16 난도 ★★ 답 ④

┃정답해설┃

④ 기획재정부장관은 제31조 제1항의 규정에 따른 예산요구서에 따라 예산안을 편성하여 국무회의의 심의를 거친 후 대통령의 승인을 얻어야 한다(국가재정법 제32조).

┃오답해설┃

① 국가재정법 제66조 제1항
② 국가재정법 제29조 제1항
③ 국가재정법 제31조 제1항

17 난도 ★ 답 ②

┃정답해설┃

② 비밀의 보관용기 외부에는 비밀의 보관을 알리거나 나타내는 어떠한 표시도 해서는 아니 된다(보안업무규정 시행규칙 제34조 제1항).

┃오답해설┃

① 보안업무규정 시행규칙 제33조 제2항
③ 보안업무규정 시행규칙 제54조 제1항 제2호
④ 보안업무규정 시행규칙 제54조 제1항 제3호

18 난도 ★★ 답 ③

┃정답해설┃

③ '청구된 정정보도의 내용이 국가·지방자치단체 또는 공공단체의 공개회의와 법원의 공개재판절차의 사실보도에 관한 것'인 경우 언론사등은 정정보도 청구를 거부할 수 있다(언론중재 및 피해구제 등에 관한 법률 제15조 제4항 제5호).

┃오답해설┃

① 언론중재 및 피해구제 등에 관한 법률 제14조 제1항
② 언론중재 및 피해구제 등에 관한 법률 제15조 제1항
④ 언론중재 및 피해구제 등에 관한 법률 제18조 제1항

19 난도 ★★ 답 ②

┃정답해설┃

ⓛ (○) 경찰청 감사 규칙 제10조 제5호
ⓒ (○) 경찰청 감사 규칙 제10조 제1호

┃오답해설┃

㉠ (×) 시정 요구 : 감사결과 위법 또는 부당하다고 인정되는 사실이 있어 추징·회수·환급·추급 또는 원상복구 등이 필요하다고 인정되는 경우(경찰청 감사 규칙 제10조 제2호)
㉣ (×) 경고·주의 요구 : 감사결과 위법 또는 부당하다고 인정되는 사실이 있으나 그 정도가 징계 또는 문책사유에 이르지 아니할 정도로 경미하거나, 감사대상기관 또는 부서에 대한 제재가 필요한 경우(경찰청 감사 규칙 제10조 제3호)

20 난도 ★★ 답 ③

┃정답해설┃

③ 청구인은 제18조에 따른 이의신청 절차를 거치지 아니하고 행정심판을 청구할 수 있다(공공기관의 정보공개에 관한 법률 제19조 제2항).

┃오답해설┃

① 정보의 공개를 청구하는 자(이하 "청구인"이라 한다)는 해당 정보를 보유하거나 관리하고 있는 공공기관에 다음 각 호의 사항을 적은 정보공개 청구서를 제출하거나 말로써 정보의 공개를 청구할 수 있다(공공기관의 정보공개에 관한 법률 제10조 제1항).
② 정보의 공개 및 우송 등에 드는 비용은 실비의 범위에서 청구인이 부담한다(공공기관의 정보공개에 관한 법률 제17조 제2항).
④ 공공기관은 제10조에 따라 정보공개의 청구를 받으면 그 청구를 받은 날부터 10일 이내에 공개 여부를 결정하여야 한다(공공기관의 정보공개에 관한 법률 제11조 제1항).

21 난도 ★ 답 ④

┃정답해설┃

④ Reckless의 견제이론은 좋은 자아관념은 주변의 범죄적 환경에도 불구하고 비행행위에 가담하지 않도록 하는 중요한 요소라고 보는 이론이다. 뒤르켐(Durkheim)은 범죄는 어떤 시대와 사회에도 존재하는 것으로 인간 본성의 일부이며 범죄는 불가피하다고 보는 아노미 이론을 주장하였다.

22 난도 ★★　　　　　답 ②

▌정답해설▐

② 거짓신고의 경우 60만 원 이하의 벌금, 구류 또는 과료의 형으로 처벌한다(경범죄 처벌법 제3조 제3항 제2호). 따라서 형사소송법 제214조의 경미사건과 현행범인 체포의 예외사유에 해당하지 않는다.

> **경범죄처벌법 제3조(경범죄의 종류)**
> ③ 다음 각 호의 어느 하나에 해당하는 사람은 60만 원 이하의 벌금, 구류 또는 과료의 형으로 처벌한다.
> 1. (관공서에서의 주취소란) 술에 취한 채로 관공서에서 몹시 거친 말과 행동으로 주정하거나 시끄럽게 한 사람
> 2. (거짓신고) 있지 아니한 범죄나 재해 사실을 공무원에게 거짓으로 신고한 사람
>
> **형사소송법 제214조(경미사건과 현행범인의 체포)**
> 다액 50만 원 이하의 벌금, 구류 또는 과료에 해당하는 죄의 현행범인에 대하여는 범인의 주거가 분명하지 아니한 때에 한하여 제212조 내지 제213조의 규정을 적용한다.

23 난도 ★★　　　　　답 ②

▌정답해설▐

② 지역사회 경찰활동의 효율성은 '주민의 경찰업무에의 협조정도'이다. '범죄신고에 대한 반응시간이 얼마나 빨랐는가'는 전통적 경찰활동의 효율성에 대한 평가이다.

▌오답해설▐

① 관리팀원 및 순찰팀원에 대한 일일근무 지정 및 지휘 감독은 순찰팀장의 직무이다(지역경찰의 조직 및 운영에 관한 규칙 제8조 제2항 제2호).

③ 비상 및 작전사태 등 발생시 차량, 선박 등의 통행 통제는 경계근무에 해당한다(지역경찰의 조직 및 운영에 관한 규칙 제26조 제2항 제2호).

④ 지문과 같은 의무는 없다.

24 난도 ★★　　　　　답 ③

▌정답해설▐

③ 아동학대범죄의 처벌 등에 관한 특례법 제19조

▌오답해설▐

① 응급학대범죄의 신고를 받아 현장에 출동하거나 아동학대범죄 현장을 발견한 사법경찰관리가 피해아동의 보호를 위하여 즉시 행하는 조치를 '응급조치'라 한다(아동학대범죄의 처벌 등에 관한 특례법 제12조 제1항 참고).

② 응급조치는 72시간을 넘을 수 없다. 다만, 본문의 기간에 공휴일이나 토요일이 포함되는 경우로서 피해아동등의 보호를 위하여 필요하다고 인정되는 경우에는 48시간의 범위에서 그 기간을 연장할 수 있다(아동학대범죄의 처벌 등에 관한 특례법 제12조 제3항).

④ '경찰관서의 유치장 또는 구치소에의 유치'는 긴급임치조치가 아닌 임시조치에 해당한다(아동학대범죄의 처벌 등에 관한 특례법 제19조 제1항 제7호 참고).

25 난도 ★　　　　　답 ④

▌정답해설▐

④ 경찰수사권반대론자의 견해이다.

26 난도 ★★　　　　　답 ①

▌정답해설▐

① 한외마약은 제한대상이 아닌 마약으로, 마약성분이 미세하게 포함되어 있으나, 그 양이 미세하므로 의존성이나 중독성이 없어 약으로 사용되고 있는 것을 말한다.

▌오답해설▐

② 향정신성의약품 중 덱스트로 메트로판은 본래 진해거담제로 감기 및 기관지염의 치료에 쓰이는 약물로 의존성이나 독성은 약하다.

③ 헤로인, 히드로모르핀, 옥시코돈, 하이드로폰 등은 반합성마약이다. 합성마약으로는 페치딘계, 메사돈계, 프로폭시펜, 아미노부텐, 모리피난, 벤조모르핀 등이 있다.

④ 러미나(덱스트로 메트로판)는 진해거담제로서 의사의 처방전으로 약국에서 구입이 가능하며 청소년들이 소주에 타서 마시기도 하는데 이를 '정글 주스'라고도 한다. GHB는 무색 무취로써 짠맛이 나는 액체로 소다수 등의 음료에 타서 복용하는데 '물뽕'(데이트 강간약물)이라고도 불린다.

27 난도 ★★ 답 ④

▌정답해설▐

㉠ (O) 유류품 수사시 착안점에는 동일성, 관련성, 기회성, 완전성이 있다.

더 알아보기	유류품 수사시 착안점
동일성	유류품과 범행과의 관계, 즉 유류품이 직접 범행에 사용된 것인가를 검사
관련성	유류품과 범인과의 관계, 즉 유류품이 범인의 물건이 확실한가를 검사
기회성	현장과 유류품과의 관계, 즉 범인이 현장에 유류의 기회가 있었는가를 검사
완전성	범행 때와 유류품의 관계, 즉 유류품이 범행 때와 동일한 상태로 보전되어 있는가를 검사

㉡ (O) 현장지문 또는 준현장지문 중에서 관계자 지문을 제외하고 남은 지문으로 범인지문으로 추정되는 지문을 말하는 데 공범자의 지문도 유류지문에 해당한다. 역지문(逆指紋)은 먼지 쌓인 물체, 연한 점토, 마르지 않은 도장면에 인상된 지문을 가리키는 것으로 이 경우 선의 고랑과 이랑이 반대로 현출된다.

㉢ (O) 각막은 사망 후 12시간까지는 맑게 유지가 되지만 그 이후에는 서서히 혼탁해지며 24시간이 경과하면 각막의 혼탁은 진행이 되지만 아직 동공은 깨끗하게 보이며, 48시간이 경과하면 전체가 뿌옇게 변한다.

㉣ (O) 시체의 굳음은 턱에서부터 시작하여 손, 발로 하행성 진행한다.

28 난도 ★★ 답 ③

▌정답해설▐

③ 국가중요시설 경비와 관련하여 제3지대(핵심방어지대)에서는 주·야간 경계요원에 대한 계속적인 감시 통제가 될 수 있도록 경비인력을 운용한다.

더 알아보기	국가중요시설 경비 제3지대 개념 방호선 (방호지대)
제1지대(경계지대)	
• 접근전 저지할 수 있는 예상접근로의 길목 및 감제고지 통제 • 불규칙적 지역수색 및 매복	
제2지대(주방어지대)	
• 시설내부, 핵심시설에 침투하는 적을 결정적으로 방어 (시설 울타리나 벽을 연결하는 선) • 주, 야간 초소운용, CCTV 등 시설물 설치, 운영	
제3지대(핵심방어지대)	
• 시설의 주기능에 결정적 영향을 미치는 주요 핵심시설, 최후 방호선 • 주요핵심부는 지하화 하거나 위장 • 주·야간 경계요원에 대한 계속적인 감시, 통제 • 방호벽, 방탄막 등 시설을 최우선 설치	

29 난도 ★★★ 답 ②

▌정답해설▐

② 시·도지사는 ①에 따른 건의를 받은 때에는 시·도 협의회의 심의를 거쳐 을종사태 또는 병종사태를 선포할 수 있다(통합방위법 제12조 제5항).

▌오답해설▐

① 통합방위법 제12조 제4항
③ 통합방위법 제8조 제2항, 제5조 제1항, 제4조 제1항
④ 통합방위법 제12조 제1항 제1호

30 난도 ★★   답 ④

┃정답해설┃

④ 경비비상 을호 : 대규모 집단사태·테러 등의 발생으로 치안질서가 혼란하게 되었거나 그 징후가 예견되는 경우(국제행사·기념일 등을 전후하여 치안수요가 증가하여 가용경력의 50%를 동원할 필요가 있는 경우(경찰 비상업무 규칙 [별표 1])

┃오답해설┃

① 안보비상 갑호 : 간첩 또는 정보사범 색출을 위한 경계지역 내 검문검색 필요 시
② 작건비상 갑호 : 대규모 적정이 발생하였거나 발생 징후가 현저한 경우
③ 수사비상 갑호 : 사회이목을 집중시킬만한 중대범죄 발생 시

31 난도 ★★   답 ②

┃정답해설┃

② 임시운전증명서의 유효기간은 20일 이내로 하되, 법 제93조에 따른 운전면허의 취소 또는 정지처분 대상자의 경우에는 40일 이내로 할 수 있다. 다만, 경찰서장이 필요하다고 인정하는 경우에는 그 유효기간을 1회에 한하여 20일의 범위에서 연장할 수 있다(도로교통법 시행규칙 제88조 제2항).

┃오답해설┃

①·③ 도로교통법 시행규칙 [별표 18]
④ 도로교통법 제96조 제1항

32 난도 ★★★   답 ④

┃정답해설┃

④ 제44조 제1항(술에 취한 상태에서의 운전 금지)을 위반한 사람 중 혈중알코올농도가 0.03퍼센트 이상 0.2퍼센트 미만인 사람은 1년 이상 5년 이하의 징역이나 500만 원 이상 2천만 원 이하의 벌금에 처한다(도로교통법 제148조의2 제1항 제3호).

┃오답해설┃

① 음주측정 1회당 1개의 음주측정용 불대(Mouth Piece)를 사용한다(교통단속처리지침 제30조 제3항).
② 도로교통법 제41조 제2항에서 말하는 '측정'이란, 측정결과에 불복하는 운전자에 대하여 그의 동의를 얻어 혈액채취 등의 방법으로 다시 측정할 수 있음을 규정하고 있는 같은 조 제3항과의 체계적 해석상, 호흡을 채취하여 그로부터 주취의 정도를 객관적으로 환산하는 측정방법, 즉 호흡측정기에 의한 측정이라고 이해하여야 할 것이고, 호흡측정기에 의한 음주측정치와 혈액검사에 의한 음주측정치가 다른 경우에 어느 음주측정치를 신뢰할 것인지는 법관의 자유심증에 의한 증거취사선택의 문제라고 할 것이나, 호흡측정기에 의한 측정의 경우 그 측정기의 상태, 측정방법, 상대방의 협조정도 등에 의하여 그 측정결과의 정확성과 신뢰성에 문제가 있을 수 있다는 사정을 고려하면, 혈액의 채취 또는 검사과정에서 인위적인 조작이나 관계자의 잘못이 개입되는 등 혈액채취에 의한 검사결과를 믿지 못할 특별한 사정이 없는 한, 혈액검사에 의한 음주측정치가 호흡측정기에 의한 음주측정치보다 측정 당시의 혈중알콜농도에 더 근접한 음주측정치라고 보는 것이 경험칙에 부합한다(대판 2004.2.13. 2003도6905).
③ 음주로 인한 「특정범죄가중처벌 등에 관한 법률」 위반(위험운전치사상)죄와 「도로교통법」 위반(음주운전)죄는 입법 취지와 보호법익 및 적용영역을 달리하는 별개의 범죄이므로, 양 죄가 모두 성립하는 경우 두 죄는 실체적 경합관계에 있다(대판 2008.11.13. 2008도7143).

33 난도 ★★   답 ②

┃정답해설┃

② 보행신호등의 녹색등화 점멸신호는 보행자가 준수하여야 할 횡단보도의 통행에 관한 신호일 뿐이어서, 보행신호등의 수범자가 아닌 차의 운전자가 부담하는 보행자보호의무의 존부에 관하여 어떠한 영향을 미칠 수 없다. 이에 더하여 보행자보호의무에 관한 법률규정의 입법 취지가 차를 운전하여 횡단보도를 지나는 운전자의 보행자에 대한 주의의무를 강화하여 횡단보도를 통행하는 보행자의 생명·신체의 안전을 두텁게 보호하려는 데 있는 것임을 감안하면, 보행신호등의 녹색등화의 점멸신호 전에 횡단을 시작하였는지 여부를 가리지 아니하고 보행신호등의 녹색등화가 점멸하고 있는 동안에 횡단보도를 통행하는 모든 보행자는 도로교통법 제27조 제1항에서 정한 횡단보도에서의 보행자보호의무의 대상이 된다(대판 2009.5.14. 2007도9598).

┃오답해설┃

① 대판 2009.5.14. 2009도787
③ 교통사고조사규칙 제20조의4 제2호
④ 대판 2011.7.28. 2011도3970

34 난도 ★★   답 ①

┃정답해설┃

① 문서에 비밀임을 표시하거나 관련 정보나 문서를 열람하는 자격을 제한하는 등의 조치, 관련 문서의 배포범위를 제한하거나 폐기대상인 문서를 파기하는 등의 방법은 '정보의 분류조치'에 해당한다. 물리적 보안조치는 보호가치 있는 정보를 보관하는 보호구역을 지정하여 관리하고 그 시설에 대한 보안조치를 실시하는 방안들을 총칭하는 것을 말한다.

┃오답해설┃

② 정보배포의 원칙에는 필요성, 적시성, 적당성, 보안성, 계속성이 있다.
③ 특별요구정보(SRI : Special Requirements for Information)는 어떤 수시적 돌발상황의 해결에 필요한 한도 내에서 임시적·단편적이고 특수 지역적인 첩보요구를 말한다.
④ 계속성은 어떤 정보가 필요한 어떤 기관에 배포되었으면 그 정보와 관련성을 가진 새로운 정보를 조직적이고 계속적으로 배포해 주어야 한다는 원칙을 말한다.

35 난도 ★★   답 ③

┃정답해설┃

③ 주최자는 제1항에 따라 신고한 옥외집회 또는 시위를 하지 아니하게 된 경우에는 신고서에 적힌 집회 일시 24시간 전에 그 철회사유 등을 적은 철회신고서를 관할경찰관서장에게 제출하여야 한다(집회 및 시위에 관한 법률 제6조 제3항).

┃오답해설┃

① 집회 및 시위에 관한 법률 제6조 제1항 후단
② 집회 및 시위에 관한 법률 제7조 제1항
④ 집회 및 시위에 관한 법률 제6조 제1항 전단

36 난도 ★★   답 ④

┃정답해설┃

④ 위원장은 법무부차관이 되고, 위원은 학식과 덕망이 있는 자로 하되, 그 과반수는 변호사의 자격이 있는 자이어야 한다(보안관찰법 제12조 제3항).

┃오답해설┃

① 보안관찰법 제2조 참고

> **제2조(보안관찰해당범죄)**
> 이 법에서 "보안관찰해당범죄"라 함은 다음 각호의 1에 해당하는 죄를 말한다.
> 1. 형법 제88조·제89조(제87조의 미수범을 제외한다)·제90조(제87조에 해당하는 죄를 제외한다)·제92조 내지 제98조·제100조(제99조의 미수범을 제외한다) 및 제101조(제99에 해당하는 죄를 제외한다)
> 2. 군형법 제5조 내지 제8조·제9조 제2항 및 제11조 내지 제16조
> 3. 국가보안법 제4조, 제5조(제1항 중 제4조 제1항 제6호에 해당하는 행위를 제외한다), 제6조, 제9조 제1항·제3항(제2항의 미수범을 제외한다)·제4항

② 보안관찰법 제6조 제1항
③ 보안관찰법 제18조 제4항

37 난도 ★★   답 ③

┃정답해설┃

③ 남한 주민이 북한을 방문하고자 하는 경우 방문 7일 전까지 통일부장관에게 '방문승인 신청서'를 제출해야 한다(남북교류협력에 관한 법률 시행령 제12조 제1항).

┃오답해설┃

① 남북교류협력에 관한 법률 시행령 제14조 제1항
② 남북교류협력에 관한 법률 제9조 제7항 제1호
④ 남북교류협력에 관한 법률 제3조

38 난도 ★★   답 ②

┃정답해설┃

② 승무원 상륙허가는 15일의 범위에서 가능하다(출입국관리법 제14조 제1항).

┃오답해설┃

① 출입국관리법 제4조 제1항 참고
③ 출입국관리법 제101조 제1항
④ 출입국관리법 제12조의2 제3항

39 난도 ★★★   답 ①

┃정답해설┃

① 달리 입증되지 아니하는 한, 파견국 국민이라고 주장하는 자를 포함하는 파견국 국민이 접수국의 권한 있는 당국에 의하여 구속, 체포 또는 다른 어떤 방식으로 자유를 박탈당하였을 경우, 그 당국은 그 국민이 요구하든 그러하지 아니하든 간에 지체 없이 그러나 그 강제행동이 취해진 날부터 4일이 넘지 아니하는 기간 내에 파견국 영사기관에 그 국민의 이름, 신분확인 방식, 그 강제행동의 이유, 날짜와 장소 그리고 그 국민을 접촉할 수 있는 정확한 장소를 통보한다. 그러나 파견국 국민이 접수국의 출입국 관리 법령 위반으로 접수국의 권한 있는 당국에 의하여 구속되는 경우, 접수국의 권한 있는 당국은 그 국민이 서면으로 그 통보를 명시적으로 반대하지 아니하는 한 영사기관에 통보한다(대한민국과 중화인민공화국 간의 영사협정 제7조 제1호).

┃오답해설┃

② 주한미군지위협정(SOFA) 제22조 제3호 참고
③ 주한미군지위협정(SOFA) 제1조 참고
④ 주한미군지위협정(SOFA) 제23조 제5호 참고

40 난도 ★★   답 ③

┃정답해설┃

③ 행안부장관의 권한이다(국제형사사법 공조법 제38조 제1항 참고).

제38조(국제형사경찰기구와의 협력)
① 행정안전부장관은 국제형사경찰기구로부터 외국의 형사사건 수사에 대하여 협력을 요청받거나 국제형사경찰기구에 협력을 요청하는 경우에는 다음 각 호의 조치를 취할 수 있다.
1. 국제범죄의 정보 및 자료 교환
2. 국제범죄의 동일증명(同一證明) 및 전과 조회
3. 국제범죄에 관한 사실 확인 및 그 조사

01	02	03	04	05	06	07	08	09	10	11	12	13	14	15	16	17	18	19	20
③	②	④	④	③	①	④	④	①	③	①	②	②	②	③	④	③	④	①	①
21	22	23	24	25	26	27	28	29	30	31	32	33	34	35	36	37	38	39	40
④	①	①	①	④	②	④	②	③	④	②	③	③	①	③	④	④	③	③	④

01 난도 ★★　　　　　답 ③

▎정답해설▎

③ 1794년 프로이센 일반란트법은 '공공의 평온, 안녕 및 질서를 유지하고 공중 및 개개 구성원들에 대한 절박한 위험을 방지하기 위하여 필요한 수단을 강구하는 것이 경찰의 책무이다.'라고 규정하였다.

▎오답해설▎

① 1530년에 독일에서 제정된 '제국경찰법'은 교황이 가지고 있던 교회행정 권한을 제외한 일체의 국가행정을 경찰(polizey)이라고 규정하였다.

② 18세기 법치국가시대에 이르러 종전의 내무행정 전반을 의미하던 경찰개념에서 적극적인 복지증진을 위한 경찰분야가 제외되고, 경찰권의 발동은 소극적인 위험방지분야(공공의 안녕과 질서유지)로 축소되었다.

④ 대륙법계 국가가 아닌 영미법계 국가에서 경찰 개념은 '경찰은 무엇을 하는가' 또는 '경찰활동이란 무엇인가'라는 문제로 논의되었다고 할 수 있다.

02 난도 ★　　　　　답 ②

▎정답해설▎

② 실질적 의미의 경찰은 이론적·학문적으로 발전해온 개념으로 공공의 안녕과 질서를 유지(소극적 목적)하기 위하여 일반통치권에 근거하여 국민에게 명령 강제하는 권력적 작용을 의미한다.

03 난도 ★　　　　　답 ④

▎정답해설▎

④ 공직자 등의 직무와 관련된 공식적인 행사에서 주최자가 참석자에게 통상적인 범위에서 일률적으로 제공하는 교통, 숙박, 음식물 등의 금품 등은 수수를 금지하는 금품 등에 해당하지 않는다(부정청탁 및 금품 등 수수의 금지에 관한 법률 제8조 제3항 제6호).

▎오답해설▎

① 부정청탁 및 금품 등 수수의 금지에 관한 법률 제8조 제1항

② 부정청탁 및 금품 등 수수의 금지에 관한 법률 제8조 제2항

③ 부정청탁 및 금품 등 수수의 금지에 관한 법률 제8조 제3항 제5호

04 난도 ★★　　　　　답 ④

▎정답해설▎

④ 1897년 광무개혁의 일환으로 1900년 6월 12일 경부관제를 선포하고, 경찰업무를 내부에서 독립시켜 경부를 창설하였다. 이를 통해 경부대신이 전국의 경찰업무를 관장하게 되었으나 1902년 2월에 경부가 폐지되고 다시 내부 소속의 경무청으로 복귀하게 되었다. 이 시기의 경무청은 1894년 갑오개혁 당시에 창설되었던 경무청과 달리 전국의 경찰사무를 관장하였다.

05 난도 ★★　　답 ③

정답해설

③ 위임명령, 집행명령 모두 법규명령에 해당한다.

더 알아보기	명령의 구분		
제정권자에 따른 구분	대통령령 · 총리령 · 부령		
법규성의 유무에 따른 구분	법규명령	위임 명령	새로운 입법사항 규정 ○
		집행 명령	새로운 입법사항 규정 ×
	행정규칙 (행정명령 · 훈령)	협의의 훈령, 지시, 예규, 일일명령 등	

06 난도 ★　　답 ①

정답해설

① 훈령은 상급기관과 하급기관의 관계에서 발하는 명령이므로 기관 자체의 폐지가 없는 이상 계속 유효하다.

07 난도 ★★　　답 ④

정답해설

④ 임의대리는 원칙적으로 복대리가 허용되지 않는다. 임의대리의 대리기관은 대리권의 행사에 있어 피대리관청의 지휘 감독을 받으며, 그의 대리행위에 관해서는 내부적으로 대리기관 자신에게 책임이 귀속된다. 단, 피대리관청은 대리자의 선임 · 감독상의 책임을 면할 수 없으므로 외부적으로는 피대리관청이 책임을 부담한다. 법정대리는 복대리가 허용된다. 법정대리의 복대리는 성질상 임의대리에 해당한다. 법정대리의 경우 피대리관청은 원칙적으로 대리기관을 지휘 · 감독할 수 없으며, 대리권의 행사에 대한 책임은 전적으로 '대리기관'이 부담한다.

08 난도 ★★　　답 ④

정답해설

④ 수사경찰 인사운영규칙 제14조 제2항

오답해설

① 수사경과 부여일 또는 갱신일로부터 5년이 되는 날이, i) 전년도 10월 1일부터 해당 연도 3월 31일까지의 사이에 있는 경우에는 해당 연도 3월 31일까지 수사경과가 유효한 것으로 본다. ii) 해당 연도 4월 1일부터 9월 30일까지의 사이에 있는 경우에는 해당 연도 9월 30일까지 수사경과가 유효한 것으로 본다(수사경찰 인사운영규칙 [별표 2]).

② 6조 제1항 본문에 따라 수사부서 근무자로 선발되었음에도 정당한 사유없이 수사부서 전입을 기피하는 경우 수사경과를 해제할 수 있다(수사경찰 인사운영규칙 제15조 제2항 · 제4항).

③ 인권침해, 편파수사 등에 관한 시비로 사건관계인으로부터 수시로 진정을 받는 경우 수사경과를 해제할 수 있다(수사경찰 인사운영규칙 제15조 제2항).

09 난도 ★　　답 ①

정답해설

① 중앙인사관장기관의 장이 지정하는 연구기관이나 교육기관 등에서 연수하게 된 때 휴직 기간은 2년 이내로 한다(국가공무원법 제72조 제6호).

오답해설

② 국가공무원법 제72조 제2호
③ 국가공무원법 제72조 제7호
④ 국가공무원법 제72조 제5호

10 난도 ★

답 ③

▌정답해설▐

③ 3급 이상 공무원 또는 고위공무원단에 속하는 공무원으로 3년 이상 근무한 자는 상임위원은 될 수 있으나, 비상임위원은 될 수 없다(국가공무원법 제10조 제1항 참고).

> **제10조(소청심사위원회위원의 자격과 임명)**
> ① 소청심사위원회의 위원(위원장을 포함한다. 이하 같다)은 다음 각 호의 어느 하나에 해당하고 인사행정에 관한 식견이 풍부한 자 중에서 국회사무총장, 법원행정처장, 헌법재판소사무처장, 중앙선거관리위원회사무총장 또는 인사혁신처장의 제청으로 국회의장, 대법원장, 헌법재판소장, 중앙선거관리위원회위원장 또는 대통령이 임명한다. 이 경우 인사혁신처장이 위원을 임명제청하는 때에는 국무총리를 거쳐야 하고, 인사혁신처에 설치된 소청심사위원회의 위원 중 비상임위원은 제1호 및 제2호의 어느 하나에 해당하는 자 중에서 임명하여야 한다.
> 1. 법관·검사 또는 변호사의 직에 5년 이상 근무한 자
> 2. 대학에서 행정학·정치학 또는 법률학을 담당한 부교수 이상의 직에 5년 이상 근무한 자
> 3. 3급 이상 공무원 또는 고위공무원단에 속하는 공무원으로 3년 이상 근무한 자

▌오답해설▐

① 국가공무원법 제11조
② 국가공무원법 제9조 제3항
④ 국가공무원법 제14조 제7항

11 난도 ★

답 ①

▌정답해설▐

① 임용권자는 경찰공무원이 '휴직기간이 끝나거나 휴직사유가 소멸된 후에도 직무에 복귀하지 아니하거나 직무를 감당할 수 없을 때'는 징계위원회의 동의 없이 직권으로 면직시킬 수 있다(경찰공무원법 제28조 제1항 제4호).

▌오답해설▐

② 경찰공무원법 제28조 제1항 제2호
③ 경찰공무원법 제28조 제1항 제1호
④ 경찰공무원법 제28조 제1항 제3호

12 난도 ★★

답 ②

▌정답해설▐

② 과태료는 행정청의 과태료 부과처분이나 법원의 과태료 재판이 확정된 후 5년간 징수하지 아니하거나 집행하지 아니하면 시효로 인하여 소멸한다(질서위반행위규제법 제15조 제1항).

▌오답해설▐

① 질서위반행위규제법 제7조
③ 질서위반행위규제법 제16조 제1항
④ 질서위반행위규제법 제20조 제1항

13 난도 ★★

답 ②

▌정답해설▐

② 경찰허가는 특정행위를 사실상 적법하게 할 수 있도록 하는 적법요건에 불과하다. 그러므로 무허가 행위는 강제집행이나 행정벌의 대상은 되지만, 행위자체의 효력은 유효하다.

▌오답해설▐

① 허가란 일반적·상대적 금지를 특정한 경우에 해제하여 적법하게 특정행위를 할 수 있도록 자연적 자유를 회복시켜 주는 경찰처분을 말한다. (경찰)면제란 법령에 의하여 과하여진 경찰상의 작위·수인·급부의무를 특정한 경우에 해제하여 주는 경찰상의 행정행위이다.
③ 절대적 금지는 허가의 대상이 아니다.
④ 경찰허가는 원칙상 당사자의 신청을 필요로 하는 쌍방적 행정행위에 해당하지만 통행금지의 해제와 같이 상대방의 신청(출원) 없이 직권에 의하여 행해지는 허가도 있다.

14 난도 ★★ 답 ②

정답해설

② ⊙ 경고, ⓒ 억류하거나 피난, ⓒ 직접조치(경찰관 직무집행법 제5조 제1항 참고)

> **제5조(위험 발생의 방지 등)**
> ① 경찰관은 사람의 생명 또는 신체에 위해를 끼치거나 재산에 중대한 손해를 끼칠 우려가 있는 천재, 사변, 인공구조물의 파손이나 붕괴, 교통사고, 위험물의 폭발, 위험한 동물 등의 출현, 극도의 혼잡, 그 밖의 위험한 사태가 있을 때에는 다음 각 호의 조치를 할 수 있다.
> 1. 그 장소에 모인 사람, 사물(事物)의 관리자, 그 밖의 관계인에게 필요한 (⊙ 경고)를 하는 것
> 2. 매우 긴급한 경우에는 위해를 입을 우려가 있는 사람을 필요한 한도에서 (ⓒ 억류하거나 피난) 시키는 것
> 3. 그 장소에 있는 사람, 사물의 관리자, 그 밖의 관계인에게 위해를 방지하기 위하여 필요하다고 인정되는 조치를 하게 하거나 (ⓒ 직접 그 조치)를 하는 것

15 난도 ★★ 답 ③

정답해설

③ '새벽 3시에 영업이 끝난 식당'은 경찰관 직무집행법 제7조 제2항에 해당하지 않는다.

> **제7조(위험 방지를 위한 출입)**
> ② 흥행장(興行場), 여관, 음식점, 역, 그 밖에 많은 사람이 출입하는 장소의 관리자나 그에 준하는 관계인은 경찰관이 범죄나 사람의 생명·신체·재산에 대한 위해를 예방하기 위하여 해당 장소의 영업시간이나 해당 장소가 일반인에게 공개된 시간에 그 장소에 출입하겠다고 요구하면 정당한 이유 없이 그 요구를 거절할 수 없다.

16 난도 ★★ 답 ④

정답해설

④ 경찰청장이 제출하여야 한다(위해성 경찰장비의 사용기준 등에 관한 규정 제18조의2 제4항).

> **제18조의2(신규 도입 장비의 안전성 검사)**
> ④ 경찰청장은 신규 도입 장비에 대한 안전성 검사를 실시한 후 3개월 이내에 다음 각 호의 내용이 포함된 안전성 검사 결과보고서를 국회 소관 상임위원회에 제출하여야 한다.
> 1. 신규 도입 장비의 주요 특성 및 기본적인 작동 원리
> 2. 안전성 검사의 방법 및 기준
> 3. 안전성 검사에 참여한 외부 전문가의 의견
> 4. 안전성 검사 결과 및 종합 의견

오답해설

① 위해성 경찰장비의 사용기준 등에 관한 규정 제17조
② 위해성 경찰장비의 사용기준 등에 관한 규정 제18조
③ 위해성 경찰장비의 사용기준 등에 관한 규정 제18조의2

17 난도 ★★ 답 ③

정답해설

③ 조직의 집단적 노력을 질서 있게 배열하는 과정으로서 개별적인 활동을 전체적인 관점에서 통일하여 조직의 목표달성도를 높이려는 원리는 조정과 통합의 원리이다.

18 난도 ★★ 답 ④

정답해설

④ 옳은 지문이다.

더 알아보기	직위분류제의 기능
장점	① 시험·채용·전직의 합리적 기준을 제공하여 인사행정의 합리화에 기여 ② '동일직무에 대한 동일보수의 원칙'을 확립함으로써 보수제도의 합리적 기준을 제시 ③ 행정조직의 전문화·분업화에 기여 ④ 권한과 책임의 한계가 명확

단점	① 유능한 일반 행정가의 확보가 곤란 ② 인사배치의 융통성이 떨어짐 ③ 공무원의 신분보장이 미흡해짐 ④ 타 기관과의 협조·조정이 곤란해짐

┃오답해설┃

① 직위분류제는 공직을 분류함에 있어서 행정기관을 구성하는 개개의 직위에 내포되어 있는 직무의 종류와 책임도 및 곤란도에 따라 여러 직종과 등급 및 직급을 분류하는 제도이다.

② 전문 행정가의 확보에 유리한 것은 직위분류제이다.

③ 신축적·유동적 인사관리는 계급제의 장점이다.

19 난도 ★★ 　　　　　답 ①

┃정답해설┃

① Ⅰ급 비밀로 그 생산자의 허가를 받은 경우 비밀의 일부 또는 전부나 암호자재에 대해서는 모사·타자·인쇄·조각·녹음·촬영·인화·확대 등 그 원형을 재현하는 행위를 할 수 있다(보안업무규정 제23조 제1항).

┃오답해설┃

② 보안업무규정 제24조 제1항

③ 보안업무규정 제25조 제2항

④ 보안업무규정 제27조

20 난도 ★★ 　　　　　답 ①

┃정답해설┃

① 공공기관의 정보공개에 관한 법률 제3조

┃오답해설┃

② 공공기관의 정보공개에 관한 법률 제11조 제3항

③ 공공기관의 정보공개에 관한 법률 제18조 제1항

④ 공공기관의 정보공개에 관한 법률 제18조 제3항

21 난도 ★★ 　　　　　답 ④

┃정답해설┃

④ 실종아동등의 보호 및 지원에 관한 법률 제6조 제1항 제1호

┃오답해설┃

① "발견지"란 실종아동등 또는 가출인을 발견하여 보호 중인 장소를 말하며, 발견한 장소와 보호 중인 장소가 서로 다른 경우에는 보호 중인 장소를 말한다(실종아동등 및 가출인 업무처리 규칙 제2조 제8호).

② "보호자"란 친권자, 후견인이나 그 밖에 다른 법률에 따라 아동등을 보호하거나 부양할 의무가 있는 사람을 말한다. 다만, 제4호의 보호시설의 장 또는 종사자는 제외한다(실종아동등의 보호 및 지원에 관한 법률 제2조 제2호).

③ 경찰관서의 장은 실종아동등(범죄로 인한 경우를 제외한다)의 조속한 발견을 위하여 필요한 때에는 개인위치정보사업자에게 실종아동 등의 개인위치정보의 제공을 요청할 수 있다(실종아동등의 보호 및 지원에 관한 법률 제9조 제2항).

22 난도 ★★ 　　　　　답 ①

┃정답해설┃

① 「형법」제2편 제36장 주거침입의 죄는 가정폭력범죄에 해당한다(가정폭력범죄의 처벌 등에 관한 특례법 제2조 제3호 사목).

┃오답해설┃

② 가정폭력범죄의 처벌 등에 관한 특례법 제5조

③ 가정폭력범죄의 처벌 등에 관한 특례법 제8조의3 제1항

④ 가정폭력범죄의 처벌 등에 관한 특례법 제2조 제2호

23 난도 ★★　　　　　　　답 ①

▌정답해설 ▌

① 고전주의 범죄학은 인간은 자유의사를 갖고 있으며 범죄와 형벌간의 균형을 강조하였다.

더 알아보기	고전주의, 실증주의 범죄학

고전주의 범죄학	
의의	• 합리적이고 이성적인 인간을 전제로 사회통제를 관념적으로 연구하는 이론 • 강력하고 신속한 형벌만이 범죄를 효과적으로 예방할 수 있다고 봄
내용	• 의사비결정론(자유의사론) • 객관주의 → 범죄와 형벌의 균형 강조 • 일반예방주의
범죄학자	• 베까리아(Beccaria) • 벤담(Bentham)
실증주의 범죄학	
의의	인간의 행위는 자유의사가 아닌 생물적, 심리학적, 사회적 성질에 의해 결정된다는 이론
내용	• 결정론적 인간관 • 범죄학의 연구에 있어 과학적인 연구방법을 추구
범죄학자	• 롬브로조(Lombroso) • 페리(Ferry) • 가로팔로(Garofalo)

24 난도 ★★　　　　　　　답 ①

▌정답해설 ▌

① 혈액으로 인상된 지문은 사진촬영법, 전사법을 사용한다. 실리콘러버법은 부패한 변사체의 지문이나 공구흔의 채취에 주로 활용되며 검체가 구(球)면체 또는 요철(凹凸)면체일 때 전사에 적합한 방법으로 실리콘러버법으로 채취한 지문을 합성수지 피막제액을 도포한 다음 굳은 후에 떼어내서 지문잉크를 바른 후 전사법으로 지문을 채취한다.

25 난도 ★★　　　　　　　답 ④

▌정답해설 ▌

④ 검사와 사법경찰관은 법 제222조에 따라 변사자의 검시를 한 사건에 대해 사건 종결 전에 수사할 사항 등에 관하여 상호 의견을 제시·교환해야 한다(검사와 사법경찰관의 상호협력과 일반적 수사준칙에 관한 규정 제17조 제4항).

▌오답해설 ▌

① 검사와 사법경찰관의 상호협력과 일반적 수사준칙에 관한 규정 제17조 제1항
② 검사와 사법경찰관의 상호협력과 일반적 수사준칙에 관한 규정 제19조 제1항 제3호
③ 검사와 사법경찰관의 상호협력과 일반적 수사준칙에 관한 규정 제17조 제3항

26 난도 ★★　　　　　　　답 ②

▌정답해설 ▌

② 경찰관은 조사 과정에서 범죄혐의가 있다고 판단될 때에는 지체없이 범죄인지서를 작성하여 소속 수사부서장의 지휘를 받아 수사를 개시하여야 한다(입건 전 조사 사건 처리에 관한 규칙 제8조).

▌오답해설 ▌

① 입건 전 조사 사건 처리에 관한 규칙 제2조 제3항
③ 입건 전 조사 사건 처리에 관한 규칙 제9조 전단
④ 입건 전 조사 사건 처리에 관한 규칙 제7조 제3항

27 난도 ★★　　　　　　　답 ④

▌정답해설 ▌

④ 성폭력범죄의 처벌 등에 관한 특례법 제21조 제3항

▌오답해설 ▌

① 카메라등이용촬영죄(제14조)는 공소시효가 10년 연장되는 범죄에 해당되지 않는다(성폭력범죄의 처벌 등에 관한 특례법 제21조 제2항).
② 경찰청장은 각 경찰서장으로 하여금 성폭력범죄 전담 사법경찰관을 지정하도록 하여 특별한 사정이 없으면 이들로 하여금 피해자를 조사하게 하여야 한다(성폭력범죄의 처벌 등에 관한 특례법 제26조 제2항).

③ 13세 미만인 사람을 요건으로 하므로 13세인 사람은 포함되지 않는다(성폭력범죄의 처벌 등에 관한 특례법 제21조 제3항).

28 난도 ★★ 답 ②

┃정답해설┃

② 공연장운영자는 화재나 그 밖의 재해를 예방하기 위하여 그 공연장 종업원의 임무·배치 등 재해대처계획을 수립하여 매년 관할 특별자치시장·특별자치도지사·시장·군수·구청장에게 신고하여야 한다. 이 경우 특별자치시장·특별자치도지사·시장·군수·구청장은 신고받은 재해대처계획을 관할 소방서장에게 통보하여야 한다(공연법 제11조 제1항).

29 난도 ★★ 답 ③

┃정답해설┃

③ 청원경찰법 제5조의2 제2항

┃오답해설┃

① 청원경찰을 배치받으려는 자는 대통령령으로 정하는 바에 따라 관할 시·도경찰청장에게 청원경찰 배치를 신청하여야 한다(청원경찰법 제4조 제1항).
② 청원경찰은 청원주가 임용하되, 임용을 할 때에는 미리 시·도경찰청장의 승인을 받아야 한다(청원경찰법 제5조 제1항).
④ 청원경찰은 근무 중 제복을 착용하여야 한다(청원경찰법 제8조 제1항).

30 난도 ★★ 답 ④

┃정답해설┃

④ "작전준비태세"라 함은 '경계강화'단계를 발령하기 이전에 별도의 경력동원 없이 경찰작전부대의 출동태세 점검, 지휘관 및 참모의 비상연락망 구축 및 신속한 응소체제를 유지하며, 작전상황반을 운영하는 등 필요한 작전 사항을 미리 조치하는 것을 말한다(경찰 비상업무 규칙 제2조 제9호).

┃오답해설┃

① 경찰 비상업무 규칙 제2조 제7호
② 경찰 비상업무 규칙 제2조 제2호
③ 경찰 비상업무 규칙 제2조 제5호

31 난도 ★★ 답 ②

┃정답해설┃

② 중요상황보고서는 일반적으로 '중보'라고 불리며 매일 전국의 사회갈등이나 집회시위 상황을 정리하여 그 다음날 아침에 경찰내부와 정부 각 기관에 전파하는 보고서를 말한다.

더 알아보기	정보보고서의 종류
견문 보고서	• 경찰관이 오관의 작용을 통해 근무·일상생활 중 지득한 국가시책 또는 국내외 치안상 필요한 제 견문을 신속·정확하게 수집·제보하는 보고서 • 전국의 모든 경찰관이 견문을 수집하여 보고할 의무가 있으며 이렇게 생산한 보고서를 '견문수집보고서'라 함
정책정보 보고서	• 국내 치안상 중대한 위해를 미치거나 사회에 물의를 야기시킬 사항 및 중요시책 자료에 관한 사항 또는 보안을 요하는 사항으로서 상급관서에 보고하여야 하는 보고서 • 경찰의 정책정보는 사회갈등이나 집회시위 관련한 분야에 특화되어 있으므로 '예방적 상황정보'라고도 불리며 정부 부처에서 생산하는 일반적인 정책보고서와는 구별되는 개념임
정보상황 보고서	• 일반적으로 '상황속보' 또는 '속보'로 불리며 사회갈등이나 집단시위 상황, 관련 첩보, 기타 우리나라에서 발생하는 모든 사건, 심지어는 발생이 우려되는 사안까지도 경찰 내부에 전파하고, 필요하다고 판단되는 경우 경찰 외부에도 전파하는 시스템으로 운용됨 • 속보의 생명은 신속성이기 때문에 보고 형식을 가리지 않지만, 육하원칙에 맞춰 보고하는 것이 원칙임

중요상황 보고서	• 일반적으로 '중보'라고 불리며 매일 전국의 사회갈등이나 집회시위 상황을 정리하여 그 다음 날 아침에 경찰 내부와 정부 각 기관에 전파하는 보고서
정보판단 (대책)서	• 관련 견문과 자료를 종합분석하여 지휘관으로 하여금 경력동원 등 상황에 대한 조치를 요하는 보고

32 난도 ★★ 답 ③

정답해설

③ 집회 및 시위에 관한 법률 제7조 제1항

오답해설

① 옥외집회나 시위를 주최하려는 자는 그에 관한 다음 각 호의 사항 모두를 적은 신고서를 옥외집회나 시위를 시작하기 720시간 전부터 48시간 전에 관할 경찰서장에게 제출하여야 한다. 다만, 옥외집회 또는 시위 장소가 두 곳 이상의 경찰서의 관할에 속하는 경우에는 관할 시·도경찰청장에게 제출하여야 하고, 두 곳 이상의 시·도경찰청 관할에 속하는 경우에는 주최지를 관할하는 시·도경찰청장에게 제출하여야 한다(집회 및 시위에 관한 법률 제6조 제1항).

② 관할 경찰서장 또는 시·도경찰청장(이하 "관할경찰관서장"이라 한다)은 제1항에 따른 신고서를 접수하면 신고자에게 접수 일시를 적은 접수증을 즉시 내주어야 한다(집회 및 시위에 관한 법률 제6조 제2항).

④ 주최자는 제1항에 따라 신고한 옥외집회 또는 시위를 하지 아니하게 된 경우에는 신고서에 적힌 집회 일시 24시간 전에 그 철회사유 등을 적은 철회신고서를 관할경찰관서장에게 제출하여야 한다(집회 및 시위에 관한 법률 제6조 제3항).

33 난도 ★★ 답 ③

정답해설

③ 집회 및 시위에 관한 법률(이하 '집시법'이라 한다)은 옥외집회나 시위에 대하여는 사전신고를 요구하고 나아가 그 신고범위의 일탈행위를 처벌하고 있지만, 옥내집회에 대하여는 신고하도록 하는 규정 자체를 두지 않고 있다. 따라서 당초 옥외집회를 개최하겠다고 신고하였지만 신고 내용과 달리 아예 옥외집회는 개최하지 아니한 채 신고한 장소와 인접한 건물 등에서 옥내집회만을 개최한 경우에는, 그것이 건조물침입죄 등 다른 범죄를 구성함은 별론으로 하고, 신고한 옥외집회를 개최하는 과정에서 그 신고범위를 일탈한 행위를 한 데 대한 집시법 위반죄로 처벌할 수는 없다(대판 2013.7.25. 2010도14545).

오답해설

① 대판 2000.11.24. 2000도2172
② 대판 2011.10.13. 2009도13846
④ 대판 2013.7.25. 2010도14545

34 난도 ★★ 답 ①

정답해설

① 법 제9조 제1항·제6항 단서 및 제8항 단서에 따라 북한을 방문하기 위하여 통일부장관의 방문승인을 받으려는 남한의 주민과 재외국민(법 제9조 제8항 각 호의 어느 하나에 해당하는 사람을 말한다)은 방문 7일 전까지 방문승인 신청서에 다음 각 호의 서류를 첨부하여 통일부장관에게 제출하여야 한다(남북교류협력에 관한 법률 시행령 제12조 제1항).

오답해설

② 남북교류협력에 관한 법률 제9조 제1항, 제27조 제1항 제1호

③ 대한민국과 북한 사이에 1972년 자주·평화·민족대단결 등의 3대 원칙을 선언한 7·4 남북공동성명이 있었고, '남북 사이의 화해와 불가침 및 교류협력에 관한 합의서'가 체결, 발효되었다고 하여도 그로 인하여 국가보안법이 그 규범력을 상실한 것으로 볼 수 없다(대판 1999.12.28. 99도4027).

④ 남북교류협력에 관한 법률 제9조 제8항

35 난도 ★★

┃정답해설┃

③ '국제형사범죄자'는 보호대상자로 결정하지 아니할 수 있다(상대적 예외사항, 북한이탈주민의 보호 및 정착지원에 관한 법률 제9조 제1항 제1호 참고).

> **제9조(보호 결정의 기준)**
> ① 제8조 제1항 본문에 따라 보호 여부를 결정할 때 다음 각 호의 어느 하나에 해당하는 사람은 보호대상자로 결정하지 아니할 수 있다.
> 1. 항공기 납치, 마약거래, 테러, 집단살해 등 국제형사범죄자
> 2. 살인 등 중대한 비정치적 범죄자
> 3. 위장탈출 혐의자
> 4. 삭제
> 5. 국내 입국 후 3년이 지나서 보호신청한 사람
> 6. 그 밖에 국가안전보장·질서유지·공공복리에 대한 중대한 위해 발생 우려, 보호신청자의 경제적 능력 및 해외체류 여건 등을 고려하여 보호대상자로 정하는 것이 부적당하거나 보호 필요성이 현저히 부족하다고 대통령령으로 정하는 사람

┃오답해설┃

① 북한이탈주민의 보호 및 정착지원에 관한 법률 제2조 제1호
② 북한이탈주민의 보호 및 정착지원에 관한 법률 제2조 제4호
④ 북한이탈주민의 보호 및 정착지원에 관한 법률 제9조 제1항 제5호

36 난도 ★★

┃정답해설┃

④ 구 도로교통법(2010.7.23. 법률 제10382호로 개정되기 전의 것) 제150조 제1호에 "제45조의 규정을 위반하여 약물로 인하여 정상적으로 운전하지 못할 우려가 있는 상태에서 자동차 등을 운전한 사람"을 처벌하도록 규정하고 있고, 같은 법 제45조에 "자동차 등의 운전자는 제44조의 규정에 의한 술에 취한 상태 외에 과로·질병 또는 약물(마약·대마 및 향정신성의약품과 그 밖에 행정안전부령이 정하는 것을 말한다)의 영향과 그 밖의 사유로 인하여 정상적으로 운전하지 못할 우려가 있는 상태에서

자동차 등을 운전하여서는 아니된다."고 규정하고 있다. 위 규정의 법문상 필로폰을 투약한 상태에서 운전하였다고 하여 바로 처벌할 수 있는 것은 아니고 그로 인하여 정상적으로 운전하지 못할 우려가 있는 상태에서 자동차 등을 운전한 경우에만 처벌할 수 있다고 보아야 하나, 위 법 위반죄는 이른바 위태범으로서 약물 등의 영향으로 인하여 '정상적으로 운전하지 못할 우려가 있는 상태'에서 운전을 하면 바로 성립하고, 현실적으로 '정상적으로 운전하지 못할 상태'에 이르러야만 하는 것은 아니다(대판 2010.12.23. 2010도11272).

┃오답해설┃

① 대판 2010.9.9. 2010도6579
② 대판 2002.5.24. 2000도1731
③ 대판 2007.4.12. 2006도4322

37 난도 ★

┃정답해설┃

④ 연습운전면허를 발급받은 사람은 「여객자동차 운수사업법」 또는 「화물자동차 운수사업법」에 따른 사업용 자동차를 운전할 수 없다(도로교통법 시행규칙 제55조 제2호).

┃오답해설┃

① 도로교통법 제96조 제1항
② 도로교통법 제91조 제2항
③ 도로교통법 제96조 제2항

38 난도 ★

┃정답해설┃

③ 법무부장관은 기소중지결정이 된 경우로서 체포영장 또는 구속영장이 발부된 사람에 대하여 영장 유효기간까지 출국을 금지할 수 있다(출입국관리법 제4조 제1항 제2호).

┃오답해설┃

① 출입국관리법 제4조 제1항 제1호
② 출입국관리법 제4조 제1항 제2호
④ 출입국관리법 제4조 제2항 제1호

39 난도 ★★ 답 ③

▌정답해설▌

③ 달리 입증되지 아니하는 한, 파견국 국민이라고 주장하는 자를 포함하는 파견국 국민이 접수국의 권한 있는 당국에 의하여 구속, 체포 또는 다른 어떤 방식으로 자유를 박탈당하였을 경우, 그 당국은 그 국민이 요구하든 그러하지 아니하든 간에 지체 없이 그러나 그 강제행동이 취해진 날부터 4일이 넘지 아니하는 기간 내에 파견국 영사기관에 그 국민의 이름, 신분확인 방식, 그 강제행동의 이유, 날짜와 장소 그리고 그 국민을 접촉할 수 있는 정확한 장소를 통보한다. 그러나 파견국 국민이 접수국의 출입국 관리 법령 위반으로 접수국의 권한 있는 당국에 의하여 구속되는 경우, 접수국의 권한 있는 당국은 그 국민이 서면으로 그 통보를 명시적으로 반대하지 아니하는 한 영사기관에 통보한다(대한민국과 중화인민공화국 간의 영사협정 제7조 제1호).

▌오답해설▌

① 헌재 1999.4.29. 97헌가14, 전원재판부
② 대한민국과 중화인민공화국 간의 영사협정 제7조 제5호
④ 대한민국과 러시아연방간의 영사협약 제39조 제1호

40 난도 ★★ 답 ④

▌정답해설▌

④ 감찰관은 검찰·경찰, 그 밖의 수사기관으로부터 수사개시 통보를 받은 경우에는 징계의결요구권자의 결재를 받아 해당 기관으로부터 수사결과의 통보를 받을 때까지 감찰조사, 징계의결요구 등의 절차를 진행하지 아니할 수 있다(경찰 감찰 규칙 제36조 제2항).

▌오답해설▌

① 경찰 감찰 규칙 제14조
② 경찰 감찰 규칙 제25조 제1항
③ 경찰 감찰 규칙 제39조 제1항

01	02	03	04	05	06	07	08	09	10	11	12	13	14	15	16	17	18	19	20
③	②	①	④	①	④	③	③	②	④	④	③	①	④	②	③	③	④	④	①
21	**22**	**23**	**24**	**25**	**26**	**27**	**28**	**29**	**30**	**31**	**32**	**33**	**34**	**35**	**36**	**37**	**38**	**39**	**40**
②	②	④	①	④	①	②	③	②	④	③	②	④	①	②	④	③	①	④	③

01 난도 ★　　　　　　　　답 ③

▌정답해설▐

③ 비경찰화란 제2차 세계대전 이후 독일에서 범죄의 예방과 범인의 검거 등 보안경찰작용 이외의 행정경찰사무, 즉 영업경찰, 위생경찰, 건축경찰, 산림경찰 등 협의의 행정경찰사무를 보통경찰행정기관이 아닌 다른 일반 행정기관의 사무로 이관한 조치를 말한다.

02 난도 ★★　　　　　　　답 ②

▌정답해설▐

㉠ (O) 실질적 의미의 경찰은 행정의 일부로서 행정경찰을 의미한다.

㉣ (O) 형식적 의미의 경찰은 실정법상 경찰기관의 권한에 속하는 모든 작용을 말한다.

▌오답해설▐

㉡ (×) 예방경찰과 진압경찰은 경찰권발동의 시점을 기준으로 한 분류이다. 경찰활동의 질과 내용을 기준으로 분류하면 경찰활동은 질서경찰과 봉사경찰로 구분된다.

㉢ (×) 국가경찰제도의 단점으로는 관료화되어 국민을 위한 봉사가 저해될 수 있다는 것을 들 수 있다.

03 난도 ★★　　　　　　　답 ①

▌정답해설▐

① 사회계약론적 입장에서 볼 때 경찰은 사회 일부분이 아닌 사회 전체의 이익을 염두에 두어야 하며, 냉정하고 객관적인 방식으로 업무를 처리하여야 한다.

▌오답해설▐

② '소외'란 협소한 지식에 몰두하여 경찰의 봉사기능 등 전체적인 목적과 사회관계를 소홀히 하는 것을 말하며 전문직이 되는 데 장기간의 교육이 필요하고 비용이 들어 가난한 사람은 전문가가 되는 기회를 상실하는 것은 '차별'이다.

③ 공무원은 「범죄수사규칙」 제30조에 따른 경찰관서 내 수사 지휘에 대한 이의제기와 관련하여 행동강령책임관에게 상담을 요청할 수 있다(경찰청 공무원 행동강령 제4조의2 제1항).

④ 비진정성의 조장이란 '경찰윤리강령은 경찰관의 도덕적 자각에 따른 자발적 행동이 아니라 외부로부터 요구된 것으로서 타율적'이라는 점이다. '강령의 내용을 행위의 울타리로 삼아 강령에 제시된 바람직한 행위 그 이상의 자기희생을 하지 않으려는 경향'은 '최소주의의 위험'이다.

┃정답해설┃

④ 공직자 등은 사례금을 받는 외부강의 등을 할 때에는 대통령령으로 정하는 바에 따라 외부강의 등의 요청 명세 등을 소속기관장에게 그 외부강의 등을 마친 날부터 10일 이내에 서면으로 신고하여야 한다. 다만, 외부강의 등을 요청한 자가 국가나 지방자치단체인 경우에는 그러하지 아니하다(부정청탁 및 금품 등 수수의 금지에 관한 법률 제10조).

┃오답해설┃

① 부정청탁 및 금품등 수수의 금지에 관한 법률 제13조 제1항
② 부정청탁 및 금품등 수수의 금지에 관한 법률 제7조 제1항
③ 부정청탁 및 금품등 수수의 금지에 관한 법률 제22조 제2항 제1호

┃정답해설┃

① 1894년 7월 14일 경무청관제직장과 행정경찰장정을 제정하면서 경무청을 내무아문 소속으로 창설하였다.

┃오답해설┃

② 1919년 3·1운동을 계기로 보통경찰제도로 전환되었지만 기본적으로 경찰의 직무와 권한에는 변화가 없었다.
③ 미군정시대에는 경찰이 담당하였던 위생사무가 위생국으로 이관되고, 경제경찰과 고등경찰이 폐지되는 등 광범위하게 이루어지던 행정경찰사무가 경찰의 관할에서 분리되었다. 그러나 정보경찰은 폐지된 것이 아니라 오히려 정보업무를 담당하는 정보과가 신설되었다.
④ 차일혁 경무관에 대한 설명이다. 최규식 경무관은 호국경찰의 표상으로 1968.1.21. 무장공비 침투사건당시 청와대를 사수하였다.

┃정답해설┃

④ 행정규칙은 행정조직 내부에서 상급기관이나 상급자가 그의 소관기관이나 하급자에게 그 조직과 활동을 보다 자세히 규율할 목적으로 발하는 일반적·추상적 규범으로 법규의 성질을 가지지 않는 것을 말한다. 행정규칙은 법규성이 부정되지만 법원성은 긍정하는 것이 다수설이다.

구분	행정규칙	법규명령
근거	법률의 근거를 요하지 않음 예 훈령, 예규, 고시, 지침 등	헌법, 법률 등 상위 법령의 개별적·구체적 위임이나 근거를 요함 예 시행령, 시행규칙 등
공포 요부	공포를 요하지 않음	공포를 요함
법규성 유무	법규성 없으므로 대내적 구속력을 가질 뿐 대외적으로 일반국민이나 법원을 구속하지 않음	법규성 있으므로 대내적 구속력은 물론 대외적으로 일반국민과 법원을 구속함
위반의 효과	적법·유효함 (내부적 징계책임을 발생할 수 있음)	위법하므로 무효가 되거나 취소사유가 됨

┃정답해설┃

㉠ (×) 권한의 위임은 위임청이 자기에게 주어진 권한의 일부를 하급행정기관이나 자기의 보조기관 등 다른 기관에 위임해서 행사하게 하는 것으로 권한의 전부 또는 대부분의 위임은 위임기관의 실질적인 폐지를 의미하므로 인정할 수 없다.
㉡, ㉢, ㉣ (○)

더 알아보기 대리와 위임

구분	위임	대리	
		법정대리	임의대리
법적 근거	○	○	×
권한의 이전 여부	수임기관에 이전됨	대리기관에 이전되지 않음	
권한의 범위	일부만 위임 가능	전부대리가 원칙	일부만 대리 가능
효과의 귀속	수임기관	피대리기관	
책임의 귀속	수임기관 (행정소송의 피고)	외부관계에서는 피대리기관(행정소송의 피고), 내부관계에서는 대리기관	
지휘·감독	가능	불가	가능

08 난도 ★★

정답해설

③ 국가공무원법 제64조 제1항

오답해설

① 비밀엄수의 의무는 공무원의 신분상 의무이다.
② "구체적 사건수사와 관련하여 상관의 지휘 감독의 적법성 또는 정당성에 대하여 이견이 있을 때에는 이의를 제기할 수 있다."는 국가경찰과 자치경찰의 조직 및 운영에 관한 법률 제6조의 내용이다.
④ 공무원은 종교에 따른 차별 없이 직무를 수행하여야 하며, 소속 상관이 종교중립의 의무에 위배되는 직무상명령을 한 경우에는 이에 따르지 아니할 수 있다(국가공무원법 제59조의2).

09 난도 ★★

정답해설

② 금품 또는 향응 수수로 강등의 징계처분을 받은 경우 그 처분의 집행이 끝난 날로부터 24월이 지나지 않으면 승진임용을 할 수 없다(경찰공무원 승진임용 규정 제6조 제1항 제2호 가목).

오답해설

① 경찰공무원 징계령 제9조 제1항 제1호
③ 경찰공무원 징계령 세부시행규칙 제5조 제1항 제3호
④ 경찰공무원 징계령 세부시행규칙 제4조 제2항 제4호, 제6호

10 난도 ★★

정답해설

④ 3급 이상 공무원 또는 고위공무원단에 속하는 공무원으로 3년 이상 근무한 자는 비상임위원이 될 수 없다(국가공무원법 제10조 제1항).

제10조(소청심사위원회위원의 자격과 임명)

① 소청심사위원회의 위원(위원장을 포함한다. 이하 같다)은 다음 각 호의 어느 하나에 해당하고 인사행정에 관한 식견이 풍부한 자 중에서 국회사무총장, 법원행정처장, 헌법재판소사무처장, 중앙선거관리위원회사무총장 또는 인사혁신처장의 제청으로 국회의장, 대법원장, 헌법재판소장, 중앙선거관리위원회위원장 또는 대통령이 임명한다. 이 경우 인사혁신처장이 위원을 임명제청하는 때에는 국무총리를 거쳐야 하고, 인사혁신처에 설치된 소청심사위원회의 위원 중 <u>비상임위원은 제1호 및 제2호의 어느 하나에 해당하는 자</u> 중에서 임명하여야 한다.
1. 법관·검사 또는 변호사의 직에 5년 이상 근무한 자
2. 대학에서 행정학·정치학 또는 법률학을 담당한 부교수 이상의 직에 5년 이상 근무한 자
3. <u>3급 이상 공무원 또는 고위공무원단에 속하는 공무원으로 3년 이상 근무한 자</u>

오답해설

① 국가공무원법 제9조 등
② 국가공무원법 제16조 제1항
③ 국가공무원법 제12조 제1항·제2항

11 난도 ★★

정답해설

④ 경찰관 직무집행법 제10조의2

오답해설

① 변호인의 도움을 받을 권리가 있음을 알려야 하는 경우는 거동불심자에 대한 동행을 요구할 때이다(제3조 제5항). 경찰관은 이미 행하여진 범죄나 행하여지려고 하는 범죄행위에 관한 사실을 안다고 인정되는 사람에 대하여 질문을 하는 경우 자신의 신분을 표시하는 증표를 제시하면서 소속과 성명을 밝히고 질문의 목적과 이유를 설명하여야 한다(경찰관 직무집행법 제3조 제4항).
② 경찰관은 수상한 행동이나 그 밖의 주위 사정을 합리적으로 판단해 볼 때 구호대상자에 해당함이 명백하여 응급의 구호를 요한다고 믿을 만한 상당한 이유가 있는 자를 발견한 때에는 보건의료기관이나 공공구호기관에 긴급구호를 요청하거나 경찰관서에 보호하는 등 적절한 조치를 할 수 있다(경찰관 직무집행법 제4조 제1항).

③ 경찰관은 범죄행위가 목전(目前)에 행하여지려고 하고 있다고 인정될 때에는 이를 예방하기 위하여 관계인에게 필요한 경고를 하고, 그 행위로 인하여 사람의 생명·신체에 위해를 끼치거나 재산에 중대한 손해를 끼칠 우려가 있는 긴급한 경우에는 그 행위를 제지할 수 있다(경찰관 직무집행법 제6조).

12 난도 ★★　　　　　　　　답 ③

┃오답해설┃

㉠ (✕) 보상금을 지급할 수 있다.
㉣ (✕) 위원장 1명을 포함한 5명 이내

> **제11조의3(범인검거 등 공로자 보상)**
> ① 경찰청장, 시·도경찰청장 또는 경찰서장은 다음 각 호의 어느 하나에 해당하는 사람에게 보상금을 지급할 수 있다.
>   1. 범인 또는 범인의 소재를 신고하여 검거하게 한 사람
>   2. 범인을 검거하여 경찰공무원에게 인도한 사람
>   3. 테러범죄의 예방활동에 현저한 공로가 있는 사람
>   4. 그 밖에 제1호부터 제3호까지의 규정에 준하는 사람으로서 대통령령으로 정하는 사람
> ② 경찰청장, 시·도경찰청장 및 경찰서장은 제1항에 따른 보상금 지급의 심사를 위하여 대통령령으로 정하는 바에 따라 각각 보상금심사위원회를 설치·운영하여야 한다.
> ③ 제2항에 따른 보상금심사위원회는 위원장 1명을 포함한 5명 이내의 위원으로 구성한다.
> ④ 제2항에 따른 보상금심사위원회의 위원은 소속 경찰공무원 중에서 경찰청장, 시·도경찰청장 또는 경찰서장이 임명한다.
> ⑤ 경찰청장, 시·도경찰청장 또는 경찰서장은 제2항에 따른 보상금심사위원회의 심사·의결에 따라 보상금을 지급하고, 거짓 또는 부정한 방법으로 보상금을 받은 사람에 대하여는 해당 보상금을 환수한다.
> ⑥ 경찰청장, 시·도경찰청장 또는 경찰서장은 제5항에 따라 보상금을 반환하여야 할 사람이 대통령령으로 정한 기한까지 그 금액을 납부하지 아니한 때에는 국세 체납처분의 예에 따라 징수할 수 있다.
> ⑦ 제1항에 따른 보상 대상, 보상금의 지급 기준 및 절차, 제2항 및 제3항에 따른 보상금심사위원회의 구성 및 심사사항, 제5항 및 제6항에 따른 환수절차, 그 밖에 보상금 지급에 관하여 필요한 사항은 대통령령으로 정한다.

13 난도 ★★　　　　　　　　답 ①

┃정답해설┃

① 계급제는 인사배치의 유동성과 신축성이 보장된다.

더 알아보기	계급제와 직위분류제	
계급제		
장점	① 일반 행정가의 확보에 유리 ② 기관간의 횡적 협조가 용이 ③ 공무원이 종합적·신축적인 능력을 보유할 수 있음 ④ 인사배치의 유동성과 신축성이 보장 ⑤ 공무원의 신분보장이 강화 ⑥ 직업공무원제도의 정착에 유리	
단점	① 행정의 전문화가 곤란 ② 인사관리의 객관적이고도 합리적인 기준을 설정하기 곤란 ③ 권한의 책임과 한계가 불분명 ④ 객관적인 근무평정과 훈련계획의 수립이 곤란	
직위분류제		
장점	① 시험·채용·전직의 합리적 기준을 제공하여 인사행정의 합리화에 기여 ② '동일직무에 대한 동일보수의 원칙'을 확립함으로써 보수제도의 합리적 기준을 제시 ③ 행정조직의 전문화·분업화에 기여 ④ 권한과 책임의 한계가 명확	
단점	① 유능한 일반 행정가의 확보가 곤란 ② 인사배치의 융통성이 떨어짐 ③ 공무원의 신분보장이 미흡 ④ 타 기관과의 협조·조정이 곤란	

14 난도 ★★　　　　　　　　답 ④

┃정답해설┃

④ 갈등의 원인이 세분화된 업무처리에 있다면 전체적인 업무처리과정의 조정과 통합이 바람직하고 원인이 한정된 인력이나 예산으로 갈등이 생기는 경우라면 업무추진의 우선 순위를 정해주는 것이 바람직하다.

15 난도 ★★   답 ②

┃정답해설┃

② 매슬로우(Maslow)의 욕구계층이론에서 욕구는 하위욕구로부터 상위욕구로 발전하며, 한 단계의 욕구가 충족되어야 그 다음 단계로 진행하며, 이미 충족된 욕구는 더 이상 동기부여의 요인으로서 의미가 없어진다고 보았다.

┃오답해설┃

① 존경의 욕구에 해당한다.
③ 공무원단체 활동은 자아실현 욕구에 해당하고, 적정한 휴양제도는 생리적 욕구에 해당한다.
④ 권한의 위임, 참여의 확대는 존경의 욕구에 해당한다.

더 알아보기	매슬로우의 욕구 5단계	
단계	내용	사례
생리적 욕구	의식주나 성욕 해결에 대한 욕구	휴양, 적정보수 등
안전의 욕구	자신의 지위나 신분에 대한 안정 욕구	연금, 신분보장 등
사회적 욕구 (애정의 욕구)	동료, 상사, 조직에 대한 소속감이나 관계를 높이려는 욕구	인간관계 개선, 고충상담 등
존경의 욕구	존경, 명예, 인정에 대한 욕구	참여확대, 권한 위임, 제안제도, 포상 등
자아실현 욕구	자기발전이나 자아실현에 대한 욕구	공정하고 합리적인 승진, 공무원단체 활동 등

16 난도 ★★   답 ③

┃정답해설┃

③ 영기준 예산(ZBB)은 조직체의 모든 사업·활동에 대하여 영기준을 적용해서 각각의 효율성, 효과성 및 중요성 등을 체계적으로 분석하고 사업의 존속·축소·확대 여부를 원점에서 새로 분석·검토하여 우선순위별로 실행 예산을 결정하는 제도로 예산편성시 전년도 예산을 기준으로 점증적으로 예산액을 책정하는 폐단을 시정하려는 목적에서 유래하였다.

┃오답해설┃

① 품목별 예산제도는 예산의 신축성을 저해하고 계획과 지출의 불일치라는 단점이 있다.
② 지출 목적이 불분명하여 기능의 중복을 피하기 곤란하고 계획과 지출이 불일치한 점 등은 품목별 예산제도의 단점이다.
④ 일몰법은 특정의 행정기관이나 사업이 일정기간 지나면 의무적 자동적으로 폐지되게 하는 예산제도로 입법부가 법률로 제정한다.

17 난도 ★★   답 ③

┃정답해설┃

③ 국고금관리법 제24조 제3항·제4항

┃오답해설┃

① 정부 예산안이 국회를 통과하여 확정된 후에 새롭게 발생한 사유로 인하여 이미 성립한 예산에 변경을 가할 필요가 있을 때 편성하는 예산은 추가경정예산이다.
② 준예산은 회계연도 개시 전까지 예산의 불성립시 전년도 예산에 준하여 지출하는 제도로 예산 확정 전에는 경찰공무원의 보수와 경찰관서의 유지·운영 등 기본경비에는 사용할 수 있다.
④ 예산이 확정되더라도 해당 예산이 배정되지 않은 상태에서는 지출원인행위를 할 수 없다.

18 난도 ★★   답 ④

┃정답해설┃

④ 공무원 또는 공무원이었던 사람은 법률에서 정하는 경우를 제외하고는 소속 기관의 장이나 소속되었던 기관의 장의 승인 없이 비밀을 공개해서는 아니 된다(보안업무규정 제25조 제2항).

┃오답해설┃

①·② 보안업무규정 제4조
③ 보안업무규정 제12조 제2항·제3항

19 난도 ★★   답 ④

▌정답해설 ▌

④ 공공기관의 정보공개에 관한 법률 제9조 제1항 제3호

▌오답해설 ▌

① 공공기관이 보유·관리하는 정보는 국민의 알권리 보장 등을 위하여 이 법에서 정하는 바에 따라 적극적으로 공개하여야 한다(공공기관의 정보공개에 관한 법률 제3조).

② 공공기관은 공개 청구된 공개 대상 정보의 전부 또는 일부가 제3자와 관련이 있다고 인정할 때에는 그 사실을 제3자에게 지체 없이 통지하여야 하며, 필요한 경우에는 그의 의견을 들을 수 있다(공공기관의 정보공개에 관한 법률 제11조 제3항).

③ 정보의 공개를 청구하는 자는 해당 정보를 보유하거나 관리하고 있는 공공기관에 다음 각 호의 사항을 적은 정보공개 청구서를 제출하거나 말로써 정보의 공개를 청구할 수 있다(공공기관의 정보공개에 관한 법률 제10조 제1항).

20 난도 ★★   답 ①

▌정답해설 ▌

① 행정청이 당사자에게 의무를 부과하거나 권익을 제한하는 처분을 할 때 청문이나 공청회를 개최하는 경우 외에는 당사자 등에게 의견제출의 기회를 주어야 한다(행정절차법 제22조 제3항).

▌오답해설 ▌

② 행정절차법 제21조 제2항

③ 행정절차법 제48조 제1항

④ 행정절차법 제49조 제1항, 제50조

21 난도 ★   답 ②

▌정답해설 ▌

② 집합효율성 이론은 지역사회 구성원들이 범죄문제를 해결하기 위해 적극적으로 참여하는 것이 중요한 범죄예방의 열쇠라고 보는 이론이다.

22 난도 ★   답 ②

▌정답해설 ▌

② '비상 및 작전사태 등 발생시 차량, 선박 등의 통행 통제'는 경계근무에 대한 내용이다(지역경찰의 조직 및 운영에 관한 규칙 제26조 제2항).

더 알아보기   순찰근무, 경계근무
순찰근무
1. 주민여론 및 범죄첩보 수집
2. 각종 사건사고 발생시 초동조치 및 보고, 전파
3. 범죄 예방 및 위험발생 방지 활동
4. 범법자의 단속 및 검거
5. 경찰방문 및 방범진단
6. 통행인 및 차량에 대한 검문검색 등
경계근무
1. 범법자 등을 단속·검거하기 위한 통행인 및 차량, 선박 등에 대한 검문검색 및 후속조치
2. 비상 및 작전사태 등 발생시 차량, 선박 등의 통행 통제

23 난도 ★★   답 ④

▌정답해설 ▌

④ 실종아동등의 보호 및 지원에 관한 법률 제2조

▌오답해설 ▌

① 경찰관서의 장은 실종아동등의 발생 신고를 접수하면 지체 없이 수색 또는 수사의 실시 여부를 결정하여야 한다(실종아동등의 보호 및 지원에 관한 법률 제9조 제1항).

② 범죄로 인한 경우를 제외한다(실종아동등의 보호 및 지원에 관한 법률 제9조 제2항).

제9조(수색 또는 수사의 실시 등)

② 경찰관서의 장은 실종아동등(범죄로 인한 경우를 제외한다. 이하 이 조에서 같다)의 조속한 발견을 위하여 필요한 때에는 다음 각 호의 어느 하나에 해당하는 자에게 실종아동등의 위치 확인에 필요한 「위치정보의 보호 및 이용 등에 관한 법률」 제2조 제2호에 따른 개인위치정보, 「인터넷주소자원에 관한 법률」 제2조 제1호에 따른 인터넷주소 및 「통신비밀보호법」 제2조 제11호 마목·사목에 따른 통신사실확인자료(이하 "개인위치정보등"이라 한다)의 제공을 요청할 수 있다. 이 경우 경찰관서의 장의 요청을 받은 자는 「통신비밀보호법」 제3조에도 불구하고 정당한 사유가 없으면 이에 따라야 한다.

③ 업무·고용 등의 관계로 사실상 아동등을 보호·감독하는 사람이 실종의무자에 해당한다(실종아동등의 보호 및 지원에 관한 법률 제6조).

24 난도 ★★　　답 ①

▌정답해설▐

㉠, ㉡ : 청소년 출입·고용금지업소

㉢, ㉣ : 청소년 고용금지업소

더 알아보기 **청소년 유해업소(청소년 보호법 제2조 제5호)**

관련 법령	청소년 출입·고용 금지업소	청소년고용 금지업소 (출입은 가능)
게임산업 진흥에 관한 법률	일반게임제공업 및 복합게임제공업 중 대통령령으로 정하는 것	청소년게임 제공업 및 인터넷컴퓨터게임 시설제공업
사행행위 등 규제 및 처벌 특례법	사행행위영업	
식품위생법	식품접객업 중 대통령령으로 정하는 것 (단란주점영업 및 유흥주점영업)	식품접객 중 대통령령으로 정하는 것 (소주방·호프· 카페, 차 종류 배달업 등)
영화 및 비디오물의 진흥에 관한 법률	비디오물감상실업 ·제한관람가비디 오물, 소극장업 및 복합영상물제공업	비디오물 소극장업
음악산업 진흥에 관한 법률	노래연습장 중 대통령령으로 정하는 것	
체육시설의 설치·이용에 관한 법률	무도학원업 및 무도장업	
화학물질 관리법		유해화학물질영업
공중위생 관리법		숙박업, 목욕장업, 이용업 중 대통령령으로 정하는 것
청소년 보호법		회비 등을 받거나 유료로 만화를 빌려 주는 만화대여업

※중요내용 일부만 수록함

25 난도 ★★　　답 ④

▌정답해설▐

④ 형사소송법 제217조 제1항에 의하여 압수한 물건을 계속 압수할 필요가 있는 경우에는 지체 없이 압수수색 영장을 청구하여야 한다. 이 경우 압수수색영장의 청구는 체포한 때부터 48시간 이내에 하여야 한다(형사소송법 제217조 제2항).

▌오답해설▐

① 형사소송법 제216조 제1항 제2호

② 형사소송법 제216조 제3항

③ 형사소송법 제217조 제1항

26 난도 ★ · 답 ①

┃정답해설┃

① 사법경찰관은 범죄수사를 위한 통신제한조치의 허가요건이 구비된 경우에는 검사에 대하여 각 피의자별 또는 각 피내사자별로 통신제한조치에 대한 허가를 신청하고, 검사는 법원에 대하여 그 허가를 청구할 수 있다(통신비밀보호법 제6조 제2항).

┃오답해설┃

② 통신비밀보호법 제3조 제2항
③ 통신비밀보호법 제8조 제2항
④ 통신비밀보호법 제8조 제3항

27 난도 ★★ · 답 ②

┃정답해설┃

② 디엔에이신원확인정보의 이용 및 보호에 관한 법률 제13조 제1항 제2호

┃오답해설┃

① 검찰총장은 제5조에 따라 채취한 디엔에이감식시료로부터 취득한 디엔에이신원확인정보에 관한 사무를 총괄한다(디엔에이신원확인정보의 이용 및 보호에 관한 법률 제4조 제1항).
③ 디엔에이신원확인정보담당자가 디엔에이신원확인정보를 데이터베이스에 수록한 때에는 제5조 및 제6조에 따라 채취된 디엔에이감식시료와 그로부터 추출한 디엔에이를 지체 없이 폐기하여야 한다(디엔에이신원확인정보의 이용 및 보호에 관한 법률 제12조 제1항).
④ 검사 또는 사법경찰관(군사법경찰관을 포함한다. 이하 같다)은 제5조 제1항 각 호의 어느 하나에 해당하는 죄 또는 이와 경합된 죄를 범하여 구속된 피의자 또는 「치료감호법」에 따라 보호구속된 치료감호대상자(이하 "구속피의자등"이라 한다)로부터 디엔에이감식시료를 채취할 수 있다(디엔에이신원확인정보의 이용 및 보호에 관한 법률 제6조).

28 난도 ★★ · 답 ③

┃정답해설┃

③ 형법 제307조 명예훼손죄는 가정폭력범죄에 해당한다(가정폭력범죄의 처벌 등에 관한 특례법 제2조 제3호 바목).

┃오답해설┃

①·② 사기죄나 약취죄는 가정폭력범죄가 아니다.
④ 배우자의 지인은 가족구성원이 아니므로 가정폭력 사건으로 처리할 수 없다.

29 난도 ★ · 답 ②

┃정답해설┃

② '피해아동을 아동학대 관련 보호시설로 인도'하는 것은 피해아동등에 대한 '응급조치'에 해당한다(아동학대범죄의 처벌 등에 관한 특례법 제12조 제1항).

┃오답해설┃

①·③·④ 아동학대범죄의 처벌 등에 관한 특례법 제19조 제1항

제19조(아동학대행위자에 대한 임시조치)
① 판사는 아동학대범죄의 원활한 조사·심리 또는 피해아동등의 보호를 위하여 필요하다고 인정하는 경우에는 결정으로 아동학대행위자에게 다음 각 호의 어느 하나에 해당하는 조치(이하 "임시조치"라 한다)를 할 수 있다.
  1. 피해아동등 또는 가정구성원(「가정폭력범죄의 처벌 등에 관한 특례법」 제2조 제2호에 따른 가정구성원을 말한다. 이하 같다)의 주거로부터 퇴거 등 격리
  2. 피해아동등 또는 가정구성원의 주거, 학교 또는 보호시설 등에서 100미터 이내의 접근 금지
  3. 피해아동등 또는 가정구성원에 대한 「전기통신기본법」 제2조 제1호의 전기통신을 이용한 접근 금지
  4. 친권 또는 후견인 권한 행사의 제한 또는 정지
  5. 아동보호전문기관 등에의 상담 및 교육 위탁
  6. 의료기관이나 그 밖의 요양시설에의 위탁
  7. 경찰관서의 유치장 또는 구치소에의 유치

30 난도 ★
정답 ④

정답해설

④ 지휘관 단일의 원칙이란 긴급하고 신속한 경비업무의 효율적인 처리를 위하여 지휘관을 한 사람만 두어야 한다는 의미로 폭동의 진압과 같은 긴급한 상황에서는 지휘관의 신속한 결단과 명확한 지침이 필요하다. 하향적 명령에 의한 활동이란 경비경찰은 지휘관의 하향적 명령에 의한 활동으로 부대원의 재량은 상대적으로 적고, 활동 결과에 대한 책임은 지휘관이 지는 경우가 많다는 것을 의미한다.

더 알아보기	경비경찰의 성격
복합기능적 활동	• 경비경찰은 범죄의 예방과 진압이라는 복합기능적 활동을 수행 • 사후진압보다는 예방적 활동의 중요성이 강조
현상유지적 활동	질서유지는 정태적·소극적인 질서유지가 아니라 새로운 변화와 발전을 보장하기 위한 동태적·적극적인 의미의 유지작용이어야 함
즉응적 활동	경비경찰의 활동은 특정한 기한 없이 그러한 사태가 종료될 때 동시에 해당 업무도 종료 되는 것이 특징
조직적인 부대활동	• 경비경찰의 활동은 하향적인 명령에 의하여 수행되는 하향적 활동 • 경비활동은 지휘관이 내리는 지시나 명령에 의해 행해지며, 지휘관이 지휘책임을 지게 됨
사회전반적 안녕목적의 활동	경비경찰은 직접적으로 공공의 안녕과 질서를 파괴하는 범죄를 대상으로 함(국가목적적 치안수행활동)

31 난도 ★★
정답 ③

정답해설

③ 재난대책본부에 총괄운영단, 대책실행단, 대책지원단을 두며 총괄운영단은 본부장을 보좌하여 재난대책본부의 운영에 필요한 사무를 담당하며 단장은 위기관리센터장이 된다(경찰 재난관리 규칙 제12조 제2항).

오답해설

① '경찰관서 방재·피해복구를 위해 필요한 사항의 결정'은 재난대책본부의 기능이다(경찰 재난관리 규칙 제13조 제2호).

② 총괄운영단은 본부장을 보좌하여 재난대책본부의 운영에 필요한 사무를 담당하며 단장은 위기관리센터장이 된다(경찰 재난관리 규칙 제12조 제2항 제1호).

④ 시·도경찰청등의 장은 경찰관, 경찰장비 및 경찰관서가 재난에 의해 피해를 입은 경우에는 바로 위 상급기관의 장에게 피해내용을 지체 없이 보고하여야 한다(경찰 재난관리 규칙 제19조 제2항).

32 난도 ★★
정답 ②

정답해설

② 국방부장관은 을종사태에 해당하는 상황이 발생하였을 때 즉시 국무총리를 거쳐 대통령에게 통합방위사태의 선포를 건의하여야 한다(통합방위법 제12조 제2호).

오답해설

① 통합방위법 제2조 제6호
③ 통합방위법 제4조 제2항
④ 통합방위법 제17조 제1항

33 난도 ★★
정답 ④

정답해설

④ 특정범죄 가중처벌 등에 관한 법률 제5조의3 소정의 도주차량운전자에 대한 가중처벌규정은 자신의 과실로 교통사고를 야기한 운전자가 그 사고로 사상을 당한 피해자를 구호하는 등의 조치를 취하지 아니하고 도주하는 행위에 강한 윤리적 비난가능성이 있음을 감안하여 이를 가중처벌함으로써 교통의 안전이라는 공공의 이익의 보호뿐만 아니라 교통사고로 사상을 당한 피해자의 생명·신체의 안전이라는 개인적 법익을 보호하고자 함에도 그 입법취지와 보호법익이 있다고 보아야 할 것인바, 위와 같은 규정의 입법취지에 비추어 볼 때 여기에서 말하는 차의 교통으로 인한 업무상과실치사상의 사고를 도로교통법이 정하는 도로에서의 교통사고의 경우로 제한하여 새겨야 할 아무런 근거가 없다(대판 2004.8.30. 2004도3600).

① 대법원 2007.4.12. 2006도4322

② 대법원 2008.7.10. 2008도1339

③ 대법원 2008.11.13. 2008도7143

34 난도 ★★ 답 ①

| 정답해설 |

① 정보기관의 활동은 주로 SRI(특별첩보요구)에 의한다.

더 알아보기	특별첩보요구(SRI)와 첩보의 기본요소(EEI)의 비교
특별첩보요구(SRI)	첩보의 기본요소(EEI)
임시적·돌발적·특수지역적인 특수사항	계속적·반복적·전국적 사항
돌발적·단기적인 급박한 문제해결	일반적·통상적·장기적인 문제해결
첩보의 적시성 강조	첩보의 신뢰성 강조
요구형식: 서면 또는 구두	요구형식: 원칙적 서면요구
첩보수집계획서 불요	첩보수집계획서가 반드시 필요

35 난도 ★★ 답 ②

| 정답해설 |

② 중요상황보고서는 매일 전국의 사회갈등이나 집회시위 상황을 정리하여 그 다음 날 아침에 경찰 내부와 정부 각 기관에 전파하는 보고서이다.

36 난도 ★★ 답 ④

| 정답해설 |

④ 집회 및 시위에 관한 법률 제7조 제1항

| 오답해설 |

① 여러 사람이 공동의 목적을 가지고 도로, 광장, 공원 등 일반인이 자유로이 통행할 수 있는 장소를 행진하거나 위력 또는 기세를 보여, 불특정한 여러 사람의 의견에 영향을 주거나 제압을 가하는 행위는 시위이다(집회 및 시위에 관한 법률 제2조 제2호). 집회란 특정 또는 불특정 다수인이 공동의 의견을 형성하여 이를 대외적으로 표명할 목적 아래 일시적으로 일정한 장소에 모이는 것을 말한다(대법원 2012.5.24. 2010도11381).

② 관할경찰관서장은 집회 및 시위의 보호와 공공의 질서 유지를 위하여 필요하다고 인정하면 최소한의 범위를 정하여 질서유지선을 설정할 수 있다(집회 및 시위에 관한 법률 제13조 제1항).

③ 상가밀집지역의 주변지역에서의 집회나 시위의 경우 그 거주자나 관리자가 시설이나 장소의 보호를 요청이 있다는 사실만으로는 집회나 시위의 금지 또는 제한을 통고할 수는 없다(집회 및 시위에 관한 법률 제8조 제5항 참고).

제8조(집회 및 시위의 금지 또는 제한 통고)

⑤ 다음 각 호의 어느 하나에 해당하는 경우로서 그 거주자나 관리자가 시설이나 장소의 보호를 요청하는 경우에는 집회나 시위의 금지 또는 제한을 통고할 수 있다. 이 경우 집회나 시위의 금지 통고에 대하여는 제1항을 준용한다.

1. 제6조 제1항의 신고서에 적힌 장소(이하 이 항에서 "신고장소"라 한다)가 다른 사람의 주거지역이나 이와 유사한 장소로서 집회나 시위로 재산 또는 시설에 심각한 피해가 발생하거나 사생활의 평온을 뚜렷하게 해칠 우려가 있는 경우

2. 신고장소가 「초·중등교육법」 제2조에 따른 학교의 주변 지역으로서 집회 또는 시위로 학습권을 뚜렷이 침해할 우려가 있는 경우

3. 신고장소가 「군사기지 및 군사시설 보호법」 제2조 제2호에 따른 군사시설의 주변 지역으로서 집회 또는 시위로 시설이나 군 작전의 수행에 심각한 피해가 발생할 우려가 있는 경우

37 난도 ★★

답 ③

┃ 정답해설 ┃

③ 공소보류가 취소된 경우에는 형사소송법 제208조(재구속의 제한)의 규정에 불구하고 동일한 범죄사실로 재구속할 수 있다(국가보안법 제20조 제4항).

┃ 오답해설 ┃

① 국가보안법 제3조 이하
② 국가보안법 제16조
④ 국가보안법 제7조 제1항

38 난도 ★★

답 ①

┃ 정답해설 ┃

① 보안관찰처분에 관한 결정은 위원회의 의결을 거쳐 법무부장관이 행한다(보안관찰법 제14조 제1항).

┃ 오답해설 ┃

② 피보안관찰자가 주거지를 이전하거나 국외여행 또는 10일 이상 주거를 이탈하여 여행하고자 할 때에는 미리 거주예정지, 여행예정지 기타 대통령령이 정하는 사항을 지구대·파출소장을 거쳐 관할경찰서장에게 신고하여야 한다(보안관찰법 제18조 제4항).
③ 보안관찰처분의 기간은 2년으로 한다. 법무부장관은 검사의 청구가 있는 때에는 보안관찰처분심의위원회의 의결을 거쳐 그 기간을 갱신할 수 있다(보안관찰법 제5조).
④ '보안관찰처분대상자'란 보안관찰해당범죄 또는 이와 경합된 범죄로 금고 이상의 형의 선고를 받고 그 형기합계가 3년 이상인 자로서 형의 전부 또는 일부의 집행을 받은 사실이 있는 자를 말한다(보안관찰법 제3조).

39 난도 ★★

답 ④

┃ 정답해설 ┃

④ 급진적 다문화주의 – 다문화주의는 '차이에 대한 권리'로 해석되며, 다문화주의는 소수자의 문화적 권리와 결부되어 이해된다. 소수집단은 자결의 원칙을 내세워 문화적 공존을 넘어서는 소수민족 집단만의 공동체 건설을 지향한다. 미국에서의 흑인과 원주민에 의한 격리주의 운동, 아프리카의 소부족 독립운동 등이 대표적이다.

┃ 더 알아보기 ┃ 다문화주의의 종류

급진적 다문화주의
• 다문화주의는 '차이에 대한 권리'로 해석되며, 다문화주의는 소수자의 문화적 권리와 결부되어 이해됨 • 소수집단은 자결의 원칙을 내세워 문화적 공존을 넘어서는 소수민족 집단만의 공동체 건설을 지향 • 미국에서의 흑인과 원주민에 의한 격리주의 운동

자유주의적 다문화주의(동화주의)
• 다문화주의의 차별을 금지하고 사회참여를 위해 기회평등 등을 보장하는 것 • 사회통합을 이룩하기 위해 국가내부의 문화적 다양성을 허용하고, 소수 인종집단 고유의 문화와 가치를 인정하지만, 시민생활이나 공적생활에서는 주류 사회의 문화, 언어 사회습관에 따를 것을 요구함

조합주의적 다문화주의(다원주의 – 절충형)
• 문화적 소수자가 현실적으로 문화적 다수자와의 경쟁에서 불리한 위치에 있다는 것을 전제로 하여 결과의 평등 보장을 추구하며, 소수집단의 사회참가를 촉진하기 위해 적극적인 재정적·법적 원조를 함 • 다언어방송, 다언어의사소통, 다언어문서, 다언어 및 다문화 교육 등을 추진하고, 사적 영역에서 소수민족 학교나 공공단체에 대해 지원하기도 함

40 난도 ★★

답 ③

┃ 정답해설 ┃

③ 외교부장관은 청구국으로부터 범죄인의 인도청구를 받았을 때에는 인도청구서와 관련 자료를 법무부장관에게 송부하여야 한다(범죄인 인도법 제11조).

┃ 오답해설 ┃

① 대한민국의 주권, 국가안전보장, 안녕질서 또는 미풍양속을 해칠 우려가 있는 경우는 인도거절 사유가 아니다(범죄인 인도법 제7조 ~ 제9조 참고).
② 범죄인이 인종, 종교, 국적, 성별, 정치적 신념 또는 특정 사회단체에 속한 것 등을 이유로 처벌되거나 그 밖의 불리한 처분을 받을 염려가 있다고 인정되는 경우 범죄인을 인도하여서는 아니 된다(범죄인 인도법 제7조 제4호).
④ 법무부장관은 인도조약 또는 「범죄인 인도법」에 따라 범죄인을 인도할 수 없거나 인도하지 아니하는 것이 타당하다고 인정되는 경우에는 인도심사청구명령을 하지 아니하고, 그 사실을 외교부장관에게 통지하여야 한다(범죄인 인도법 제12조 참고).

2018(경위) 정답 및 해설

01	02	03	04	05	06	07	08	09	10	11	12	13	14	15	16	17	18	19	20
③	③	④	③	③	④	②	④	③	①	③	①	②	①	②	④	③	①	②	④
21	22	23	24	25	26	27	28	29	30	31	32	33	34	35	36	37	38	39	40
③	②	④	②	②	②	②	①	②	①	④	②	④	④	③	③	③	③	③	②

01 난도 ★★
답 ③

┃정답해설┃

㉠ (○) Blanco 판결은 Blanco란 소년이 국영 담배공장 운반차에 부상을 당하여 민사법원에 손해배상청구소송을 제기하였는데, 손해가 공무원에 의하여 발생한 것이라는 이유에서 행정재판소 관할로 옮겨진 사건으로 공무원에 의한 손해는 국가에 배상책임이 있고, 그 관할은 행정재판소라는 원칙이 확립되는 계기가 되었다.

㉡ (○) Kreuzberg 판결은 1882년 독일의 프로이센 고등행정법원이 베를린의 Kreuzberg 언덕에 있는 전승기념비 조망을 확보하기 위해 주변 토지에 대한 건축물의 높이를 제한한 베를린 경찰청장의 명령에 대하여 그러한 명령은 심미적 이유로 내려진 것으로 복지 증진을 목적으로 하는 것이므로 무효라고 함으로써 경찰의 임무는 위험방지에 한정된다고 하는 사상이 법해석상 확정되는 계기를 만든 판결이다.

㉢ (○) Escobedo 판결은 변호인과의 접견교통권을 침해하여 획득한 자백의 증거능력을 부정한 판결이다.

㉣ (○) Miranda 판결은 변호인선임권, 접견교통권 및 진술거부권을 고지하지 않은 상태에서 이루어진 자백의 증거능력을 부정하여, 자백의 임의성과 관계없이 채취과정에 위법이 있는 자백을 배제하게 되는 계기가 되었다.

02 난도 ★★
답 ③

┃정답해설┃

③ 외관적 위험은 원칙적으로 적법하다. 그러나 적법한 행위로 인하여 특별한 희생이 발생한다면 손실보상 책임은 부담할 수 있다.

더 알아보기 위험에 대한 인식

외관적 위험

- 의무에 합당한 사려 깊은 상황판단을 했음에도 불구하고 위험을 잘못 긍정하는 경우를 말한다.
- 경찰관의 개입은 적법하며 경찰관에게 민·형사상의 책임을 물을 수 없다. 다만 국가의 손실 보상은 인정될 수 있다.

  예 순찰 중인 경찰관이 살려달라는 비명을 듣고 그 집 문을 부수고 들어갔는데 TV살인극을 시청하고 있는 경우

오상위험(= 추정적 위험)

- 경찰이 객관적으로 위험의 외관이나 혐의가 정당화되지 않음에도 불구하고 위험의 존재를 잘못 추정한 경우
- 경찰관에게 민·형사상의 책임을 물을 수 있음은 물론 국가의 손해배상책임도 인정할 수 있다.

  예 영화 촬영 중에 격투신 장면을 보고 실제 상황으로 오인한 경찰관의 개입

위험혐의

- 경찰이 의무에 합당한 사려 깊은 판단을 할 때 실제로 위험의 가능성은 예측되나 불확실한 경우
- 경찰의 개입은 위험의 존재여부가 명백해질 때까지 위험조사 차원에서의 개입과 같은 예비적인 조치에만 국한되어야 함

  예 방송국에 시한폭탄을 설치했다는 제보

03 난도 ★ 답 ④

┃ 정답해설 ┃

④ '구조원인 가설'은 니더호퍼, 로벅, 바커 등이 주장하였다.

더 알아보기	경찰 부패의 원인(델라트르)

구조원인가설	
주장자	니더호퍼, 로벅, 바커
내용	• 신참경찰관들이 그들의 고참동료들에 의해 조직의 부패전통 내에서 사회화됨으로써 부패의 길로 들어선다는 입장 • 조직의 체계적 문제가 부패의 원인임
사례	• 신임 홍길동 순경이 정의를 확립하겠다고 다짐하고 일선 근무하는 중 돈을 갈취하는 요령을 터득하면서 부패의 길로 접어드는 경우 • 경찰관이 혼자 출장을 가면서 두 사람 몫의 출장비를 청구하는 경우
전체사회가설	
주장자	윌슨
내용	• 사회 전체가 경찰의 부패를 묵인하거나 조장할 때 경찰관은 자연스럽게 부패행위를 하게 되며 처음 단계에는 작은 호의와 같은 것에 길들여져 나중에는 명백한 부정부패로 빠져들게 된다는 설명 • 미끄러지기 쉬운 경사로 이론과 유사함
사례	• 지역주민과 경찰관들이 어울려 도박을 하고, 사건청탁을 하는 것이 관행화된 곳에서 신임경찰관도 자연스럽게 그런 관행에 물드는 경우
썩은사과가설	
주장자	–
내용	• 부패의 원인은 전체 경찰 중 일부 부패할 가능성이 있는 경찰을 모집단계에서 배제하지 못하여 이들이 조직에 흡수되어 전체가 부패할 가능성이 있다는 이론 • 부패발생의 원인을 '이미 형성된 개인적 성격'에서 찾는 입장
사례	음주운전으로 징계처분을 받은 적이 있는 A가 다시 음주운전으로 적발되어 징계위원회에 회부되었다.

04 난도 ★★ 답 ③

┃ 정답해설 ┃

③ 상한액을 초과하는 사례금을 받은 경우에는 그 사실을 안 날로부터 2일 이내에 소속기관의 장에게 신고하여야 하며, 제공자에게 그 초과금액을 지체 없이 반환하여야 한다(경찰청 공무원 행동강령 제15조의2 제1항).

┃ 오답해설 ┃

① 경찰청 공무원 행동강령 제15조 제3항
② 경찰청 공무원 행동강령 제15조 제1항 [별표 2]
④ 경찰청 공무원 행동강령 제15조의2 제2항

05 난도 ★★ 답 ③

┃ 정답해설 ┃

③ 부정청탁 및 금품등 수수의 금지에 관한 법률 제2조 제2호 라목

┃ 오답해설 ┃

① 선거관리위원회도 '공공기관'에 포함된다(부정청탁 및 금품 등 수수의 금지에 관한 법률 제2조 제1호 가목).

제2조(정의)
이 법에서 사용하는 용어의 뜻은 다음과 같다.
1. "공공기관"이란 다음 각 목의 어느 하나에 해당하는 기관·단체를 말한다.
   가. 국회, 법원, 헌법재판소, 선거관리위원회, 감사원, 국가인권위원회, 고위공직자범죄수사처, 중앙행정기관(대통령 소속 기관과 국무총리 소속 기관을 포함한다)과 그 소속 기관 및 지방자치단체
   나. 「공직자윤리법」 제3조의2에 따른 공직유관단체
   다. 「공공기관의 운영에 관한 법률」 제4조에 따른 기관
   라. 「초·중등교육법」, 「고등교육법」, 「유아교육법」 및 그 밖의 다른 법령에 따라 설치된 각급 학교 및 「사립학교법」에 따른 학교법인
   마. 「언론중재 및 피해구제 등에 관한 법률」 제2조 제12호에 따른 언론사

② 「초·중등교육법」, 「고등교육법」, 「유아교육법」 및 그 밖의 다른 법령에 따라 설치된 각급 학교는 물론 「사립학교법」에 따른 학교법인도 '공공기관'에 포함된다(부정청탁 및 금품등 수수의 금지에 관한 법률 제2조 제1호 라목).

④ 「변호사법」 제4조에 따른 변호사 자격이 있는 자는 '공직자등'에 포함되지 아니한다(부정청탁 및 금품등 수수의 금지에 관한 법률 제2조 제2호 참고).

06 난도 ★★　　　답 ④

┃정답해설┃

ⓒ 중앙경찰위원회 설치(1947년) → ⓛ 경찰관 직무집행법 제정(1953년) → ⓔ 경찰공무원법 제정(1969년) → ⓝ 경찰법 제정(1991년)

07 난도 ★★　　　답 ②

┃정답해설┃

ⓝ (○) 최규식 경무관, 정종수 경사(호국경찰의 표상)은 1968년 무장공비 침투사건(1·21 사태) 당시 종로경찰서 자하문검문소에서 무장공비를 온몸으로 막아내고 순국함으로써, 청와대를 사수하고 대한민국을 위기에서 건져 올린 호국경찰의 표상이다.

ⓒ (○) 차일혁 경무관은 이현상을 사살하는 등 빨치산남부군 사령관을 토벌하여 자유 대한민국의 발전에 큰 공헌을 하였으며, 다수의 사찰을 소실로부터 구해내 문화경찰의 발자취를 남긴 호국경찰, 인본경찰, 문화경찰의 표상이다.

┃오답해설┃

ⓛ (×) 정종수는 1968년 무장공비 침투사건(1·21사태) 당시 종로경찰서 자하문검문소에서 무장공비를 온몸으로 막아내고 순국함으로써 청와대를 사수하고 대한민국을 위기에서 건져 올린 호국경찰의 표상이다.

ⓔ (×) 안병하는 5·18 광주 민주화운동 당시 전남도경국장으로서 과격한 진압을 지시한 군과 달리 '분산되는 자는 너무 추격하지 말 것, 부상자 발생치 않도록 할 것, 연행과정에서 학생의 피해가 없도록 유의하라'고 지시하여 인권경찰의 면모를 보였다.

08 난도 ★　　　답 ④

┃정답해설┃

④ 훈령은 내부적 구속력을 갖고 있어 훈령을 위반한 공무원의 행위는 징계의 사유가 된다. 그러나 훈령에 위반되었더라도 당연히 위법한 것은 아니므로 훈령에 위반한 공무원의 행위가 무효 또는 취소사유에 해당한다고 할 수 없다.

09 난도 ★　　　답 ③

┃정답해설┃

③ 국가경찰위원회 위원은 행정안전부장관의 제청으로 국무총리를 거쳐 대통령이 임명한다(국가경찰과 자치경찰의 조직 및 운영에 관한 법률 제8조 제1항).

┃오답해설┃

① 국가경찰행정에 관하여 제10조 제1항 각 호의 사항을 심의·의결하기 위하여 행정안전부에 국가경찰위원회를 둔다(국가경찰과 자치경찰의 조직 및 운영에 관한 법률 제7조 제1항).

② 국가경찰과 자치경찰의 조직 및 운영에 관한 법률 제7조 제2항

④ 국가경찰과 자치경찰의 조직 및 운영에 관한 법률 제8조 제5항

10 난도 ★★　　　답 ①

┃정답해설┃

ⓝ (×) 경찰청장은 국가경찰위원회의 동의를 받아 행정안전부장관의 제청으로 국무총리를 거쳐 대통령이 임명한다. 이 경우 국회의 인사청문을 거쳐야 한다(국가경찰과 자치경찰의 조직 및 운영에 관한 법률 제14조 제2항).

ⓛ (○) 국가경찰과 자치경찰의 조직 및 운영에 관한 법률 제14조 제3항

ⓒ (○) 국가경찰과 자치경찰의 조직 및 운영에 관한 법률 제14조 제4항

ⓔ (×) 경찰청장이 직무를 집행하면서 헌법이나 법률을 위배하였을 때에는 국회는 탄핵 소추를 의결할 수 있다(국가경찰과 자치경찰의 조직 및 운영에 관한 법률 제14조 제5항).

11 난도 ★   답 ③

③ 징계위원회(국가공무원법 제81조 제1항)

> **제81조(징계위원회의 설치)**
> ① 공무원의 징계처분등을 의결하게 하기 위하여 대통령령 등으로 정하는 기관에 징계위원회를 둔다.

① 국가공무원법 제9조 제1항
② 경찰공무원법 제5조 제1항
④ 국가경찰과 자치경찰의 조직 및 운영에 관한 법률 제7조 제1항

12 난도 ★   답 ①

① '질병 등 교육훈련을 계속할 수 없는 불가피한 사정으로 퇴학처분을 받은 경우'는 제외한다(경찰공무원 임용령 제19조 제4호).

> **제19조(채용후보자의 자격상실)**
> 채용후보자가 다음 각 호의 어느 하나에 해당하는 경우에는 채용후보자로서의 자격을 상실한다.
> 1. 채용후보자가 임용 또는 임용제청에 응하지 아니한 경우
> 2. 채용후보자로서 받아야 할 교육훈련에 응하지 아니한 경우
> 3. 채용후보자로서 받은 교육훈련성적이 수료점수에 미달되는 경우
> 4. 채용후보자로서 교육훈련을 받는 중에 퇴학처분을 받은 경우. 다만, 질병 등 교육훈련을 계속할 수 없는 불가피한 사정으로 퇴학처분을 받은 경우는 제외한다.

13 난도 ★★   답 ②

② 무기 : 권총·소총·기관총(기관단총을 포함한다)·산탄총·유탄발사기·박격포·3인치포·함포·크레모아·수류탄·폭약류 및 도검을 말한다(위해성 경찰장비의 사용기준 등에 관한 규정 제2조 제2호).

① 위해성 경찰장비의 사용기준 등에 관한 규정 제2조 제1호
③ 위해성 경찰장비의 사용기준 등에 관한 규정 제2조 제3항
④ 위해성 경찰장비의 사용기준 등에 관한 규정 제5조

14 난도 ★★   답 ①

㉠ (대집행) 대체적 작위의무의 불이행이 있는 경우 행정청이 의무자의 작위의무를 스스로 행하거나 제3자로 하여금 이를 행하게 하고 그 비용을 의무자로부터 징수하는 행위
㉡ (집행벌) 경찰상 의무를 이행하지 않는 경우에 그 이행을 강제하기 위해 과하는 금전벌
㉢ (강제징수) 국민이 국가 또는 공공단체에 대해 부담하고 있는 공법상의 금전급부의무를 이행하지 않는 경우에 행정청이 강제적으로 의무가 이행된 것과 동일한 상태를 실현하는 작용
㉣ (직접강제) 경찰상 의무불이행에 대해 최후의 수단으로서 직접 의무자의 신체나 재산에 실력을 가하여 의무의 이행이 있었던 것과 동일한 상태를 실현하는 작용

15 난도 ★★   답 ②

② 본인이 구호를 거절하는 경우는 제외한다(경찰관 직무집행법 제4조 제3호 참고).

① 경찰관 직무집행법 제4조 제1항
③ 경찰관 직무집행법 제4조 제1항 제2호
④ 경찰관 직무집행법 제4조 제4항

제4조(보호조치 등)

① 경찰관은 수상한 행동이나 그 밖의 주위 사정을 합리적으로 판단해 볼 때 다음 각 호의 어느 하나에 해당하는 것이 명백하고 응급구호가 필요하다고 믿을 만한 상당한 이유가 있는 사람(이하 "구호대상자"라 한다)을 발견하였을 때에는 보건의료기관이나 공공구호기관에 긴급구호를 요청하거나 경찰관서에 보호하는 등 적절한 조치를 할 수 있다.

  1. 정신착란을 일으키거나 술에 취하여 자신 또는 다른 사람의 생명·신체·재산에 위해를 끼칠 우려가 있는 사람
  2. 자살을 시도하는 사람
  3. 미아, 병자, 부상자 등으로서 적당한 보호자가 없으며 응급구호가 필요하다고 인정되는 사람. 다만, 본인이 구호를 거절하는 경우는 제외한다.

② 제1항에 따라 긴급구호를 요청받은 보건의료기관이나 공공구호기관은 정당한 이유 없이 긴급구호를 거절할 수 없다.

③ 경찰관은 제1항의 조치를 하는 경우에 구호대상자가 휴대하고 있는 무기·흉기 등 위험을 일으킬 수 있는 것으로 인정되는 물건을 경찰관서에 임시로 영치(領置)하여 놓을 수 있다.

④ 경찰관은 제1항의 조치를 하였을 때에는 지체 없이 구호대상자의 가족, 친지 또는 그 밖의 연고자에게 그 사실을 알려야 하며, 연고자가 발견되지 아니할 때에는 구호대상자를 적당한 공공보건의료기관이나 공공구호기관에 즉시 인계하여야 한다.

⑤ 경찰관은 제4항에 따라 구호대상자를 공공보건의료기관이나 공공구호기관에 인계하였을 때에는 즉시 그 사실을 소속 경찰서장이나 해양경찰서장에게 보고하여야 한다.

⑥ 제5항에 따라 보고를 받은 소속 경찰서장이나 해양경찰서장은 대통령령으로 정하는 바에 따라 구호대상자를 인계한 사실을 지체 없이 해당 공공보건의료기관 또는 공공구호기관의 장 및 그 감독행정청에 통보하여야 한다.

⑦ 제1항에 따라 구호대상자를 경찰관서에서 보호하는 기간은 24시간을 초과할 수 없고, 제3항에 따라 물건을 경찰관서에 임시로 영치하는 기간은 10일을 초과할 수 없다.

16 난도 ★★   답 ④

정답해설

④ 징계등 심의대상자의 소재가 분명하지 아니할 때에는 출석 통지를 관보에 게재하고, 그 게재일부터 10일이 지나면 출석통지가 송달된 것으로 본다(경찰공무원 징계령 제12조 제3항).

오답해설

① 경찰공무원 징계령 제9조 제1항
② 경찰공무원 징계령 제6조 제2항
③ 경찰공무원 징계령 제11조 제1항

17 난도 ★★   답 ③

정답해설

③ 위원장은 위원 중에서 호선(互選)한다(경찰관 직무집행법 시행령 제12조 제2항).

오답해설

① 경찰관 직무집행법 제11조 제2항
② 경찰관 직무집행법 시행령 제11조 제2항
④ 경찰관 직무집행법 시행령 제13조 제2항

18 난도 ★   답 ①

정답해설

① 품목별 예산제도에 대한 설명이다.

더 알아보기	품목별 예산제도
개념	지출의 대상·성질을 기준으로 지출품목마다 그 비용이 얼마인가에 따라 예산을 배정하는 제도
특징	① 우리나라 경찰의 예산제도 ② 통제지향적 예산제도 ③ 지출의 대상, 성질을 기준으로 하여 세출예산의 금액 분류 ④ 예산담당 공무원들에게 필요한 핵심적 기술은 회계기술

단점	① 예산의 신축성을 저해 ② 계획과 예산의 불일치 ③ 자원배분의 비효율성 ④ 의사결정을 위한 충분한 자료제시 부족 ⑤ 지출목적의 불분명하여 기능의 중복을 피하기 곤란하고 계획과 지출이 불일치
장점	① 회계책임의 명확화 ② 지출의 합법성에 치중하는 회계검사 용이 ③ 인사행정의 정원과 보수에 관한 유용한 정보·자료를 제공 ④ 행정의 재량범위 축소

19 난도 ★ 답 ②

▌정답해설▌

② 공공기관은 정보공개의 청구를 받으면 그 청구를 받은 날부터 10일 이내에 공개 여부를 결정하여야 한다(공공기관의 정보공개에 관한 법률 제11조 제1항).

▌오답해설▌

① 공공기관의 정보공개에 관한 법률 제5조 제1항
③ 공공기관의 정보공개에 관한 법률 제17조 제1항
④ 공공기관의 정보공개에 관한 법률 제18조 제1항

20 난도 ★★ 답 ④

▌정답해설▌

ⓒ (×) 상황적 범죄예방이론은 범죄행위에 대한 위험과 어려움을 높여 범죄기회를 줄이고 범죄이익을 감소시킴으로써 범죄를 예방하는 이론을 말한다.
ⓔ (×) 사회발전을 통한 예방이론은 사회발전을 통해 범죄의 근본적인 원인을 제거하고자 하나, 폭력과 같은 충동적인 범죄에는 적용하는 데 한계가 있다.

▌오답해설▌

㉠ (○) 고전학파 범죄이론은 범죄에 대한 국가의 강력하고 확실한 처벌을 통해 범죄를 억제할 수 있다고 주장하나 폭력과 같은 충동적인 범죄에 적용하는 것에는 한계가 있다.

ⓛ (○) 생물학·심리학적 이론은 범죄자의 치료와 갱생을 내용으로 하나 비용이 많이 들고 범죄자를 대상으로 하므로 일반 예방효과에 한계가 있다.

21 난도 ★★ 답 ③

▌정답해설▌

③ 일정한 지역에 접근하는 사람들을 정해진 공간으로 유도하거나 외부인이 출입을 통제하도록 설계함으로써 접근에 대한 심리적 부담을 증대시켜 범죄를 예방하는 것은 '자연적 접근통제'이다.

더 알아보기	CPTED의 기본원리
자연적 감시	
가시권 확보를 통해 외부침입자에 대한 감시기능을 강화하는 것 예 조명·조경·가시권 확대를 위한 건물의 배치 등	
자연적 접근통제	
일정한 지역에 접근하는 사람들을 정해진 공간으로 유도하거나 외부인이 출입을 통제하도록 설계함으로써 접근에 대한 심리적 부담을 증대시켜 범죄를 예방하는 것 예 차단기, 방범창, 잠금장치, 통행로의 설치, 출입구의 최소화	
영역성의 강화	
사적공간에 대한 경계를 표시함으로써 주민들의 책임의식과 소유의식을 증대함으로써 사적공간에 대한 관리권과 권리를 강화시키고, 외부인들에게는 침입에 대한 불법사실을 인식시켜 범죄기회를 차단하는 원리 예 울타리·휀스의 설치, 사적·공적 공간의 구분	
활동성의 증대	
지역사회의 설계시 주민들이 모여서 상호 의견을 교환하고 유대감을 증대할 수 있는 공공장소를 설치하고 이용하도록 함으로써 '거리의 눈'을 활용한 자연적 감시와 접근통제의 기능을 확대하는 원리 예 놀이터·공원의 설치, 체육시설의 접근성과 이용의 증대, 벤치·정자의 위치 및 활용성에 대한 설계	

22 난도 ★★　답 ②

┃정답해설┃

② 대기환경보전법 제2조 제3호

┃오답해설┃

① '기후 · 생태계 변화유발물질'이란 지구 온난화 등으로 생태계의 변화를 가져올 수 있는 기체상물질로서 온실가스와 환경부령으로 정하는 것을 말한다(대기환경보전법 제2조 제2호).
③ '입자상물질'이란 물질이 파쇄 · 선별 · 퇴적 · 이적(移積)될 때, 그 밖에 기계적으로 처리되거나 연소 · 합성 · 분해될 때에 발생하는 고체상 또는 액체상의 미세한 물질을 말한다(대기환경보전법 제2조 제5호).
④ '특정대기유해물질'이란 유해성대기감시물질 중 심사 · 평가 결과 저농도에서도 장기적인 섭취나 노출에 의하여 사람의 건강이나 동식물의 생육에 직접 또는 간접으로 위해를 끼칠 수 있어 대기 배출에 대한 관리가 필요하다고 인정된 물질로서 환경부령으로 정하는 것을 말한다(대기환경보전법 제2조 제9호).

23 난도 ★★　답 ④

┃정답해설┃

④ 재해대처계획을 신고하지 아니한 자는 2천만 원 이하의 과태료를 부과한다(공연법 제43조 제1항 제1호).

┃오답해설┃

① 공연법 제11조 제1항
② 공연법 시행령 제9조 제1항
③ 공연법 시행령 제9조 제3항

24 난도 ★　답 ②

┃정답해설┃

② '성매매알선 등 행위'란 성매매를 알선, 권유, 유인 또는 강요하는 행위, 성매매의 장소를 제공하는 행위 또는 성매매에 제공되는 사실을 알면서 자금, 토지 또는 건물을 제공하는 행위를 말한다(성매매알선 등 행위의 처벌에 관한 법률 제2조 제2호).

25 난도 ★　답 ②

┃정답해설┃

② '거짓신고'의 경우 60만 원 이하의 벌금, 구류 또는 과료의 형으로 처벌한다(경범죄 처벌법 제3조 제3항 제2호). 50만 원 이하의 벌금, 구류 또는 과료에 해당하는 죄의 현행범인에 대하여는 범인의 주거가 분명하지 아니한 때에 한하여 현행범으로 체포할 수 있다(형사소송법 제214조). 따라서 거짓신고의 경우는 주거가 분명한 경우라도 현행범인 체포가 가능하다.

┃오답해설┃

① 출판물의 부당게재 : 20만 원 이하의 벌금, 구류 또는 과료의 형으로 처벌한다(경범죄 처벌법 제3조 제2항 제1호).
③ 위험한 불씨 사용 : 10만 원 이하의 벌금, 구류 또는 과료(科料)의 형으로 처벌한다(경범죄 처벌법 제3조 제1항 제22호).
④ 암표매매 : 20만 원 이하의 벌금, 구류 또는 과료의 형으로 처벌한다(경범죄 처벌법 제3조 제2항 제4호).

26 난도 ★★　답 ②

┃정답해설┃

② 이용자의 가입일 또는 해지일은 「전기통신사업법」상의 통신자료이다(전기통신사업법 제83조 제3항).

> **통신비밀보호법 제2조(정의)**
> "통신사실확인자료"라 함은 다음 각목의 어느 하나에 해당하는 전기통신사실에 관한 자료를 말한다.
> 　가. 가입자의 전기통신일시
> 　나. 전기통신개시 · 종료시간
> 　다. 발 · 착신 통신번호 등 상대방의 가입자번호
> 　라. 사용도수
> 　마. 컴퓨터통신 또는 인터넷의 사용자가 전기통신역무를 이용한 사실에 관한 컴퓨터통신 또는 인터넷의 로그기록자료
> 　바. 정보통신망에 접속된 정보통신기기의 위치를 확인할 수 있는 발신기지국의 위치추적자료
> 　사. 컴퓨터통신 또는 인터넷의 사용자가 정보통신망에 접속하기 위하여 사용하는 정보통신기기의 위치를 확인할 수 있는 접속지의 추적자료

전기통신사업법 제83조(통신비밀의 보호)

③ 전기통신사업자는 법원, 검사 또는 수사관서의 장(군 수사기관의 장, 국세청장 및 지방국세청장을 포함한다. 이하 같다), 정보수사기관의 장이 재판, 수사(「조세범 처벌법」 제10조 제1항·제3항·제4항의 범죄 중 전화, 인터넷 등을 이용한 범칙사건의 조사를 포함한다), 형의 집행 또는 국가안전보장에 대한 위해를 방지하기 위한 정보수집을 위하여 다음 각 호의 자료의 열람이나 제출(이하 "통신자료제공"이라 한다)을 요청하면 그 요청에 따를 수 있다.

1. 이용자의 성명
2. 이용자의 주민등록번호
3. 이용자의 주소
4. 이용자의 전화번호
5. 이용자의 아이디(컴퓨터시스템이나 통신망의 정당한 이용자임을 알아보기 위한 이용자 식별부호를 말한다)
6. <u>이용자의 가입일 또는 해지일</u>

27 난도 ★★ 답 ②

┃정답해설┃

② ㉡ - ㉢ - ㉣ - ㉠ (경찰청 범죄수사규칙 제99조 제3항 참고)

제99조(지명수배자의 인수·호송 등)

③ 경찰관은 검거한 지명수배자에 대하여 지명수배가 여러 건인 경우에는 다음 각호의 수배관서 순위에 따라 검거된 지명수배자를 인계받아 조사하여야 한다.

1. 공소시효 만료 3개월 이내이거나 공범에 대한 수사 또는 재판이 진행 중인 수배관서
2. 법정형이 중한 죄명으로 지명수배한 수배관서
3. 검거관서와 동일한 지방검찰청 또는 지청의 관할구역에 있는 수배관서
4. 검거관서와 거리 또는 교통상 가장 인접한 수배관서

28 난도 ★★ 답 ①

┃정답해설┃

① 상해치사죄는 가정폭력범죄에 해당하지 않는다(가정폭력범죄의 처벌 등에 관한 특례법 제2조 제3호 참고).

제2조(정의)

3. "가정폭력범죄"란 가정폭력으로서 다음 각 목의 어느 하나에 해당하는 죄를 말한다.

가. 「형법」 제2편 제25장 상해와 폭행의 죄 중 제257조(상해, 존속상해), 제258조(중상해, 존속중상해), 제258조의2(특수상해), 제260조(폭행, 존속폭행) 제1항·제2항, 제261조(특수폭행) 및 제264조(상습범)의 죄

나. 「형법」 제2편 제28장 유기와 학대의 죄 중 제271조(유기, 존속유기) 제1항·제2항, 제272조(영아유기), 제273조(학대, 존속학대) 및 제274조(아동혹사)의 죄

다. 「형법」 제2편 제29장 체포와 감금의 죄 중 제276조(체포, 감금, 존속체포, 존속감금), 제277조(중체포, 중감금, 존속중체포, 존속중감금), 제278조(특수체포, 특수감금), 제279조(상습범) 및 제280조(미수범)의 죄

라. 「형법」 제2편 제30장 협박의 죄 중 제283조(협박, 존속협박) 제1항·제2항, 제284조(특수협박), 제285조(상습범)(제283조의 죄에만 해당한다) 및 제286조(미수범)의 죄

마. 「형법」 제2편 제32장 강간과 추행의 죄 중 제297조(강간), 제297조의2(유사강간), 제298조(강제추행), 제299조(준강간, 준강제추행), 제300조(미수범), 제301조(강간등 상해·치상), 제301조의2(강간등 살인·치사), 제302조(미성년자등에 대한 간음), 제305조(미성년자에 대한 간음, 추행), 제305조의2(상습범)(제297조, 제297조의2, 제298조부터 제300조까지의 죄에 한한다)의 죄

바. 「형법」 제2편 제33장 명예에 관한 죄 중 제307조(명예훼손), 제308조(사자의 명예훼손), 제309조(출판물등에 의한 명예훼손) 및 제311조(모욕)의 죄

사. 「형법」 제2편 제36장 주거침입의 죄

아. 「형법」 제2편 제37장 권리행사를 방해하는 죄 중 제324조(강요) 및 제324조의5(미수범)(제324조의 죄에만 해당한다)의 죄

자. 「형법」제2편 제39장 사기와 공갈의 죄 중 제
350조(공갈), 제350조의2(특수공갈) 및 제
352조(미수범)(제350조, 제350조의2의 죄에
만 해당한다)의 죄

차. 「형법」제2편 제42장 손괴의 죄 중 제366조
(재물손괴등) 및 제369조(특수손괴) 제1항의
죄

카. 「성폭력범죄의 처벌 등에 관한 특례법」제14
조(카메라 등을 이용한 촬영) 및 제15조(미수
범)(제14조의 죄에만 해당한다)의 죄

타. 「정보통신망 이용촉진 및 정보보호 등에 관한
법률」제74조 제1항 제3호의 죄

파. 가목부터 타목까지의 죄로서 다른 법률에 따
라 가중처벌되는 죄

29 난도 ★★ 답 ②

┃정답해설┃

② 내성이나 심리적 의존성이 있고 일부 남용자들은 실제로
사용하지 않는데도 환각현상을 경험하는 플래시백
(flashback) 현상을 일으키기도 하는 것은 LSD다. 카리
소프로돌(일명 S정)은 중추신경에 작용하여 골격근 이완
의 효과가 있으며, 과다사용시 치명적으로 인사불성, 혼
수쇼크, 호흡저하를 가져오며 사망에까지 이를 수 있는
향정신성의약품이다.

| 더 알아보기 | 향정신성의약품 |

GHB
• 미국, 유럽 등지에서 성범죄용으로 악용되어 '데이트 강 간 약물'이라고도 불림 • 무색·무취로써 짠맛이 나는 액체로 소다수 등의 음료 에 타서 복용하며 '물같은 히로뽕'이라는 뜻에서 '물뽕' 이라고도 함 • 근육강화 호르몬 분비효과가 있으며, 사용 후 15분 후에 효과가 발현되고 3시간 정도 지속됨

카리소프로돌(carisoprodol, 일명 S정)
• 중추신경에 작용하여 골격근 이완의 효과가 있음 • 과다사용시 치명적으로 인사불성, 혼수쇼크, 호흡저하 를 가져오며 사망에까지 이를 수 있음 • 금단증상으로는 온몸이 뻣뻣해지고 뒤틀리며, 허꼬부라 지는 소리 등을 하게 됨

야바(YABA)
• 태국 등 동남아 지역에서 카페인, 에페드린, 밀가루 등에 필로폰을 혼합한 합성마약으로 필로폰에 비하여 순도가 낮음 • 원재료가 화공약품인 관계로 양귀비의 작황에 좌우되는 헤로인과는 달리 안정적인 밀조가 가능함

메스칼린(mescaline)
주로 멕시코에서 자라는 선인장인 페이요트(peyote)에서 추출·합성한 향정신성의약품임

LSD(lysergic acid diethylamide)
① 곡물의 곰팡이, 보리 맥각(麥角)에서 발견되어 이를 분리·가공·합성한 것으로 무색, 무취, 무미함 ② 환각제 중 가장 강력한 효과를 나타내며, 미량을 유당 ·각설탕·과자·빵 등에 첨가시켜 먹거나 우편·종 이 등의 표면에 묻혔다가 뜯어서 입에 넣는 방법으로 복용하기도 함 ③ 복용자는 테크노, 라이브, 파티장 등에서 막대사탕을 물고 있거나 물을 자주 마시는 등의 행위를 함 ④ 내성이나 심리적 의존성이 있고 일부 남용자들은 실제 로 사용하지 않는데도 환각 현상을 경험하는 플래시백 (flashback) 현상을 일으키기도 함

30 난도 ★ 답 ①

┃정답해설┃

① "테러단체"란 국제연합(UN)이 지정한 테러단체를 말한다
(국민보호와 공공안전을 위한 테러방지법 제2조 제2호).

┃오답해설┃

②·③ 국민보호와 공공안전을 위한 테러방지법 제13조
제1항, 제2항

④ 국민보호와 공공안전을 위한 테러방지법 제9조 제4항

31 난도 ★★ 답 ④

┃정답해설┃

④ 경찰 비상업무 규칙 제4조 제1항

> **제4조(비상근무의 종류 및 등급)**
> ① 비상근무는 비상상황의 유형에 따라 다음 각 호와 같이 구분하여 발령한다.
>   1. 경비 소관 : 경비, 작전비상
>   2. 안보 소관 : 안보비상
>   3. 수사 소관 : 수사비상
>   4. 교통 소관 : 교통비상
>   5. 치안상황 소관 : 재난비상

┃오답해설┃

① '지휘선상 위치 근무'란 비상연락체계를 유지하며 유사시 1시간 이내에 현장지휘 및 현장근무가 가능한 장소에 위치하는 것을 말한다(경찰 비상업무 규칙 제2조 제호).
② '정착근무'란 사무실 또는 상황과 관련된 현장에 위치하는 것을 말한다(경찰 비상업무 규칙 제2조 제4호).
③ '가용경력'이란 총원에서 휴가·출장·교육·파견 등을 제외하고 실제 동원될 수 있는 모든 인원을 말한다(경찰 비상업무 규칙 제2조 제7호).

32 난도 ★★ 답 ②

┃정답해설┃

② '교차로 통행방법을 위반하여 운전한 경우'는 12개 예외 항목에 해당하지 않는다(교통사고처리 특례법 제3조 제2항 참고).

더 알아보기 「교통사고처리 특례법」 제3조 제2항 단서의 처벌특례 항
1. 신호, (통행금지·일시정지)지시위반
신호기가 표시하는 신호 또는 교통정리를 하는 경찰공무원등의 신호를 위반하거나 통행금지 또는 일시정지를 내용으로 하는 안전표지가 표시하는 지시를 위반하여 운전한 경우
2. 중앙선침범, 고속도로등에서 횡단·유턴·후진
중앙선을 침범하거나 고속도로등에서 횡단, 유턴 또는 후진한 경우(제13조 제3항)
3. 제한속도 20km/h 초과
제한속도를 시속 20km 초과하여 운전한 경우
4. 앞지르기 방법·금지시기·금지장소 또는 끼어들기 금지 위반, 고속도로에서의 앞지르기 방법 위반
앞지르기의 방법·금지시기·금지장소 또는 끼어들기의 금지를 위반하거나 고속도로에서의 앞지르기 방법을 위반하여 운전한 경우
5. 철길건널목 통과방법 위반
철길건널목 통과방법을 위반하여 운전한 경우
6. 횡단보도 앞 일시정지 위반
횡단보도에서의 보행자 보호의무를 위반하여 운전한 경우
7. 무면허운전
운전면허 또는 건설기계조종사면허를 받지 아니하거나 국제운전면허증을 소지하지 아니하고 운전한 경우
8. 음주·약물운전
술에 취한 상태에서 운전을 하거나 약물의 영향으로 정상적으로 운전하지 못할 우려가 있는 상태에서 운전한 경우
9. 보도 침범, 보도 횡단방법 위반
보도가 설치된 도로의 보도를 침범하거나 보도 횡단방법을 위반하여 운전한 경우
10. 승객추락 방지의무 위반
승객의 추락 방지의무를 위반하여 운전한 경우
11. 어린이보호구역에서 안전운전의무 위반(어린이 상해)
어린이 보호구역에서 제한속도를 준수하고 어린이의 안전에 유의하면서 운전하여야 할 의무를 위반하여 어린이의 신체를 상해에 이르게 한 경우
12. 화물추락 방지의무 위반
자동차의 화물이 떨어지지 아니하도록 필요한 조치를 하지 아니하고 운전한 경우

33 난도 ★★ 답 ④

┃정답해설┃

④ 모든 차의 운전자는 어린이나 영유아를 태우고 있다는 표시를 한 상태로 도로를 통행하는 어린이통학버스를 앞지르지 못한다(도로교통법 제51조 제3항).

┃오답해설┃

① 도로교통법 제2조 제23호
②·③ 도로교통법 제51조 제1항·제2항

34 난도 ★   답 ④

┃정답해설┃

④ 국가정보원장은 신원조사 결과 국가안전보장에 해를 끼칠 정보가 있음이 확인된 사람에 대해서는 관계기관의 장에게 그 사실을 통보하여야 한다. 통보를 받은 관계기관의 장은 신원조사 결과에 따라 필요한 보안대책을 마련하여야 한다(보안업무규정 제37조).

┃오답해설┃

① 보안업무규정 제36조 제1항
② 보안업무규정 제36조 제3항
③ 보안업무규정 제41조 제2항

35 난도 ★★   답 ③

┃정답해설┃

③ ㉠ 720, ㉡ 48, ㉢ 12, ㉣ 24

> **제6조(옥외집회 및 시위의 신고 등)**
> ① 옥외집회나 시위를 주최하려는 자는 그에 관한 다음 각 호의 사항 모두를 적은 신고서를 옥외집회나 시위를 시작하기 (㉠ 720) 시간 전부터 (㉡ 48)시간 전에 관할 경찰서장에게 제출하여야 한다.
>
> **제7조(신고서의 보완 등)**
> ① 관할경찰관서장은 제6조 제1항에 따른 신고서의 기재 사항에 미비한 점을 발견하면 접수증을 교부한 때부터 (㉢ 12)시간 이내에 주최자에게 (㉣ 24)시간을 기한으로 그 기재 사항을 보완할 것을 통고할 수 있다.

36 난도 ★★   답 ③

┃정답해설┃

③ 공직자윤리법 제15조 제1항

┃오답해설┃

① 「공직자윤리법」에 의할 때 총경 이상의 경찰공무원은 재산을 등록하여야 한다. 다만, 「공직자윤리법 시행령」에 의할 때에는 경사 이상의 경찰공무원은 재산을 등록하여야 한다(공직자윤리법 제3조 제1항 제9호, 공직자윤리법 시행령 제3조 제5항 제6호).

② 치안감 이상의 경찰공무원 및 특별시·광역시·특별자치시·도·특별자치도의 시·도경찰청장은 등록재산을 관보 또는 공보에 게재하여 공개하여야 한다(공직자윤리법 제10조 제1항 제8호).

④ 신고하여야 할 선물은 그 선물 수령 당시 증정한 국가 또는 외국인이 속한 국가의 시가로 미국화폐 100달러 이상이거나 국내 시가로 10만 원 이상인 선물로 한다(공직자윤리법 시행령 제28조 제1항).

37 난도 ★★   답 ③

┃정답해설┃

③ 「형법」상 내란죄는 보안관찰 해당범죄에 해당하지 아니한다.

더 알아보기	보안관찰 해당범죄

군형법
1. 반란(제5조)
2. 반란목적군용물탈취(제6조)
3. 이적(利敵)목적반란불보고(제9조 제2항)
4. 군대 및 군용시설제공(제11조)
5. 군용시설등파괴(제12조)
6. 간첩(제13조)
7. 일반이적(제14조)

형법
1. 내란목적살인(제88조)
2. 외환유치(제92조)
3. 여적(제93조)
4. 모병이적(제94조)
5. 시설제공이적(제95조)
6. 시설파괴이적(제96조)
7. 물건제공이적(제97조)
8. 간첩(제98조)

국가보안법
1. 목적수행(제4조)
2. 자진지원·금품수수(제5조. 다만, 제4조 제1항 제6호 행위 제외)
3. 잠입·탈출(제6조)
4. 무기 제공의 편의제공(제9조 제1항)

38 난도 ★★★

답 ③

▮ 정답해설 ▮

③ ㉠ 15, ㉡ 30, ㉢ 15, ㉣ 30, ㉤ 90
따라서 합은 180일이다(출입국관리법 제14조부터 제16조의2).

더 알아보기	외국인 상륙의 종류 등 (출입국관리법 제14조부터 제16조의2)	
승무원 상륙허가(제14조)		**허가권자**
내용	다음 어느 하나에 해당하는 외국인승무원에 대하여 선박 등의 장 또는 운수업자나 본인이 신청한 경우 1. 승선 중인 선박 등이 대한민국의 출입국항에 정박하고 있는동안 휴양 등의 목적으로 상륙하려는 외국인승무원 2. 대한민국의 출입국항에 입항할 예정이거나 정박 중인 선박 등으로 옮겨 타려는 외국인승무원	출입국 관리공무원
기간	15일 범위	
관광 상륙허가(제14조의2)		
내용	관광을 목적으로 대한민국과 외국 해상을 국제적으로 순회하여 운항하는 여객운송선박 중 법무부령으로 정하는 선박에 승선한 외국인승객에 대하여 그 선박의 장 또는 운수업자가 상륙허가를 신청한 경우	
기간	3일 범위	
긴급 상륙허가(제15조)		
내용	선박등에 타고 있는 외국인(승무원을 포함한다)이 질병이나 그밖의 사고로 긴급히 상륙할 필요가 있어 선박등의 장이나 운수 업자가 신청한 경우	
기간	30일 범위	

재난상륙허가(제16조)		**허가권자**
내용	조난을 당한 선박등에 타고 있는 외국인(승무원을 포함한다)을 긴급히 구조할 필요가 있어 선박등의 장, 운수업자, 구호업무 집행자 또는 외국인을 구조한 선박등의 장이 신청한 경우	지방 출입국·외국인 관서의 장
기간	30일 범위	

39 난도 ★

답 ③

▮ 정답해설 ▮

③ 황색수배서(Yellow Notice)는 가출인의 소재확인 또는 기억상실자 등의 신원을 파악할 목적으로 발행하는 수배서이다.

더 알아보기	국제수배서
청색수배서 **(Blue Notice)**	주로 수배자의 신원과 소재확인을 위해 발행
적색수배서 **(Red Notice)**	일반 형법을 위반하여 체포영장이 발부되고 범인인도를 목적으로 하는 경우에 한하여 발행
황색수배서 **(Yellow Notice)**	가출인의 소재확인 또는 기억상실자 등의 신원을 파악할 목적으로 발행
녹색수배서 **(Green Notice)**	여러 국가에서 상습적으로 범행하였거나 범행할 가능성이 있는 국제범죄자의 동향을 파악케 하여 사전에 그 범행을 방지할 목적으로 발행
장물수배서 **(Stolen Property Notice)**	도난당하거나 불법적으로 취득한 것으로 보이는 물건이나 문화재 등에 대해 수배하는 것으로 상품적 가치 및 문화적 가치를 고려하여 발행
흑색수배서 **(Black Notice)**	변사자 수배서(신원불상 사망자 또는 가명사용 사망자 신원파악 목적
자주색수배서 **(Purple Notice)**	세계 각국에서 범인들이 범행시 사용한 새로운 범죄수법 등을 사무총국에서 집중적으로 관리하고, 각 회원국에 배포함으로써 수사기관이 범죄예방과 수사자료에 활용하도록 하는 한편 경찰 교육기관의 교육자료로 이용할 목적으로 발행

오렌지 수배서 (Orange Notice)	폭발물·테러범(위험인물) 등에 대하여 보안을 경고하기 위하여 발행
INTERPOL-UN 수배서	INTERPOL과 UN이 협력하여 국제 테러범 및 테러단체에 대한 제재를 목적으로 발행

40 난도 ★　　　　　　답 ②

▌정답해설▌

② ㉠ Crandon, ㉡ Sir Robert Mark

더 알아보기　경찰과 대중매체와의 관계

Crandon
경찰과 대중매체가 서로를 필요로 하기 때문에 둘 사이에는 공생관계가 발달한다고 주장

Sir Robert Mark
경찰과 대중매체의 관계를 단란하고 행복스럽지는 않더라도, 오래 지속되는 결혼생활에 비유

Ericson
경찰과 대중매체는 서로 얽혀서 범죄와 정의문제 및 사회질서의 현실을 해석하고 규정짓는 사회적 기구로서, 도덕성과 정의를 규정짓는 사회적 엘리트 집단을 구성한다고 주장

2018(경감) 정답 및 해설

01	02	03	04	05	06	07	08	09	10	11	12	13	14	15	16	17	18	19	20
②	②	④	③	④	②	③	①	④	①	③	①	④	②	④	①	①	③	③	③
21	22	23	24	25	26	27	28	29	30	31	32	33	34	35	36	37	38	39	40
①	④	③	②	③	②	③	①	②	③	④	②	④	③	④	①	①	③	③	④

01 난도 ★   답 ②

▌ 정답해설 ▌

㉠, ㉢ (○) 크로이츠베르크 판결은 프로이센 행정법원의 승전기념비의 전망을 확보할 목적으로 주변 건축물의 고도를 제한하기 위해 베를린 경찰청장이 제정한 법규명령은 독일의 프로이센 일반란트법 제2장 제17부 제10조에 근거한 복지행정적 조치이나 위법하다는 취지의 판결이다. 이는 경찰작용의 목적 축소와 관련이 깊은 판결이다.

▌ 오답해설 ▌

㉡ (×) 블랑코(Blanco) 판결

㉣ (×) 독일에서 경찰개입청구권을 인정한 판결의 효시로 평가되는 것은 띠톱 판결이다.

02 난도 ★★   답 ②

▌ 정답해설 ▌

② 오상위험이란 이성적이고 객관적으로 판단할 때 위험의 외관이나 위험혐의가 정당화되지 아니함에도 불구하고 경찰이 위험의 존재를 잘못 추정한 경우를 말한다. 오상위험은 추정적 위험 또는 추정성 위험이라고도 한다.

▌ 오답해설 ▌

① 위험이란 가까운 장래에 공공의 안녕 또는 질서에 손해가 나타날 수 있는 가능성이 개개의 경우에 충분히 존재하는 상태를 말한다.

③ '외관적 위험'은 경찰이 의무에 합당한 사려 깊은 상황판단을 했음에도 불구하고 위험을 잘못 인정한 경우로 경찰상 위험에 해당하는 적법한 경찰개입이므로 경찰관에게 민·형사상 책임을 물을 수 없지만, 국가의 손실보상책임이 발생할 수 있다.

④ 위험혐의는 경찰이 의무에 합당한 사려 깊은 판단을 할 때 실제로 위험의 가능성은 예측이 되지만 그 실현이 불확실한 경우를 말한다. 이 경우 경찰의 개입은 위험의 존재 여부가 명백해질 때까지는 예비적 조치(조사 차원의 개입)에만 국한되어야 한다. 다시 말해 위험혐의는 위험의 존재 여부가 명백해질 때까지 예비적으로 행하는 위험조사 차원의 개입을 정당화한다.

03 난도 ★★   답 ④

▌ 정답해설 ▌

④ 경찰청 공무원 행동강령 제8조 제1항

▌ 오답해설 ▌

① 공무원은 직무관련자와는 비용 부담 여부와 관계없이 골프를 같이 하여서는 아니 된다(경찰청 공무원 행동강령 제16조의3 제1항).

② 공무원은 외부강의 등을 할 때에는 외부강의 등의 요청 명세 등을 소속 기관의 장에게 미리 서면으로 신고하여야 한다. 다만, 외부강의 등을 요청한 자가 국가나 지방자치단체인 경우에는 그러하지 아니하다(경찰청 공무원 행동강령 제15조 제2항).

③ 공무원이 대가를 받고 수행하는 외부강의 등은 월 3회를 초과할 수 없다. 국가나 지방자치단체에서 요청하거나 겸직 허가를 받고 수행하는 외부강의 등은 그 횟수에 포함하지 아니한다(경찰청 공무원 행동강령 제15조 제4항).

04 난도 ★★
답 ③

┃정답해설┃

③ ㉠ Y, ㉡ 민주, ㉢ X, ㉣ 권위, ㉤ Y

> 인간관 중 (㉠ Y)이론은 인간이 책임감 있고 정직하여 (㉡ 민주)적인 관리를 해야 한다는 이론이고, (㉢ X) 이론은 인간을 게으르고 부정직한 것으로 보아 (㉣ 권위) 적으로 관리해야 한다는 이론으로, (㉤ Y) 이론에 의한 관리가 냉소주의를 극복하는 방안이 된다.

05 난도 ★★
답 ④

┃정답해설┃

④ ㉠ 김구, ㉡ 정종수, ㉢ 차일혁, ㉣ 안병하

06 난도 ★
답 ②

┃정답해설┃

② 국가경찰과 자치경찰의 조직 및 운영에 관한 법률 제8조 제5항 제3호

┃오답해설┃

① 국가경찰행정에 관하여 제10조 제1항 각 호의 사항을 심의·의결하기 위하여 행정안전부에 국가경찰위원회를 둔다(국가경찰과 자치경찰의 조직 및 운영에 관한 법률 제7조 제1항).

③ 국가경찰위원회 위원의 임기는 3년으로 하며, 연임할 수 없다(국가경찰과 자치경찰의 조직 및 운영에 관한 법률 제9조 제1항).

④ 국가경찰위원회의 회의는 재적위원 과반수의 출석과 출석위원 과반수의 찬성으로 의결한다(국가경찰과 자치경찰의 조직 및 운영에 관한 법률 제11조 제2항).

07 난도 ★
답 ③

┃정답해설┃

③ 국가수사본부장의 임기는 2년으로 하며, 중임할 수 없다(국가경찰과 자치경찰의 조직 및 운영에 관한 법률 제16조 제7항 제2호).

┃오답해설┃

① 국가경찰과 자치경찰의 조직 및 운영에 관한 법률 제4조 제4항

② 국가경찰과 자치경찰의 조직 및 운영에 관한 법률 제16조 제1항

④ 국가경찰과 자치경찰의 조직 및 운영에 관한 법률 제16조 제7항 제2호

08 난도 ★★
답 ①

┃정답해설┃

㉠ (×) 징계에 의하여 해임처분을 받은 사람은 다시는 경찰 공무원에 임용될 수 없다(경찰공무원법 제8조 제1항 제10호).

㉡ (×) 강임은 경찰공무원에게는 적용하지 아니한다(경찰공무원법 제32조).

㉢ (×) 임용권자 또는 임용제청권자는 소속 경찰공무원이 해당 직위에 임용된 날부터 1년 이내(감사업무를 담당하는 경찰공무원의 경우에는 2년 이내)에 다른 직위에 전보할 수 없다(경찰공무원 임용령 제27조 제1항).

㉣ (×) '자격정지 이상의 형의 선고유예를 받고 그 선고유예 기간 중에 있는 자'는 경찰공무원 임용결격사유이지 당연퇴직사유는 아니다(경찰공무원법 제27조).

┃정답해설┃

④ 대통령령 등으로 정하는 기간 동안 재직한 공무원이 직무 관련 연구과제 수행 또는 자기개발을 위하여 학습·연구 등을 하게 된 때의 휴직기간은 1년 이내이다(국가공무원법 제71조 제2항 제7호, 제72조 제10호).

더 알아보기	휴직사유와 휴직기간 (국가공무원법 제71조·제72조 참고)

직권휴직 (본인의 의사에 불구하고 휴직을 명하여야 한다)	
휴직사유	**휴직기간**
신체·정신상의 장애로 장기 요양이 필요할 때	1년 이내로 하되, 부득이한 경우 1년의 범위에서 연장할 수 있다. 다만, 다음 각 목의 어느 하나에 해당하는 공무상 질병 또는 부상으로 인한 휴직기간은 3년 이내로 하되, 의학적 소견 등을 고려하여 대통령령등으로 정하는 바에 따라 2년의 범위에서 연장할 수 있다. 가. 「공무원 재해보상법」 제22조 제1항에 따른 요양급여 지급 대상 부상 또는 질병 나. 「산업재해보상보험법」 제40조에 따른 요양급여 결정 대상 질병 또는 부상
병역 복무를 마치기 위하여 징집 또는 소집된 때	그 복무 기간이 끝날 때까지로 한다.
천재지변이나 전시·사변, 그 밖의 사유로 생사(生死) 또는 소재(所在)가 불명확하게 된 때	3개월 이내로 한다.
그 밖에 법률의 규정에 따른 의무를 수행하기 위하여 직무를 이탈하게 된 때	그 복무 기간이 끝날 때까지로 한다.
노동조합 전임자로 종사하게 된 때	그 전임 기간으로 한다.

의원휴직 (휴직을 원하면 휴직을 명할 수 있다)	
휴직사유	**휴직기간**
국제기구, 외국 기관, 국내외의 대학·연구기관, 다른 국가기관 또는 대통령령으로 정하는 민간기업, 그 밖의 기관에 임시로 채용될 때	그 채용 기간으로 한다. 다만, 민간기업이나 그 밖의 기관에 채용되면 3년 이내로 한다.
국외 유학을 하게 된 때	휴직 기간은 3년 이내로 하되, 부득이한 경우에는 2년의 범위에서 연장할 수 있다.
중앙인사관장기관의 장이 지정하는 연구기관이나 교육기관 등에서 연수하게 된 때	2년 이내로 한다.
만 8세 이하 또는 초등학교 2학년 이하의 자녀를 양육하기 위하여 필요하거나 여성공무원이 임신 또는 출산하게 된 때	자녀 1명에 대하여 3년 이내로 한다. (대통령령으로 정하는 특별한 사정이 없으면 휴직을 명하여야 한다)
조부모, 부모(배우자의 부모를 포함한다), 배우자, 자녀 또는 손자녀를 부양하거나 돌보기 위하여 필요한 경우. 다만, 조부모나 손자녀의 돌봄을 위하여 휴직할 수 있는 경우는 본인 외에 돌볼 사람이 없는 등 대통령령등으로 정하는 요건을 갖춘 경우로 한정한다.	1년 이내로 하되, 재직 기간 중 총 3년을 넘을 수 없다.
외국에서 근무·유학 또는 연수하게 되는 배우자를 동반하게 된 때	휴직 기간은 3년 이내로 하되, 부득이한 경우에는 2년의 범위에서 연장할 수 있다.
대통령령등으로 정하는 기간 동안 재직한 공무원이 직무 관련 연구과제 수행 또는 자기개발을 위하여 학습·연구 등을 하게 된 때	1년 이내로 한다.

10 난도 ★★   답 ①

▮정답해설▮

㉠ (○) 국가공무원법 제75조 제1항

㉡ (○) 국가공무원법 제76조 제1항

▮오답해설▮

㉢ (×) 「국가공무원법」 제75조에 따른 처분, 그 밖에 본인의 의사에 반한 불리한 처분이나 부작위에 관한 행정소송은 소청심사위원회의 심사·결정을 거치지 아니하면 제기할 수 없다(국가공무원법 제16조 제1항).

㉣ (×) 소청심사위원회가 징계처분등을 받은 자의 청구에 따라 소청을 심사할 경우에는 원징계처분보다 무거운 징계 또는 원징계부가금 부과처분보다 무거운 징계부가금을 부과하는 결정을 하지 못한다(동법 제14조 제8항).

11 난도 ★★   답 ③

▮정답해설▮

③ '종교중립의 의무'는 직무상 의무이다.

▮오답해설▮

①·②·④는 신분상 의무이다.

더 알아보기	「국가공무원법」상 국가공무원의 의무
신분상 의무	• 비밀엄수의 의무(제60조) • 청렴의 의무(제61조) • 영예 등의 제한(제62조) • 품위유지의 의무(제63조) • 정치운동 금지의 의무(제65조) • 집단행위 금지의 의무(제66조)
직무상 의무	• 법령준수의 의무(제56조) • 복종의 의무(제57조) • 직장이탈 금지의 의무(제58조) • 친절·공정의 의무(제59조) • 종교중립의 의무(제59조의2) • 영리업무 및 겸직 금지의 의무(제64조)
일반 의무	• 선서의 의무(제55조) • 성실의무(제56조)

12 난도 ★★   답 ①

▮정답해설▮

① 장기 5년 미만의 징역 또는 금고, 장기 10년 이상의 자격정지 또는 벌금형에 대한 보상금 지급기준 금액은 30만 원이다(범인검거 등 공로자 보상에 관한 규정 제6조 제1항 제3호).

▮오답해설▮

② 범인검거 등 공로자 보상에 관한 규정 제6조 제1항 제2호

> **제6조(보상금의 지급 기준)**
> ① 시행령 제20조에 따른 보상금 지급기준 금액은 다음 각 호와 같다.
> 1. 사형, 무기징역 또는 무기금고, 장기 10년 이상의 징역 또는 금고에 해당하는 범죄 : 100만 원
> 2. 장기 10년 미만의 징역 또는 금고에 해당하는 범죄 : 50만 원
> 3. 장기 5년 미만의 징역 또는 금고, 장기 10년 이상의 자격정지 또는 벌금형 : 30만 원

③ 범인검거 등 공로자 보상에 관한 규정 제10조

④ 범인검거 등 공로자 보상에 관한 규정 제9조

13 난도 ★★   답 ④

▮정답해설▮

④ 계층제의 원리란 조직목적수행을 위한 구성원의 임무를 책임과 난이도에 따라 상위로 갈수록 권한과 책임이 무거운 임무를 수행하도록 편성하는 것을 말한다.

14 난도 ★★   답 ②

▮정답해설▮

② 예산결산특별위원회는 종합심사과정(종합정책 질의 → 부처별 심의 → 계수조정소위원회의 계수조정 → 예산결산특별위원회 전체회의에서 소위원회의 조정안 승인)을 거쳐 예산안의 실질적인 조정작업을 진행하며, 예산결산특별위원회의 종합심사를 거친 예산안은 회계연도 개시 30일 전까지 본회의의 의결을 거침으로써 확정된다.

15 난도 ★★

┃ 정답해설 ┃

㉠ (×) 차량은 용도별로 전용·지휘용·업무용·순찰용·특수용 차량으로 구분한다(경찰장비관리규칙 제88조 제2항).

㉡ (×) 부속기관 및 시·도경찰청의 장은 다음 년도에 소속기관의 차량정수를 증감시킬 필요가 있을 때에는 매년 3월말까지 다음 년도 차량정수 소요계획을 경찰청장에게 제출하여야 한다(경찰장비관리규칙 제90조 제1항).

㉢ (×) 차량교체를 위한 불용 대상차량은 부속기관 및 지방경찰청에 배정되는 수량의 범위 내에서 내용연수 경과여부 등 차량 사용기간을 최우선적으로 고려하여 선정한다(경찰장비관리규칙 제94조 제1항). 사용기간이 동일한 경우에는 주행거리와 차량의 노후상태, 사용부서 등을 종합적으로 검토 예산낭비 요인이 없도록 신중하게 선정한다(경찰장비관리규칙 제94조 제2항).

㉣ (×) 차량운행시 책임자는 1차 운전자, 2차 선임탑승자(사용자), 3차 경찰기관의 장으로 한다(경찰장비관리규칙 제98조 제3항).

16 난도 ★★

답 ①

┃ 정답해설 ┃

① 경찰 감찰 규칙 제35조 제1항

┃ 오답해설 ┃

② 감찰관은 직무상 조사를 위한 출석, 질문에 대한 답변 및 진술서 제출, 증거품 등 자료 제출 또는 현지조사의 협조를 요구할 수 있다. 경찰공무원등은 감찰관으로부터 요구를 받은 때에는 정당한 사유가 없는 한 그 요구에 응하여야 한다(경찰 감찰 규칙 제6조 제1항·제2항).

③ 감찰관은 감찰조사를 위해서 조사대상자의 출석을 요구할 때에는 조사기일 3일 전까지 별지 제5호 서식의 출석요구서 또는 구두로 조사일시, 의무위반행위사실 요지 등을 통지하여야 한다. 다만, 사안이 급박한 경우 또는 조사대상자의 요청이 있는 경우에는 즉시 조사에 착수할 수 있다(경찰 감찰 규칙 제17조 제1항).

④ 감찰관의 의무위반행위에 대해서는 「경찰공무원 징계양정 등에 관한 규칙」의 징계양정에 정한 기준보다 가중하여 징계조치한다(경찰 감찰 규칙 제40조 제2항). 가중하여 징계조치하는 것은 감찰관의 직무와 관련된 금품 및 향응 수수, 공금횡령·유용, 성폭력범죄에 한정되지 아니한다.

17 난도 ★★

답 ①

┃ 정답해설 ┃

① 청구인은 (중략) 공공기관으로부터 정보공개 여부의 결정 통지를 받은 날 또는 정보공개 청구 후 20일이 경과한 날부터 30일 이내에 해당 공공기관에 문서로 이의신청을 할 수 있다(공공기관의 정보공개에 관한 법률 제18조 제1항).

┃ 오답해설 ┃

② 공공기관의 정보공개에 관한 법률 제18조 제3항

③ 공공기관의 정보공개에 관한 법률 제19조 제1항, 제2항

④ 공공기관의 정보공개에 관한 법률 제20조 제1항

18 난도 ★

답 ③

┃ 정답해설 ┃

③ Shaw&Macay의 '사회해체' 개념에 대비해 Sutherland는 이를 '사회적 분화'라는 개념으로 설명하며 개인의 학습을 '사회적 학습'이라고 규정하였다.

19 난도 ★

답 ③

┃ 정답해설 ┃

③ 강제추행죄는 친고죄가 아니다. 따라서 丙이 피해자에게 친고죄에 해당함을 설명하고 그로부터 고소장을 제출받아 경찰서에 전달한 조치는 적절하지 않다.

20 난도 ★

답 ③

┃ 정답해설 ┃

③ 체육시설에의 접근성과 이용의 증대는 '활동의 활성화'의 종류이다. '자연적 접근통제'의 종류에는 통행로의 설계, 출입구의 최소화, 차단기·잠금장치·방범창 등의 설치 등이 있다.

21 난도 ★★　　　답 ①

┃정답해설┃

① 「아동학대범죄의 처벌 등에 관한 특례법」은 아동학대 신고의무자를 같은 법 제10조 제2항에 열거한 자로 규정하고 있다. 따라서 광범위하게 규정하고 있다고 볼 수는 없다.

┃오답해설┃

② 아동학대범죄의 처벌 등에 관한 특례법 제12조 제1항 제2호, 제3항
③ 아동학대범죄의 처벌 등에 관한 특례법 제13조 제1항
④ 아동학대범죄의 처벌 등에 관한 특례법 제19조 제1항

22 난도 ★★　　　답 ④

┃정답해설┃

④ 직계존속이 직계비속의 배우자를 고소하는 경우로서 고소 제한 규정에 위반된 것이 아니므로 고소를 수리하지 않고 반려할 수 있는 사유가 아니다.

┃오답해설┃

①·②·③ 범죄수사규칙 제42조 제1항 제2호·제3호·제4호

제50조(고소·고발의 반려)
경찰관은 접수한 고소·고발이 다음 각 호의 어느 하나에 해당하는 경우 고소인 또는 고발인의 동의를 받아 이를 수리하지 않고 반려할 수 있다.
　1. 고소·고발 사실이 범죄를 구성하지 않을 경우
　2. 공소시효가 완성된 사건인 경우
　3. 동일한 사안에 대하여 이미 법원의 판결이나 수사기관의 결정(경찰의 불송치 결정 또는 검사의 불기소 결정)이 있었던 사실을 발견한 경우에 새로운 증거 등이 없어 다시 수사하여도 동일하게 결정될 것이 명백하다고 판단되는 경우
　4. 피의자가 사망하였거나 피의자인 법인이 존속하지 않게 되었음에도 고소·고발된 사건인 경우

---

　5. 반의사불벌죄의 경우, 처벌을 희망하지 않는 의사표시가 있거나 처벌을 희망하는 의사가 철회되었음에도 고소·고발된 사건인 경우
　6. 「형사소송법」 제223조 및 제225조에 따라 고소 권한이 없는 사람이 고소한 사건인 경우. 다만, 고발로 수리할 수 있는 사건은 제외한다.
　7. 「형사소송법」 제224조, 제232조, 제235조에 의한 고소 제한규정에 위반하여 고소·고발된 사건인 경우. 이때 「형사소송법」 제232조는 친고죄 및 반의사불벌죄에 한한다.

23 난도 ★★　　　답 ③

┃정답해설┃

③ 경찰수사사건 등의 공보에 관한 규칙 제5조 참고

제5조(예외적인 공개)
① 제4조에도 불구하고, 다음 각 호의 어느 하나에 해당하는 경우에는 수사사건등의 피의사실 등을 공개할 수 있다.
　1. 범죄유형과 수법을 국민들에게 알려 유사한 범죄의 재발을 방지할 필요가 있는 경우
　2. 신속한 범인의 검거 등 인적·물적 증거의 확보를 위하여 국민들에게 정보를 제공받는 등 범죄수사규칙 제101조부터 제103조에 따라 협조를 구할 필요가 있는 경우(이하 "공개수배"라고 한다)
　3. 공공의 안전에 대한 급박한 위험이나 범죄로 인한 피해의 급속한 확산을 방지하기 위하여 대응조치 등을 국민들에게 즉시 알려야 할 필요가 있는 경우
　4. 오보 또는 추측성 보도로 인하여 사건관계인의 인권이 침해되거나 수사에 관한 사무에 종사하는 경찰공무원(이하 "수사업무 종사자"라고 한다)의 업무에 지장을 초래할 것이 명백하여 신속·정확하게 사실관계를 바로 잡을 필요가 있는 경우

---

24 난도 ★ 　　　　　　　　　답 ②

┃정답해설┃

② 호송관은 피호송자가 2인 이상일 때에는 피호송자마다 포박한 후 호송수단에 따라 2인 내지 5인을 1조로 하여 상호 연결시켜 포승하여야 한다(피의자 유치 및 호송규칙 제50조 제4항).

┃오답해설┃

① 피의자 유치 및 호송규칙 제49조 제1항
③ 피의자 유치 및 호송규칙 제55조 제1항
④ 피의자 유치 및 호송규칙 제49조 제2항

25 난도 ★★ 　　　　　　　　답 ③

┃정답해설┃

③ 주임검사등은 정보저장매체등에 기억된 전자정보를 압수하는 경우에는 해당 정보저장매체등의 소재지에서 수색 또는 검증한 후 범죄사실과 관련된 전자정보의 범위를 정하여 출력하거나 복제하는 방법으로 한다. 그럼에도 불구하고 그에 따른 압수 방법의 실행이 불가능하거나 그 방법으로는 압수의 목적을 달성하는 것이 현저히 곤란한 경우에는 압수·수색 또는 검증 현장에서 정보저장매체등에 들어 있는 전자정보 전부를 복제하여 그 복제본을 정보저장매체등의 소재지 외의 장소로 반출할 수 있다(디지털 증거의 수집·분석 및 관리 규정 제20조).

┃오답해설┃

① 디지털 증거의 수집·분석 및 관리 규정 제3조 제5호
② 디지털 증거의 수집·분석 및 관리 규정 제8조
④ 디지털 증거의 수집·분석 및 관리 규정 제27조 제1항

26 난도 ★ 　　　　　　　　　답 ②

┃정답해설┃

② 카펫처럼 흡수성이 높거나 표면이 불규칙하거나 흡수성이 높은 표면의 경우에는 혈흔에 대한 방향성 판단이 어렵다.

27 난도 ★ 　　　　　　　　　답 ③

┃정답해설┃

ⓒ (×) 구·시·군선거관리위원회위원장이나 위원은 개표소의 질서가 심히 문란하여 공정한 개표가 진행될 수 없다고 인정하는 때에는 개표소의 질서유지를 위하여 정복을 한 경찰공무원 또는 경찰관서장에게 원조를 요구할 수 있다(공직선거법 제183조 제3항). 이 경우 경찰관에게 무기를 휴대할 수 있다(동법 제183조 제6항).
ⓒ (×) 제2선(울타리 내곽)에서는 선거관리위원회와 합동으로 출입자를 통제하고 2선의 출입문은 되도록 정문만을 사용하고 기타 출입문은 시정한다.

28 난도 ★★ 　　　　　　　　답 ①

┃오답해설┃

ⓒ (×) 예비대의 운용여부 판단은 경찰판단하에 실시할 사항이며, 주최 측과 협조할 사항은 행사진행 과정 파악, 경비원 활용 권고, 자율적 질서유지 등이 있다.
ⓔ (×) 예비대가 관중석에 배치될 경우 단시간 내에 혼란예상지역에 도달할 수 있도록 예비대를 통로 주변 등에 배치하는 것이 효과적이다.

29 난도 ★ 　　　　　　　　　답 ②

┃정답해설┃

② 스톡홀름 신드롬(Stockholm Syndrome)은 인질사건 발생시 시간이 경과할수록 인질이 인질범을 이해하는 일종의 감정이입이 이루어져 상호 간에 친근감이 생겨 경찰에 적대감을 갖게 되는 현상으로 심리학에서는 오귀인 효과라고도 한다. 참고로 리마 증후군(Lima Syndrome)이란 인질사건에서 시간이 흐를수록 인질범이 인질에게 일체감을 느끼고 인질의 입장을 이해하여 호의를 베푸는 등 인질범이 인질에게 동화되어 공격적인 태도가 완화되는 현상을 말한다.

▌정답해설▐

③ ㉠ 2, ㉡ 2, ㉢ 6, ㉣ 6으로 숫자의 합은 16이다(출입국관리법 시행령 [별표 1의2] 참고).

체류자격	기호
A	외교(A-1), 공무(A-2), 협정(A-3)
D	문화예술(D-1), 유학(D-2), 기술연수(D-3), 일반연수(D-4), 취재(D-5), 종교(D-6), 주재(D-7), 기업투자(D-8), 무역경영(D-9), 구직(D-10),
E	교수(E-1), 회화지도(E-2), 연구(E-3), 기술지도(E-4), 전문직업(E-5), 예술흥행(E-6), 특정활동(E-7), 계절근로(E-8), 비전문취업(E-9), 선원취업(E-10)
F	방문동거(F-1), 거주(F-2), 동반(F-3), 재외동포(F-4), 결혼이민(F-6)
H	방문취업(H-2)
G	기타(G-1)

▌정답해설▐

④ ㉠ 이하, ㉡ 미만, ㉢ 이하, ㉣ 이하

운전면허	운전할 수 있는 차의 종류
제1종 보통면허	• 승용자동차 • 승차정원 15명 (㉠ 이하)의 승합자동차 • 적재중량 12톤 (㉡ 미만)의 화물자동차 • 건설기계(도로를 운행하는 3톤 미만의 지게차로 한정한다) • 총중량 10톤 미만의 특수자동차(구난차등은 제외한다) • 원동기장치자전거
제2종 보통면허	• 승용자동차 • 승차정원 10명 (㉢ 이하)의 승합자동차 • 적재중량 4톤 (㉣ 이하)의 화물자동차 • 총중량 3.5톤 이하의 특수자동차(구난차등은 제외한다) • 원동기장치자전거

▌정답해설▐

② 구 도로교통법 시행규칙(2010.8.24. 행정안전부령 제156호로 개정되기 전의 것, 이하 '구 시행규칙'이라고 한다) 제6조 제2항 [별표 2]의 조문 체계, [별표 2]는 녹색등화에 우회전 또는 비보호좌회전표시가 있는 곳에서 좌회전을 하는 경우에도 다른 교통에 방해가 되지 아니하도록 진행하여야 하나 다만 좌회전을 하는 경우에만 다른 교통에 방해가 된 때에 신호위반책임을 진다고 명시적으로 규정하고 있는 점, 비보호좌회전표시가 있는 곳에서 녹색등화에 좌회전을 하다 다른 교통에 방해가 된 경우 신호위반의 책임을 지우는 대신 안전운전의무위반의 책임만 지우도록 하기 위하여 2010.8.24. 행정안전부령 제156호로 구 시행규칙 [별표 2] 중 녹색등화에 관한 규정을 개정하였으나 비보호좌회전표지·표시가 있는 곳에서 녹색등화에 좌회전을 하더라도 여전히 반대방면에서 오는 차량 또는 교통에 방해가 되지 아니하도록 하여야 하는 점에다가 우리나라의 교통신호체계에 관한 기본태도나 그 변화 등에 비추어 보면, 적색등화에 신호에 따라 진행하는 다른 차마의 교통을 방해하지 아니하고 우회전할 수 있다는 구 시행규칙 [별표 2]의 취지는 차마는 적색등화에도 원활한 교통소통을 위하여 우회전을 할 수 있되, 신호에 따라 진행하는 다른 차마의 신뢰 및 안전을 보호하기 위하여 다른 차마의 교통을 잘 살펴 방해하지 아니하여야 할 안전운전의무를 부과한 것이고, 다른 차마의 교통을 방해하게 된 경우에 신호위반의 책임까지 지우려는 것은 아니다(대판 2011.7.28. 2011도3970).

▌오답해설▐

① 대법원 2008.11.13. 2008도7143
③ 대법원 2004.8.30. 2004도3600
④ 대법원 2009.5.14. 2007도9598

33 난도 ★★   답 ④

┃ 정답해설 ┃

④ '정보의 분류조치'는 문서에 비밀임을 표시하거나 관련 정보나 문서를 열람하는 자격을 제한하는 등의 조치, 관련 문서의 배포범위를 제한하거나 폐기 대상인 문서를 파기하는 등의 관리방법을 말한다. '물리적 보안조치'란 보호가치 있는 정보를 보관하는 보호구역을 지정하여 관리하고 그 시설에 대한 보안조치를 실시하는 방안들을 총칭한다.

34 난도 ★★   답 ③

┃ 정답해설 ┃

③ 집회 및 시위에 관한 법률 제6조 제3항

┃ 오답해설 ┃

① 옥외집회 또는 시위 장소가 두 곳 이상의 경찰서의 관할에 속하는 경우에는 관할 시·도경찰청장에게 제출하여야 하고, 두 곳 이상의 시·도경찰청 관할에 속하는 경우에는 주최지를 관할하는 시·도경찰청장에게 제출하여야 한다(집회 및 시위에 관한 법률 제6조 제1항). 乙은 주최지를 관할하는 전북경찰청장에게 집회신고서를 제출하여야 한다.

② 관할경찰관서장은 신고서의 기재 사항에 미비한 점을 발견하면 접수증을 교부한 때부터 12시간 이내에 주최자에게 24시간을 기한으로 그 기재 사항을 보완할 것을 통고할 수 있다(집회 및 시위에 관한 법률 제7조 제1항). 경찰서장은 집회신고서의 내용에 대해서는 보완통고를 할 수 없다.

④ 집회 또는 시위의 시간과 장소가 중복되는 2개 이상의 신고가 있는 경우 먼저 신고된 옥외집회 또는 시위의 주최자가 정당한 사유 없이 철회신고서를 관할 경찰관서장에게 제출하지 않은 경우 100만 원 이하의 과태료를 부과한다(집회 및 시위에 관한 법률 제26조 제1항). 그 외의 경우는 정당한 사유 없이 철회신고서를 관할 경찰관서장에게 제출하지 않더라도 과태료를 부과할 수 없다.

35 난도 ★   답 ④

┃ 정답해설 ┃

④ ㉠ Sir Robert Mark, ㉡ Crandon

더 알아보기   경찰과 대중매체(언론)의 관계
Crandon
• 경찰은 업무수행의 어려움과 대응하는 범죄에 대한 사항을 널리 알리기 위해 대중매체가 필요한 반면, 대중매체는 시청자나 독자를 확보하고 흥밋거리를 제공해 주는 이야기를 확보하기 위하여 경찰을 필요로 함 • 경찰과 대중매체는 공생관계
Sir Robert Mark
단란하고 행복스럽지는 않더라도 오래 지속되는 결혼생활
Ericson
• 경찰과 대중매체는 서로 연합하여 그 사회의 일탈에 대한 개념을 규정하며, 도덕성과 정의를 규정짓는 사회 엘리트 집단을 구성 • 경찰과 대중매체는 서로 얽혀서 범죄와 정의, 사회질서의 현실을 해석하고 규정짓는 사회기구의 역할을 수행

36 난도 ★★   답 ①

┃ 정답해설 ┃

① 자본가가 지불한 노동력의 가치 이상으로 생산된 잉여가치가 자본으로 축적된다는 이론은 자본축적론이다. 잉여가치설은 자본주의가 노동의 잉여가치를 착취함으로써 자본을 확대 재생산하는 성격을 가지고 있다는 것으로 자본가적 생산의 반도덕성을 나타내고 있는 이론이다.

37 난도 ★★   답 ①

┃ 정답해설 ┃

① '관찰묘사'란 경험을 재생하여 표현·기술하는 것을 의미하는 묘사와 일정한 목적 하에 사물의 현상 및 사건의 전말을 감지하는 과정을 말하는 관찰로 구분된다.

┃정답해설┃

③ 북한이탈주민으로서 항공기 납치, 마약거래, 테러, 집단 살해 등 국제형사범죄자, 살인 등 중대한 비정치적 범죄자, 위장탈출 혐의자, 국내 입국 후 3년이 지나서 보호신청한 사람, 그 밖에 국가안전보장·질서유지·공공복리에 대한 중대한 위해 발생 우려, 보호신청자의 경제적 능력 및 해외체류 여건 등을 고려하여 보호대상자로 정하는 것이 부적당하거나 보호 필요성이 현저히 부족하다고 대통령령으로 정하는 사람은 보호대상자로 결정하지 아니할 수 있다(북한이탈주민의 보호 및 정착지원에 관한 법률 제9조 제1항).

┃오답해설┃

① 북한이탈주민의 보호 및 정착지원에 관한 법률 제2조 제1호
② 조교는 중화인민공화국과 북한 정권 수립과정에서 중국에 잔류하게 된 북한 사람들이 대부분이며 중국이 혈맹인 북한에 대해 나름대로 '우대'정책을 펴면서 수십년간 외국인 거류증을 갱신해가며 살아온 사람들을 일컫는다.
④ 북한이탈주민의 보호 및 정착지원에 관한 법률 제17조

┃정답해설┃

③ 황색수배서(Yellow Notice)는 가출인의 소재확인 또는 기억상실자 등의 신원을 파악할 목적으로 발행하는 수배서이다.

┃정답해설┃

④ 경찰청 감사 규칙 제10조 제6호

더 알아보기	감사결과의 처리기준 (경찰청 감사 규칙 제10조)

처리	감사결과
징계 또는 문책 요구	국가공무원법과 그 밖의 법령에 규정된 징계 또는 문책 사유에 해당하거나 정당한 사유 없이 자체감사를 거부하거나 자료의 제출을 게을리한 경우
시정 요구	감사결과 위법 또는 부당하다고 인정되는 사실이 있어 추징·회수·환급·추급 또는 원상복구 등이 필요하다고 인정되는 경우
경고·주의 요구	감사결과 위법 또는 부당하다고 인정되는 사실이 있으나 그 정도가 징계 또는 문책사유에 이르지 아니할 정도로 경미하거나, 감사대상기관 또는 부서에 대한 제재가 필요한 경우
개선 요구	감사결과 법령상·제도상 또는 행정상 모순이 있거나 그 밖에 개선할 사항이 있다고 인정되는 경우
권고	감사결과 문제점이 인정되는 사실이 있어 그 대안을 제시하고 감사대상기관의 장 등으로 하여금 개선방안을 마련하도록 할 필요가 있는 경우
통보	감사결과 비위 사실이나 위법 또는 부당하다고 인정되는 사실이 있으나 제1호부터 제5호까지의 요구를 하기에 부적합하여 감사대상기관 또는 부서에서 자율적으로 처리할 필요가 있다고 인정되는 경우
변상명령	「회계관계직원 등의 책임에 관한 법률」이 정하는 바에 따라 변상책임이 있는 경우
고발	감사결과 범죄 혐의가 있다고 인정되는 경우
현지조치	감사결과 경미한 지적사항으로서 현지에서 즉시 시정·개선조치가 필요한 경우

CHAPTER 10

2017(경위) 정답 및 해설

01	02	03	04	05	06	07	08	09	10	11	12	13	14	15	16	17	18	19	20
④	④	④	①	③	②	④	③	③	①	①	③	③	④	④	③	④	④	③	③
21	**22**	**23**	**24**	**25**	**26**	**27**	**28**	**29**	**30**	**31**	**32**	**33**	**34**	**35**	**36**	**37**	**38**	**39**	**40**
④	①	③	①	③	①	④	③	①	③	④	④	③	④	④	④	④	③	①	②

01 난도 ★ 답 ④

정답해설

④ 국가경찰과 자치제경찰은 경찰활동의 권한과 책임의 소재를 기준으로 구분한 것이다.

더 알아보기 경찰활동의 분류기준

경찰활동의 질과 내용	
질서경찰	강제력을 수단으로 법집행을 하는 경찰
봉사경찰	비권력적 수단으로 직무를 수행하는 경찰
권한과 책임의 소재	
국가경찰	국가가 설립하고 관리하는 경찰
자치경찰	자치단체가 설립하고 관리하는 경찰
업무의 독자성	
보안경찰	보통경찰기관이 다른 행정작용을 동반하지 않고 행하는 위해방지작용
협의의 행정경찰	일반행정기관이 다른 행정작용에 수반하여 행하는 위해방지작용
직접적 목적(3권 분립 사상)	
행정경찰	사회공공의 안녕과 질서유지를 위한 위해방지 및 범죄예방을 위한 권력작용
사법경찰	범죄의 수사, 피의자의 체포 등을 목적으로 하는 권력작용
보호되는 법익의 가치	
고등경찰	국가의 안전을 보호하는 경찰
보통경찰	일반사회의 안전을 보호하는 경찰

경찰권 발동의 시점	
예방경찰	위해가 발생하기 전에 위해의 발생을 방지하기 위한 권력적 작용
진압경찰	위해발생 후의 위해를 제거하기 위한 권력적 작용
위해정도 및 담당기관	
평시경찰	일반경찰법규에 따라 일반경찰기관에 의하여 행해지는 경찰작용
비상경찰	비상사태시 일반경찰기관 이외의 기관, 특히 군대가 치안의 임무를 수행하는 경우

02 난도 ★ 답 ④

정답해설

④ 오상위험이란 이성적이고 객관적으로 판단할 때 위험의 외관이나 위험혐의가 정당화되지 아니함에도 불구하고 경찰이 위험의 존재를 잘못 추정한 경우를 말한다. 오상위험은 추정적 위험 또는 추정성 위험이라고도 한다. 오상위험에 기초하여 경찰권을 발동하는 경우 이러한 경찰권발동은 정당화될 수 없으며, 경찰관 개인에게는 민·형사상 책임이, 국가에게는 손해배상책임이 발생할 수 있다.

03 난도 ★ 답 ④

정답해설

④ '공무원 자신이 소속된 종교단체·친목단체 등의 회원에게 알리는 경우'는 경조사를 알릴 수 있다(경찰청 공무원 행동강령 제17조).

제17조(경조사의 통지 제한)

공무원은 직무관련자나 직무관련공무원에게 경조사를 알려서는 아니 된다. 다만, 다음 각 호의 어느 하나에 해당하는 경우에는 경조사를 알릴 수 있다.

1. 친족(민법 제767조에 따른 친족을 말한다)에게 알리는 경우
2. 현재 근무하고 있거나 과거에 근무하였던 기관의 소속 직원에게 알리는 경우
3. 신문, 방송 또는 제2호에 따른 직원에게만 열람이 허용되는 내부통신망 등을 통하여 알리는 경우
4. 공무원 자신이 소속된 종교단체 · 친목단체 등의 회원에게 알리는 경우

▌오답해설▌

① 경찰청 공무원 행동강령 제6조
② 경찰청 공무원 행동강령 제8조 제1항
③ 경찰청 공무원 행동강령 제9조 제1항

04 난도 ★　　　　　　　　　　　　　답 ①

▌정답해설▌

① 시민 사회의 경찰부패에 대한 묵인 · 조장이 부패의 원인이라는 견해는 '전체사회가설'이다.

더 알아보기　**경찰부패의 원인(델라르트)**
구조원인가설
• 니더호퍼, 로벅. 바커 등이 주장
• 신임 경찰관들이 그들의 고참 동료들에 의해 조직의 부패 전통 내에서 사회화됨으로써 부패의 길로 들어선다는 입장
• 부패의 관행은 경찰관들 사이에서 '침묵의 규범'으로 받아들여짐
〈예〉 신임 경찰관 A가 자신의 순찰팀장인 B로부터 관내 유흥업소 업자들을 소개받고, 이후 B와 함께 활동을 해가면서 B가 유흥업소 업자들로부터 상납금을 받는 것을 보고 점점 그 방식 등을 답습한 경우
〈예〉 경찰관 A는 동료경찰관들이 유흥업소 업주들로부터 접대를 받은 사실을 알고도 모른 체한 경우

05 난도 ★★　　　　　　　　　　　답 ③

▌정답해설▌

㉠ (×) 제4호에 단결, 제5호에 책임이다(경찰공무원 복무규정 제3조).

더 알아보기　**경찰공무원 기본강령**　　**(경찰공무원 복무규정 제3조)**
1호 경찰사명
경찰공무원은 국가와 민족을 위하여 충성과 봉사를 다하며, 국민의 생명 · 신체 및 재산을 보호하고, 공공의 안녕과 질서를 유지함을 그 사명으로 한다.
2호 경찰정신
경찰공무원은 국민의 수임자로서 일상의 직무수행에 있어서 국민의 자유와 권리를 존중하는 호국 · 봉사 · 정의의 정신을 그 바탕으로 삼는다.
3호 규율
경찰공무원은 법령을 준수하고 직무상의 명령에 복종하며, 상사에 대한 존경과 부하에 대한 존중으로써 규율을 지켜야 한다.
4호 단결
경찰공무원은 주어진 사명을 다하기 위하여 긍지를 가지고 한마음 한뜻으로 굳게 뭉쳐 임무수행에 모든 역량을 기울여야 한다.
5호 책임
경찰공무원은 창의와 노력으로써 소임을 완수하여야 하며, 직무수행의 결과에 대하여 책임을 진다.
6호 성실 · 청렴
경찰공무원은 성실하고 청렴한 생활태도로써 국민의 모범이 되어야 한다.

㉡ (○) 경찰공무원 복무규정 제10조
㉢ (○) 경찰공무원 복무규정 제18조
㉣ (×) 특별한 사정이 없는 한 다음과 같이 휴무를 허가하여야 한다(경찰공무원 복무규정 제19조).

제19조(연일근무자 등의 휴무)

경찰기관의 장은 특별한 사정이 없는 한 다음과 같이 휴무를 허가하여야 한다.

1. 연일근무자 및 공휴일근무자에 대하여는 그 다음 날 1일의 휴무
2. 당직 또는 철야근무자에 대하여는 다음 날 오후 2시를 기준으로 하여 오전 또는 오후의 휴무

┃정답해설┃

② ㉠ 내부관제의 제정(1895년) → ㉡ 지방경찰규칙 제정 (1896년) → ㉣ 경부 설치(1900년) → ㉢ 통감정치가 시 작(1906년)

┃정답해설┃

④ 원칙적으로 훈령은 법규성이 없기 때문에 훈령에 위반하 는 행정행위는 훈령에 반하는 행정행위를 한 공무원의 징계사유에는 해당하더라도, 훈령에 위반하는 행위 자체 의 효력은 적법·유효하다.

┃정답해설┃

㉠ (×) 국가경찰위원회는 위원장 1명을 포함한 7명의 위원 으로 구성하되, 위원장 및 5명의 위원은 비상임으로 하 고, 1명의 위원은 상임으로 한다(국가경찰과 자치경찰의 조직 및 운영에 관한 법률 제7조 제1항).

㉡ (○) 국가경찰과 자치경찰의 조직 및 운영에 관한 법률 제9조 제2항

㉢ (×) '경찰, 검찰, 국가정보원 직원 또는 군인의 직에 있거 나 그 직에서 퇴직한 날부터 3년이 지나지 아니한 사람'은 국가경찰위원회의 위원이 될 수 없다(국가경찰과 자치경 찰의 조직 및 운영에 관한 법률 제8조 제5항 제3호).

㉣ (×) 국가경찰위원회의 회의는 재적위원 과반수의 출석과 출석위원 과반수의 찬성으로 의결한다(국가경찰과 자치 경찰의 조직 및 운영에 관한 법률 제11조 제2항).

㉤ (×) '국가경찰사무 외에 다른 국가기관으로부터의 업무 협조 요청에 관한 사항'은 국가경찰위원회의 심의·의결 사항이다.

┃정답해설┃

㉠ (×) 각 징계위원회는 위원장 1명을 포함하여 11명 이상 51명 이하의 공무원위원과 민간위원으로 구성한다(경찰 공무원 징계령 제6조 제1항).

㉡ (○) 경찰공무원 징계령 제5조 제2항

㉢ (○) 경찰공무원 징계령 제11조 제1항

㉣ (×) 징계위원회는 출석 통지를 하였음에도 불구하고 징 계등 심의 대상자가 정당한 사유 없이 출석하지 아니하였 을 때에는 그 사실을 기록에 분명히 적고 서면심사로 징 계등 의결을 할 수 있다. 다만, 징계 등 심의 대상자의 소재가 분명하지 아니할 때에는 출석 통지를 관보에 게재 하고, 그 게재일부터 10일이 지나면 출석 통지가 송달된 것으로 보며, 징계 등 의결을 할 때에는 관보 게재의 사유 와 그 사실을 기록에 분명히 적어야 한다(경찰공무원 징 계령 제12조 제3항).

┃정답해설┃

① 휴직기간, 직위해제기간 및 징계에 의한 정직처분 또는 감봉처분을 받은 기간은 시보임용기간에 산입하지 아니 한다(경찰공무원법 제13조 제2항).

┃오답해설┃

② 경찰공무원법 제13조 제4항 제2호

③ 경찰공무원 임용령 제20조 제3항

④ 경찰공무원 임용령 제20조 제2항

┃정답해설┃

① 신체·정신상의 장애로 장기 요양이 필요할 때의 휴직기 간은 1년 이내로 하되, 부득이한 경우 1년의 범위에서 연 장할 수 있다. 다만, 다음 각 목의 어느 하나(가. 「공무원 재해보상법」 제22조 제1항에 따른 요양급여 지급 대상 부상 또는 질병, 나. 「산업재해보상보험법」 제40조에 따 른 요양급여 결정 대상 질병 또는 부상)에 해당하는 공무 상 질병 또는 부상으로 인한 휴직기간은 3년 이내로 하되, 의학적 소견 등을 고려하여 대통령령 등으로 정하는 바에 따라 2년의 범위에서 연장할 수 있다(국가공무원법 제72 조 제1호).

12 난도 ★★　　　　　　　　　답 ③

정답해설

③ ㉠ 10, ㉡ 3, ㉢ 5, ㉣ 5, ㉤ 7, ㉥ 1

> 가. 경찰관은 보호조치를 하는 경우에 구호대상자가 휴대하고 있는 무기·흉기 등 위험을 일으킬 수 있는 것으로 인정되는 물건을 경찰관서에 임시로 영치하여 놓을 수 있다. 이때 물건을 경찰관서에 임시로 영치하는 기간은 (㉠ 10)일을 초과할 수 없다.
> 나. 손실보상을 청구할 수 있는 권리는 손실이 있음을 안 날부터 (㉡ 3)년, 손실이 발생한 날부터 (㉢ 5)년간 행사하지 아니하면 시효의 완성으로 소멸한다.
> 다. 손실보상심의위원회는 위원장 1명을 포함한 (㉣ 5)명 이상 (㉤ 7)명 이하의 위원으로 구성한다.
> 라. 「경찰관 직무집행법」에 규정된 경찰관의 의무를 위반하거나 직권을 남용하여 다른 사람에게 해를 끼친 사람은 (㉥ 1)년 이하의 징역이나 금고에 처한다.

㉠ 경찰관 직무집행법 제4조 제7항
㉡, ㉢ 경찰관 직무집행법 제11조의2 제2항
㉣, ㉤ 경찰관 직무집행법 시행령 제11조 제2항
㉥ 경찰관 직무집행법 제12조

13 난도 ★★　　　　　　　　　답 ③

정답해설

③ 보상금심사위원회의 위원은 소속 경찰공무원 중에서 경찰청장, 시·도경찰청장 또는 경찰서장이 임명한다(경찰관 직무집행법 제11조의3 제4항).

오답해설

① 경찰관 직무집행법 제11조의3 제1항 제3호
② 경찰관 직무집행법 제11조의3 제2항
④ 경찰관 직무집행법 제11조의3 제5항

14 난도 ★　　　　　　　　　답 ④

정답해설

④ 조직의 구조, 보상체계, 인사 등의 제도개선과 조직원의 행태를 합리적으로 개선하는 것은 갈등의 장기적인 대응 방안이다.

15 난도 ★　　　　　　　　　답 ④

정답해설

④ 정부는 대통령의 승인을 얻은 예산안을 회계연도 개시 120일 전까지 국회에 제출하여야 한다(국가재정법 제33조).

오답해설

① 국가재정법 제28조
② 국가재정법 제29조 제1항
③ 국가재정법 제31조 제1항

16 난도 ★　　　　　　　　　답 ③

정답해설

③ 차량교체를 위한 불용 대상차량은 부속기관 및 시·도경찰청에 배정되는 수량의 범위 내에서 내용연수 경과 여부 등 차량사용기간을 최우선적으로 고려하여 선정한다(경찰장비관리규칙 제94조 제1항).

오답해설

① 경찰장비관리규칙 제90조 제1항
② 경찰장비관리규칙 제93조 제1항
④ 경찰장비관리규칙 제98조 제3항

17 난도 ★   답 ④

④ 가스차·살수차·특수진압차·물포·석궁·다목적발 사기 및 도주차량차단장비는 '기타 장비'에 포함된다(위해성 경찰장비의 사용기준 등에 관한 규정 제2조 제4호). 전자방패는 '경찰장구'에 포함된다(동 규정 제2조 제1호).

① 위해성 경찰장비의 사용기준 등에 관한 규정 제2조 제1호
② 위해성 경찰장비의 사용기준 등에 관한 규정 제2조 제2호
③ 위해성 경찰장비의 사용기준 등에 관한 규정 제2조 제3호

18 난도 ★★   답 ④

④ 보안업무규정 제4조 제2호

> **제4조(비밀의 구분)**
> 비밀은 그 중요성과 가치의 정도에 따라 다음 각 호와 같이 구분한다.
> 1. Ⅰ급 비밀 : 누설될 경우 대한민국과 외교관계가 단절되고 전쟁을 일으키며, 국가의 방위계획·정보활동 및 국가방위에 반드시 필요한 과학과 기술의 개발을 위태롭게 하는 등의 우려가 있는 비밀
> 2. Ⅱ급 비밀 : 누설될 경우 국가안전보장에 막대한 지장을 끼칠 우려가 있는 비밀
> 3. Ⅲ급 비밀 : 누설될 경우 국가안전보장에 해를 끼칠 우려가 있는 비밀

① 비밀은 그 중요성과 가치의 정도에 따라 Ⅰ급 비밀, Ⅱ급 비밀, Ⅲ급 비밀로 구분한다(보안업무규정 제4조).
② 외국 정부나 국제기구로부터 접수한 비밀은 그 생산기관이 필요로 하는 정도로 보호할 수 있도록 분류하여야 한다(보안업무규정 제1조 제3항).
③ 경찰청장은 Ⅱ급 비밀취급 인가권자이다(보안업무규정 제9조 제2항).

19 난도 ★   답 ③

③ 경찰기관의 장은 상급 경찰기관의 장의 지시에 따라 소속 감찰관으로 하여금 일정기간 동안 다른 경찰기관 소속 직원의 복무실태, 업무추진 실태 등을 점검하게 할 수 있다(경찰감찰규칙 제14조).

① 경찰 감찰 규칙 제5조
② 경찰 감찰 규칙 제7조 제2항
④ 경찰 감찰 규칙 제12조

20 난도 ★   답 ③

③ 청구인은 이의신청 절차를 거치지 아니하고 행정심판을 청구할 수 있다(공공기관의 정보공개에 관한 법률 제19조 제2항).

① 공공기관의 정보공개에 관한 법률 제5조
② 공공기관의 정보공개에 관한 법률 제17조 제1항
④ 공공기관의 정보공개에 관한 법률 제2조 제3호

21 난도 ★★   답 ④

④ "발견지"란 실종아동등 또는 가출인을 발견하여 보호 중인 장소를 말하며, 발견한 장소와 보호 중인 장소가 서로 다른 경우에는 보호 중인 장소를 말한다(실종아동등 및 가출인 업무처리 규칙 제2조 제8호).

① 실종아동등의 보호 및 지원에 관한 법률 제2조 제2호
② 실종아동등 및 가출인 업무처리 규칙 제2조 제5호
③ 실종아동등 및 가출인 업무처리 규칙 제2조 제7호

22 난도 ★ 답 ①

┃ 정답해설 ┃

① 가정폭력범죄의 처벌 등에 관한 특례법 제8조의2 제1항, 제29조 제1항 참고

> **제8조의2(긴급임시조치)**
> ① 사법경찰관은 제5조에 따른 응급조치에도 불구하고 가정폭력범죄가 재발될 우려가 있고, 긴급을 요하여 법원의 임시조치 결정을 받을 수 없을 때에는 직권 또는 피해자나 그 법정대리인의 신청에 의하여 제29 조 제1항 제1호부터 제3호까지의 어느 하나에 해당하는 조치(이하 "긴급임시조치"라 한다)를 할 수 있다.
>
> **제29조(임시조치)**
> ① 판사는 가정보호사건의 원활한 조사·심리 또는 피해자 보호를 위하여 필요하다고 인정하는 경우에는 결정으로 가정폭력행위자에게 다음 각 호의 어느 하나에 해당하는 임시조치를 할 수 있다.
> 1. 피해자 또는 가정구성원의 주거 또는 점유하는 방실(房室)로부터의 퇴거 등 격리
> 2. 피해자 또는 가정구성원이나 그 주거·직장 등에서 100미터 이내의 접근 금지
> 3. 피해자 또는 가정구성원에 대한 「전기통신기본법」 제2조 제1호의 전기통신을 이용한 접근 금지
> 4. 의료기관이나 그 밖의 요양소에의 위탁
> 5. 국가경찰관서의 유치장 또는 구치소에의 유치
> 6. 상담소등에의 상담위탁

23 난도 ★★ 답 ③

┃ 정답해설 ┃

③ 촬영한 영상물에 수록된 피해자의 진술은 공판준비기일 또는 공판기일에 피해자나 조사 과정에 동석하였던 신뢰관계에 있는 사람 또는 진술조력인의 진술에 의하여 그 성립의 진정함이 인정된 경우에 증거로 할 수 있다(성폭력범죄의 처벌 등에 관한 특례법 제30조 제6항).

┃ 오답해설 ┃

① · ② 성폭력범죄의 처벌 등에 관한 특례법 제30조 제1항 · 제2항
④ 성폭력범죄의 처벌 등에 관한 특례법 제26조 제2항

24 난도 ★★ 답 ①

┃ 정답해설 ┃

㉠ (○) 출입국관리법 시행령 제1조의3 제1항
㉡, ㉢ (×) 출국금지사유가 아니다.
㉣ (○) 출입국관리법 제4조 제1항 제2호

25 난도 ★ 답 ③

┃ 정답해설 ┃

③ 호송관은 호송근무를 할 때에는 분사기를 휴대하여야 한다(피의자 유치 및 호송규칙 제70조 제1항).

┃ 오답해설 ┃

① 피의자 유치 및 호송규칙 제65조 제1호 다목
② 피의자 유치 및 호송규칙 제49조 제1항
④ 피의자 유치 및 호송규칙 제65조 제3호

26 난도 ★★ 답 ①

┃ 정답해설 ┃

① 피해학생에 대한 서면사과(학교폭력예방 및 대책에 관한 법률 제17조 제1항 제1호)

> **제17조(가해학생에 대한 조치)**
> ① 심의위원회는 피해학생의 보호와 가해학생의 선도·교육을 위하여 가해학생에 대하여 다음 각 호의 어느 하나에 해당하는 조치(수 개의 조치를 동시에 부과하는 경우를 포함한다)를 할 것을 교육장에게 요청하여야 하며, 각 조치별 적용 기준은 대통령령으로 정한다. 다만, 퇴학처분은 의무교육과정에 있는 가해학생에 대하여는 적용하지 아니한다.
> 1. 피해학생에 대한 서면사과
> 2. 피해학생 및 신고·고발 학생에 대한 접촉, 협박 및 보복행위의 금지
> 3. 학교에서의 봉사
> 4. 사회봉사
> 5. 학내외 전문가에 의한 특별 교육이수 또는 심리치료
> 6. 출석정지
> 7. 학급교체
> 8. 전학
> 9. 퇴학처분

27 난도 ★★

┃ 정답해설 ┃

④ 타국의 외국인테러전투원으로 가입한 사람은 5년 이상의 징역으로 처벌한다(국민보호와 공공안전을 위한 테러방지법 제17조 제1항 제3호).

┃ 오답해설 ┃

① 국민보호와 공공안전을 위한 테러방지법 제5조 제2항
② 국민보호와 공공안전을 위한 테러방지법 제9조 제1항
③ 국민보호와 공공안전을 위한 테러방지법 제9조 제4항

28 난도 ★

답 ③

┃ 정답해설 ┃

③ 분석반은 위기관리센터 소속 직원으로 구성하며, 재난상황의 분석, 재난관리를 위한 대책 마련 및 다른 국·관과의 협조 업무를 담당한다(경찰 재난관리 규칙 제5조 제2항 제2호).

┃ 오답해설 ┃

① 경찰 재난관리 규칙 제2조 제3항
② 경찰 재난관리 규칙 제4조
④ 경찰 재난관리 규칙 제16조 제2항

29 난도 ★

답 ①

┃ 정답해설 ┃

① 경찰서장은 관할 내에 있는 A급 다중이용시설에 대하여 분기 1회 이상 지도·점검을 실시하여야 한다(테러취약시설 안전활동에 관한 규칙 제22조 제1항).

┃ 오답해설 ┃

②·③ 테러취약시설 안전활동에 관한 규칙 제9조 제1항
④ 테러취약시설 안전활동에 관한 규칙 제14조 제1항

30 난도 ★★

답 ④

┃ 정답해설 ┃

④ 제2종 보통면허로 승차정원 10명 이하의 승합자동차를 운전할 수 있다(도로교통법 시행규칙 제53조).

더 알아보기	운전할 수 있는 차의 종류

1종 보통
1. 승용자동차
2. 승차정원 15명 이하의 승합자동차
3. 삭제
4. 적재중량 12톤 미만의 화물자동차
5. 건설기계(도로를 운행하는 3톤 미만의 지게차로 한정한다)
6. 총중량 10톤 미만의 특수자동차(구난차 등은 제외한다)
7. 원동기장치자전거

2종 보통
1. 승용자동차
2. 승차정원 10명 이하의 승합자동차
3. 적재중량 4톤 이하의 화물자동차
4. 총중량 3.5톤 이하의 특수자동차(구난차등은 제외한다)
5. 원동기장치자전거

31 난도 ★

답 ④

┃ 정답해설 ┃

④ 도로교통법 시행규칙 제8조 제1항 참고

더 알아보기	안전표지(도로교통법 시행규칙 제8조 제1항)
주의표지	도로상태가 위험하거나 도로 또는 그 부근에 위험물이 있는 경우에 필요한 안전조치를 할 수 있도록 이를 도로사용자에게 알리는 표지
규제표지	도로교통의 안전을 위하여 각종 제한·금지 등의 규제를 하는 경우에 이를 도로사용자에게 알리는 표지
지시표지	도로의 통행방법·통행구분 등 도로교통의 안전을 위하여 필요한 지시를 하는 경우에 도로사용자가 이에 따르도록 알리는 표지

보조표지	주의표지·규제표지 또는 지시표지의 주 기능을 보충하여 도로사용자에게 알리는 표지
노면표시	도로교통의 안전을 위하여 각종 주의·규제·지시 등의 내용을 노면에 기호·문자 또는 선으로 도로사용자에게 알리는 표지

32 난도 ★ 답 ③

┃정답해설┃

③ 청원경찰이 직무를 수행할 때 직권을 남용하여 국민에게 해를 끼친 경우에는 6개월 이하의 징역이나 금고에 처한 다(청원경찰법 제10조 제1항).

┃오답해설┃

① 청원경찰법 제4조 제3항
② 청원경찰법 제8조 제1항
④ 청원경찰법 제3조

33 난도 ★★ 답 ④

┃정답해설┃

④ 통보를 받은 관계기관의 장은 신원조사 결과에 따라 필요 한 보안대책을 마련하여야 한다(보안업무규정 제34조 제 2항).

┃오답해설┃

① 보안업무규정 제36조 제1항
② 보안업무규정 제41조 제2항
③ 보안업무규정 제37조 제1항

34 난도 ★ 답 ④

┃정답해설┃

④ 헌법재판소의 경계 지점으로부터 100미터 이내의 장소 에서는 옥외집회 또는 시위를 하여서는 아니 된다(집회 및 시위에 관한 법률 제11조 제1호).

┃오답해설┃

① 집회 및 시위에 관한 법률 제2조 제4호
② 집회 및 시위에 관한 법률 제2조 제5호
③ 집회 및 시위에 관한 법률 제3조 제3항

35 난도 ★ 답 ④

┃정답해설┃

④ 써클형 – 합법적 신분을 이용하여 침투하고 대상국의 정 치·사회문제를 활용하여 적국의 이념이나 사상에 동조 하도록 유도하며 간첩활동이 자유롭고 대중적 조직과 동 원이 가능한 반면, 간첩의 정체가 폭로되었을 때 외교적 문제가 야기될 수 있다. 레포형은 피라미드형 조직에 있 어서 간첩과 주공작원간, 행동공작원 상호 간에 연락원을 두고 종횡으로 연결하는 형태이다.

36 난도 ★ 답 ④

┃정답해설┃

④ '보안관찰처분대상자'라 함은 보안관찰해당범죄 또는 이 와 경합된 범죄로 금고 이상의 형의 선고를 받고 그 형기 합계가 3년 이상인 자로서 형의 전부 또는 일부의 집행을 받은 사실이 있는 자를 말한다(보안관찰법 제3조).

┃오답해설┃

① 보안관찰법 제14조 제1항
② 보안관찰법 제5조 제2항
③ 보안관찰법 제17조 제3항

37 난도 ★★ 답 ③

정답해설

③ 예술흥행(E-6) : 수익이 따르는 음악, 미술, 문학 등의 예술활동과 수익을 목적으로 하는 연예, 연주, 연극, 운동경기, 광고·패션 모델, 그 밖에 이에 준하는 활동을 하려는 사람

오답해설

①·②·④ 출입국관리법 시행령 제12조 [별표 1의2]

38 난도 ★★ 답 ④

정답해설

④ 5년 이상 계속하여 대한민국에 주소가 있어야 한다(국적법 제5조 제1호).

제5조(일반귀화 요건)
외국인이 귀화허가를 받기 위해서는 제6조나 제7조에 해당하는 경우 외에는 다음 각 호의 요건을 갖추어야 한다.
1. 5년 이상 계속하여 대한민국에 주소가 있을 것
1의2. 대한민국에서 영주할 수 있는 체류자격을 가지고 있을 것
2. 대한민국의 민법상 성년일 것
3. 법령을 준수하는 등 법무부령으로 정하는 품행 단정의 요건을 갖출 것
4. 자신의 자산이나 기능에 의하거나 생계를 같이하는 가족에 의존하여 생계를 유지할 능력이 있을 것
5. 국어능력과 대한민국의 풍습에 대한 이해 등 대한민국 국민으로서의 기본 소양을 갖추고 있을 것
6. 귀화를 허가하는 것이 국가안전보장·질서유지 또는 공공복리를 해치지 아니한다고 법무부장관이 인정할 것

39 난도 ★★ 답 ①

정답해설

① (A) ㉠, ㉣, (B) ㉡, ㉢, ㉤ (범죄인인도법 제7조, 제9조)

절대적 인도거절 사유

1. 대한민국 또는 청구국의 법률에 따라 인도범죄에 관한 공소시효 또는 형의 시효가 완성된 경우
2. 인도범죄에 관하여 대한민국 법원에서 재판이 계속(係屬) 중이거나 재판이 확정된 경우
3. 범죄인이 인도범죄를 범하였다고 의심할 만한 상당한 이유가 없는 경우. 다만, 인도범죄에 관하여 청구국에서 유죄의 재판이 있는 경우는 제외한다.
4. 범죄인이 인종, 종교, 국적, 성별, 정치적 신념 또는 특정 사회단체에 속한 것 등을 이유로 처벌되거나 그 밖의 불리한 처분을 받을 염려가 있다고 인정되는 경우

임의적 인도거절 사유

1. 범죄인이 대한민국 국민인 경우
2. 인도범죄의 전부 또는 일부가 대한민국 영역에서 범한 것인 경우
3. 범죄인의 인도범죄 외의 범죄에 관하여 대한민국 법원에 재판이 계속 중인 경우 또는 범죄인이 형을 선고받고 그 집행이 끝나지 아니하거나 면제되지 아니한 경우
4. 범죄인이 인도범죄에 관하여 제3국(청구국이 아닌 외국을 말한다. 이하 같다)에서 재판을 받고 처벌되었거나 처벌받지 아니하기로 확정된 경우
5. 인도범죄의 성격과 범죄인이 처한 환경 등에 비추어 범죄인을 인도하는 것이 비인도적(非人道的)이라고 인정되는 경우

40 난도 ★★ 답 ②

정답해설

② 중재위원회에 위원장 1명과 2명 이내의 부위원장 및 2명 이내의 감사를 두며, 각각 중재위원 중에서 호선한다(언론중재 및 피해구제 등에 관한 법률 제7조 제4항).

오답해설

① 언론중재 및 피해구제 등에 관한 법률 제7조 제1항
③ 언론중재 및 피해구제 등에 관한 법률 제7조 제5항
④ 언론중재 및 피해구제 등에 관한 법률 제7조 제9항

정답 한눈에 보기!

2023년 기출문제

01	02	03	04	05	06	07	08	09	10	11	12	13	14	15	16	17	18	19	20
②	③	④	②	②	④	①	②	②	③	④	③	②	①	③	④	③	①	③	④
21	22	23	24	25	26	27	28	29	30	31	32	33	34	35	36	37	38	39	40
②	①	②	②	③	④	②	②	②	④	③	②	②	①	①	②	③	④	④	③

2022년 기출문제

01	02	03	04	05	06	07	08	09	10	11	12	13	14	15	16	17	18	19	20
②	②	③	④	②	④	①	④	②	③	④	③	②	①	③	④	③	①	③	④
21	22	23	24	25	26	27	28	29	30	31	32	33	34	35	36	37	38	39	40
④	②	④	②	②	①	①	②	②	④	③	②	③	①	①	②	②	③	③	③

2021년 기출문제

01	02	03	04	05	06	07	08	09	10	11	12	13	14	15	16	17	18	19	20
②	④	④	②	②	④	①	④	④	④	④	①	②	①	①	④	④	②	③	④
21	22	23	24	25	26	27	28	29	30	31	32	33	34	35	36	37	38	39	40
②	④	②	④	②	①	③	②	②	④	②	④	④	④	①	②	①	③	①	②

2020년(경위) 기출문제

01	02	03	04	05	06	07	08	09	10	11	12	13	14	15	16	17	18	19	20
②	④	④	②	④	①	②	②	②	①	②	①	②	④	③	④	④	②	③	④
21	22	23	24	25	26	27	28	29	30	31	32	33	34	35	36	37	38	39	40
②	①	④	①	②	①	①	③	③	④	④	④	②	②	①	④	①	②	③	②

2020년(경감) 기출문제

01	02	03	04	05	06	07	08	09	10	11	12	13	14	15	16	17	18	19	20
③	④	④	③	②	①	④	②	②	①	①	④	②	①	③	④	④	②	③	③
21	22	23	24	25	26	27	28	29	30	31	32	33	34	35	36	37	38	39	40
④	②	②	③	②	①	③	③	②	④	②	④	②	①	③	④	②	②	①	③

2019년(경위) 기출문제

01	02	03	04	05	06	07	08	09	10	11	12	13	14	15	16	17	18	19	20
③	③	④	③	③	①	①	④	①	③	①	②	②	②	②	④	③	④	①	①
21	22	23	24	25	26	27	28	29	30	31	32	33	34	35	36	37	38	39	40
④	②	③	①	③	②	②	②	②	④	②	②	③	①	③	④	④	④	③	④

2019년(경감) 기출문제

01	02	03	04	05	06	07	08	09	10	11	12	13	14	15	16	17	18	19	20
③	③	①	③	③	④	①	④	①	④	④	③	①	③	③	④	③	④	②	①
21	22	23	24	25	26	27	28	29	30	31	32	33	34	35	36	37	38	39	40
④	②	④	①	④	①	②	②	④	④	②	②	④	①	③	④	③	①	③	③

2018년(경위) 기출문제

01	02	03	04	05	06	07	08	09	10	11	12	13	14	15	16	17	18	19	20
③	④	①	④	④	②	②	①	①	①	②	①	③	①	②	④	①	①	②	④
21	22	23	24	25	26	27	28	29	30	31	32	33	34	35	36	37	38	39	40
③	②	③	②	④	②	②	①	④	④	②	②	④	④	②	①	③	③	③	②

2018년(경감) 기출문제

01	02	03	04	05	06	07	08	09	10	11	12	13	14	15	16	17	18	19	20
②	③	④	②	④	④	②	④	②	②	①	②	④	②	④	④	②	③	③	②
21	22	23	24	25	26	27	28	29	30	31	32	33	34	35	36	37	38	39	40
③	②	④	①	②	①	②	①	④	④	②	②	④	④	③	①	④	③	③	③

2017년(경위) 기출문제

01	02	03	04	05	06	07	08	09	10	11	12	13	14	15	16	17	18	19	20
④	④	④	②	①	①	③	③	④	①	①	②	②	③	④	④	①	④	③	③
21	22	23	24	25	26	27	28	29	30	31	32	33	34	35	36	37	38	39	40
④	①	②	①	④	①	②	③	④	④	②	②	③	④	②	④	④	④	①	②

경찰공무원 정기 승진시험 필기시험 답안지

책 형		

[필적감정용 기재]

*아래 예시문을 옮겨 적으시오.

본인은 ○○○(응시자성명)임을 확인함

기 재 란

성 명	
지필성명	본인 성명 기재
응시직렬	
응시지역	
시험장소	

응시번호

생년월일

※시험감독 서명
(성명을 정자로 기재할 것)

적색 볼펜만 사용

컴퓨터용 흑색 사인펜만 사용

최종모의고사 제 회

1	① ② ③ ④	21	① ② ③ ④
2	① ② ③ ④	22	① ② ③ ④
3	① ② ③ ④	23	① ② ③ ④
4	① ② ③ ④	24	① ② ③ ④
5	① ② ③ ④	25	① ② ③ ④
6	① ② ③ ④	26	① ② ③ ④
7	① ② ③ ④	27	① ② ③ ④
8	① ② ③ ④	28	① ② ③ ④
9	① ② ③ ④	29	① ② ③ ④
10	① ② ③ ④	30	① ② ③ ④
11	① ② ③ ④	31	① ② ③ ④
12	① ② ③ ④	32	① ② ③ ④
13	① ② ③ ④	33	① ② ③ ④
14	① ② ③ ④	34	① ② ③ ④
15	① ② ③ ④	35	① ② ③ ④
16	① ② ③ ④	36	① ② ③ ④
17	① ② ③ ④	37	① ② ③ ④
18	① ② ③ ④	38	① ② ③ ④
19	① ② ③ ④	39	① ② ③ ④
20	① ② ③ ④	40	① ② ③ ④

최종모의고사 제 회

1	① ② ③ ④	21	① ② ③ ④
2	① ② ③ ④	22	① ② ③ ④
3	① ② ③ ④	23	① ② ③ ④
4	① ② ③ ④	24	① ② ③ ④
5	① ② ③ ④	25	① ② ③ ④
6	① ② ③ ④	26	① ② ③ ④
7	① ② ③ ④	27	① ② ③ ④
8	① ② ③ ④	28	① ② ③ ④
9	① ② ③ ④	29	① ② ③ ④
10	① ② ③ ④	30	① ② ③ ④
11	① ② ③ ④	31	① ② ③ ④
12	① ② ③ ④	32	① ② ③ ④
13	① ② ③ ④	33	① ② ③ ④
14	① ② ③ ④	34	① ② ③ ④
15	① ② ③ ④	35	① ② ③ ④
16	① ② ③ ④	36	① ② ③ ④
17	① ② ③ ④	37	① ② ③ ④
18	① ② ③ ④	38	① ② ③ ④
19	① ② ③ ④	39	① ② ③ ④
20	① ② ③ ④	40	① ② ③ ④

최종모의고사 제 회

1	① ② ③ ④	21	① ② ③ ④
2	① ② ③ ④	22	① ② ③ ④
3	① ② ③ ④	23	① ② ③ ④
4	① ② ③ ④	24	① ② ③ ④
5	① ② ③ ④	25	① ② ③ ④
6	① ② ③ ④	26	① ② ③ ④
7	① ② ③ ④	27	① ② ③ ④
8	① ② ③ ④	28	① ② ③ ④
9	① ② ③ ④	29	① ② ③ ④
10	① ② ③ ④	30	① ② ③ ④
11	① ② ③ ④	31	① ② ③ ④
12	① ② ③ ④	32	① ② ③ ④
13	① ② ③ ④	33	① ② ③ ④
14	① ② ③ ④	34	① ② ③ ④
15	① ② ③ ④	35	① ② ③ ④
16	① ② ③ ④	36	① ② ③ ④
17	① ② ③ ④	37	① ② ③ ④
18	① ② ③ ④	38	① ② ③ ④
19	① ② ③ ④	39	① ② ③ ④
20	① ② ③ ④	40	① ② ③ ④

경찰공무원 정기 승진시험 필기시험 답안지

컴퓨터용 흑색 사인펜만 사용

[필적감정용 기재]

*아래 예시문을 옮겨 적으시오.

본인은 ○○○(응시자성명)임을 확인함

기 재 란

성	명

성	명	
자필성명	본인 성명 기재	
응시직렬		
응시지역		
시험장소		

응시번호

0 0 0 0 0 0
1 1 1 1 1 1
2 2 2 2 2 2
3 3 3 3 3 3
4 4 4 4 4 4
5 5 5 5 5 5
6 6 6 6 6 6
7 7 7 7 7 7
8 8 8 8 8 8
9 9 9 9 9 9

생 년 월 일

0 0 0 0 0
1 1 1 1 1
2 2 2 2 2
3 3 3 3 3
4 4 4 4 4
5 5 5 5 5
6 6 6 6 6
7 7 7 7 7
8 8 8 8 8
9 9 9 9 9

※시험감독관 서명
(성명을 정자로 기재할 것)

감독관 확인

최종모의고사 제 ___ 회

1	① ② ③ ④	21	① ② ③ ④
2	① ② ③ ④	22	① ② ③ ④
3	① ② ③ ④	23	① ② ③ ④
4	① ② ③ ④	24	① ② ③ ④
5	① ② ③ ④	25	① ② ③ ④
6	① ② ③ ④	26	① ② ③ ④
7	① ② ③ ④	27	① ② ③ ④
8	① ② ③ ④	28	① ② ③ ④
9	① ② ③ ④	29	① ② ③ ④
10	① ② ③ ④	30	① ② ③ ④
11	① ② ③ ④	31	① ② ③ ④
12	① ② ③ ④	32	① ② ③ ④
13	① ② ③ ④	33	① ② ③ ④
14	① ② ③ ④	34	① ② ③ ④
15	① ② ③ ④	35	① ② ③ ④
16	① ② ③ ④	36	① ② ③ ④
17	① ② ③ ④	37	① ② ③ ④
18	① ② ③ ④	38	① ② ③ ④
19	① ② ③ ④	39	① ② ③ ④
20	① ② ③ ④	40	① ② ③ ④

최종모의고사 제 ___ 회

1	① ② ③ ④	21	① ② ③ ④
2	① ② ③ ④	22	① ② ③ ④
3	① ② ③ ④	23	① ② ③ ④
4	① ② ③ ④	24	① ② ③ ④
5	① ② ③ ④	25	① ② ③ ④
6	① ② ③ ④	26	① ② ③ ④
7	① ② ③ ④	27	① ② ③ ④
8	① ② ③ ④	28	① ② ③ ④
9	① ② ③ ④	29	① ② ③ ④
10	① ② ③ ④	30	① ② ③ ④
11	① ② ③ ④	31	① ② ③ ④
12	① ② ③ ④	32	① ② ③ ④
13	① ② ③ ④	33	① ② ③ ④
14	① ② ③ ④	34	① ② ③ ④
15	① ② ③ ④	35	① ② ③ ④
16	① ② ③ ④	36	① ② ③ ④
17	① ② ③ ④	37	① ② ③ ④
18	① ② ③ ④	38	① ② ③ ④
19	① ② ③ ④	39	① ② ③ ④
20	① ② ③ ④	40	① ② ③ ④

최종모의고사 제 ___ 회

1	① ② ③ ④	21	① ② ③ ④
2	① ② ③ ④	22	① ② ③ ④
3	① ② ③ ④	23	① ② ③ ④
4	① ② ③ ④	24	① ② ③ ④
5	① ② ③ ④	25	① ② ③ ④
6	① ② ③ ④	26	① ② ③ ④
7	① ② ③ ④	27	① ② ③ ④
8	① ② ③ ④	28	① ② ③ ④
9	① ② ③ ④	29	① ② ③ ④
10	① ② ③ ④	30	① ② ③ ④
11	① ② ③ ④	31	① ② ③ ④
12	① ② ③ ④	32	① ② ③ ④
13	① ② ③ ④	33	① ② ③ ④
14	① ② ③ ④	34	① ② ③ ④
15	① ② ③ ④	35	① ② ③ ④
16	① ② ③ ④	36	① ② ③ ④
17	① ② ③ ④	37	① ② ③ ④
18	① ② ③ ④	38	① ② ③ ④
19	① ② ③ ④	39	① ② ③ ④
20	① ② ③ ④	40	① ② ③ ④

경찰공무원 정기 승진시험 필기시험 답안지

책 형

【필적감정용 기재】
*아래 예시문을 옳겨 적으시오.
본인은 ○○○(응시자성명)임을 확인함

기 재 란

성 명

자필성명   본인 성명 기재

응시직렬

응시지역

시험장소

응시번호						

생년월일					

※시험감독 서명
(성명을 정자로 기재할 것)

적색 볼펜만 사용

최종모의고사 제 ___ 회

1	① ② ③ ④
2	① ② ③ ④
3	① ② ③ ④
4	① ② ③ ④
5	① ② ③ ④
6	① ② ③ ④
7	① ② ③ ④
8	① ② ③ ④
9	① ② ③ ④
10	① ② ③ ④
11	① ② ③ ④
12	① ② ③ ④
13	① ② ③ ④
14	① ② ③ ④
15	① ② ③ ④
16	① ② ③ ④
17	① ② ③ ④
18	① ② ③ ④
19	① ② ③ ④
20	① ② ③ ④
21	① ② ③ ④
22	① ② ③ ④
23	① ② ③ ④
24	① ② ③ ④
25	① ② ③ ④
26	① ② ③ ④
27	① ② ③ ④
28	① ② ③ ④
29	① ② ③ ④
30	① ② ③ ④
31	① ② ③ ④
32	① ② ③ ④
33	① ② ③ ④
34	① ② ③ ④
35	① ② ③ ④
36	① ② ③ ④
37	① ② ③ ④
38	① ② ③ ④
39	① ② ③ ④
40	① ② ③ ④

최종모의고사 제 ___ 회

1	① ② ③ ④
2	① ② ③ ④
3	① ② ③ ④
4	① ② ③ ④
5	① ② ③ ④
6	① ② ③ ④
7	① ② ③ ④
8	① ② ③ ④
9	① ② ③ ④
10	① ② ③ ④
11	① ② ③ ④
12	① ② ③ ④
13	① ② ③ ④
14	① ② ③ ④
15	① ② ③ ④
16	① ② ③ ④
17	① ② ③ ④
18	① ② ③ ④
19	① ② ③ ④
20	① ② ③ ④
21	① ② ③ ④
22	① ② ③ ④
23	① ② ③ ④
24	① ② ③ ④
25	① ② ③ ④
26	① ② ③ ④
27	① ② ③ ④
28	① ② ③ ④
29	① ② ③ ④
30	① ② ③ ④
31	① ② ③ ④
32	① ② ③ ④
33	① ② ③ ④
34	① ② ③ ④
35	① ② ③ ④
36	① ② ③ ④
37	① ② ③ ④
38	① ② ③ ④
39	① ② ③ ④
40	① ② ③ ④

최종모의고사 제 ___ 회

1	① ② ③ ④
2	① ② ③ ④
3	① ② ③ ④
4	① ② ③ ④
5	① ② ③ ④
6	① ② ③ ④
7	① ② ③ ④
8	① ② ③ ④
9	① ② ③ ④
10	① ② ③ ④
11	① ② ③ ④
12	① ② ③ ④
13	① ② ③ ④
14	① ② ③ ④
15	① ② ③ ④
16	① ② ③ ④
17	① ② ③ ④
18	① ② ③ ④
19	① ② ③ ④
20	① ② ③ ④
21	① ② ③ ④
22	① ② ③ ④
23	① ② ③ ④
24	① ② ③ ④
25	① ② ③ ④
26	① ② ③ ④
27	① ② ③ ④
28	① ② ③ ④
29	① ② ③ ④
30	① ② ③ ④
31	① ② ③ ④
32	① ② ③ ④
33	① ② ③ ④
34	① ② ③ ④
35	① ② ③ ④
36	① ② ③ ④
37	① ② ③ ④
38	① ② ③ ④
39	① ② ③ ④
40	① ② ③ ④

경찰공무원 정기 승진시험 필기시험 답안지

컴퓨터용 흑색 사인펜만 사용

성 명

성명

자필성명 | 본인 성명 기재
응시직렬
응시지역
시험장소

【필적감정용 기재】
*아래 예시문을 옮겨 적으시오.
본인은 ○○○(응시자성명)임을 확인함

기 재 란

책 형

응 시 번 호

생 년 월 일

※시험실 감독관
(성명을 정자로 기재할 것)
확인 시험실 감독관

최종모의고사 제 ___ 회

	①	②	③	④			①	②	③	④
1	①	②	③	④		21	①	②	③	④
2	①	②	③	④		22	①	②	③	④
3	①	②	③	④		23	①	②	③	④
4	①	②	③	④		24	①	②	③	④
5	①	②	③	④		25	①	②	③	④
6	①	②	③	④		26	①	②	③	④
7	①	②	③	④		27	①	②	③	④
8	①	②	③	④		28	①	②	③	④
9	①	②	③	④		29	①	②	③	④
10	①	②	③	④		30	①	②	③	④
11	①	②	③	④		31	①	②	③	④
12	①	②	③	④		32	①	②	③	④
13	①	②	③	④		33	①	②	③	④
14	①	②	③	④		34	①	②	③	④
15	①	②	③	④		35	①	②	③	④
16	①	②	③	④		36	①	②	③	④
17	①	②	③	④		37	①	②	③	④
18	①	②	③	④		38	①	②	③	④
19	①	②	③	④		39	①	②	③	④
20	①	②	③	④		40	①	②	③	④

최종모의고사 제 ___ 회

	①	②	③	④			①	②	③	④
1	①	②	③	④		21	①	②	③	④
2	①	②	③	④		22	①	②	③	④
3	①	②	③	④		23	①	②	③	④
4	①	②	③	④		24	①	②	③	④
5	①	②	③	④		25	①	②	③	④
6	①	②	③	④		26	①	②	③	④
7	①	②	③	④		27	①	②	③	④
8	①	②	③	④		28	①	②	③	④
9	①	②	③	④		29	①	②	③	④
10	①	②	③	④		30	①	②	③	④
11	①	②	③	④		31	①	②	③	④
12	①	②	③	④		32	①	②	③	④
13	①	②	③	④		33	①	②	③	④
14	①	②	③	④		34	①	②	③	④
15	①	②	③	④		35	①	②	③	④
16	①	②	③	④		36	①	②	③	④
17	①	②	③	④		37	①	②	③	④
18	①	②	③	④		38	①	②	③	④
19	①	②	③	④		39	①	②	③	④
20	①	②	③	④		40	①	②	③	④

최종모의고사 제 ___ 회

	①	②	③	④			①	②	③	④
1	①	②	③	④		21	①	②	③	④
2	①	②	③	④		22	①	②	③	④
3	①	②	③	④		23	①	②	③	④
4	①	②	③	④		24	①	②	③	④
5	①	②	③	④		25	①	②	③	④
6	①	②	③	④		26	①	②	③	④
7	①	②	③	④		27	①	②	③	④
8	①	②	③	④		28	①	②	③	④
9	①	②	③	④		29	①	②	③	④
10	①	②	③	④		30	①	②	③	④
11	①	②	③	④		31	①	②	③	④
12	①	②	③	④		32	①	②	③	④
13	①	②	③	④		33	①	②	③	④
14	①	②	③	④		34	①	②	③	④
15	①	②	③	④		35	①	②	③	④
16	①	②	③	④		36	①	②	③	④
17	①	②	③	④		37	①	②	③	④
18	①	②	③	④		38	①	②	③	④
19	①	②	③	④		39	①	②	③	④
20	①	②	③	④		40	①	②	③	④

절취선

경찰공무원 정기 승진시험 필기시험 답안지

[필적감정용 기재]

*아래 예시문을 옮겨 적으시오.
본인은 OOO(응시자성명)임을 확인함

기 재 란

성 명	
자필성명	본인 성명 기재
응시직렬	
응시지역	
시험장소	

응 시 번 호

생 년 월 일

※시험감독 서명
(성명을 정자로 기재할 것)

적색 볼펜만 사용

최종모의고사 제 회

문번	①	②	③	④
1	①	②	③	④
2	①	②	③	④
3	①	②	③	④
4	①	②	③	④
5	①	②	③	④
6	①	②	③	④
7	①	②	③	④
8	①	②	③	④
9	①	②	③	④
10	①	②	③	④
11	①	②	③	④
12	①	②	③	④
13	①	②	③	④
14	①	②	③	④
15	①	②	③	④
16	①	②	③	④
17	①	②	③	④
18	①	②	③	④
19	①	②	③	④
20	①	②	③	④
21	①	②	③	④
22	①	②	③	④
23	①	②	③	④
24	①	②	③	④
25	①	②	③	④
26	①	②	③	④
27	①	②	③	④
28	①	②	③	④
29	①	②	③	④
30	①	②	③	④
31	①	②	③	④
32	①	②	③	④
33	①	②	③	④
34	①	②	③	④
35	①	②	③	④
36	①	②	③	④
37	①	②	③	④
38	①	②	③	④
39	①	②	③	④
40	①	②	③	④

최종모의고사 제 회

(답안 마킹란 ①②③④ 반복)

최종모의고사 제 회

(답안 마킹란 ①②③④ 반복)

경찰공무원 정기 승진시험 필기시험 답안지

수험생 유의사항

성명
생 년 월 일
응 시 번 호

	본인 성명 기재
성명	
지필성명	
응시직렬	
응시지역	
시험장소	

컴퓨터용 흑색 사인펜만 사용

[필적감정용 기재]
*아래 예시문을 옮겨 적으시오.
본인은 〇〇〇(응시자성명)임을 확인함

기 재 란

책 형

최종모의고사 제 _ 회

최종모의고사 제 _ 회

최종모의고사 제 _ 회

최종모의고사 제 _ 회

최종모의고사 제 _ 회

최종모의고사 제 _ 회

작가서

경찰공무원 정기 승진시험 필기시험 답안지

성 명	
자필성명	본인 성명 기재
응시직렬	
응시지역	
시험장소	

응시번호

생 년 월 일

최종모의고사 제 회

1	① ② ③ ④
2	① ② ③ ④
3	① ② ③ ④
4	① ② ③ ④
5	① ② ③ ④
6	① ② ③ ④
7	① ② ③ ④
8	① ② ③ ④
9	① ② ③ ④
10	① ② ③ ④
11	① ② ③ ④
12	① ② ③ ④
13	① ② ③ ④
14	① ② ③ ④
15	① ② ③ ④
16	① ② ③ ④
17	① ② ③ ④
18	① ② ③ ④
19	① ② ③ ④
20	① ② ③ ④
21	① ② ③ ④
22	① ② ③ ④
23	① ② ③ ④
24	① ② ③ ④
25	① ② ③ ④
26	① ② ③ ④
27	① ② ③ ④
28	① ② ③ ④
29	① ② ③ ④
30	① ② ③ ④
31	① ② ③ ④
32	① ② ③ ④
33	① ② ③ ④
34	① ② ③ ④
35	① ② ③ ④
36	① ② ③ ④
37	① ② ③ ④
38	① ② ③ ④
39	① ② ③ ④
40	① ② ③ ④

경찰공무원 정기 승진시험 필기시험 답안지

컴퓨터용 흑색 사인펜만 사용

[필적감정용 기재]

*아래 예시문을 옮겨 적으시오.

본인은 ○○○(응시자성명)임을 확인함

기 재 란

성명	
책형	

성 명	본인 성명 기재
자필성명	
응시직렬	
응시지역	
시험장소	

응 시 번 호

생 년 월 일

최종모의고사 제 ___ 회

최종모의고사 제 ___ 회

최종모의고사 제 ___ 회

최종모의고사 제 ___ 회

최종모의고사 제 ___ 회

2024 경찰승진 경찰실무종합 7개년 기출문제집

초 판 발 행	2023년 07월 14일(인쇄 2023년 06월 29일)
발 행 인	박영일
책 임 편 집	이해욱
편 저	SD 경찰승진시험연구소
편 집 진 행	박종현
표 지 디 자 인	박종우
편 집 디 자 인	표미영 · 박서희
발 행 처	(주)시대고시기획
출 판 등 록	제10-1521호
주 소	서울시 마포구 큰우물로 75 [도화동 538 성지 B/D] 9F
전 화	1600-3600
팩 스	02-701-8823
홈 페 이 지	www.sdedu.co.kr
I S B N	979-11-383-5388-5 (13350)
정 가	21,000원

비관론자는 모든 기회 속에서 어려움을 찾아내고,
낙관론자는 모든 어려움 속에서 기회를 찾아낸다.

– 윈스턴 처칠 –

이태우 경찰승진

10회 최종모의고사 시리즈

이태우 경찰승진 10회 최종모의고사(400제) 형법 이태우 경찰승진 10회 최종모의고사(400제) 형사소송법

경찰승진시험 최적대비서

[실제 시험과 유사한 구성]

기출문제를 철저히 분석하여 유사한 문제구성

+

[정확하고 상세한 해설]

정답과 오답해설을 구분한 저자의 상세한 해설수록

+

[최근 개정법령 및 최신판례 반영]

최근 개정법령 및 최신판례를 반영하여 다가오는 시험 대비

독자와 함께하는 SD에듀

2023 기출이 답이다 경찰공무원(순경)
형법 6개년 기출문제집

- 2022년 1차~2017년 1차 총 6개년(12회분) 기출문제와
  해설 수록
- 2022년~2017년 경찰간부후보생 총 6개년 기출문제와 해설 수록
- 최신 법령 반영

2023 기출이 답이다 경찰공무원(순경)
헌법 기출문제집

- 2022년 새로 도입된 경찰 헌법 완벽 대비
- 국가직 · 지방직 · 경찰승진 헌법 기출문제로 13회분 수록
  (회당 20문항)
- 2022년 경찰공무원(순경) 채용시험 헌법 기출문제 2회분 수록

2023 기출이 답이다 경찰공무원(순경)
경찰학 6개년 기출문제집

- 2022년 1차~2017년 1차 총 6개년(12회분) 기출문제와
  해설 수록
- 2022년~2017년 경찰간부후보생 총 6개년 기출문제와 해설 수록
- 최신 법령 반영

2023 기출이 답이다 경찰공무원(순경)
형사소송법(수사 · 증거) 기출문제집

- 2022년 경찰(순경) 시험 개편에 따른 형사소송법 수사 · 증거
  파트 완벽 대비
- 경찰(순경) · 경찰승진 · 검찰직 · 법원직 기출문제로 21회분
  수록(회당 12문항)
- 2022년 경찰공무원(순경) 채용시험 형사소송법 수사 · 증거
  파트 기출문제 2회분 수록

※ 도서의 이미지 및 세부사항은 변경될 수 있습니다.

SD에듀 G-TELP

지텔프 최강 라인업

1주일 만에 끝내는 지텔프 문법

10회 만에 끝내는 지텔프 문법 모의고사

우선순위 지텔프 보카

스피드 지텔프 레벨2

지텔프 Level2 실전 모의고사 6회분